纺织服装高等教育"十四五"部委级规划教材
纺织科学与工程一流学科本硕博一体化教材

Digitalization and intellectualization of Textile and Apparel Business Management

数智化
纺织服装企业管理

王华 主编 / 吴蓓 孙理 副主编

东华大学出版社
·上海·

摘 要

　　数字化和智能化技术的快速发展正在对纺织行业产生深远的影响。本文探讨了数字化智能化在纺织服装企业管理中的应用，强调了这一趋势对生产效率、产品质量、成本控制以及可持续发展的重要性。首先，本文介绍了数字化和智能化技术在纺织生产过程中的应用，包括自动化生产线、物联网设备、大数据分析以及人工智能算法。这些技术的引入使得生产过程更加高效、精确，并减少了人为错误的风险。其次，本文讨论了数字化智能化对纺织服装企业管理的影响。它提高了管理者的决策能力，使其能够更好地监控生产过程、库存管理和供应链协调。数字化智能化还促进了企业与客户之间更紧密的互动，支持个性化定制和市场敏捷性。此外，数字化智能化还有助于提高纺织服装企业的可持续性。通过更有效的资源利用和废物减少，企业可以降低对环境的不良影响；智能监控系统还有助于提前发现潜在的问题，从而减少生产中断，减少资源浪费。

　　最后，本文强调了数字化智能化在纺织服装企业中的广泛应用将继续塑造这个行业的未来。企业需要积极采纳这些技术，以保持竞争力，提高效率，改善产品质量，并促进可持续发展。数字化智能化已经成为纺织服装企业管理的不可或缺的一部分，为未来的成功打下坚实的基础。

图书在版编目（CIP）数据

数智化纺织服装企业管理 / 王华主编；吴蓓，孙理副主编． —上海：东华大学出版社，2024.9．—ISBN 978-7-5669-2411-7

I. F407.866

中国国家版本馆 CIP 数据核字第 2024SN4274 号

责任编辑： 竺海娟
封面设计： 魏依东

数智化纺织服装企业管理

主　　编：王　华
副 主 编：吴　蓓　孙　理

出　　版：东华大学出版社（上海市延安西路 1882 号 邮政编码：200051）
本社网址：dhupress.dhu.edu.cn
天猫旗舰店：http://dhdx.tmall.com
营销中心：021-62193056　62373056　62379558
印　　刷：常熟大宏印刷有限公司
开　　本：787 mm×1092 mm　1/16
印　　张：25.5
字　　数：685 千字
版　　次：2024 年 9 月第 1 版
印　　次：2024 年 9 月第 1 次印刷
书　　号：ISBN 978-7-5669-2411-7
定　　价：128.00 元

序 言

　　一纱一线都是国计民生。中国纺织工业与国家富强、民族振兴、人民幸福同频共振，在物质财富与精神财富的创造中服务共同富裕，在融合发展与内外循环的叠加中打开价值空间，是以新型工业化推进中国式现代化创新实践的坚实力量。

　　习近平总书记指出，要积极主动适应和引领新一轮科技革命和产业变革，把高质量发展的要求贯穿新型工业化全过程。数实融合是重要方向，数智转型是关键路径。在两化融合领域，纺织服装行业一直干在实处，走在前列。2022年纺织行业智能制造就绪率达14.6%，高于全国13.1%的平均水平；智能制造装备市场满足率超过50.0%。纺织行业生产设备数字化率、数字化设备联网率分别达到53.6%和46.1%，高于全国制造业平均水平2.8和1.9个百分点。从网络化协同、平台化设计、智能化制造，到柔性供应链、智慧型营销、沉浸式体验，行业的数字化实践形成了丰富探索，行业的生产要素、生产工具、基础设施、业务流程、市场场景、商业模式在发生系统性改变。特别是随着生成式人工智能向着全民化、通用化、纵深化方向跃进，"大数据＋大算力＋强算法"加持，纺织价值链迎来全面重塑。数据资产化、资本化进程加快也在形成新的价值源泉，全国首单工业互联网数据资产入表案例是纺织的"化纤制造质量分析数据资产"。纺织行业正在经历深刻变革，面对广阔前景，要把握时代机遇，做好"人工智能＋""数据要素×"，更好推进新型工业化，需要我们加快构建自主知识体系，革新人才培养和实践引导的内容，尽快形成数字经济语境下新的"价值观"和"方法论"，在变轨换道中构筑领先优势。

新疆是个好地方，也是产业发展新高地。近年来，在资源优势、政策优势、区位优势的叠加汇聚中，作为重要的资源保障基地和开放前沿，新疆纺织快速崛起，成为干事创业、实践创新的沃土。产业强需要人才，人才兴要靠教育。作为纺织领域杰出的专家学者，王华教授积极响应"教育部高校银龄教师支援西部计划"，勇担使命，立德树人，投身新疆塔里木大学纺织服装专业建设，取得了一系列丰硕成果。本教材正是其中的一颗硕果。教材以数智化赋能纺织服装企业管理为主题，围绕数智化基础概念、市场发展脉络、企业战略规划、各领域应用管理等方面进行了全面剖析、系统阐释，内容论述鞭辟入里、深入浅出。书中内容沉淀了王华教授及其团队多年的学术研究积累和对产业最新发展的深刻体悟，是新形势下产业发展的很好总结。相信本书能够为广大学生系统了解产业数字化发展提供很大帮助，同时也为新时期纺织服装专业的学科建设提供很好参考。

读书，不可不多；用功，不可不勤。在建设新型工业化的时代征程上，希望广大师生读者既读有字之书，也读无字之书，以锦绣功夫建设锦绣山河，以锦绣事业成就锦绣未来。

中国纺织工业联合会会长 孙瑞哲

目 录

第1章 导论
1.1 数智化纺织服装企业管理概念 / 001
1.2 纺织服装业面临的挑战与数字化转型的必要性 / 008
1.3 数字化时代的纺织服装产业 / 010
1.4 教材撰写的内容 / 012
1.5 数智化管理基础 / 014

第2章 数智化对纺织服装企业管理的影响
2.1 数智化技术对纺织服装企业管理的作用 / 023
2.2 产品质量的改善 / 029
2.3 成本控制与资源优化 / 033
2.4 供应链协调和库存管理 / 037
2.5 客户关系管理和市场敏捷性 / 041

第3章 数字化转型和智能化技术
3.1 数字化和智能化的基本概念 / 053
3.2 数字化和智能化技术的种类 / 054
3.3 数字化和智能化技术在纺织服装业的应用 / 064
3.4 数智化技术在纺织服装企业应用的案例 / 071

第4章 纺织服装企业数智化战略规划
4.1 人工智能、大数据、大模型引发算力革命 / 094
4.2 战略目标制定 / 097
4.3 战略规划的步骤和方法 / 106
4.4 案例研究：成功的数字化智能化战略 / 111

第5章 信息系统与数据管理
5.1 企业信息系统的作用 / 122
5.2 ERP 系统在纺织服装企业中的应用 / 127
5.3 ERP 在纺织服装企业中的应用 / 134
5.4 数据管理和分析工具 / 141
5.5 数据隐私和安全考虑 / 143

第6章 纺织服装生产过程数智化管理
6.1 制造过程的数字化转型 / 150
6.2 纺织服装机器人和自动化生产 / 156
6.3 智能供应链管理 / 169

6.4 数字化纺织服装设备、工艺和运转管理 / 175
6.5 案例研究与点评 / 186

第7章 纺织服装产品市场营销数智化管理
7.1 电子商务和数字化销售渠道 / 195
7.2 社交媒体和数字化营销策略 / 202
7.3 客户关系管理系统的应用 / 209
7.4 直播电商 / 216
7.5 跨境电商 / 223

第8章 数智化供应链管理
8.1 数智化供应链管理的基本概念和原理 / 231
8.2 供应链智能化技术 / 237
8.3 供应链可见性和跟踪 / 242
8.4 财务管理与供应链金融 / 244
8.5 纺织原料的期货与期权 / 253

第9章 数智化质量控制与品质管理
9.1 数字化质量控制方法 / 268
9.2 数字化、智能化纺织服装生产质量标准化建设 / 277
9.3 数字化、智能化纺织服装生产过程中的质量分析控制方法 / 284
9.4 智能化检验与品质保证 / 289
9.5 案例研究：国外数字化智能化质量管理的成功实践 / 290

第10章 人力资源管理的数智化
10.1 人力资源数字化的重要性 / 294
10.2 智能招聘和培训 / 296
10.3 人力资源数据分析 / 302
10.4 人力资源信息系统 / 308
10.5 员工绩效管理工具 / 310

第11章 纺织服装数字化产品设计与开发
11.1 纺织服装产品开发的方向 / 318
11.2 3D 设计和虚拟样板 / 326
11.3 数字化产品生命周期管理 / 331
11.4 可穿戴技术与智能服装 / 334
11.5 AIGC 时尚设计 / 340
11.6 新型纤维材料与产品开发 / 342

第12章 风险管理与安全生产
12.1 数字化风险评估 / 361
12.2 数据安全与隐私保护 / 371
12.3 突发事件应对与业务连续性计划管理 / 378
12.4 欧美国家数智化纺织服装企业网络安全的技术与方法 / 386

参考文献 / 399

第1章 导论

技术和创新正在改变着我们的世界，而数字化智能化（简称"数智化"）作为一种引领未来的力量，正在重新定义着产业的游戏规则。在纺织服装产业中，数智化不仅仅是一场技术的变革，更是企业管理和市场竞争的革新之道。

随着科技的迅速发展，纺织服装产业正站在变革的前沿。数智化技术的崛起不仅改变了产品的生命周期，更在悄然改变着企业的运营方式和管理模式。这一章将深入探讨数智化对纺织服装产业管理的冲击和塑造，以及其在塑造未来竞争力方面的关键作用。

在这个数智化的时代，企业管理不再局限于传统的运营范畴。数智化技术的引入将生产、供应链、营销等环节融合，赋予了企业更高效、更灵活的运作能力。但同时，这也带来了新的挑战，如信息安全、技术人才的需求和管理的变革等。

纺织服装业，作为人类文明发展中最早的产业之一，也在数字化潮流的推动下，面临着前所未有的机遇与挑战。纺织行业是我国国民经济和社会发展的支柱产业，是数字化转型的主战场之一。在大数据、人工智能、云计算等新一代信息技术的推动下，行业数字化总体水平正在加速向集成提升阶段迈进，从而加速赋能行业数字化转型，并在新的市场形势和竞争格局下，为行业带来新的发展机遇。本书稿旨在探讨数智化纺织服装企业管理的核心概念、关键技术和实践应用，带领读者深入了解数字化时代纺织服装业的新趋势，揭示数智化管理对于企业发展的重要意义，并探讨如何运用这些工具和理念来应对行业变革。

1.1 数智化纺织服装企业管理概念

1.1.1 数智化纺织服装企业管理产生的背景

加快推进数字化转型，是"十四五"时期建设网络强国、数字中国的重要战略任务。纺织工业是我国国民经济的支柱产业和具有国际竞争优势的产业，关系到百姓穿衣保暖与幸福安康，在稳就业、保增长、惠民生以及应对疫情等方面发挥着至关重要的作用。人工智能与纺织工业融合不断深入，工业机器人、高端智能装备不断取得技术突破，基于高端智能装备的智能制造单元、智能生产线、智能车间等系统解决方案不断涌现，纺织行业新增、扩建产能智能化水平快速提升，数字化生产线、数字化车间建设逐步普及。2023年中央经济工作会议指出，要以科技创新推动产业创新。中国纺织工业联合会发布了《建设纺织现代化产业体系行动纲要(2022—2035年)》，将"促进数字经济与纺织产业深度融合发展"作为七项重点行动之一。未来，行业数字化工作要推动产业向新质生产力发展，加快建设具有完整性、先进性、安全性的现代化产业体系。

数智化纺织服装企业管理是指运用先进的数字技术、数据分析和智能化系统以提升纺织服装企业的效率、生产力和竞争力的管理方式。数智化纺织服装企业管理涵盖了多个方面，其中包括以下关键要素：第一，智能化生产和制造。引入物联网技术、自动化设备和智能机器人等，实现生产流程的自动化和智能化，提高生产效率、降低成本。第二，数据驱动决策。利用大数据分析和人工智能技术，对生产、供应链、销售等环节的数据进行收集、分析和应用，帮助纺织服装企业管理者做出更准确、迅速的决策，优化生产计划和资源配置。第三，智能供应链管理。通过数智化技术优化供应链的管理，实现对原材料、生产环节和产品流通的实时监控和管理，提高供应链的透明度和效率。第四，客户定制和体验管理。借助数据分析和智能化系统，实现对客户需求的个性化定制，提升产品质量和客户体验，满足不同客户群体的需求。第五，智能质量控制。运用传感器技术和数据分析，实现对产品质量的实时监测和控制，提高产品质量稳定性和一致性。

随着工业大数据、人工智能等技术的飞速发展，面向特定工业场景的时序数据库、挖掘工具、分析模型等工业大数据产品的日益丰富，纺织服装企业势必对行业数据资源的深入挖掘和共享应用的需求也越来越强烈。可以预见，纺织行业大数据创新应用必将提速，且发展空间十分广阔。工业互联网作为新一代信息技术与制造业深度融合的产物，为制造业乃至整个实体经济数字化、网络化、智能化升级提供网络基础设施支撑，并且催生了网络化协同、个性化定制、服务型制造等新模式新业态。

数智化纺织服装企业管理的实施，不仅可以提升企业的生产效率和竞争力，还能够降低成本、减少资源浪费，推动纺织行业朝着更加智能、可持续的方向发展。然而，这也需要企业在技术投入、人才培养和组织架构方面做出相应的调整和改变，以适应数智化时代的发展趋势。

纺织服装业是人类发展历史中的重要组成部分，从最早的手工纺织到工业革命的机械化生产，再到现代化的自动化流水线，纺织服装业在不断演进中贡献了无数的技术和文化成果。然而，随着全球化、环境变化和消费者需求的变化，纺织行业正面临着多重挑战。

数智化技术的飞速发展，如物联网、人工智能和大数据分析，正在深刻地改变着传统纺织服装业的运作方式。传统的生产模式和管理方式已经无法满足当今日益复杂和多样化的市场需求。因此，将数智化技术与纺织服装企业管理相结合，成为了提高生产效率、优化资源配置、提升品质和客户体验的关键路径。

在这个变革的时代，我们需要了解和掌握数字化管理所带来的机遇，以及如何通过数智化的思维和工具，引领纺织服装企业在全球竞争中脱颖而出，迈向更加智能、可持续和创新的未来。当谈到"数智化纺织服装企业管理"时，我们正站在产业革命与技术演进的前沿。这一概念代表着一个全新的纺织行业范式，将传统生产与现代科技融合，引领着企业走向更智能、更高效的发展道路。

1.1.2 人类历史上四次工业革命的回顾

(1) 第一次工业革命——机械化

第一次工业革命，也被称为机械化时代，是从18世纪末到19世纪初在英国兴起的一场工业变革。这个时期的关键特征包括以下几个方面：

蒸汽动力：蒸汽机的发明和应用是第一次工业革命的标志性成就。詹姆斯·瓦特(James Watt)改进了蒸汽机，使其成为驱动机器和工厂的主要动力源。

纺织服装业革命：纺织服装业是最早被机械化改造的行业之一。约翰·凯伯威瑟(John Kay)、詹姆斯·哈格里夫斯(James Hargreaves)、理查德·阿金蒂(Richard Arkwright)等人发明了各种纺织机械，如纺纱机和织布机，大幅提高了纺织品的生产效率。纺织服装业革命是工业革命早期最为显著和重要的部分之一。约翰·凯伯威瑟、詹姆斯·哈格里夫斯和理查德·阿金蒂等人的发明和创新对纺织服装业产生了巨大的影响。

约翰·凯伯威瑟：他于1733年发明了飞梭机，这一发明大大提高了织布速度及效率。

詹姆斯·哈格里夫斯：他于1764年发明了"斜纺车"(Spinning Jenny)，一种能够同时纺织多股纱线的机器，从而大幅提高了纺纱效率。

理查德·阿金蒂：他在1769年发明了水力纺纱机，利用水力带动纺纱机运转，实现了大规模纺纱的自动化，使得纺纱成为规模化生产的一部分。

这些发明的出现推动了纺织服装业的机械化和工业化。机械化的纺织生产大大提高了生产效率和纺织品质量，并且减少了人工劳动成本。这种技术的应用改变了传统手工纺织的方式，加速了纺织服装业的发展，并为后来的工业革命奠定了基础。这些发明者们的成果也成为工业革命早期技术创新的代表，为后续工业革命阶段的技术进步打下了坚实的基础。

工厂制度的兴起：传统的手工业逐渐被集中于规模更大的工厂生产所取代。工人们聚集在工厂中，遵循规定的工作时间和生产流程。

铁路和交通革命：铁路的出现对交通方式产生了巨大影响。第一条现代意义上的铁路——利物浦和曼彻斯特铁路于1830年开通，铁路的发展促进了商品和人的快速流通。

城市化和劳动条件：工厂的兴起导致了人口向城市的大规模迁移，城市化进程加速。然而，工厂制度也带来了劳动条件的恶化和工人阶级的贫困。

第一次工业革命以机械化为核心，从传统的手工业向机器驱动的工业化生产方式的转变。这一时期的技术革新和工业变革为后续工业革命奠定了基础，也对当时的社会、经济和文化产生了深远的影响。

(2) 第二次工业革命——电力化

第二次工业革命，也被称为电力革命或第二次工业化，是在19世纪末至20世纪初发生的重大工业变革。这个时期的主要特征是工业生产的电气化和电力化。

①主要特征和创新

电力的广泛应用：电力作为主要的动力源开始被大规模应用于工业生产。发电机的发明和电力输送技术的进步使得电力能够远距离传输，为工厂和城市提供了廉价且高效的能源。

内燃机和化学工业的兴起：内燃机的发明推动了交通工具（如汽车和飞机）的发展，同时化学工业的进步带来了新材料和化学制品的广泛应用，对医药和农业产生了重大影响。

大规模生产和垂直整合：工业生产进一步扩大并以更大规模的方式进行，垂直整合的大公司崛起，大规模生产方式的应用进一步提高了生产效率。

通信技术的改变：电话的发明和电报技术的普及改变了信息传递的方式，加速了信息的交流和商业的全球化。

城市化和劳工运动：工业化的进程促进了城市化的加速，吸引了大量农民向城市转移，同时也引发了劳工运动，劳工争取更好工作条件和权益的斗争日益激烈。

②影响和意义

第二次工业革命极大地改变了人类社会和经济结构，它带来的技术和工业的进步影响深远：

加速了城市化和工业化进程，改变了人们的生活方式和就业结构。推动了全球贸易和经济全球化，加强了国家之间的联系和依赖。技术的进步和大规模生产方式极大地提高了生产效率和质量，推动了经济的迅速增长。第二次工业革命为后续的工业发展奠定了坚实的基础，其带来的变革和创新为现代社会和工业文明的形成打下了重要的基础。

(3) 第三次工业革命——自动化和数字化

第三次工业革命是指在 20 世纪末至 21 世纪初，随着数字技术的崛起和应用，工业领域进入了全新的阶段。这个时期被称为自动化和数字化的工业革命，其主要特征和创新如下所述。

①主要特征和创新

计算机和信息技术的普及：计算机技术的迅速发展和互联网的普及改变了信息处理和交流的方式。信息技术成为了生产和管理的核心。

自动化生产：自动化技术在工业领域得到广泛应用，机器人和自动化系统取代了一些繁重、危险或重复性高的人工劳动，提高了生产效率和安全性。

数字化制造：采用计算机辅助设计 (Computer Aided Design，CAD) 和计算机辅助制造 (Computer Aided Manufacturing，CAM) 技术，加速了产品设计和制造的流程，降低了成本并提高了质量。

物联网 (IoT) 和大数据：物联网技术的兴起将设备和系统连接起来，实现了信息的实时监测和收集。这些数据通过大数据分析，为企业决策提供更准确的支持。

智能制造和定制化生产：通过工业 4.0 理念，生产过程更加灵活、智能化，并可以满足个性化定制需求。

可再生能源和可持续发展：对可再生能源的关注和利用，以及对环境友好型生产方式的探索和应用。

②影响和意义

第三次工业革命的影响深远：提高了生产效率和质量，降低了成本，为企业带来了竞争优势。促进了全球供应链和生产方式的改变，实现了全球化生产和服务。推动了工业智能化和数字化转型,提高了生产和管理的效率。为可持续发展和环境保护提供了更多可能性和解决方案。第三次工业革命的核心在于数字技术的广泛应用和智能化制造的兴起,它深刻地改变了工业生产和管理方式,开创了全新的生产模式和商业机会。

(4) 第四次工业革命

第四次工业革命是在数字化基础上的新一波技术变革,将各种新兴技术整合并推向新高度。

物联网(Internet of Things,IoT):连接物体、设备和系统,使其能够相互通信和交换数据,实现智能化和自动化。

人工智能(Artificial Intelligence,AI):模拟人类智能,能够处理复杂任务、学习和自我改进,应用于各个行业和领域。

互联网的出现从根本上改变了我们与世界的沟通和交互方式,而数字内容在其中扮演了关键角色。过去几十年里,网络上的内容也经历了多次重大变革。在 Web 1.0 时代(1990年代—2004年),互联网主要用于获取和分享信息,网站主要是静态的。用户之间的互动很少,主要的通信方式是单向的,用户获取信息,但不贡献或分享自己的内容。内容主要以文本为基础,由相关领域的专业人士生成,例如记者写新闻稿,这种内容通常被称为专业生成内容(PGC)。到 Web 2.0 时代,出现了由社交媒体上的用户生成内容(UGC)。

在 Web 3.0 时代,去中心化和无中介的特征被进一步强调,需要一种超越 PGC 和 UGC 的新型内容生成类型来平衡数量和质量之间的需求。生成式人工智能(AI)是继 PGC 和 UGC 之后,利用人工智能技术生成内容的新生产方式。

生成式人工智能演化出三大前沿技术能力——数字内容孪生、数字内容的智能编辑、数字内容的智能创作,在文本(Text)、代码生成(Code Generation)、图片(Images)、语音合成(Speech Synthesis)、视频和 3D 模型领域拥有广阔的市场前景。目前,文字生成、语音生成、图像属性编辑等技术发展较为成熟,已经催生了众多商业化应用。根据 Gartner《2021 年预测:人工智能对人类和社会的影响》给出的积极预测:到 2023 年,将有 20% 的内容被生成式 AI 所创建;至 2025 年,预计生成式 AI 产生的数据将占所有数据的 10%。

大数据分析:利用大数据技术,对海量数据进行分析和挖掘,为决策提供更准确的支持。

云计算:提供灵活的计算和存储资源,促进信息共享和处理,支持各种应用和服务。

这次革命带来了前所未有的变革:

智能化生产和服务:自动化生产线、智能城市、智能家居等带来更高效、便捷和智能化的生产和生活方式。

跨界融合创新:不同技术领域(如医疗健康与 AI、工业制造与物联网等)的融合,推动了新产品和服务的涌现。

全球连接和影响:全球范围内的信息共享和互联互通,加速了全球化的进程。

数据隐私和安全挑战:大数据应用带来了隐私和安全问题,需要加强对数据的保护和管理。

随着技术的不断进步，2024年将会是全球人工智能、Web 3.0和元宇宙深度融合发展的重要节点，推动着一个超级大时代，即大文明时代的到来。这次革命改变了我们的生活方式、工作方式和产业结构。它不仅推动了生产效率的提升，还改变了人与科技的互动方式，促进了全球范围内的创新和合作。第四次工业革命也为未来的技术进步和社会发展开辟了更广阔的前景。

1.1.3 纺织服装业的数智化转型

纺织服装业一直以来都是全球经济中的重要一环，而数智化正催生着这个行业全新的篇章。传统的纺织制造已逐渐演变为数字化、自动化的生产方式，这种转变不仅仅影响了生产过程，更深刻地改变了管理模式和企业运营方式。纺织服装业的数智化转型代表了一个行业的深刻变革，它不仅仅是技术的进步，更是企业与市场互动方式的重塑。传统的纺织制造模式正经历着前所未有的变化，这种转变不仅仅是生产方式的升级，更是整个企业运营和管理方式的彻底革新。

(1) 生产方式的转变

传统纺织制造从手工到机械化的发展已经历数百年，但是如今数智化的到来带来了全新的生产模式。数智化技术的运用使得生产过程更加智能化、自动化，从原材料采购到生产制造再到产品的出厂，无一不受到技术的影响和改变。

(2) 管理模式的革新

数智化不仅改变了生产方式，也深刻地影响了企业的管理模式。从生产数据的分析到供应链的优化，从质量控制到客户关系管理，数据和智能技术的引入重塑了企业的决策和运营模式。

(3) 智能化的市场互动

纺织服装企业正在利用数智化技术，实现更加智能化、个性化的市场互动。通过数据分析，企业可以更准确地了解市场需求，为客户提供更个性化的产品和服务，从而提升竞争力。

数智化给纺织行业带来了全新的发展机遇和挑战，企业需要不断地适应和创新，以适应这一变革带来的新格局。这种转变不仅仅是技术层面的改变，更是企业文化、策略和市场观念的重塑。

1.1.4 技术变革与挑战

纺织服装企业在全球市场中面临着诸多挑战，包括市场需求的变化、资源管理的复杂性以及竞争压力的加剧。然而，正是在这些挑战的背后，新兴的数智化技术为纺织服装业带来了前所未有的机遇。

(1) 挑战：纺织服装业所面临的问题

①市场需求的变化：消费者的偏好和需求在不断变化，对个性化、快速响应和高品质产品的需求日益增长。

②资源管理的复杂性：纺织服装业需要大量的原材料，而对环保、可持续性的需求增加了对资源管理的复杂度。

③竞争压力的加剧：来自全球范围内不断增长的竞争，使得企业面临价格竞争、技术竞争和市场份额争夺的压力。

(2) 机遇：数智化技术的潜力

①个性化生产与市场细分：数智化技术使得企业能够更好地了解客户需求，实现个性化定制和市场细分，提供更符合需求的产品。

②数据驱动的运营决策：数字化和大数据分析使得企业能够基于客观数据做出更准确的战略和运营决策。

③生产效率的提升：自动化和智能化生产过程可以提高生产效率、降低成本，并在质量控制方面提供更高水平的保障。

④供应链优化和资源管理：数智化技术帮助优化供应链管理，降低库存成本、提高资源利用效率，并更好地应对环境和可持续性挑战。

数智化技术为纺织服装企业提供了应对挑战的新途径和新工具。它不仅可以帮助企业更好地应对现有的问题，还能为其创造更广阔的发展空间，促进行业向更智能、更可持续的方向发展。

1.1.5 数智化纺织服装企业管理的意义与目的

数智化纺织服装企业管理并非简单的技术革新，更是一场关乎经济、社会和环境的全方位转型。其目的在于通过技术的应用，提高生产效率、优化资源利用、提升产品质量，同时使企业在激烈竞争中脱颖而出。数智化纺织服装企业管理的核心不仅在于技术的应用，更在于推动整个产业向着更为可持续、智能化和竞争力强的方向转变。这种全方位转型不仅关乎企业的盈利和效率，还涉及到社会、环境和经济的多个层面。

(1) 经济效益

数智化技术的应用可以实现生产流程的自动化和优化，提高生产效率，降低生产成本。更高质量、更具个性化的产品往往能够更好地满足市场需求，提升企业在市场中的竞争力。

(2) 社会影响

数智化带来了新的工作机会，但也需要员工具备新的技能，这为持续的教育和技能提升提供了契机。通过资源优化和环保技术的应用，企业可以更好地履行社会责任，实现可持续发展。

(3) 环境影响

数智化管理可以帮助企业更有效地管理资源，减少浪费，并可能降低对环境的不良影响。引入可持续的生产和管理方式，促进纺织行业的可持续发展，更加符合未来的环保趋势。

数智化纺织服装企业管理不仅关乎企业自身的发展，更是在为社会、环境和经济的全面提升中发挥着积极的作用。这种全方位的转型正塑造着一个更为可持续和智能化的产业未来。

1.1.6 发展历程：从传统到数智

这种转变不是一蹴而就的，它经历了从传统纺织制造到基于数据驱动的数智化管理的演变过程。随着信息技术的飞速发展，纺织服装企业管理正在迈向智能化、可持续化和个性化的新阶段。

(1) 演变过程

传统纺织制造阶段：长期以来，纺织服装业一直依赖于传统的生产模式，包括手工制作和机械化生产。这种模式效率低下，受限于人力和机械能力。

自动化和数字化的初期阶段：随着工业革命的发展，纺织服装业开始引入一些自动化设备和数智化技术，提高了生产效率和品质。

数据驱动的数智化管理阶段：这个阶段是近年来的重要转折点。企业开始重视数据的价值，利用大数据、人工智能和物联网等技术，深度整合数据并应用于生产、供应链、市场等方方面面。

数智化管理带来的新阶段的特点如下所述。

智能化生产流程：自动化程度不断提高，生产流程更加智能化，从供应链到生产线，各环节更加高效。

可持续性发展：数智化使得企业能够更好地监控和管理资源，实现更加可持续的发展，包括节能减排、环境保护等方面。

个性化和客户关系：通过数据分析，企业更加了解客户需求，实现产品的个性化定制，改善客户关系。

(2) 未来展望

纺织服装企业正朝着更为智能化、可持续化和个性化的方向发展。未来，随着技术的不断进步和创新，数智化管理将会在纺织行业中扮演更为重要和深远的角色。

纺织服装业面临的挑战与数字化转型的必要性

1.2.1 数字化转型的必要性

纺织服装业面临着诸多挑战，这些挑战要求行业进行数字化转型以适应市场和技术的变革：

第一，市场竞争与全球化。全球化竞争导致了供应链更为复杂，企业需要更灵活和高效的管理方式应对不断变化的市场需求和全球供应链的压力。与新兴市场的竞争、成本压力和不断变化的消费者需求相结合，使得纺织服装企业需要更灵活、更敏捷的运营方式。

第二，可持续性挑战。纺织服装业面临着环境污染和可持续性发展的压力，需要符合越来越严格的环保法规和消费者的环保意识，迫使企业寻求更环保、更可持续的生产方式。对于原材料、能源和水资源的需求增加，要求企业提高资源利用效率和降低浪费。

第三，技术革新和消费者期待。消费者对于个性化、高品质和环保的要求不断提升，需要企业能够灵活调整生产模式以满足这些需求。新兴技术(如人工智能、物联网和大数据分析)的涌现，改变了传统的生产和管理方式，纺织服装企业需要跟上科技发展的步伐。

第四，数字化转型的必要性。数字化转型能够帮助企业优化生产流程、提高资源利用效率，降低生产成本，提高竞争力。数字化转型可以使企业更灵活地应对市场变化和消费者需求，实现定制化生产和敏捷化运营。数字化转型赋予企业更强大的数据分析能力，帮助做出更准确、迅速的决策，提升管理效率和产品质量。纺织服装业面临的挑战要求企业必须积极应对数字化转型，以便更好地适应市场需求变化、提高效率、降低成本，并为可持续发展做出贡献。这种转型不仅是一种必然趋势，更是保持竞争力和持续发展的关键。

1.2.2 灯塔工厂与无忧工厂

(1) 灯塔工厂

"灯塔工厂"通常指的是采用了最新技术、自动化和智能化系统的工厂，这些工厂在工业领域被视为技术和创新的典范。这个术语常用来描述在工业4.0和智能制造时代中，采用了先进技术的现代化工厂。这些工厂通常具备下述特征。

自动化技术应用广泛：使用自动化设备、机器人和智能系统，以提高生产效率和准确性，减少人力介入。

物联网(IoT)和数据分析：设备和系统之间通过物联网相互连接，实现数据的实时监测和收集，以优化生产流程和维护。

智能制造系统：使用智能化的生产系统和工艺流程，如3D打印、数字化设计等，以实现更灵活、高效的生产。

工业互联网：应用工业互联网技术，通过云计算和数据分析，实现设备之间、企业内外的信息共享与交流。

可持续发展和绿色生产：注重环保和可持续发展，采用节能、环保的生产工艺和技术。

定制化生产和柔性生产能力：可以实现个性化定制需求的生产，具备快速转换生产线的能力，适应市场需求的变化。

灯塔工厂代表了工业领域最先进的技术和生产模式，是数字化、智能化制造的典范。这些工厂的出现推动了工业转型，为未来工业发展提供了前沿的技术范本。

(2) 无忧工厂

"无忧工厂"通常指的是采用了自动化、智能化技术并侧重于人机协作的工厂模式。这种工厂设计的目标是提高生产效率、降低劳动强度，同时保障员工的安全和福利。这种工厂模式的主要特征如下所述。

自动化与智能化：应用自动化系统和智能设备，使生产线更为高效，减少人工干预，提高生产效率和产品质量。

人机协作：强调人与机器的协同作业，让机器承担繁重、危险或重复性高的任务，而员工更多地参与监控、管理和技术优化方面。

工业安全和健康保障：设计工作环境和流程以保障员工的安全，减少工伤事故，并提供良好的工作条件和福利。

灵活性与可持续性：采用灵活的生产模式，能够快速适应市场需求的变化。同时，注重资源节约和环境友好型生产方式。

数字化管理和优化：运用数据分析和数字化管理手段，对生产过程进行监控和优化，实现高效管理和资源利用。

这种"无忧工厂"的理念旨在创造一个更安全、更高效、更人性化的工作环境，让员工能够更好地与先进技术和设备合作，从而提高生产效率并确保员工的福祉。这种工厂模式代表了工业发展中人机协作和智能化生产的最新趋势，追求产业升级和可持续发展。

(3) 灯塔工厂和无忧工厂的区别

灯塔工厂和无忧工厂都代表着工业领域最先进的制造理念，但它们在一些方面存在一些区别。

①灯塔工厂

技术和创新的代表：着重于展示最新的技术、自动化和智能化系统，是工业 4.0 理念的代表。

数字化和智能化：强调数字化制造、物联网、大数据、智能化生产和工业互联网等最先进技术的应用。

高效生产与智能制造：注重生产效率、智能制造和数字化转型，促进工厂生产过程的智能化和自动化。

②无忧工厂

人机协作和员工福祉：着重于人机协作，让机器承担繁重、危险或重复性高的任务，提升员工安全和福利。

关注员工健康和安全：侧重于设计安全、健康的工作环境，减少工伤事故，并提供员工友好的工作条件。

灵活性和可持续性：强调生产的灵活性，能够快速适应市场需求的变化，并注重资源节约和环境友好型生产方式。

③主要差异

技术焦点不同：灯塔工厂更注重展示最新的先进技术和工业智能化，而无忧工厂更强调人机协作和员工福祉。

重点领域不同：灯塔工厂着眼于数字化转型和智能制造，无忧工厂更关注员工的工作条件和安全。

尽管它们有着不同的侧重点，但都代表了未来工业制造的发展趋势，即数字化、智能化和人性化生产模式。两种工厂理念都追求更高效、更安全、更智能的生产方式，促进了工业领域的持续发展。

1.3 数字化时代的纺织服装产业

数字化时代对纺织服装产业带来了广泛而深远的影响，从生产到销售，都在不同程度上经历了变革。

1.3.1 数字化时代对纺织服装产业的影响

(1) 生产端的影响

引入物联网技术、自动化设备和智能机器人，实现生产流程的智能化和自动化，提高生产效率和质量稳定性。大数据分析在生产中的应用，优化原材料采购、生产计划和供应链管理，提高生产效率和降低成本。数智化技术帮助监测和控制生产过程中的资源使用情况，提高能源效率和减少废物，推动可持续生产模式。

(2) 供应链和物流端的影响

利用物联网技术追踪原材料和产品的运输和储存，提高供应链的可见性和效率。数字化转型带来更快速的生产能力，可以更快地满足个性化需求，并实现快速响应市场变化。

(3) 销售和市场端的影响

纺织服装企业通过电子商务平台和在线市场，更直接地与消费者联系，实现销售渠道的多样化和全球化。利用大数据分析和人工智能技术，更精准地了解消费者需求和市场趋势，实施个性化营销策略。

(4) 创新和设计端的影响

数智化技术改变了纺织品的设计和创新方式，可以更快速、更精确地进行设计和生产样品。数字化时代促进了可穿戴技术和智能纺织品的发展，如智能服装和功能性纺织品。数字化时代给纺织服装产业带来了更多的机遇和挑战。通过应用数智化技术，纺织服装企业能够更好地适应市场需求、提高生产效率、推动创新，并在全球竞争中取得优势。

1.3.2 全球纺织服装产业现状与发展趋势

全球纺织服装产业处于不断发展和变革之中，受到全球化、技术创新、可持续性和消费者需求变化等多种因素的影响。纺织服装业已经成为全球化供应链的重要组成部分。许多企业在全球范围内进行生产、加工和销售，利用各地资源和优势。来自新兴市场的竞争不断增加。一些国家和地区(如中国、孟加拉国、印度)拥有成熟的纺织服装业，并对全球市场造成了影响。纺织服装业在材料、生产技术和设计方面不断进行技术创新，包括智能纺织品、可穿戴技术和环保材料的发展。环保意识不断提高，对于可持续性和环保纺织品的需求增加。消费者对纺织服装产品的生产过程和原材料来源关注度增加。

(1) 发展趋势

①数字化转型：数智化技术在纺织服装产业中的应用不断扩展，包括物联网、大数据分析、人工智能和自动化生产等，提高生产效率和管理水平。

②个性化定制和快速反应市场：随着消费者需求的多样化，个性化定制和快速响应市场变化的能力将变得更为重要。

③可持续发展：纺织服装业在环保和可持续发展方面的投入和实践将更加突出，包括节能减排、循环经济和环保材料的使用。

④智能化生产和供应链管理：更多的纺织服装企业将转向智能化生产和供应链管理，提高生产效率和质量，并降低成本。

⑤新兴市场崛起：一些新兴市场可能成为纺织服装业的重要竞争者，尤其是在技术创新和低成本生产方面。

纺织服装产业将继续朝着更数字化、智能化、可持续化和创新化的方向发展。企业需要不断调整战略，把握市场变化，加强技术创新和可持续发展，以适应全球纺织产业的发展趋势。

1.4 教材撰写的内容

教材的撰写时代背景对于内容的深度和范围都有很大的影响。本书稿将探讨数智化在纺织服装业中的关键应用，涵盖从生产到销售、供应链到质量控制等各个环节。我们将深入剖析各种技术的运用和其对企业管理带来的影响，帮助读者更好地理解和应用数智化管理。

1.4.1 阐释智能制造的内在逻辑

智能制造的内在逻辑主要围绕着将传统制造业与先进技术(如人工智能、物联网、大数据、机器学习等)相结合，以提高生产效率、灵活性和产品质量，从而应对市场需求的变化和提高竞争力。其核心逻辑包括：

自动化和智能化生产流程：引入自动化设备、机器人和智能系统，使生产流程更加高效、准确，并能够根据需求进行自适应调整。

数据驱动的决策与优化：利用大数据分析、人工智能和机器学习技术，从海量数据中提取洞察力，帮助优化生产流程、预测故障并进行及时维护。

个性化定制和柔性生产能力：支持灵活的生产方式，能够快速响应市场需求的变化，实现个性化定制并降低生产周期。

工业互联网和数字化转型：通过物联网、云计算和数智化技术实现设备之间的互联互通，整合数据并实现智能化监控和管理。

持续改进和创新：不断追求技术创新和流程改进，通过实验、学习和反馈循环来不断提高效率和产品质量。

可持续发展和绿色生产：关注资源节约和环境友好型生产方式，注重减少能源消耗、减少废料排放，致力于可持续发展。

智能制造的内在逻辑在于通过技术创新和流程优化，实现生产方式的革新和提升。这种变革不仅是对传统制造业的一次革命，更是对工业生产方式的全面升级，旨在构建更灵活、智能和可持续的生产模式，以适应日益变化的市场需求和提升企业竞争力。

1.4.2 讨论数字技术驱动管理创新

数字技术在很大程度上推动了管理创新，影响了管理方式和流程。以下是数字技术如何驱动管理创新的几个方面：

数据驱动决策：数智化技术使管理者能够更快速、更准确地获取数据，从而支持更精准的决策。大数据分析和数据挖掘技术使得管理者能够从海量数据中提取有价值的信息，为决策提供更全面的参考。

实时监控和反馈：数智化技术使得管理者可以实时监控业务流程、生产状况和绩效数据。这种实时性的监控使得管理者能够更及时地做出调整和优化。

智能化的自动化工具：自动化工具和软件的智能化应用，例如机器学习、人工智能、自动化流程等，使得管理任务和流程更加高效，减少了人工操作的错误和时间成本。

全面的信息共享与协作：数字化平台和工具促进了信息的共享和协作。团队成员可以更容易地共享数据、文件和信息，从而提高了团队的协作效率。

创新的业务模式和服务方式：数智化技术为企业创新提供了更多可能性。通过移动应用、电子商务、区块链等技术，企业可以推出更具创新性的业务模式和服务方式。

个性化客户体验：数字技术使企业能够更好地了解客户需求，从而提供更个性化、定制化的产品和服务，增强了客户满意度和忠诚度。

数字技术的发展不仅改变了管理者处理信息和数据的方式，也促进了组织内外部交流和协作的方式，进而推动了管理方式和流程的创新。这种数字化驱动的管理创新为企业提供了更多机会来提高效率、降低成本、创造更大的价值，并在竞争激烈的市场中保持竞争力。

1.4.3 数智化纺织服装涵盖的关键方面

本书涵盖以下几个方面：

①生产过程的数智化：包括自动化设备的应用、生产流程优化、预测性维护等，深入分析如何提升生产效率和质量。

②销售与市场的数智化：介绍个性化营销、客户数据分析等技术的运用，以满足不断变化的市场需求。

③供应链管理的数智化：聚焦在供应链优化、库存管理、物流智能化等方面，探讨如何提高供应链的效率和适应性。

④质量控制与保障：介绍视觉识别技术、数据驱动的质量预测等方法，以保证产品质量和提升质检效率。

本书将探讨帮助读者更好理解数智化管理的方式：

①案例分析与技术解析：通过实例和案例深入剖析各种技术的应用，让读者更清晰地了解技术在实际纺织服装业中的运用。

②管理模式转变的影响：探讨技术变革对企业管理模式和决策过程带来的深远影响，引导读者适应新的管理方式。

③人才培养和教育体系的转变：强调数字化时代对人才的需求和培养方式的变化，传统教育体系如何应对数字化带来的挑战，以培养适应新时代需求的专业人才。

在这样的时代背景下编写的书稿，能更好地反映行业发展的趋势、企业面临的挑战和机遇，帮助学习者更好地理解并适应数字化时代的企业管理要求。

这本书稿将成为纺织科学与工程专业、服装工程专业等本科生教材以及纺织服装产业相关人士的重要参考资料，帮助他们理解和应用数智化管理，在行业中保持竞争力并顺利迎接未来的挑战。数智化纺织服装企业管理正在成为纺织服装行业发展的新引擎。本书稿将带您深入了解这一激动人心的领域，探索其带来的变革与机遇。让我们共同探索未来，迎接纺织服装产业数智化管理的新时代。

本书的撰写目的和意义是多方面的：

①知识传承与教育培养。通过编写这样的书稿，可以将数智化管理理念、技术应用和最佳实践传递给学习者，培养他们对于数字化时代纺织服装管理的理解和应用能力。

②应对行业转型。纺织服装行业正经历着数字化和智能化的转型，这样的书稿可以帮助企业和从业者了解并适应这一转型，引导其在变革中保持竞争力。

③提高管理水平与效率。帮助管理者和从业者了解最新的数智化管理工具、技术和策

略，从而提高企业管理水平和运营效率，降低成本，提升竞争力。

④促进创新和发展。通过介绍创新的思维方式和数智化工具的应用，鼓励学习者在纺织行业中提出新观点、新方法，并促进企业创新发展。

⑤适应市场需求和客户体验。数智化管理有助于企业更好地了解市场需求和客户喜好，以便进行个性化定制和提供更优质的产品和服务，增强客户体验。

这本书稿不仅在纺织科学与工程、服装工程专业的本科生教育领域有意义，也在实际工作中对纺织服装企业和从业者具有指导作用。它是一种对新时代工作需求的回应，有助于激发创新、提高生产效率，推动纺织服装业向数字化、智能化、可持续化发展。

1.5 数智化管理基础

数智化管理基础是指在实现数字化转型过程中所需的基本概念、工具和技术。以下是数智化管理基础的关键要素：

1.5.1 数据驱动决策

数据驱动决策是指基于数据分析和洞察，通过对大量数据的收集、整理和分析，为决策提供支持和指导。这种决策方法强调以客观、科学的方式利用数据来指导决策制定，而不仅仅依靠主观的经验和直觉。

(1) 关键步骤和原则

数据收集与整合：收集各个领域的数据，包括市场、销售、生产、客户反馈等，整合不同来源的数据，建立全面的数据库。

数据清理与处理：清理数据，消除错误、重复或不完整的信息，确保数据的准确性和完整性。

数据分析与挖掘：运用统计分析、机器学习等技术，对数据进行深度分析和挖掘，发现数据中的模式、趋势和关联性。

制定指标和度量标准：确定关键的业务指标和度量标准，以便评估业务表现和指导决策。

建立数据驱动文化：培养企业管理组织中数据驱动的文化，让决策者习惯于利用数据做出决策，而不是仅仅依赖主观判断。

持续优化和反馈：不断优化数据收集、分析和决策的过程，通过不断的反馈和学习来改进决策质量。

(2) 数据驱动决策的优势

客观决策基础：基于客观数据进行决策，避免了主观偏见和直觉的局限性，提高了决策的准确性和可靠性。

更精准的预测和计划：通过数据分析，可以更准确地预测市场趋势、客户需求和业务走向，更好地制定计划和策略。

快速反应和灵活性：数据驱动决策使得企业更能够快速响应市场变化和客户需求，提高了业务的灵活性。

持续改进和优化：数据驱动决策强调持续的监控和反馈，能够帮助企业不断优化业务流程和决策策略。

数据驱动决策是现代企业管理中的重要理念，它有助于企业更科学地进行战略制定和业务运营，提高了企业的竞争力和创新能力。

1.5.2 数据分析在纺织服装企业管理中的应用

数据分析在纺织服装企业管理中具有多种应用，从生产到销售，都能发挥重要作用：

(1) 生产优化与效率提升

生产过程监控：数据分析可用于监控生产线的运行情况，发现潜在问题并及时调整，以提高生产效率和减少生产中的停机时间。

质量控制：数据分析有助于跟踪和分析产品质量数据，识别生产过程中可能的质量问题，并采取改进措施，确保产品质量符合标准。

(2) 库存和供应链管理

库存优化：通过分析销售数据和预测需求，企业可以更好地优化库存，减少库存积压和资金占用。

供应链优化：数据分析帮助企业监控供应链环节，识别瓶颈并进行优化，确保供应链的高效运转和及时交付。

(3) 市场营销和客户关系管理

市场趋势分析：分析市场数据，了解消费者需求和趋势，帮助企业调整产品策略和市场定位。

客户行为分析：通过分析客户行为数据，如购买习惯、偏好等，企业可以做个性化营销，提高客户满意度和忠诚度。

(4) 财务管理与预测

成本分析与预测：数据分析有助于了解生产成本、销售成本等，从而优化成本结构和提高利润率。

财务预测：利用历史数据进行财务预测，有助于企业做出更精准的财务决策和规划。

(5) 环境可持续性与品牌建设

环保数据分析：帮助企业监测和分析环保指标，以实现更可持续的生产和经营模式。

品牌声誉监测：数据分析可用于监测品牌声誉，通过分析社交媒体和消费者反馈，了解品牌形象和声誉，从而调整管理策略。

数据分析在纺织服装企业管理中是一项强大的工具，能够帮助企业更深入地了解其运营情况，做出更明智的决策，优化业务流程，并适应市场需求和变化。

1.5.3 商业智能和决策支持系统

商业智能(Business Intelligence，BI)和决策支持系统(Decision Support Systems，DSS)是两种重要的管理工具，为企业管理提供数据驱动的支持和指导。

(1) 商业智能 (BI)

商业智能是利用软件和服务将转化数据为有意义的信息，帮助企业管理者做出更明智的决策的过程。主要特点包括：

数据收集与整合：BI 系统能够从多个数据源收集和整合数据，包括内部系统、外部数据库和互联网数据。

数据分析和报表：BI 系统可以对数据进行分析，生成易于理解的报表、图表和可视化内容，帮助管理者更好地理解业务现状和趋势。

实时性和及时性：BI 系统能够提供实时或近实时的数据分析，让管理者能够快速了解当前情况并做出反应。

预测和趋势分析：BI 工具可以利用历史数据进行预测和趋势分析，辅助决策者进行长期规划和战略制定。

(2) 决策支持系统 (DSS)

决策支持系统是一种信息系统，帮助管理者解决复杂问题和做出决策。其主要特点包括：

数据支持：DSS 提供数据和信息，帮助管理者更好地理解问题和做出决策。

模型与分析工具：DSS 使用模型和分析工具，帮助管理者探索不同的决策选项，并评估其潜在结果。

交互性与用户友好性：DSS 通常具有用户友好的界面，支持用户与系统之间的交互，允许用户进行模拟和分析。

决策过程支持：DSS 提供决策制定的支持，但最终决策仍由人类决策者做出。

商业智能通常是一种更广泛的概念，涵盖了数据收集、分析和呈现，而决策支持系统更专注于提供决策制定的支持，包括建模、仿真、优化等更深度的决策相关功能。

综合来看，商业智能和决策支持系统为企业提供了有效的工具和平台，帮助管理者更好地理解业务状况、分析数据，并作出更明智、更基于数据的决策。

1.5.4 物联网与自动化技术

物联网(Internet of Things,IoT)和自动化技术在纺织服装业中的应用具有重要意义，两者结合可以优化生产流程、提高效率，并推动行业向智能化方向发展。

(1) 物联网 (IoT) 在纺织服装业中的应用

智能生产设备：纺织服装企业可以使用物联网传感器监测设备运行状态，实时采集数据并进行远程控制和管理，以提高设备利用率和预防故障。

供应链和库存管理：在物流和供应链管理中，物联网技术可以追踪原材料、半成品和成品的运输和库存情况，提高库存管理效率。

智能着装和智能纺织品：物联网技术嵌入纺织品中，可以实现智能着装，例如智能服装可以监测身体指标、温度等信息，并传输给用户或医疗机构。

环境监测和可持续性：物联网传感器可以用于监测生产过程中的环境参数，例如水资源利用情况、能源消耗等，以支持企业实现更可持续的生产方式。

(2) 自动化技术在纺织服装业中的应用

针对纺织服装行业共性需求和主要细分行业特点，以研发设计、生产计划调度、质量管控、仓储配送、绿色环保、市场营销、模式创新等关键环节，以及以数字化车间、智能工厂集成化应用为重点，培育并形成 一批符合行业需求、应用效果显著的数字化转型解决方案进行推广应用。

自动化生产线：自动化技术如机器人和自动化设备可用于纺织品生产流程，例如纺纱、织造和成衣制造等环节，提高生产效率和质量稳定性。

自动化仓储和物流：自动化技术在仓储和物流方面的应用有助于提高库存管理效率，例如自动化分拣系统和智能化货架管理系统。

智能质量控制：自动化技术可用于实现智能质量控制，通过视觉识别和传感器检测等技术，提高产品质量检测的准确性。

智能仪表与监控：自动化技术还包括对生产过程的实时监控和调节，例如自动化仪表和控制系统，确保生产过程的稳定性。

物联网和自动化技术的结合使纺织服装业能够更智能、更高效地管理生产、供应链和产品质量，有助于提升竞争力并适应快速变化的市场需求。

1.5.5 物联网技术在纺织生产中的应用

物联网技术在纺织服装生产中有多种应用，从监测生产过程到优化供应链，都能够带来显著的效益。例如，由智能化生产设备组建的西装规模化柔性定制生产线，借助于互联网与大数据系统，开发了量体标准和量体数据系统、千万级版型数据库、字典式编码统一物料管理系统，不仅满足了单裁定制业务的生产工艺要求，而且实现了大批量生产与单量单裁定制生产的柔性组织，满足了企业规模化定制生产的需求。此外，服装智能化生产的智能裁剪设备、智能吊挂协同、物联网模板机和自动化缝制单元等配套设备，也用到了物联网技术。

(1) 设备监测与维护

智能传感器应用：物联网传感器可以监测生产设备的运行状态、温度、湿度等参数，提前预警可能的故障，并进行远程监控与维护，以减少停机时间和降低维护成本。

预测性维护：基于物联网数据的分析，企业可以采取预测性维护措施，避免机器设备的突发故障，提高生产效率。

(2) 生产过程优化

实时生产监控：物联网技术可以实时监测生产线上的数据，包括产量、质量、能源消耗等指标，帮助管理者及时调整生产策略以提高效率。

质量控制：通过物联网传感器收集的数据，能够实现更精准的质量监控和追溯，确保产品符合质量标准。

(3) 供应链管理

库存控制与管理：物联网技术可以帮助追踪原材料和成品的运输、存储情况，优化库存管理，降低库存成本和废品率。

供应链透明度：实时数据收集和共享可提高供应链的透明度，更好地控制和协调供应链中的各个环节。

(4) 环境监测与可持续性

资源利用优化：通过监测能源和水资源的使用情况，物联网技术有助于企业识别节能和资源利用的潜在优化点。

环保合规性：通过物联网技术监测排放和废弃物处理等环境数据，企业可以更好地遵守环保法规并持续改进环境表现。

物联网技术的应用使得纺织生产更加智能化、高效化，并帮助企业更好地应对市场变化和环境压力，从而提升竞争力并实现可持续发展。

1.5.6 自动化设备和智能机器人技术

自动化设备和智能机器人技术在纺织服装业中发挥着重要作用，推动着生产流程的智能化和效率提升，包括智能裁剪、缝制、打包等智能化生产线。其中开发了面料疵点智能在线检测技术、产品载具自动变轨分流与多轨并行智能吊挂技术、自动打包入库一体化智能技术、数据驱动的床品生产多要素智能管控技术等，明显提高了生产效率。

(1) 自动化设备在纺织服装生产中的应用

纺纱和织造：自动化设备用于纺纱和织造过程，可以实现更高效的纱线和织物生产，提高生产速度和质量稳定性。

染色和印花：自动化系统在染色和印花过程中可以精确控制色彩和图案，提高生产一致性和质量。

成衣制造：自动化设备在裁剪、缝纫和整烫等成衣制造过程中，可以提高生产效率和产品质量，降低劳动力成本。

(2) 智能机器人技术在纺织服装生产中的应用

协作机器人：智能机器人能够与人类工作者协同工作，例如在搬运、包装和物流过程中提高效率并减少人力劳动。

视觉识别与检测：智能机器人配备视觉识别系统，可用于检测产品缺陷、质量控制和产品追溯，提高质量检测准确性。

自主导航和仓储管理：在仓储和物流环节中，智能机器人能够自主导航和管理货物，实现自动化的仓库管理。

(3) 优势与影响

提高生产效率：自动化设备和智能机器人能够执行重复性任务和高精度操作，提高生产效率并降低成本。

改善生产质量：这些技术可以实现精确的操作和质量控制，提升产品一致性和质量稳定性。

降低劳动强度：自动化设备和智能机器人的应用降低了部分工人的劳动强度，提高了工作安全性。

然而，引入自动化和智能化技术也面临着技术更新换代的挑战，需要大量的投资和培训，并可能对现有工作模式和员工需求产生影响。因此，合理的规划和平衡是推进这些技术应用的关键。

1.5.7 人工智能与机器学习

人工智能(AI)和机器学习(Machine Learning, ML)是现代科技领域的两个重要概念，它们在纺织服装业中的应用也逐渐受到关注和运用。

(1) 人工智能 (AI) 在纺织服装业中的应用

产品设计与研发：AI 技术可用于辅助纺织品设计和研发，通过分析市场趋势和消费者需求，提供创新设计方案。

生产优化与预测：AI 在生产过程中可以预测机器设备的故障，优化生产计划，提高生产效率。

质量控制：利用 AI 技术进行图像识别和数据分析，可以自动识别纺织服装产品的瑕疵和质量问题，提高质检效率和准确性。

(2) 机器学习 (ML) 在纺织服装业中的应用

生产优化与预测维护：ML 算法可用于分析大量的生产数据，预测生产瓶颈并进行优化，同时实现预测性维护。

供应链管理：ML 可以分析供应链数据，优化库存管理、物流规划和需求预测，提高供应链的效率和灵活性。

个性化定制和市场营销：基于 ML 的个性化算法，能够根据消费者的需求和喜好，提供定制化的产品和市场营销方案。

智能生产系统：ML 技术结合物联网设备，实现生产过程中的智能化控制和优化，提高生产效率和产品质量。

(3) 优势与未来趋势

提高效率和精度：AI 和 ML 可以处理大量数据，自动优化生产流程，提高效率和精度。

个性化定制：这些技术能够更好地理解消费者需求，支持个性化生产和市场定位。

持续发展和改进：随着数据的积累和技术的进步，AI 和 ML 在纺织服装业中的应用将持续发展，并引领行业变革。

虽然 AI 和 ML 在纺织服装业中有着广泛的应用前景，但引入这些技术也需要考虑数据隐私和安全、人才储备等问题，确保其在企业中的可持续性和合规性。

1.5.8 人工智能在纺织服装设计、生产和销售中的运用

人工智能在纺织服装设计、生产和销售中有多种应用，涵盖了整个价值链的不同环节。

(1) 纺织设计

智能设计辅助：AI 可以分析市场趋势、消费者喜好和历史数据，辅助设计师生成创新设计，提供灵感和设计建议。

材料和颜色预测：基于大数据分析和机器学习，AI 能够预测未来流行的材料和颜色趋势，为设计师提供指导。

(2) 生产优化

预测性维护：AI 可分析设备数据，预测机器故障，并提供预防性维护计划，降低生产中断和维修成本。

生产计划优化：利用 ML 算法分析历史数据，优化生产计划以适应市场需求变化，降低库存压力。

(3) 质量控制

视觉识别技术：AI 视觉识别系统可自动检测纺织服装产品的缺陷和质量问题，提高

质检效率和准确性。

质量预测：基于 ML 的模型可预测产品质量，帮助防止次品和提高产品一致性。

(4) 销售和营销

个性化推荐：AI 可分析消费者行为和喜好，提供个性化的产品推荐，提高销售转化率。

价格优化：利用数据分析和 ML 预测市场需求和价格变化，优化定价策略。

优势与影响：

精准决策支持：AI 提供数据驱动的决策支持，使企业能够更快速、更准确地做出决策。

定制化和个性化：通过 AI 分析消费者数据，企业可以提供更加个性化的产品和服务，增强客户体验。

生产效率提升：AI 优化生产流程，提高效率和产品质量，降低生产成本。

人工智能在纺织服装行业中的应用正在推动行业向着智能化、高效化和个性化方向发展，为企业创造更大的价值和竞争优势。

1.5.9 机器学习在质量控制和供应链管理中的应用

机器学习在质量控制和供应链管理中有广泛的应用，可以提高效率、准确性和决策的智能化程度。

(1) 机器学习在质量控制中的应用

视觉检测和瑕疵识别：通过机器学习模型训练，可以对产品进行视觉检测，识别瑕疵或缺陷。这项技术在纺织品、电子产品、汽车零部件等领域都有应用。

异常检测：机器学习模型可以分析大量数据，识别出与正常生产流程不符的异常情况，如生产中的异常状态、异常品质等。

预测性质量控制：基于历史数据的机器学习模型能够预测质量问题的可能性，帮助企业在生产过程中预防质量缺陷的发生。

(2) 机器学习在供应链管理中的应用

需求预测和库存优化：利用机器学习分析历史销售数据和市场趋势，可以更准确地预测需求，优化库存管理，避免过量或不足的库存。

供应链透明度和风险管理：机器学习可以实时监测供应链各个环节的数据，提高透明度，同时识别潜在的风险并做出及时调整。

运输优化和路线规划：通过机器学习算法分析运输数据，优化物流路线，降低运输成本和时间。

(3) 优势和影响

提高效率与准确性：机器学习可以处理大量数据，并基于算法进行决策，提高质量控制和供应链管理的效率和准确性。

实时决策支持：机器学习模型能够实时分析数据并作出反馈，为管理者提供更及时、更精准的决策支持。

降低成本：通过预测性维护和准确的需求预测，可以减少维护成本和库存成本，提高利润率。

机器学习在质量控制和供应链管理中的应用有助于企业实现更高效、更精准的运营，提升产品质量和客户满意度，同时降低生产成本和风险。

3D 数字人在纺织服装领域的应用可以涵盖多个方面，包括模特培训、服饰设计模拟、生产模拟等。以下是在这些领域中使用 3D 数字人进行虚拟培训的一些关键应用和优势：

模特培训：在时尚和模特行业，3D 数字人可以扮演虚拟模特，模拟各种时装秀和拍摄场景。这为模特提供了实际走秀和摆姿的机会，有助于提高他们的表演技巧。

服饰设计模拟：3D 数字人可以用于模拟服饰设计过程。设计师可以将虚拟服装穿在数字人物身上，预览设计效果，调整款式和颜色，以更好地展示设计概念。

生产模拟：在制造业和生产领域，3D 数字人可以参与生产线模拟。这包括模拟生产过程、机器操作，培训员工的操作技能和工作流程。

交互式设计教育：对于设计专业，3D 数字人可以用于创建交互式设计教育场景。学生可以与虚拟的设计元素进行互动，学习设计原理和技能。

演绎学习：通过 3D 数字人，学生和培训者可以进行演绎学习，模拟各种现实场景，提高学生在特定领域的实际操作能力。

个性化培训体验：3D 数字人可以被定制为符合不同培训需求的角色。这允许培训者为学生提供个性化、有针对性的培训体验。

实时反馈：学生可以通过与 3D 数字人互动，获得实时反馈和指导。这种反馈机制有助于学生及时纠正错误、提高技能水平。

通过引入 3D 数字人进行虚拟培训，可以提供更具体、更真实的体验，使学生能够在安全、虚拟的环境中获得更多实践经验。这对于培训质量的提升和学员技能的提高都具有显著的益处。

虚拟试衣是 3D 数字人在零售和时尚领域中的一项重要应用。通过虚拟试衣技术，用户可以在虚拟环境中使用 3D 数字人模拟实际试穿服装的体验。以下是虚拟试衣的一些关键应用和优势：

虚拟试衣间体验：用户可以在虚拟试衣间中通过自己的 3D 数字人尝试不同款式、颜色和尺寸的服装，而无需亲自到实体店面。

个性化选择：3D 数字人可以被个性化定制,使用户更好地了解服装在他们身上的效果。这有助于提高用户对服装的满意度，减少在线购物的不确定性。

实时反馈：用户可以在虚拟环境中获得实时反馈，包括服装的合身度、颜色搭配等。这种反馈有助于用户更好地做出购物决策。

社交共享：用户可以在虚拟试衣环境中拍照或录制视频，与朋友或社交媒体上的关注者分享他们的试衣体验，增加社交互动。

减少退货率：虚拟试衣技术有助于减少在线购物中因为尺寸不合适或款式不满意而导致的退货率，提高购物体验的质量。

多品牌体验：用户可以在虚拟试衣间中体验多个品牌的服装，拓展其购物选择范围，而无需在实体店面中逐一尝试。

虚拟配饰尝试：除了服装，虚拟试衣技术还可以扩展到配饰，让用户尝试不同的配件和装饰品，完整呈现整体搭配效果。

通过引入虚拟试衣技术，零售和时尚行业可以提升用户的购物体验，同时减少潜在的不满意和退货情况，促进在线购物的发展。这对于数字化时代的零售业具有重要的创新和竞争优势。

结语： 在纺织服装产业数智化企业管理的探索中，我们深入研究了技术变革对企业管理的影响。数智化的浪潮已经成为产业转型升级的关键动力，为企业带来了新的机遇和挑战。本章中，我们聚焦于数智化对纺织服装企业管理所带来的变革。从生产流程到供应链管理再到市场营销，数智化技术正重新定义着企业的运营方式和商业模式。自动化设备的应用提高了生产效率，大数据分析和物联网技术优化了供应链管理，智能营销和个性化定制则推动了市场竞争力的提升。

然而，数智化并非一蹴而就的成功方程式。企业在转型过程中面临着诸多挑战，包括技术投入、人才培养、数据隐私保护等。成功转型需要企业在管理层面更具远见和创新，不断拓展新技术应用的边界，并在技术和人力资源之间取得平衡。

因此，数字化智能化企业管理需要在技术创新和管理实践之间找到平衡点。它不仅仅是技术的应用，更是一种战略性的变革。只有在管理智慧和技术智能的双重引领下，纺织服装企业才能在激烈的市场竞争中抢占先机，实现可持续的发展。

最后，本章的研究旨在启发企业对数智化转型的思考，并提供了一些指导性的观点。数智化虽然是一场全新的革命，但它也是一个充满机遇的时代，唯有积极拥抱变革，才能引领企业在未来的竞争中保持领先地位。

思考题：

1. 在实施方案中，如何引入先进技术和数字化手段以提高生产效率和产品质量？对于纺织服装企业而言，哪些技术是最为关键的？

2. 如何推动智能化生产和自动化流程以提升生产效率和减少成本？数智化工厂和智能制造在提升生产力和质量方面有何作用？

3. 如何优化纺织供应链以确保原材料和资源的可追溯性、可持续性和高效利用？在实施方案中，是否考虑到了环保和社会责任？

4. 提质升级是否涉及对产品品质的全面提升？是否考虑引入个性化定制方案以满足市场不断变化的需求？

5. 在实施方案中，是否包括了培养员工技能和知识的计划？纺织工业未来需要哪些新型人才来适应数字化和智能化转型？

6. 在提质升级的计划中是否有涉及市场营销和品牌升级？数字化营销和社交媒体在提高品牌曝光和吸引客户方面如何发挥作用？

7. 在制定实施方案时，是否包含了监测和评估机制，以便及时调整和优化方案的执行进度？

第 2 章 数智化对纺织服装企业管理的影响

数字化和智能化技术对纺织服装企业管理产生了深远的影响，这些技术不仅提高了生产效率，还改善了质量管理、供应链管理和客户关系。数智化技术，如自动化机器人、自动化生产线和物联网设备，使纺织服装企业能够实现生产自动化。这有助于提高生产效率、减少人力成本和降低人为错误的风险。智能传感器和数据分析工具可以监测生产过程中的关键指标，有助于实时检测和纠正质量问题。这提高了产品质量，减少了次品率，减少了退货和维修成本。数智化技术使供应链管理更加智能化。企业可以更好地跟踪原材料的来源、库存水平、交付计划和货物运输，以实现更高的供应链可见性和效率。数智化技术使纺织服装企业能够更容易地实现定制生产。通过数字化工艺和生产系统，可以满足客户个性化的需求，从而提高客户满意度。总之，数字化和智能化技术对纺织服装企业管理带来了许多机会和挑战。那些充分利用这些技术的企业将能够提高生产效率、降低成本、提高产品质量，并更好地满足市场需求，从而获得竞争优势。但需要注意，数字化转型也需要投资和培训，以确保员工能够适应新技术和流程。

2.1 数智化技术对纺织服装企业管理的应用

2.1.1 Web 3.0 加速服装智能制造实现

Web 3.0 技术的应用可以在服装智能制造领域带来许多创新，提高效率、透明度和可追溯性。以下是 Web 3.0 如何加速服装智能制造实现的一些方面：

区块链技术确保供应链透明度：Web 3.0 中的区块链技术可以用于建立透明、不可篡改的供应链系统。这有助于追踪原材料的来源、生产过程中的每个环节以及最终产品的分发。通过提高供应链透明度，可以降低不当行为的风险，确保产品质量和可持续性。

智能合约优化合作关系：利用智能合约，制造商和供应商之间的合作关系可以更加自动化和透明。智能合约可以自动执行合同条款，确保支付的及时性，并根据实际完成的工作自动进行结算。这有助于减少合作方之间的纠纷，提高效率。

数字身份验证和溯源：Web 3.0 的身份验证技术可以用于确保每个参与者在供应链中都有唯一的数字身份。这有助于防止冒充和非法操作。同时，溯源技术可以通过数字标签或识别码追踪每个产品的历史和制造过程,提高产品溯源的准确性。

　　分布式存储和共享设计数据:Web 3.0 的分布式存储技术可以用于安全地存储和共享设计数据。设计师、制造商和供应商可以在分布式网络上实时共享设计文件,确保每个参与者都使用最新版本的数据,加速整个制造流程。

　　去中心化的生产网络:Web 3.0 可以支持去中心化的生产网络,使得生产资源更加平等分配。制造商和供应商可以通过智能合约直接合作,无需中间商的参与。这有助于降低成本、提高效率,并促进更加公正的产业生态。

　　数字孪生技术优化生产过程:Web 3.0 的数字孪生技术可以用于模拟和优化整个生产过程。通过数字孪生,制造商可以在虚拟环境中测试不同的生产方案,减少实际制造过程中的错误和浪费。

　　综合来看,Web 3.0 技术在服装智能制造中的应用有望提高生产效率、降低成本,并推动整个产业向更加可持续和智能的方向发展。然而,在推动应用的过程中,也需要解决一些安全性和标准化的挑战。

2.1.2 数字技术重构服装制造生态体系

　　数字技术在服装制造领域的应用,有望重构整个生态体系,提升生产效率、产品质量和可持续性。以下是数字技术如何重构服装制造生态体系的一些方面:

　　智能工厂和自动化生产:引入数字化的生产设备和自动化技术,可以实现智能工厂的建设。智能机器人和自动化流水线可以加速生产速度,降低人工成本,提高产品一致性和质量。

　　物联网(IoT)优化生产流程:在生产线上部署传感器和物联网设备,可以实现对整个生产过程的实时监测和管理。这有助于预测潜在问题、减少停机时间,并优化资源利用。

　　数字化设计和虚拟样板:利用数字化设计工具和虚拟样板,设计师可以更快速地创建和修改设计,减少样品制作的时间和成本。这有助于提高创新能力和设计灵活性。

　　供应链透明度和区块链技术:应用区块链技术建立供应链透明度,确保原材料来源的可追溯性,防止伪劣产品和不当行为。这有助于提高整体供应链的可信度。

　　数字化营销和个性化定制:利用数字技术,制造商可以实施更加精准的数字化营销策略。个性化定制产品可以通过数字化的方式更好地满足消费者个性化需求,提高客户满意度。

　　大数据分析优化生产计划:应用大数据分析技术,可以对市场趋势、销售数据和生产过程进行深入分析,优化生产计划,减少库存压力,提高生产效率。

　　虚拟现实和增强现实在培训中的应用:制造工人可以通过虚拟现实和增强现实技术接受培训,提高技能水平。这有助于降低培训成本,缩短员工上岗时间。

　　可穿戴技术监测工人健康和安全:利用可穿戴技术,监测工人的健康和安全状况,提高工作场所的安全性,减少事故发生率。

　　综合而言,数字技术在服装制造中的应用有望实现整个生态体系的升级和优化,使产业更加智能、高效、可持续。然而,推动数字技术的应用也需要关注数据隐私、安全性、培训和文化转变等方面的挑战。

2.1.3 全渠道供应链数智化协同加速

全渠道供应链数智化协同是指利用数字技术通过整合和协同各个渠道的供应链环节，实现供应链的智能化、高效化、透明化和协同化。

数据整合和共享：通过整合各个渠道的数据，包括生产、物流、销售等环节的数据，实现全渠道的数据共享。这有助于准确把握整个供应链的状态，提高决策的准确性。

物联网和传感器技术：在全渠道供应链中应用物联网和传感器技术，实现对物流、库存和生产过程的实时监测。这有助于提高运输的可视性、减少库存积压，并提高生产过程的透明度。

智能预测和需求规划：利用大数据分析和人工智能技术，对市场趋势和需求进行智能预测。这有助于优化生产计划、库存管理，确保及时响应市场变化。

智能制造和生产调度：应用数智化技术，实现生产过程的智能化和柔性化。智能制造可以根据需求调整生产计划，提高生产效率和灵活性。

区块链确保供应链透明度：应用区块链技术建立不可篡改的供应链记录，确保产品原材料的可追溯性，防范不当行为。这有助于提高供应链的透明度和可信度。

协同平台和数字化合作：利用协同平台和数字化工具，实现各个供应链参与方之间的即时沟通和协同。这有助于减少信息断层，提高整体响应速度。

智能仓储和物流：利用智能仓储系统和物流优化技术，提高库存管理效率，减少仓储成本，确保产品及时、准确地送达目的地。

人工智能支持决策制定：利用人工智能技术辅助决策制定，提供实时数据分析和预测，帮助管理者做出更加准确的战略性决策。

通过全渠道供应链数智化协同，企业可以更好地适应市场变化，提高生产效率，降低成本，提升客户满意度。然而，实现这一目标需要跨部门、跨组织的合作，并应对数字化转型中可能出现的挑战。

2.1.4 服装消费需求趋向"悦己实用"

"悦己实用"是指消费者对服装的需求趋向追求个人愉悦感和实用性。这一趋势反映了消费者对服装的期望发生了变化，更加注重服装在日常生活中既能感到舒适愉悦，同时也具有实际的功能性。以下是该趋势的一些关键特征：

舒适性和贴身感：消费者更加注重服装的舒适性，追求穿着时的贴身感。这可能表现在选择柔软、透气、质地舒适的面料，以确保在日常活动中感到愉悦。

实用性和功能性：消费者更倾向于购买具有实际功能性的服装，满足日常需求。例如，多口袋设计的裤子、具有防水功能的外套等，以适应各种生活场景。

多样化和个性化：悦己实用的趋势也表现为对服装的多样化和个性化的需求。消费者希望能够在选择服装时表达个性，并找到符合自己独特风格和需求的款式。

可持续性和环保：环保意识的日益增强，消费者更倾向于选择具有可持续性的服装。这包括选择使用环保材料、支持可持续生产和循环利用的品牌。

直观购物体验：悦己实用的趋势还反映在购物体验上，包括线上线下一体化、试穿方便等，以确保购物过程愉悦且高效。

自由搭配和混搭：消费者更倾向于自由搭配不同款式的服装，创造出符合自己独特风格的造型。这强调了服装的多功能性和可搭配性。

这种"悦己实用"的趋势推动了纺织服装产业向更加注重消费者体验、功能性和个性化方向发展。品牌和设计师需要更加关注消费者的实际需求，提供既具有美感又实用的服装，以适应这一变化的市场趋势。

2.1.5 智能机器人

智能机器人可以用于材料搬运、产品组装和包装等任务，它们可以在无需休息的情况下连续工作，提高了生产线的效率。

材料搬运：智能机器人可以用于从仓库搬运原材料到生产线上，或将成品从生产线运送到仓库。这可以大大提高搬运效率，减少了人力劳动。

产品组装：在一些纺织产品的生产中，需要组装不同部件。智能机器人可以精确地执行组装任务，提高了产品质量和一致性。

包装：智能机器人可以自动将纺织成品包装到适当的包装材料中，并进行标记。这减少了人力和时间，同时提高了包装的效率和外观。

无休息工作：智能机器人可以连续工作，无需休息，这使得生产线能够实现24/7的运作，提高了产能和生产效率。

任务多样性：智能机器人可以根据需要进行编程，以执行多种任务，从而提高了生产线的灵活性。它们可以轻松适应不同产品和规格的生产。

减少人为错误：智能机器人执行任务时精确无误，减少了由于人为错误而引起的质量问题。

提高安全性：机器人可以执行危险的任务，如处理高温或有毒物质，从而提高了工作场所的安全性。

尽管智能机器人在纺织服装业中有许多潜在优势，但它们也需要高昂的初始投资、维护和编程。此外，员工可能需要接受培训，从而与机器人合作。然而，随着技术的发展和成本的下降，越来越多的纺织服装企业正在考虑智能机器人作为提高生产效率和降低生产成本的一种方式。

2.1.6 数据分析和预测

数智化技术可以帮助企业分析生产数据，识别潜在的问题，并采取纠正措施。预测模型可以帮助企业更好地预测生产需求，以便适时调整生产计划，避免过剩或不足的情况。数据分析和预测在纺织服装业中是非常有价值的工具，以下是一些关于它们的应用和好处：

预测需求：利用数据分析和预测模型，企业可以更准确地预测市场需求和客户订单。这有助于优化生产计划，减少库存成本，避免过剩或不足的情况。

生产效率优化：数据分析可以揭示生产过程中的瓶颈和效率低下的区域。这有助于企业采取措施来改进生产效率，减少生产成本。

产品创新：数据分析可以帮助企业了解市场趋势和客户偏好，从而指导产品设计和开发。这有助于推出更具市场竞争力的产品。

资源管理：通过数据分析，企业可以更好地管理资源，如原材料、劳动力和能源。这有助于降低成本，提高可持续性。

决策支持：数据分析提供了更多的信息和见解，帮助企业领导层制定明智的决策，从而提高经营绩效。

总之，数据分析和预测在纺织服装业中可以改善生产效率、质量控制、供应链管理和产品创新，有助于企业更好地适应市场变化，降低成本，提高可持续性，并增强竞争力。这些技术将继续在纺织服装业中发挥关键作用，特别是在数字化转型过程中。

2.1.7 实时监控和远程管理

数智化技术允许企业实时监控生产过程。管理人员可以通过远程监视系统随时了解生产情况，及时做出决策，以确保生产线正常运行。实时监控和远程管理是数智化技术在纺织服装业中的重要应用，具有多方面的优势：

生产效率提高：实时监控系统允许企业持续跟踪生产过程，以及时发现问题并采取纠正措施。这有助于减少停机时间，提高生产效率。

质量控制：通过实时监控关键参数，企业可以及时发现生产中的质量问题，并采取措施来减少次品率。这有助于提高产品质量。

成本降低：实时监控和远程管理可以帮助企业更好地管理能源、原材料和劳动力的使用，降低生产成本。

远程决策支持：远程管理允许管理人员远程访问生产数据，以便随时做出决策。这对于多地点和全球化的企业非常有用。

可持续性：实时监控可以帮助企业减少能源浪费和碳排放，从而提高可持续性。

灾难恢复：在紧急情况下，远程管理系统可以用于迅速恢复生产，并减少损失。

虽然实时监控和远程管理具有众多优势，但也需要考虑数据隐私和安全性的问题，确保敏感数据不被未经授权的人访问。此外，需要投资于硬件和软件设备，以建立和维护这些系统。综合来看，实时监控和远程管理是纺织服装业数字化转型中的关键组成部分，有助于提高生产效率、质量和可持续性。

2.1.8 设备维护和故障预测

数智化技术可以帮助企业进行设备维护的预测和计划。通过监测设备传感器的数据，可以识别设备可能出现故障的迹象，并提前采取维修措施，减少生产中断时间。设备维护和故障预测是数智化技术在制造业中的重要应用领域，对于提高生产效率和降低成本非常关键。

故障预测：数智化技术通过监测设备传感器的数据，可以检测设备性能下降或异常情况的迹象。这有助于提前预测可能的故障，以便及早采取维修措施，减少生产中断时间。

降低停机时间：故障预测和预测性维护可以减少设备的停机时间，提高生产连续性。这对于生产线的高效运行非常重要。

提高设备可用性：通过减少计划外的维护需求，设备可用性得以提高，从而提高生产效率。

延长设备寿命：预测性维护有助于延长设备的寿命，减少更频繁的设备更换成本。

优化维护资源：基于数据的维护策略可以帮助企业更好地分配维护资源，确保最需要维修的设备得到关注。

自动化维护提醒：数字化系统可以自动生成维护提醒和工单，使维护团队能够及时采取行动。

数据分析和机器学习：随着技术的发展，数据分析和机器学习将在故障预测和预测性维护中发挥越来越大的作用，提供更准确的预测和决策支持。

需要指出的是，实施设备维护和故障预测系统需要投资于传感器、数据分析软件和培训，但这些投资通常会在减少停机时间、降低维护成本和提高生产效率方面得到回报。这对于制造企业来说是一项重要的数字化举措，有助于提高设备的可靠性和生产线的稳定性。

2.1.9 精益生产和流程优化

数智化技术可以支持精益生产原则，帮助企业优化生产流程，减少浪费和不必要的环节，从而提高效率。数智化技术在支持精益生产和流程优化方面发挥了关键作用。以下是有关数智化技术如何帮助企业实施精益生产原则：

实时监控和数据分析：数智化技术允许企业实时监控生产过程中的各种参数和性能指标。这有助于及时发现问题，识别浪费，以及制定改进计划。

可视化管理：数字化系统可以创建可视化的生产数据仪表板，以便员工和管理人员更好地了解生产状态和性能。这有助于加强团队之间的协作，提高问题的识别和解决速度。

自动化和智能化：自动化设备和智能机器人可以用于执行重复性高的任务，减少人为错误和浪费。智能化设备还能够适应不同产品规格和需求。

流程改进：数智化技术可以帮助企业分析生产流程，找出瓶颈和低效环节。这使得企业能够优化流程，降低生产成本，提高生产效率。

数据驱动决策：数据分析可以提供决策支持，帮助企业领导层做出基于事实的决策，而不是主观猜测。

自动化库存管理：数字化系统可以帮助企业优化库存管理，减少库存水平，同时确保原材料和成品的及时供应。

灵活生产：数智化技术支持灵活生产，使企业能够快速适应市场需求的变化，生产不同规格的产品。

连续改进文化：数字化系统可以促进企业内部的连续改进文化，鼓励员工积极参与流程改进和效率提高。

通过数智化技术的应用，企业能够更好地实施精益生产原则，提高效率，减少浪费，降低成本，并增强竞争力。这有助于确保生产过程更加灵活、高效，以应对市场的变化和客户需求的多样性。

2.1.10 供应链协同

数智化技术可以促进供应链的协同工作，确保原材料按时供应，从而减少生产线的停滞。供应链协同还可以帮助企业更好地应对市场需求波动。供应链协同是数智化技术在制造业中的重要应用领域，具有多方面的优势，特别是在纺织服装业这样的复杂供应链环境下。

实时可见性：数字化系统可以提供实时可见性，让供应链各方了解供应链中的运作情况，包括原材料供应商、生产厂商和分销商。这有助于及时发现问题并采取纠正措施。

需求预测：数据分析和预测模型可以帮助企业更准确地预测市场需求，从而更好地协调原材料采购和生产计划。

库存优化：数字化系统可以帮助企业更好地管理库存，减少库存水平，降低成本，同时确保原材料的及时供应。

自动化订单处理：数字化系统可以自动化订单处理和交付排程，减少人为错误，提高订单处理效率。

交付可靠性：数字化系统可以监测运输和交付情况，以确保原材料和成品的及时交付。这有助于降低生产线的停滞时间。

应急计划：数字化系统可以帮助企业制定应急计划，以应对突发事件，如供应链中断或自然灾害。

供应链协同通过数智化技术的支持，有助于提高供应链的效率和可靠性，确保生产线不会因原材料短缺或交付问题而中断。这对于满足市场需求、降低成本和提高客户满意度非常重要。

通过采用这些数字化和智能化技术，纺织服装企业可以实现生产效率的显著提升，降低生产成本，提高产品质量，加强竞争力，满足客户需求，从而取得更大的商业成功。

2.2 产品质量的改善

数字化和智能化技术在纺织服装业中可以极大地改善产品质量，通过实时监控、自动化和数据分析来提高质量控制和管理。

2.2.1 智能传感器

在纺织生产中使用智能传感器，可监测各种参数，如温度、湿度、张力和颜色，以便实时检测潜在问题并进行调整。智能传感器在纺织生产中的应用对于提高质量控制和生产效率非常重要。以下是智能传感器在纺织服装行业中的一些关键应用：

温度和湿度监测：智能传感器可以监测纺织生产环境中的温度和湿度。这有助于确保生产条件符合所需的规格，特别是对于某些纺织品来说，温湿度是至关重要的参数。

张力控制：张力是纺织生产中的一个关键参数，影响纺织品的质量。智能传感器可以监测材料的张力，并确保它在生产过程中保持一致。

颜色测量：在染色和印花过程中，智能传感器可以用于测量颜色，以确保产品达到所需的颜色规格。

纺织材料检测：智能传感器可以检测纺织材料中的缺陷，如断裂、疵点或异物。这有助于提前发现问题，减少次品率。

原材料质量控制：在纺织生产中，智能传感器可以用于监测原材料的质量，确保只有高质量的原材料被使用。

生产设备状态监测：智能传感器还可以用于监测生产设备的状态，以进行预测性维护。这有助于减少设备停机时间，提高生产可用性。

实时反馈：智能传感器提供了实时数据，允许操作人员立即做出调整以确保产品质量。

数据记录和分析：智能传感器生成大量数据，这些数据可以被记录和分析，帮助企业更好地了解生产过程，识别潜在问题，并进行持续改进。

通过使用智能传感器，纺织服装企业可以提高生产的可控性和可追溯性，降低次品率，提高产品质量以及减少生产成本。这对于满足客户需求和维护竞争力非常重要。

2.2.2 数据分析和大数据

收集生产过程中的数据并进行分析，以识别趋势和异常。这可以帮助预测质量问题并采取纠正措施，减少次品率。数据分析和大数据在纺织生产中的应用是为了改善质量控制和生产效率，以下是这一领域的一些关键应用：

实时监控：数据分析和大数据技术允许企业实时监控生产过程中的各种参数，包括温度、湿度、张力、颜色和设备状态。这有助于及时检测潜在问题并采取纠正措施。

质量预测：基于历史数据和趋势分析，企业可以使用数据分析来预测潜在的质量问题。这使得可以提前采取措施，降低次品率。

过程优化：数据分析可以揭示生产流程中的瓶颈和效率低下的区域。这有助于企业优化流程，提高生产效率。

异常检测：数据分析可以帮助企业检测异常情况，如设备故障或材料变化，从而及时采取措施，避免生产中断或次品。

库存管理：数据分析可以用于优化库存管理，减少库存水平，降低库存成本，同时确保原材料和成品的及时供应。

可持续性：数据分析可以帮助企业更好地管理资源，减少能源和原材料的浪费，提高可持续性。

通过数据分析和大数据技术的应用，纺织服装企业可以更好地控制生产过程，提高产品质量，降低次品率，优化成本，提高生产效率，并增强竞争力。这有助于确保产品符合标准，满足客户需求，并在市场上取得成功。

2.2.3 智能质量控制系统

使用计算机视觉技术和人工智能来自动检查和分类产品，以确保它们符合质量标准。

自适应生产：通过使用智能系统，纺织服装企业可以实现自适应生产，根据实时需求和质量数据调整生产过程，以确保产品始终保持高质量。自适应生产是一种重要的数智化技术在纺织服装业中的应用，它允许生产线在实时基础上做自动调整以满足需求和质量要求。

实时监控和反馈：自适应生产依赖于实时监控生产过程中的各种参数和性能指标，如温度、湿度、张力、颜色和产品质量。这些数据可用于及时检测问题和异常情况。

自动调整：基于实时数据，智能系统可以自动调整生产参数，如生产速度、温度和张力，以确保产品始终保持高质量。

自适应质量控制：自适应生产系统可以与质量控制系统集成，根据产品质量的需求自动调整生产参数。这有助于减少次品率。

生产线灵活性：自适应生产系统使生产线更加灵活，能够适应不同产品规格和需求，从而提高生产线的多功能性。

节约成本：自适应生产有助于优化资源使用，降低能源消耗和原材料浪费，从而降低生产成本。

自适应库存管理：自适应生产系统可以与库存管理系统集成，确保原材料和成品的库存水平是适当的，不会过高或不足。

实时数据分析：自适应生产还涉及实时数据分析，以识别生产过程中的潜在问题并采取纠正措施。

追溯性：数字化系统可以帮助跟踪原材料的来源、生产批次和交付记录，从而追溯质量问题的根本原因。

自适应生产系统需要高度智能化的硬件和软件，以确保生产线能够及时做出调整。这些系统通常使用机器学习和人工智能技术，以提供决策支持和自动化调整。自适应生产有助于提高生产线的灵活性和质量控制，使企业更好地应对市场需求的变化，降低成本，并提高生产效率。

2.2.4 产品生命周期管理

产品生命周期管理（Product Lifecycle Management，PLM）系统帮助企业更好地管理产品设计和开发，以确保产品质量从一开始就得到关注。PLM系统在纺织服装业中的应用是为了更好地管理产品的设计、开发和生命周期，确保产品质量从最早的阶段开始关注。以下是一些与PLM系统相关的关键内容：

产品设计和规格管理：PLM系统允许企业集中管理产品设计和规格，确保设计符合质量标准和客户需求。

原材料管理：PLM系统可以帮助企业管理原材料的信息，包括供应商、质量标准和可用性。这有助于确保选择和使用高质量的原材料。

版本控制：PLM系统允许跟踪产品设计和规格的版本，以确保相关团队都在使用最新的信息。

协同设计：PLM系统促进了跨部门和跨地理位置的协同设计，从而提高产品质量和创新。

质量控制：PLM系统可以与质量管理系统集成，确保产品在设计和生产的每个阶段都符合质量标准。

配置管理：PLM 系统可以帮助企业管理产品配置，以确保产品满足客户的不同需求和规格。

风险管理：PLM 系统允许企业识别和管理与产品质量相关的风险，从而降低质量问题的发生概率。

文档管理：PLM 系统可以集中管理产品文档，包括设计规格、测试报告和认证文件。

生命周期管理：PLM 系统支持产品的整个生命周期，从概念设计到终端处置，确保产品在整个生命周期内保持质量。

PLM 系统是一种综合性的工具，它将设计、质量、供应链和生命周期管理整合到一个平台上，有助于确保产品质量始终是一个核心关注点。这对于纺织服装企业来说特别重要，因为产品质量对于满足客户需求和维护声誉至关重要。

2.2.5 客户反馈和互动

企业通过数字渠道与客户互动，了解他们的需求和反馈，以改进产品设计和生产过程。与客户进行数字化互动和收集反馈是提高产品质量和满足客户需求的重要途径，以下是这一方面的一些关键要点：

数字渠道互动：企业可以通过多种数字渠道与客户进行互动，如社交媒体、电子邮件、在线调查、客服平台和在线论坛。这种互动可以提供即时的、大规模的反馈渠道。

产品改进：通过收集客户的反馈和需求，企业可以了解客户对产品的看法，收集他们的建议和意见，以指导产品设计和生产过程的改进。

定制化产品：通过与客户互动，企业可以更好地了解个性化需求，从而提供定制化的产品和服务，满足客户特定的需求。

市场趋势分析：客户互动也提供了洞察市场趋势的重要来源，帮助企业预测未来需求并调整产品策略。

快速响应和问题解决：通过数字渠道，企业可以快速响应客户的问题和反馈，建立更紧密的关系，并及时解决问题，增强客户满意度。

品牌声誉管理：有效的客户互动和积极的反馈收集有助于维护企业的品牌声誉，使其更加受客户信任。

关系建立：通过互动，企业可以建立更深入的关系和更多的信任，使客户更愿意与企业合作并成为忠实的顾客。

产品创新：通过了解客户需求和反馈，企业可以获得创新的灵感，并推出新产品或改进现有产品。

数字渠道的使用为企业提供了一个强大的平台，通过与客户进行直接互动，了解他们的需求和期望，以改进产品设计、生产和服务流程。这种互动有助于企业更快速地满足市场需求，提高产品质量，并增强客户忠诚度。

2.2.6 培训和人才发展

培训员工，使他们能够使用数字化和智能化工具，提高生产过程的质量和效率。培训和人才发展对于成功实施数字化和智能化技术，以提高生产过程的质量和效率非常重要。

以下是一些关于培训和人才发展的关键方面和优势：

技能提升：通过培训，员工可以学习如何使用数字化和智能化工具，掌握新的技能，从而更好地参与生产过程。

适应变化：数字化和智能化技术不断演进，员工需要不断更新知识和技能，以适应新的工具和工艺。

提高生产效率：培训可以帮助员工更好地理解和利用数字化工具，以提高生产效率，减少浪费和提高质量。

质量控制：培训有助于员工更好地理解产品质量标准和质量控制流程，从而提高产品的一致性和符合度。

安全性和合规性：培训可以强调员工在数字化环境中的安全和合规性，确保工作过程的合法性和可持续性。

创新能力：通过培训，员工可以了解创新和最佳实践，从而有助于提高产品和生产过程的创新能力。

团队协作：培训也可以强调团队协作和沟通，以确保团队成员能够有效地共同工作和解决问题。

持续改进文化：培训可以鼓励员工积极参与持续改进流程，从而提高整体效率和质量。

人才吸引和留住：提供培训机会有助于企业吸引和留住高素质的员工，提高员工忠诚度。

知识分享：培训可以促进知识分享和经验传递，确保组织中的知识和技能被不断传承。

培训和人才发展是数字化和智能化技术成功实施的关键因素。它可以提高员工的能力，使他们能够更好地适应变化和利用新的工具，从而提高生产过程的质量、效率和竞争力。

综合利用这些数字化和智能化技术，纺织服装企业可以改善产品质量，减少次品率，降低成本，提高生产效率和客户满意度，并在市场竞争中脱颖而出。这有助于提高企业的竞争力并取得商业成功。

成本控制与资源优化

数字化和智能化纺织技术在成本控制和资源优化方面提供了很多机会，帮助纺织服装企业更有效地管理资源、降低成本、提高效率，同时提高生产质量。以下是数字化和智能化对成本控制和资源优化的影响：

2.3.1 生产过程优化

数字化和智能化技术可以监测和控制生产过程中的各个环节，以提高生产效率和降低废品率。通过实时数据分析，生产管理可以及时调整参数以最大程度地减少能源和原材料的浪费。生产过程优化是数字化和智能化技术在纺织服装业中的一个重要应用领域，旨在提高生产效率、降低废品率和资源利用率。以下是一些关于生产过程优化的关键方面和好处：

实时监控：数字化和智能化技术允许实时监控生产过程中的各个环节，包括温度、湿度、张力、速度等参数。这有助于及时发现问题并采取纠正措施。

自动化控制：数智化技术可以自动调整生产参数，如温度、湿度、速度和张力，以确保产品始终保持高质量。

数据分析：实时数据分析帮助企业识别生产过程中的趋势和异常，从而改善生产流程。

资源优化：通过数据分析，企业可以更好地了解资源的使用情况，降低能源和原材料的浪费，降低成本。

质量控制：数智化技术可以与质量控制系统集成，以确保产品在整个生产过程中符合质量标准。

减少次品率：通过自动化控制和质量监控，企业可以降低次品率，提高产品的一致性。

减少生产停机时间：预测性维护技术通过监测设备状态，帮助企业预测设备故障，从而减少生产线的停机时间。

生产灵活性：数字化和智能化技术使生产线更具灵活性，能够适应不同产品规格和需求。

成本控制：通过提高生产效率和减少资源浪费，生产过程优化有助于控制生产成本。

生产过程优化通过数字化和智能化技术的应用，可以提高生产线的效率、质量和可持续性，从而增强企业的竞争力。这对于纺织服装企业来说特别重要，因为它们需要不断提高生产效率，降低废品率，并满足不断变化的市场需求。

2.3.2 节能和可持续性

智能能源管理系统可以监测能源使用情况，优化能源消耗，降低能源成本，同时降低环境影响。这有助于实现可持续生产。智能能源管理系统在纺织服装业中的应用是为了提高能源效率、降低成本和减少环境影响，以下是一些与这一方面相关的关键要点：

能源监测和分析：智能能源管理系统可以实时监测能源使用情况，包括电力、气体和水等资源。通过数据分析，企业可以了解能源的消耗模式和高峰时段，以便采取措施降低成本。

自动化控制：智能能源管理系统可以与生产设备集成，以实现自动化控制，例如自动调整温度、照明和设备的能源消耗，以提高能源效率。

节能策略：基于能源数据分析，企业可以开发和实施节能策略，包括能源优化、设备升级和生产过程的改进。

成本削减：通过降低能源成本，企业可以在生产过程中节省资金，提高盈利能力。

可持续性：节能和环保举措有助于企业提高可持续性，降低环境影响，符合可持续发展目标。

法规合规：智能能源管理系统可以帮助企业满足法规和环境法规，避免罚款和法律风险。

环境声誉：通过积极采取节能和环保措施，企业可以提高其环境声誉，吸引对环保问题关注的客户。

绿色认证：一些市场和客户对环保认证有要求，智能能源管理系统可以有助于企业获得这些认证。

员工参与：提高能源效率也可以通过员工参与和教育来实现，鼓励员工采取更环保的行为。

智能能源管理系统可以帮助企业更好地管理资源，减少能源成本，降低环境足迹，提高可持续性，同时提高生产效率。这对于纺织服装企业来说特别重要，因为它们通常需要大量的能源来驱动生产设备和维持生产过程。

2.3.3 人力资源管理

数字化工具可用于招聘、培训和员工管理，以提高工作效率和减少人力资源管理成本。

招聘自动化：数字化工具可以用于自动化招聘流程，包括求职者筛选、面试安排和文档管理。这有助于加快招聘过程，减少人力资源管理的工作量。

培训和开发：通过数字化培训平台，员工可以在线接受培训和自学，从而提高技能和知识。这降低了培训成本和提高了培训的可访问性。

绩效管理：数字化工具可以支持绩效评估和目标设定过程，以便更好地管理员工绩效，提供反馈和改进机会。

员工自助服务：数字化工具提供了员工自助服务的渠道，使员工可以自行处理休假请求、报销和其他常见事务，减轻了人力资源部门的工作负担。

数据分析：数字化工具可以帮助人力资源部门分析员工数据，如员工满意度、流失率和绩效指标，以制定更有效的管理策略。

员工反馈和调查：数字工具支持员工反馈和满意度调查，以帮助企业了解员工需求和情感，从而改善员工满意度。

员工档案管理：数字化工具可以用于集中管理员工档案和信息，确保信息安全和易于访问。

法规合规：数字化工具有助于跟踪法规和法规变化，以确保人力资源政策的合规性。

时间和劳动力成本管理：数字工具可以帮助企业更好地管理员工的出勤、工时和薪酬，降低人力资源管理成本。

员工参与和满意度：通过数字工具，企业可以更好地理解员工需求和期望，从而提高员工满意度和忠诚度。

数字化工具在人力资源管理中的应用有助于提高工作效率、降低成本，同时提供更好的员工体验。这对于纺织服装企业来说同样重要，因为有效的人力资源管理有助于吸引和留住优秀员工，提高生产力和维护员工满意度。

2.3.4 数据驱动决策

通过数据分析，企业可以更明智地制定决策，减少浪费，优化资源分配，降低成本。数据驱动决策是一种重要的管理方法，通过数智化技术在纺织服装企业中应用可以带来以下好处：

实时洞察力：数字化工具可以提供实时数据，让管理人员更快速地了解生产过程和业务绩效。这有助于及时做出决策，减少生产中断和资源浪费。

质量控制：数据分析可以帮助监测产品质量，并及时识别潜在问题。这使得企业能够快速采取纠正措施，降低废品率和提高产品质量。

成本优化：通过数据分析，企业可以了解成本分布和资源使用情况，从而优化资源分配和降低生产成本。

需求预测：数据分析可以帮助企业更准确地预测市场需求，以便适时调整生产计划和库存水平，避免过剩或不足。

生产流程优化：数据分析可以揭示生产流程中的效率低谷和瓶颈，帮助企业优化生产过程，提高生产效率。

资源管理：数据分析有助于更好地管理资源，包括人力资源、原材料和能源，以提高资源的利用率和可持续性。

市场趋势分析：数据分析可以帮助企业了解市场趋势，包括客户需求和竞争动态，帮助制定市场战略。

风险管理：数据分析可以识别潜在风险，帮助企业制定风险管理策略，降低风险。

持续改进：数据分析有助于建立持续改进的文化，确保企业不断优化流程和产品质量。

数据驱动决策有助于企业更明智地管理资源，提高生产效率，降低成本，同时提高产品质量和满足客户需求。在竞争激烈的纺织服装行业中，这是取得成功的关键之一。

2.3.5 定制生产

数智化技术使企业能够更灵活地满足客户需求，从而减少库存和废品成本。

定制生产是数智化技术在纺织服装业中的一项重要应用，它为企业带来了以下好处：

个性化产品：数智化技术使企业能够根据客户的具体需求生产个性化的产品。这有助于满足客户的独特需求，提高客户满意度。

减少库存：定制生产可以减少存储大量成品的需要，降低库存成本，并减少废品率。企业只需根据订单生产，避免了过剩库存。

快速交付：数智化技术允许企业更快速地生产和交付产品，满足客户对快速交付的需求。

降低成本：定制生产可以降低生产成本，因为企业只需购买和储存所需的原材料，而不是生产大批量的产品。

减少浪费：定制生产减少了废品率，因为产品是根据客户的具体规格制造的，减少了不必要的材料浪费。

竞争优势：企业可以通过提供定制化产品获得竞争优势，因为这通常更难被竞争对手模仿。

灵活性：数智化技术提供了生产线的灵活性，使企业能够迅速适应市场需求的变化。

市场探索：定制生产可以帮助企业测试新产品概念，了解市场对不同产品特性的需求，从而指导新产品开发。

定制生产是数智化技术在纺织服装业中的一个重要趋势，它使企业能够更好地满足客户需求，降低成本，提高效率，增加灵活性，从而取得竞争优势。

综合利用这些技术，纺织服装企业可以更好地管理资源、降低成本、提高效率，同时提高产品质量，从而在市场上更具竞争力。数字化和智能化不仅改善了生产过程，还为企业提供了更大的灵活性和可持续性，以适应市场需求的变化。

供应链协调和库存管理

数字化和智能化技术在纺织服装供应链协调和库存管理方面提供了许多机会，使企业能够更有效地管理供应链，并实现更精确的库存管理。以下是数字化和智能化对供应链协调和库存管理的影响：

2.4.1 实时数据共享

数智化技术允许供应链合作伙伴实时共享数据，包括库存水平、生产进度、需求信息等。这有助于更好地协调生产计划和库存管理，减少供应链中的不确定性。实时数据共享在纺织服装供应链协调和库存管理中的应用具有重要作用。

实时协调：通过数智化技术，供应链合作伙伴可以实时共享信息，使他们更容易协调生产计划和交货时间。这有助于减少生产线的停滞和不必要的库存。

需求响应：实时数据共享使企业能够更快速地响应市场需求的变化。如果需求突然增加，供应链伙伴可以及时调整生产和库存策略。

库存优化：实时库存数据允许企业更精确地管理库存水平，避免产品积压或不足的情况，降低库存成本。

减少不确定性：实时数据共享有助于减少供应链中的不确定性，使合作伙伴更好地了解彼此的活动，降低风险。

供应链透明性：数智化技术提供了更多的供应链透明性，使合作伙伴可以更好地了解整个供应链的状态和问题。

减少生产线停滞：通过更好的供应链协调，可以减少由于原材料不足或其他问题引起的生产线停滞。

节省时间和成本：实时数据共享可以节省时间和成本，减少不必要的通信和数据交换的工作。

快速问题解决：实时数据共享使供应链伙伴能够更快速地解决问题，减少交货延误和质量问题。

实时数据共享在纺织服装供应链中的应用有助于提高供应链的效率、降低成本、提高库存管理，提高整体竞争力。这对于纺织服装行业尤为重要，因为供应链的协调和库存管理对于及时交付和成本控制至关重要。

2.4.2 预测和需求管理

智能分析和大数据技术可以帮助企业更准确地预测市场需求,从而更好地调整生产计划和库存水平。这有助于减少过多或不足的库存,降低库存成本。预测和需求管理是数智化技术在纺织服装供应链中的一个关键应用领域。

更精确的需求预测:智能分析和大数据技术能够分析历史销售数据、市场趋势和其他相关因素,以提供更准确的需求预测。这有助于企业更好地了解市场需求变化。

减少库存:通过更精确的需求预测,企业可以避免过多的库存,从而降低库存成本。同时,也可以避免库存不足,导致失去销售机会。

生产计划优化:更准确的需求预测可以帮助企业优化生产计划,确保生产与市场需求保持一致。

提高客户满意度:通过及时交付和满足客户需求,可以提高客户满意度和忠诚度。

节省成本:准确的需求管理有助于降低库存成本、减少废品成本,提高生产效率,从而降低整体成本。

资源优化:需求管理有助于更好地管理资源,包括人力资源、原材料和生产设备,以提高资源的利用率。

智能分析和大数据技术的应用使企业能够更好地预测市场需求,从而更好地管理库存和生产计划,减少成本,提高客户满意度,提高市场竞争力。这在纺织服装业中是一个重要的竞争优势。

2.4.3 智能库存控制

数智化技术可以监测库存水平,并基于需求、交货时间和供应能力等因素智能调整库存水平。这可以实现准时制(Just-in-Time,JIT)库存管理,降低库存持有成本。智能库存控制是数智化技术在纺织服装业中的一个重要应用,它有助于降低库存持有成本,并提供以下好处:

JIT 库存管理:确保库存水平与实际需求相匹配,减少了过多的库存持有成本。

降低库存成本:通过更精确的库存管理,企业可以降低库存持有成本,包括存储、保险、维护和风险成本。

避免积压库存:智能库存管理有助于避免积压库存,减少废品和陈旧库存的问题。

提高资金流动性:通过降低库存水平,企业可以释放资金,用于其他重要的投资和支出。

减少风险:智能库存控制可以减少库存损失的风险,例如产品过期或陈旧。

供应链协调:通过实时共享库存数据,供应链合作伙伴可以更好地协调交货时间和生产计划。

灵活性:智能库存控制使企业更具灵活性,能够快速适应市场需求的变化。

数据驱动决策:智能库存控制依赖于数据分析,使企业能够更明智地制定库存策略,根据需求进行调整。

智能库存控制是一种重要的供应链管理策略,通过数智化技术的应用,可以实现更高效、更经济的库存管理，提高企业的竞争力。这对于纺织服装业等库存密集型行业来说尤为重要。

2.4.4 自动化采购和订单处理

数智化供应链系统可以自动化采购和订单处理，根据库存和需求数据生成订单，减少人工干预和错误。自动化采购和订单处理是数智化供应链管理中的关键应用，对于纺织服装企业来说，它提供了以下优势和好处：

减少人工错误：自动化采购和订单处理减少了人工干预，从而降低了由人为错误引起的订单处理问题的风险。

提高效率：自动化流程可以更快速地处理采购和订单，提高了整体效率。

更准确的库存管理：自动化采购和订单处理系统可以根据实际需求和库存水平生成订单，确保库存水平的准确性。

及时采购：自动化系统能够根据需求数据及时生成采购订单，确保原材料的及时供应，避免生产中断。

成本控制：自动化采购和订单处理有助于降低采购和订单处理成本，减少人力资源需求。

库存优化：自动化系统可以帮助企业更好地管理库存，避免过多的库存，降低库存成本。

供应链协调：自动化采购和订单处理流程使供应链合作伙伴更容易协调交货时间和生产计划。

实时数据访问：自动化系统提供实时的订单和库存数据，使企业更容易追踪订单状态和库存水平。

自动化采购和订单处理是数智化供应链管理的关键组成部分，它提高了效率、准确性和成本控制，有助于纺织服装企业更好地满足市场需求和提高竞争力。

2.4.5 供应链可见性

数智化技术提供供应链可见性，允许企业跟踪产品在供应链中的位置和状态，以及实时监测供应链中的问题，有助于更好地协调和解决问题。供应链可见性是数智化技术在纺织服装企业中的一个关键应用领域，它提供了以下优势：

实时监测：数智化技术使企业能够实时监测产品在供应链中的位置和状态。这有助于更快速地发现问题和异常情况。

问题解决：供应链可见性允许企业更好地协调和解决问题，如交货延误、质量问题或原材料短缺。

客户通知：供应链可见性允许企业及时通知客户有关订单状态和交货时间的变化。

库存管理：供应链可见性有助于更好地管理库存，避免积压或不足的库存。

成本控制：实时监测和问题解决有助于降低运营成本，避免额外的成本。

需求响应：供应链可见性使企业更快速地响应市场需求的变化，调整生产和库存策略。

供应链可见性是一种关键的竞争优势，通过数智化技术的应用，企业能够更好地管理供应链，提高效率、减少成本和提高客户满意度。

智能仓储管理使用自动化系统和机器人来管理仓库，提高库存的精确性和效率。这有助于加速订单处理和降低库存管理成本。

2.4.6 风险管理

数智化技术可以帮助企业更好地管理供应链中的风险，如自然灾害、供应商问题或市场波动。通过数据分析，企业可以制定风险应对策略。数智化技术在风险管理方面对纺织服装企业的影响是重要的，它提供了以下作用：

实时监测：数智化技术使企业能够实时监测供应链中的各种风险因素，如天气情况、交通状况、政治动荡等。这有助于及早发现潜在问题。

数据分析：企业可以利用大数据分析识别潜在的风险和趋势。这使企业能够更好地了解市场波动和供应链问题。

风险评估：数智化技术可以用于风险评估，帮助企业确定哪些风险可能对业务产生最大影响，并优先处理。

风险应对策略：企业可以利用数智化技术来制定风险应对策略，如备货计划、供应链多样化、备用供应商等。

供应链透明性：数智化技术提供了更多的供应链透明性，使企业更好地了解供应链中的问题，以及如何应对风险。

库存管理：通过实时库存数据，企业可以更好地管理库存，以减少风险，如过多的库存或原材料短缺。

合同监管：数智化技术可用于合同监管，确保供应商履行其合同责任，降低合同风险。

客户沟通：企业可以利用数智化技术与客户进行实时沟通，从而及时通知他们潜在的交货延误或问题。

业务连续性计划：数智化技术可以用于制定业务连续性计划，以确保在风险事件发生时能够迅速恢复。

风险管理是供应链管理中至关重要的一环，数智化技术提供了工具和数据，帮助企业更好地识别、评估和应对各种风险，从而降低潜在的损失，提高竞争力。在不稳定的全球供应链环境下，风险管理尤为关键。

2.4.7 智能货运管理

使用物联网设备来跟踪货物的位置和状态，以优化运输路线和降低运输成本。

智能货运管理是数智化技术在纺织服装供应链中的一个关键应用，它提供了以下优势：

实时货物追踪：使用物联网设备，企业可以实时跟踪货物的位置和状态。这有助于提高货物追踪的准确性，减少货物丢失或损坏的风险。

优化运输路线：基于实时数据，企业可以优化货物的运输路线，选择最经济和快速的路径，从而降低运输成本。

运输效率：实时监测货物的位置和状态，有助于提高运输效率，减少滞留时间和货物停滞。

货物安全：智能货运管理有助于提高货物的安全性，减少盗窃和损坏的风险。

降低运输成本：通过优化路线和提高运输效率，企业可以降低运输成本，包括燃料、人工和维护成本。

数据分析：智能货运管理提供了丰富的数据，可以用于分析运输趋势和问题，从而优化供应链。

业务连续性：实时货物追踪有助于业务连续性，使企业能够更快速地应对问题，如货物滞留或交货延误。

供应链透明性：提供更多的供应链透明性，企业和供应链伙伴可以更好地了解货物的状态和位置。

智能货运管理通过数智化技术的应用，使企业能够更好地管理运输过程，提高效率、降低成本，提高客户满意度，提高供应链的可见性。

综合利用这些数字化和智能化技术，纺织服装企业可以更好地协调供应链、降低库存成本，提高库存管理的精度，同时确保产品的可用性和按需交付。这将有助于提高企业的竞争力，减少不必要的成本，提高客户满意度，从而实现更高的经济效益。

2.5 客户关系管理和市场敏捷性

数字化和智能化纺织技术对客户关系管理和市场敏捷性产生深远影响，有助于提高客户满意度并更好地适应市场需求变化。

2.5.1 客户关系管理

客户关系管理(Customer Relationship Management，CRM)是一种综合性的业务战略和技术系统，旨在建立、维护和加强企业与其客户之间的关系。CRM旨在通过集成和分析客户相关信息，改善客户互动，提供更个性化的产品和服务，以增强客户满意度、忠诚度和业务增长。

CRM系统通常包括以下核心元素：

客户数据管理：收集、存储和管理客户相关信息，如联系信息、交易历史、互动记录等。

销售自动化：自动化销售流程，包括销售机会管理、订单处理和报价生成。

客户服务和支持：提供客户支持、问题解决和服务请求管理的工具。

市场营销管理：管理市场营销活动，包括客户细分、广告管理和营销分析。

分析和报告：利用客户数据进行分析，以了解市场趋势、客户需求和业务表现。

多渠道互动：支持多渠道互动，包括电话、电子邮件、社交媒体和在线聊天等。

客户满意度调查：收集客户反馈，以改进产品和服务的质量。

数据驱动决策：数智化技术允许企业收集和分析客户数据，了解他们的需求、喜好和购买历史。这有助于制定更精确的市场策略，满足客户需求。

个性化营销：通过分析客户数据，企业可以实施个性化的营销策略，为每个客户提供定制的产品和服务，从而提高客户忠诚度。

实时互动：数智化技术允许企业与客户进行实时互动，包括社交媒体、在线聊天和电子邮件。这有助于更好地回应客户的问题和反馈，改善客户满意度。

CRM 的主要目标是提高客户满意度和忠诚度以及增加销售和利润，同时降低客户流失率。它强调客户为企业的核心资产，并致力于通过更好的客户互动和服务来实现长期的商业关系。CRM 系统在不同行业中广泛应用，帮助企业更好地了解、满足和留住他们的客户。

2.5.2 市场敏捷性

市场敏捷性是指企业能够快速、有效地适应和响应市场变化和需求波动的能力。这包括了快速调整产品和服务、改变生产和供应链策略，以及适应新市场趋势的能力。市场敏捷性是企业在竞争激烈的市场中取得成功的关键因素之一。

市场敏捷性通常涉及以下方面：

快速决策：企业需要能够快速做出决策，包括产品调整、定价策略和市场推广。

快速创新：企业需要能够快速推出新产品或服务以满足市场需求，响应竞争对手或应对新趋势。

数据分析：利用数据分析来监测市场趋势，以便及时调整策略。

组织文化：建立一种鼓励快速决策和创新的企业文化，鼓励员工积极参与市场敏捷性。

生产灵活性：数字化和智能化生产设备可以更容易地适应不同的产品规格和生产需求。这有助于实现灵活的生产，以满足市场需求的变化。

敏捷供应链：数智化技术可以提高供应链的可见性，帮助企业更好地跟踪原材料的供应和交付，以应对供应链中的问题和变化。

在线销售和电子商务：数智化技术使企业能够更快速地推出新产品、更新价格和促销，以满足市场需求的快速变化。

在线市场调研：通过数字化工具，企业可以进行实时市场调研，了解竞争对手的动态和客户需求，以更好地制定市场策略。

市场敏捷性有助于企业更好地适应快速变化的市场环境，减少市场风险，提高竞争力，并增加市场份额。它在当今全球竞争激烈的商业环境中变得尤为重要，因为市场条件和客户需求不断发生变化。总之，数字化和智能化纺织技术改善了客户关系管理和市场敏捷性，使企业更具竞争力。通过更好地了解客户需求和个性化服务，以及更快速地适应市场变化，企业可以提高客户满意度并更好地适应市场动态，实现更高的市场份额和利润。

数字化智能化已经深刻改变了纺织服装企业管理的面貌。从供应链到生产流程，再到客户体验，这些技术的引入给企业带来了前所未有的机遇和挑战。通过数据驱动的决策、智能化的生产方式以及更紧密的客户互动，企业能够更敏捷地应对市场变化，提高生产效率,并实现更个性化的产品定制。然而,这也要求企业不断创新,适应技术发展的步伐,并注重人才培养与技术整合。数字化智能化是一场深刻的变革,成功的企业将是那些勇于拥抱变化、灵活应对挑战的企业。

【数字化智能化纺织服装企业成功的案例】

数字化智能化技术在纺织服装产业中取得了多个成功的案例,以下是一些突出的案例:

◎ **案例1:Zara 的快时尚模式**

西班牙的时尚零售商 Zara 以其供应链的数字化智能化而著称。Zara 实行了快时尚模式,通过实时数据和分析来迅速捕捉时尚趋势、预测需求,并在几周内将新设计产品带到店面。这一模式使 Zara 能够快速调整生产和库存,以满足客户的需求,实现了快速交付和高度个性化的产品。Zara 供应链的数字化智能化确实让其在行业中占据了独特的地位。

Zara 采用了几种方法来实现快速的设计、生产和交付:

实时数据和分析:Zara 利用实时数据和分析来监测销售、顾客偏好和时尚趋势。通过店内销售数据、客户反馈以及社交媒体等渠道收集信息,快速了解市场需求和趋势。

快速设计和生产:基于获得的数据和分析结果,Zara 可以迅速设计新款式并启动生产。Zara 与供应商的关系紧密,能够在短时间内启动生产线,并将新设计带到店面。

灵活的供应链:Zara 的供应链非常灵活,能够快速调整以适应市场需求。其不是通过大量生产预测销售,而是根据实时需求调整产量,以避免库存积压和过剩。

快速交付和更新:一旦新设计完成并投入生产,Zara 能够在几周内将产品送到店面,并且持续更新货品,确保店内的产品不断更新,从而吸引顾客。

这种快速反应市场的能力让 Zara 能够不断满足消费者需求,提供与众不同的个性化产品,并且保持了快速交付的优势。这种敏捷和灵活性使得 Zara 在竞争激烈的时尚市场中取得了成功。

◎ **案例2:Nike 的数字化生产**

Nike 采用数智化技术来进行定制鞋类生产。使用 3D 打印技术制造个性化的运动鞋,根据客户的足部特征和喜好来生产产品。这增强了客户满意度,减少了库存和生产浪费。

Nike 采用数智化技术进行定制鞋类生产是其数字化生产方面的重要举措。Nike 借助 3D 打印技术和数字化制造流程,提供了名为 "Nike Fit" 的个性化定制服务。这项服务利用手机摄像头扫描顾客的脚部形状和尺寸,然后结合数据分析,为顾客提供最适合其脚部特征的定制鞋类建议。

主要优势包括:

个性化定制:Nike 利用数智化技术根据顾客的脚型、尺寸和偏好,制造出符合个性化需求的鞋类产品。这种个性化定制提高了顾客满意度,因为他们可以获得更符合自己需求的鞋类产品。

减少库存和生产浪费:传统上,鞋类生产会存在库存积压和浪费问题,因为很多产品可能并不符合市场需求或者顾客的个性化要求。通过数字化定制，Nike 能够根据实际需求进行生产，减少了库存和生产浪费，提高了生产效率和资源利用率。

技术创新：Nike 通过采用 3D 打印技术等先进技术，展示了在制造过程中的技术创新。这种数字化生产的方法在鞋类制造业中也代表了一种新的趋势，引领了行业的发展方向。

这种数字化定制生产让 Nike 更好地满足了顾客的需求，提高了产品质量和个性化程度，同时也降低了生产成本和浪费，是数智化技术在制造业中的成功应用案例之一。

◎ 案例 3：Adidas 的 Speedfactory

Adidas 创建了 Speedfactory，这是一个数字化智能化的生产工厂，利用自动化机器和机器人来生产鞋类和服装。这提高了生产速度和质量，同时减少了人为错误。Adidas 的 Speedfactory 是其在数字化智能化生产方面的一项重要举措。

Speedfactory 是一个利用自动化机器和机器人技术的先进制造工厂，专注于生产鞋类和服装。其主要优势包括：

提高生产速度：通过引入自动化机器和机器人，Speedfactory 可以显著加快生产速度。相比传统制造方法，这种自动化生产过程更为高效，能够更快地将产品推向市场。

提升产品质量：机器人和自动化系统能够执行高精度的任务，减少了人为因素对产品质量的影响。这种精准度和一致性有助于确保产品符合标准，并提高了整体质量水平。

降低人为错误：自动化系统可以减少人为错误的发生，从而提高了生产线的效率。这些系统能够执行重复性任务而不会出现疲劳或不准确的问题。

灵活性和定制化：Speedfactory 的数字化生产系统使得对生产线进行调整和定制更为容易。这让 Adidas 能够更快速地响应市场需求，实现定制化生产。

Speedfactory 的引入展示了 Adidas 对于数字化智能化生产的承诺，通过先进技术的运用，不仅提高了生产效率和产品质量，还提供了更灵活的生产方式来适应市场需求的变化。这种数智化工厂的概念在制造业中显示了巨大的潜力。

◎ 案例 4：Under Armour 的健康追踪服装

Under Armour 开发了数字化智能化的健康追踪服装，可以监测运动员的生理数据，包括心率、运动量和身体温度。这些数据有助于改善训练效果和提高运动员的表现。

Under Armour 确实在数字化智能化方面进行了创新，开发了一系列健康追踪服装，可用于监测运动员的生理数据。这些服装集成了传感器和智能技术，能够实时监测运动员的各种生理指标，比如心率、运动量、身体温度等。这些数据可以通过手机应用或其他设备传输和记录，运动员和教练可以实时了解运动员的身体状况和表现。

这种健康追踪服装的优势包括：

实时数据监测：通过集成的传感器，这些服装可以提供实时的生理数据，运动员和教练可以随时监测到运动状态，从而更好地调整训练计划和技术。

个性化训练：基于收集到的数据，Under Armour 的健康追踪服装能够为每个运动员提供个性化的训练建议。这样的定制化有助于优化训练效果，提高运动员的表现水平。

预防伤害：监测生理数据有助于识别运动员的潜在健康风险和过度训练迹象，从而可以采取预防措施，避免运动伤害的发生。

这种数字化智能化的健康追踪服装为运动员提供了更全面、个性化的运动监测和训练指导，有助于优化他们的训练效果和表现。同时，它也代表了体育科技在提升运动表现和健康管理方面的创新。

◎ **案例 5**：Lululemon 的数字零售和社交媒体

Lululemon 是一家以瑜伽和运动服装而著名的零售商，其成功利用数智化技术来建立在线社交媒体社区，与顾客互动，并提供个性化的产品建议，还通过数字化渠道销售产品，提供便捷的购物体验。

Lululemon 是一家成功利用数智化技术和社交媒体策略的零售商，其在在线和社交媒体领域取得了很大的成就。

社交媒体社区：Lululemon 建立了一个强大的社交媒体社区，通过平台（如 Instagram、Facebook 和 Twitter）与顾客互动。不仅展示产品，还分享瑜伽和健身的生活方式，与顾客建立更深入的联系，提供灵感和教育。

个性化产品建议：通过社交媒体和在线互动，Lululemon 能够更好地了解顾客需求和偏好。利用这些数据为顾客提供个性化的产品建议和推荐，从而增加购买的可能性，并提高顾客满意度。

数字化渠道销售：Lululemon 的数字化策略不仅局限于社交媒体，其也在网站和移动应用上提供便捷的购物体验。这让顾客能够随时随地浏览和购买产品，提高了购买的便利性和满意度。

通过这些数字化策略，Lululemon 成功地将线上线下整合，建立了与顾客更紧密的联系。Lululemon 不仅销售产品，更是通过社交媒体和数字渠道分享生活方式和价值观，为顾客提供了更全面的品牌体验。

这些案例突显了数字化智能化技术如何在纺织服装产业中实现了更高的生产效率、产品个性化、客户互动和市场竞争力，同时也反映出数字化智能化技术对产品设计、生产、供应链管理和销售方面的影响，以满足不断变化的市场需求和客户期望。这些成功案例为产业中的其他企业提供了启发，鼓励他们采用类似的方法来提高业务绩效。

◎ **阅读材料**

纺织智能工厂关键技术及应用现状分析

（潘如如、张宁、向军，作者单位：江南大学）

当前信息化技术的发展为制造企业的转型升级带来了契机，在制造业中应用越来越广泛，全球制造大国也出台了相关措施。2014 年，德国提出"工业 4.0"的概念；2015 年，我国提出"中国制造 2025"的概念；2016 年，美国出台"制造业重返美国"的政策，成立了工业互联网联盟；2017 年，日本提出"互联工业"的概念，并与德国联合发表了《汉诺威宣言》，推进互联工业的发展。我国则在"十四五"规划提出，建设智能制造示范工厂，完善智能制造标准体系。在相关政策和措施的推动下，信息化技术与制造装备及技术的交叉融合、更新换代，实现了制造企业的高度自动化、智能化、柔性化生产，提升了制造业的生产、管理和服务水平，逐步发展成为智能工厂。

(1) 纺织智能化发展历程

纺织服装业作为传统的制造行业，在几十年的信息化、智能化转型升级过程中，对于具有行业特点的共性技术和关键技术进行了大量开发、应用和推广，覆盖棉纺、毛纺、长丝、印染等细分行业，包括产品设计信息化、生产装备智能化、生产过程自动化、制造管理和企业管理信息化、协作网络化等领域。20世纪70年代，以计算机技术为代表的电子信息技术飞速发展，纺织信息化由此萌生和起步。20世纪80年代，计算机管理技术应用于纺织服装企业，但一般属于单项管理系统，如库存管理、设备管理和财务管理等。此时的计算机管理技术显示方式较为单一，大多中小企业采用微型机局域网，大中型企业则采用了主机/终端系统。同期，细纱断头检测装置得以应用，提高了产品质量控制水平。20世纪90年代中期，客户机/服务器(C/S)模式开始应用于纺织服装企业，企业资源计划(Enterprise Resource Planning，ERP)概念也开始引入纺织行业，加快了企业管理信息化的进程，并在21世纪得到了广泛应用。由于纺织服装企业大多属于中小型企业，需求多样、资金有限、管理基础薄弱等特点导致其建立信息系统较为困难。因此，纺织公共服务信息平台在21世纪初开始建设，实现产业集群地的互联，可为周边的中小型企业提供大量的信息服务。随着信息技术与纺织装备的日益融合，在线监测、自动控制、信息网络等技术在纺织细分行业得到了广泛应用，大大提高了纺织装备的信息化水平。为了提高纺织服装企业的精细生产管理，针对生产制造管理的制造执行系统(Manufacturing Execution System，MES)，在21世纪之初开始应用于纺织行业。MES中物联网技术的应用加强了在线实时采集和数据处理能力，以精细和动态的方式管理生产过程，提升了纺织行业的整体信息化水平。2013年以来，移动互联网、机器人、云计算、大数据等新一代信息技术飞速发展，互联网应用在纺织行业得到深化，深刻变革了传统的产业模式。加之数字化、智能化技术的交叉融合，纺织智能制造应运而生，在装备智能化、生产过程连续化、物流信息化、管理精细化等领域取得了较大进展，逐步演变为纺织智能工厂，深刻改变了制造业的生产模式和产业形态。

本文通过梳理纺织智能工厂的发展历程，围绕纺织智能工厂的关键技术展开综述，结合纺织行业的特点，从智能化装备和智能化管理两个方面进行系统介绍，并对现有技术进行分析，给出了纺织智能工厂面临的问题及未来的发展前景。

(2) 智能化装备

纺织服装企业在推进信息化的过程中，以机械装备的数字化、自动化、智能化为基础，催生了在线监测、自动控制、智能物流等高新技术，大大提高了纺织装备的智能化水平。纺织智能化装备是新一代信息技术与纺织技术相融合的载体，对于提高生产效率和产品质量具有关键作用。目前，智能化装备主要包括智能化设备和智能化加工两个方面，在纺纱和织造工序中应用广泛。

①智能化设备

自动化是指设备或过程完成预先设定的工作，系统自身缺少判断和决策能力。智能化是指设备不仅能够实现预先设定的目标,还能根据外界条件变化不断地修正和优化目标,具有感知、思维、学习和自适应以及行为决策等能力。近年来,纺织设备通过应用信号传感与检测、自动化、智能化等高新技术,实现生产设备和生产过程的自动化、智能化,主要体现在纺织机械设备的自动化、集成控制和智能监控等方面。

纺纱工序中,多年的快速发展大幅提升了设备的自动化水平,在上料、生头、落纱、换筒和码垛等工序均实现了设备的自动化。纺纱设备主要包括清梳联、并条机、精梳机、粗纱机、细纱机、转杯纺纱机、络筒机等。目前,自动抓包机、自动换筒系统、精梳机自动换卷和生头系统、粗纱自动落纱机和筒纱自动打包系统等均已得到了成熟应用。随着智能化技术的发展,部分纺纱装置和设备逐步具备了智能化的功能。开清棉工序中配置的异纤检测清除装置,实现了异纤的自动化检测和智能化清除。以 USTER Jossi Vision Shield 异纤检测仪为代表,对于有色合成物,甚至是透明、白色丙纶,该异纤检测仪均能提供可靠的检测准确率和高的去除率;此外,该仪器能够区分棉花和异纤污染物,有效地减少浪费。梳棉和并条工序中应用的自调匀整装置,可根据线密度变化调整产品的牵伸倍数,使得纱线的线密度保持一致。立达公司开发的 Autoconer X6 型自动络筒机装配上纱传感器、智能辅助找头装置、智能落纱装置等,可确保自动络筒工艺的灵活性和智能化水平。

织造工序中的设备包括整经机、穿经机、浆纱机、织机。由于设备生产企业通常较多,还未形成如纺纱工序成套的自动化设备,一般是各具特色的单台自动化设备。目前的自动化设备主要包括整经自动上纱系统、整经自动装筒系统、自动穿经机、浆液黏度在线检测装置、浆纱回潮率和上浆率在线检测装置、喷气织机自动抽纬开机系统、疵点在线检测系统、面料自动包装系统等。在智能化方面,研发较多的是智能化组件,如机器气压智能调控的智能节气系统、机台气压和压缩空气消耗量监测与报警的智能压力监控系统、供纬失误时自动切换到其他储纬器的智能投纬系统。如浙江日发纺织机械股份有限公司研发的 RFJA40 型喷气织机可实现织造导航、智能化实时气路控制、自动上轴、自动落布、纬停自动处理等智能化操作。在浆纱过程中,国内研发了模块化智能调浆系统,通过存储计量、预调浆、智能化控制实现浆料的智能化调配,适用于不同类型纱线的浆纱。

②智能化加工

在纺织加工工序中,纺纱和织造均具有多工序的特点。纺纱工序包括清棉、梳棉、并条、粗纱、细纱、络筒 6 大关键步骤。织造工序包括整经、浆纱、穿结经、织造 4 大关键步骤。这种多工序的特点大大增加了半成品的运输与加工难度。因此,纺织服装企业提出了不同的智能化加工技术以实现纺织产品加工的连续化。

智能化加工是指纺织过程中利用机械化输送实现不同工序连接的生产方式,可减少产品加工的中间环节,省去人工装卸、搬运半成品的环节,从而减少企业用工,提高生产效率。在纺纱工序中,清梳联、粗细联、细络联、粗细络联是典型的智能化加工模式,通过搭配物流自动输送系统,可实现中间工序半成品的自动装卸与运输。清梳联系统完成开清棉与梳棉的工序一体化,可实现纤维流量自动控制、异纤自动检测与清除、梳棉机自调匀整等。粗细联系统在粗纱满卷后可自动落纱，满卷与空管整列自动交换，提高了粗细联的机动性。细络联系统装配新型管纱输送托盘结构、管纱实时报警处理系统、自动插拔管装置、自动残纱检测分离装置等，实现高速化、智能化的细络联合。粗细络联将粗纱、细纱、络筒及打包工序进行智能化联结，实时收集处理生产过程中的信息，使得整个系统自动运行。立达智能化纺纱系统可实现纺纱企业的自动化、连续化、数字化和智能化。

织造工序中的智能化加工设备较少，目前应用最广泛的是整浆联合机、浆染联合机。整浆联合机将整经和浆纱工序合二为一，直接完成织轴的生产，集成了整经机和浆纱机的优点。浆染联合机采用机、电、仪一体化技术，搭配工艺参数在线检测与控制系统，用于牛仔系列面料的经纱染色与上浆。

自动导引运输车(以下简称 AGV 小车)采用自动导航、自主避让等技术实现物流运输的自动化和智能化。在纺纱和织造过程中，AGV 已被广泛用于不同工序间半成品或成品的输送，保证各工序间有效地进行科学衔接、路线优化、动态监控。在棉条智能输送系统中，AGV 小车可实现棉条筒的自动装载、输送和卸载。在纺纱打包入库运输系统中，AGV 小车将筒纱产品输送至自动打包机，完成打包后输送至仓库。在织造自动送纬、运轴、落布系统中，AGV 小车与车间调度系统相配合，实现纱线、经轴、织轴、布匹等的自动运输。

(3) 智能化管理

在纺织生产过程中，工艺路线通常较长，所用的装备种类较多，生产工序较多，即使采用了智能化加工技术，仍存在不同工序的半成品。如何及时了解不同工序的产品生产状态、实时监控整个生产过程、数据实时分析与展示、辅助生产管理与决策等，是纺织服装企业进行智能化管理的迫切需求。

随着信息化、数字化、网络化的发展，智能化管理技术在纺织服装企业得到了越来越多的应用。目前，智能化管理系统主要包括 ERP、MES 和仓储管理系统(Warehouse Management System，WMS) 等，可将纺织生产过程中的采购、生产、销售、仓储及财务等模块紧密联系在一起，提高纺织生产管理的智能化。

① ERP

ERP 是建立在信息技术基础上，以系统化的管理理念，为企业决策层及员工提供决策运行手段的管理平台。发展至今，已成为对企业人力、物料、资金、信息等各种资源，面向企业计划、生产、销售、售后、财务等整个运作流程，进行全流程综合管理的信息化系统。

纺织服装企业属于典型的制造业，大多数纺织服装企业都会面临如何优化配置企业资源、优化生产计划与排程、提升各部门之间的协作能力、提高产品质量等问题。通用的 ERP 系统中的采购、销售、仓储、主生产计划、物料需求计划、财务管理等子系统均大同小异，但在局部环节中会有显著的差别。以棉纺织行业为例，在制定开纺计划时，通用的主生产计划无法考虑与开纺工艺相对应的改车、用棉、用纱以及开纺能力计划等。因此，针对纺织服装企业的特点，ERP 系统仍需根据具体需求进行定制化开发或改进。纺织服装企业通过 ERP 系统进行采购、生产、仓储和销售管理，可以实现企业资源的有效利用，提升企业的经济效益。目前，北京中纺达软件开发有限公司开发的核心产品为 TexERP，其功能涵盖仓储、销售、采购、主生产计划、财务、设备管理等，已在北京铜牛、深圳中冠、江苏大生、山东如意、山东南山等企业得到成熟应用。上海环思信息技术有限公司在纺织 ERP 领域有多年的开发经验，其产品在纺纱、织造、印染和印花等不同产业链均有涉及，已成功实施于远纺织染、罗莱家纺、雅戈尔、安踏体育用品公司等企业。上海百胜软件股份有限公司的 ERP 产品主要针对服装、鞋帽等大中型企业提供信息管理服务，功能包括采购、生产计划、作业计划、销售等整个业务流程，已在九牧王、罗蒙集团、圣得西集团、利郎集团等成功应用。

ERP 是计划层，侧重企业层面，主要为企业信息化管理服务。同时，ERP 系统的复杂性要求企业拥有能够支持它的信息技术资源。因此，ERP 更适用于已经市场化的中大型企业，目前，体量较大的纺织服装企业大多已配备了 ERP 系统，围绕财务对企业资源进行计划。对于规模较小的纺织服装企业，大多数 ERP 系统在生产计划和控制领域的作用非常有限，而且需要大量的成本投入才能维持 ERP 系统的运转。

② MES

MES 是现代集成制造系统中制造管理自动化领域的一项重要技术，它是定位于企业上层 ERP 和低层设备自动控制系统之间、面向车间作业层的管理系统，能够对整个车间制造过程进行优化，实时收集生产过程中的数据并作出相应的分析和处理，与计划层和控制层进行信息交互，实现企业信息全集成，是现代智能化工厂不可或缺的组成部分。随着纺织服装企业的智能化升级，如何从生产现场收集、管理、传递、存储生产数据，统筹维护生产数据库，分析及展现生产状况，实现生产现场的实时监控、实时反馈、管理优化、敏捷响应等，是纺织服装企业长期以来的迫切需求。

对于纺织服装企业，MES 系统通过结果来优化产品的制造过程，生产过程及纺织产品追溯功能可以在很大程度上提高生产效率和降低成本。MES 系统可以优化纺织服装企业的生产管理模式，强化过程管理和控制，从而达到精细化管理的目的；可以加强各生产部门如采购、仓储、生产等系统办公能力，提高工作效率，降低生产成本；通过数据采集设备实时采集纺织生产装备的数据，并及时分析，提高数据的及时性、准确性，避免人为干扰，促使企业管理的标准化；为企业的产品（面料）、中间产品（坯布）、原材料（纱线及其他物料）等质量检验提供有效、规范的管理支持；实时掌控计划、调度、质量、工艺、装备运行等信息，使相关部门及时发现问题和解决问题；最终可利用 MES 系统建立起规范的生产管理信息平台，使得企业内部的现场生产层和管理层之间信息互通，提高企业核心竞争力。在当前"小批量，多品种，紧交期"的纺织商业模式下，MES 制造执行系统可以为纺织服装企业提供一个快速反应、有弹性、精细化的制造业环境，帮助企业减低成本、按期交货、提高产品质量和服务质量。

目前，MES 由于其轻量级和灵活性的特点流行于各种规模的纺织服装企业的各个生产现场，按照覆盖纺织流程可分为纺纱 MES、前织 MES、织造 MES 等。江苏格罗瑞节能科技有限公司开发了一套适用于纺纱企业的MES架构模型，能够监控订单生命周期中的每一个环节，包括订单生成、工艺单制定、织造BOM（物料清单Bill of Material）、生产排产、工艺翻改、质量检测、车间开台、生产了机、生产报工等流程，实现对人员与机台生产数据的实时监控和管理。针对前织和织造工序，江南大学分别研发了前织MES系统、织造MES系统、质检MES系统，通过数据采集器从机台上实时获取生产数据并传输到数据库进行存储，软件系统通过展示、分析采集的数据以实现对生产过程的管理，主要包括订单品种管理、织轴管理、上轴管理、了机管理、实时看板、大屏展示、智能报表系统等模块，可实现从订单到产品的全流程追踪。如江南大学为无锡鼎球绢丝纺有限公司开发的MES系统，通过生产可视化大屏可以清晰地实时监测到每台机器及整个车间的生产状况，数字化报表功能取代了以前的手抄报表，大大提高了企业的生产效率，提升了企业的管理水平。

广义上，MES是在ERP框架下运行的，是ERP的子集或者交集。MES是对ERP计划的一种监控和反馈，是ERP业务管理在生产现场的细化。ERP的执行前期需要投入大量的人力和物力，而MES比较灵活，投入比较少。在同时具备MES和ERP的情况下，MES可以作为ERP的有力补充，将生产和企业连成一个整体，实现闭环的系统控制。而在不具备MES与ERP集成的中小纺织服装企业，选择MES还是ERP，取决于企业的业务重点及发展阶段，如果企业订单增长，主要关注点集中在持续优化流程上，管理生产和排产的MES是最合适的。而将其他额外模块添加到组合中去支付更高的ERP系统费用，最终建成一个专注于业务的财务和记录保存而非生产的系统，是没有意义的。

③ WMS

随着仓储物流行业竞争日益激烈，越来越多的企业意识到，企业间的竞争实际上是企业的作业效率和成本控制能力的竞争。为了有效控制并跟踪仓库业务的物流和成本管理全过程，WMS应运而生。大部分WMS是从ERP发展而来，能够实现仓储业务单据的信息化，记录仓库作业所处理的订单、物料和产品信息。WMS是一款标准化、智能化过程导向管理仓库的管理软件，能够准确、高效地管理跟踪用户订单、采购订单及仓库的综合业务。WMS颠覆了传统的仓库管理模式，从传统的"结果导向"转变为"过程导向"；从"数据录入"转变成"数据采集"，同时兼容了原有的"数据录入"方式；从"人工找货"转变成"导向定位取货"；同时引入"监控平台"让管理更加高效、快捷。大多数WMS以条码的形式管理仓储，过程更加精细可控。

在当前"小批量，多品种，紧交期"的生产模式下，纺织服装企业的仓库中堆放了大量不同的物料和产品，传统的人工记录方式已经不能满足企业需求，许多颇具规模的纺织服装企业在仓库管理中付出了巨大的财力、物力。提高仓储管理水平、降低仓储管理的耗费、及时监控仓储状况等，是降低纺织服装企业生产管理成本、提升核心竞争力的重要工作。WMS的应用，不但节约了这些人力物力，更是提高了仓库管理效率，使得仓库类别管理得以轻松实现。WMS的计算和记录功能可以使数量统计轻松实现，出入库均以条码方式实现，更加方便快捷。据统计，企业在使用WMS后，仓库的作业效率至少提升了30%以上。

WMS 通过条码对仓库进行管控，使得仓库盘点等流程规范化，能够实时准确反映库存情况，为企业决策者提供有力的决策依据。广东溢达纺织有限公司基于条码技术研发了一套 WMS 系统，有效避免了手写票据的繁琐步骤，提升了工作效率，通过引进现代化科学技术，在很大程度上避免了仓储信息滞后所带来的弊端。

(4) 纺织智能工厂发展展望

纺织服装企业在智能化装备和智能化管理方面的应用，标志着纺织行业进入了高质量发展的新时代。新一代信息技术的发展，加速了不同学科之间的交叉融合，加快了制造业的产业结构调整，促进了产业升级转型，对于未来纺织智能工厂的发展具有极大的促进作用。未来，纺织智能工厂将着重开展以下 4 个方面的工作。

①推进先进纺织智能化装备的开发和应用。目前的纺织智能化设备大都停留在数字化、自动化的阶段，缺少真正智能化的功能。尽管纺纱智能化加工装备的智能化较为成熟，但织造工序中连续化设备较少，智能化程度较低。未来，结合人工智能、机器人等新一代信息技术，组织高效的协同创新体系，从传统的高端纺织装备扩展到智能化纺织装备、全流程智能化生产线，促进纺织行业智能化、协同化发展，进一步提升行业制造水平。

②开发轻量型、通用型的纺织智能化管理系统。纺织服装企业大多属于中小型企业，面临着资金短缺、人才不足等问题，在智能化转型中面临较多困难。现有的纺织 ERP、MES 等智能化管理系统的体量一般较大、功能较多，而且通用性不强，难以在纺织中小型企业中实施。未来，结合纺织服装企业的行业特点，应开发轻量型、通用型的纺织智能化管理系统，以服务不同规模的纺织服装企业智能化转型，推动制造业的发展。

③构建集成多功能的纺织智能化管理平台。现有的纺织 ERP、MES 和 WMS 等系统在不同的业务流程中适用性不同，而且各有优缺点。为了发挥不同系统的优势，通过结合"互联网 +"技术，集成 ERP、MES 和 WMS 等系统的优点，构建集成多功能的纺织智能化管理平台，覆盖纺织服装业务全流程，将是未来纺织智能化管理方向发展的趋势。平台可集成不同智能化管理系统的功能，并将不同业务流程的信息即时发布给相关人员，形成全方位的监控与管理。

④推动人工智能技术与纺织技术的深度融合。近年来，机器感知、机器思维和智能机器人等技术在纺织智能化装备和智能化管理均得到了一定应用，形成了一定的基础。目前，知识获取、深度学习、优化决策、专家系统等智能化技术还存在短缺。通过推动人工智能技术与纺织技术的深度融合，发挥人工智能技术在纺织生产过程中的智能决策、智能生产与控制、质量监测、设备故障智能处理等方面的优势，建设更加智能的纺织设备及管理系统，是未来纺织智能工厂的发展趋势。

(5) 结语

当前纺织行业面临产能过剩、竞争激烈的问题，建设纺织智能工厂是纺织行业智能化转型的必由之路。通过总结与分析现有纺织智能工厂的关键技术，对已在纺织服装企业成功应用的关键技术范例进行了介绍。随着新一代智能化技术的发展，纺织行业的智能化需求进一步增加，未来仍需探索最新技术在纺织行业的智能化应用，助力纺织行业的智能化转型与升级，提高纺织生产和管理的全流程智能化水平，增强企业的核心竞争力。

结语：在这个章节中，我们探究了数字化智能化对纺织服装企业管理的深远影响。数字化智能化技术的兴起不仅仅是一场技术变革，更是对管理哲学和运营模式的重构。数字化智能化为纺织服装企业管理带来了巨大的效率提升和业务革新。自动化生产线、大数据分析、智能供应链管理等技术的应用，不仅提高了生产效率，还拓展了市场竞争优势。然而，这些变革也伴随着一系列挑战，如信息安全、人才培养以及技术应用的合理性。

面对这些挑战，纺织服装企业需要从容应对。在数字化智能化转型中，企业需要坚持创新，不断拓展技术应用的边界；同时，也需要注重人才培养，为员工提供适应新技术的培训和发展机会；此外，保障数据安全和隐私也是企业不可或缺的责任。

总体而言，数字化智能化不仅仅是企业管理的工具，更是一种战略性的变革。只有在管理智慧和技术智能的双重引领下，纺织服装企业才能在未来的市场竞争中保持领先地位。

本章的研究宗旨在为纺织服装企业在数字化智能化转型中提供理论指导和实践建议。在这个数字化智能化的时代，只有积极拥抱变革，才能引领企业在未来持续创新，不断超越。

思考题：

1. 数字化智能化对纺织服装企业的供应链管理有何影响？它是如何提高供应链的效率和透明度的？这种改变对企业的生产成本和速度有何影响？

2. 数字化智能化是如何改变纺织服装企业的生产流程的？这些技术对产品质量和一致性有何影响？它们如何帮助企业更快速地推出新产品？

3. 数字化智能化如何改善了客户体验？个性化定制对企业销售和市场份额有何影响？这种定制化是否对品牌忠诚度产生影响？

4. 数字化智能化如何赋予企业更好的数据分析和预测能力？它们如何帮助企业做出更明智的决策，从而提高竞争力？

5. 数字化智能化引入了新的技术和工具，对企业的人才需求产生了怎样的变化？如何平衡技术与人才的结合，以充分发挥数字化智能化的优势？

6. 数字化智能化在推动纺织服装企业可持续发展和社会责任方面有何作用？它如何促进资源利用效率和环保意识的提高？

第3章 数字化转型和智能化技术

数字化转型是一种战略性的商业举措,旨在应对不断变化的市场、技术和客户需求,通过采用数字技术和流程来提高业务效率、创造更好的客户体验,降低成本,增加收入并保持竞争力。数字化转型的目标是建立更具竞争力的企业,通过提高创新能力、满足客户需求和提高效率来实现增长和成功。它涵盖了整个企业,从战略规划到技术实施和文化变革。数字化转型已经在各行各业中产生深远的影响,并将继续在未来推动商业创新。在当今竞争激烈的纺织服装行业中,数字化转型和智能化技术正成为企业迈向未来的关键驱动力。随着科技的迅速发展,纺织服装企业正面临着前所未有的机遇和挑战。数字化转型不仅仅是一场技术的革命,更是一次深刻的改变企业运营方式、生产流程和市场竞争力的革新之旅。

3.1 数字化和智能化的基本概念

数字化和智能化是现代科技和商业领域中的两个核心概念,它们在各自领域中起到关键作用。

3.1.1 数字化

基本概念:数字化是将信息、数据、过程和物理实体(如文档、照片、音频、视频等)转换为数字格式或电子形式的过程。这些数字化的数据可以用计算机和数字技术进行存储、传输、处理和分析。

数字化具有以下关键特点:

数字表示:数据以数字形式存储,便于计算和处理。

可复制性:数字化内容可以轻松复制、传输和分发。

易于存储:数字化数据可以在电子设备上轻松存储。

易于搜索和检索:数字化数据可通过关键字搜索和检索。

3.1.2 智能化

基本概念:智能化是指通过人工智能(AI)、机器学习、自动化和感应技术等,使系统、设备或应用程序能够模拟人类智能,具备学习、适应和自主决策的能力。智能化系统能够处理复杂的任务和问题,不断改进自身性能,以提供更好的解决方案。

智能化的关键特点包括:

自学习:智能系统可以从数据中学习,逐渐改进自身性能。

自适应:智能系统可以根据环境和任务的变化进行调整和适应。

自主决策:智能系统能够自主制定决策,而不需要人工干预。

模拟人类智能:智能系统能够模拟人类的思考和决策过程。

数字化和智能化通常相互关联,数字化提供了数据和信息的基础,而智能化技术可以利用这些数据来实现更智能化的应用和系统。数字化提供了智能化技术所需的原始材料,使其能够进行数据分析、学习和自主决策,从而提供更智能的解决方案。在现代科技和商业领域,数字化和智能化已经成为推动创新和提高效率的关键要素。

3.2 数字化和智能化技术的种类

数字化和智能化技术的种类多种多样,它们在不同领域和应用中发挥关键作用。以下是一些常见的数字化和智能化技术的种类:

3.2.1 数智化技术

(1) 数据存储与数据库管理系统

包括关系型数据库和非关系型数据库,用于存储和管理大量数据。数据存储和数据库管理系统在纺织和服装行业中的应用非常重要,它们有助于管理和利用大量的数据,包括产品信息、销售数据、供应链信息和客户数据。以下是与数据存储和数据库管理系统相关的一些方面:

产品信息管理:数据库管理系统用于存储和管理产品信息,包括产品规格、材料、成本和生产工艺。这有助于企业更好地控制产品信息,确保产品质量和一致性。

库存管理:数据库系统用于跟踪库存数据,包括原材料和成品。这有助于企业了解库存水平,及时调整库存水平,并避免库存不足或过剩。

销售数据和分析:数据库管理系统用于存储销售数据,包括销售订单、交易记录和客户信息。这些数据用于销售分析、销售预测和客户关系管理。

供应链信息管理: 数据库系统用于存储和管理供应链信息,包括供应商信息、采购订单和物流信息。这有助于跟踪供应链活动,确保原材料及时供应,以支持生产计划。

客户数据管理:数据库管理系统用于存储客户信息,包括联系信息、购买历史和偏好。这有助于企业更好地了解客户需求,提供个性化的客户服务和营销。

生产过程数据:数据库管理系统可以用于存储和分析生产过程数据,包括设备性能、工艺参数和质量检测结果。这有助于优化生产流程和提高产品质量。

品质管理:数据库系统用于存储品质检测数据和质量报告。这有助于企业进行品质控制和改进,以减少次品率。

研发和创新管理：数据库管理系统支持研发和创新项目的管理，包括设计文档、原材料测试和样品数据。

产品生命周期管理：数据库系统在产品设计和开发的各个阶段用于管理产品信息。这有助于从概念到上市确保产品质量和一致性。

数据分析和报告：数据库系统支持数据分析和生成报告，帮助企业更好地了解业务绩效和市场趋势。

关系型数据库和非关系型数据库都在这些应用中扮演重要角色，企业可以根据需要选择适合其需求的数据库管理系统。这些系统有助于提高数据管理效率、加强数据安全性，并提供洞察力，从而帮助企业更好地管理业务和实现增长。

(2) 数据采集和传感器技术

用于实时监测物理环境、设备和过程，如温度传感器、湿度传感器等。数据采集和传感器技术在纺织和服装行业中的应用对于实时监测和控制生产过程以及确保产品质量非常重要。以下是一些与数据采集和传感器技术相关的应用：

温度和湿度监测：温度和湿度传感器用于监测生产环境中的温度和湿度。这对于某些纺织过程来说至关重要，因为温度和湿度的变化可能会影响纺织品的质量。

张力控制：传感器可用于监测纺织品在生产线上的张力。这有助于确保纺织品的拉伸和紧密度在规定的范围内，以满足质量标准。

颜色检测：颜色传感器可用于检测纺织品的颜色。这对于确保产品颜色一致性非常重要，尤其是在染色和印刷过程中。

质量检测：传感器技术可以用于检测纺织品上的缺陷、污渍和损坏。这有助于实施质量控制，减少次品率。

设备性能监测：传感器可用于监测生产设备的性能和状态。这有助于预测设备故障，并进行预防性维护，以减少生产中断时间。

能源管理：传感器技术可以用于监测能源使用情况，包括电力和水资源。这有助于企业实施能源效率措施，降低生产成本，同时降低环境影响。

实时监控：传感器可以提供实时数据，允许生产管理人员远程监控生产过程，随时做出决策，以确保生产线正常运行。

生产参数控制：传感器技术可用于监测和控制生产过程中的参数，如速度、压力和流量。这有助于优化生产流程，提高生产效率。

库存管理：传感器可以用于监测库存水平，提醒企业何时需要重新订购原材料，以确保供应链的稳定性。

环境监测：传感器技术可用于监测工厂环境，包括空气质量、噪音水平和振动。这有助于确保员工的工作环境安全和健康。

综上所述，数据采集和传感器技术在纺织和服装行业中具有广泛的应用，可用于监测生产过程、确保产品质量、提高生产效率和实施能源管理措施。这些技术有助于企业更好地满足市场需求、降低成本和提高可持续性。

(3) 云计算

提供基于云的存储和计算资源，以支持大规模数据存储和处理。云计算在纺织和服装行业中的应用可以为企业提供灵活的计算和存储资源，以应对不断增长的数据需求和支持各种业务流程。以下是一些与云计算在该行业中的应用相关的方面：

大规模数据存储：云计算提供了可扩展的存储解决方案，可用于存储大规模的生产数据、销售数据、供应链信息和其他业务数据。这有助于企业管理和保护数据，确保数据的可用性和安全性。

数据分析和处理：云计算平台可以用于大规模数据分析和处理，以了解市场趋势、客户需求和产品性能。这有助于企业更好地做出决策，制定市场策略和优化生产。

生产过程优化：云计算可支持实时监控和优化生产过程。通过连接传感器和设备到云平台，企业可以实时监测生产线的性能，预测设备故障，并实施自适应生产控制。

供应链协同：云计算可以促进供应链协同工作，确保原材料按时供应，从而减少生产线的停滞。云计算还可以支持供应链可见性，帮助企业更好地协调供应链活动。

远程协作和共享：云计算允许不同部门和团队之间进行远程协作，共享数据和文件。这有助于提高工作效率和减少信息孤立症。

库存管理：云计算支持实时库存管理，允许企业跟踪库存水平、销售速度和供应链情况。这有助于减少库存成本，并确保供应链的顺畅。

灾难恢复和数据备份：云计算提供了灾难恢复和数据备份解决方案，以确保数据的安全性和可用性。这有助于企业在紧急情况下恢复业务。

资源扩展：云计算允许企业根据需求扩展计算和存储资源。这意味着企业可以在需要时增加服务器容量，而不必投资于新的硬件设备。

成本管理：云计算可以帮助企业降低信息技术（Information Technology，IT）基础设施和维护成本，因为它们可以使用云提供的资源而不必购买和维护自有服务器和设备。

创新和实验：云计算提供了一个灵活的平台，用于测试新技术、创新产品和服务，而不需要大规模的投资。

综上所述，云计算为纺织和服装行业提供了许多机会，包括大规模数据管理、实时监控、供应链协同和成本管理。这有助于提高企业的竞争力，提供更好的客户服务，优化生产流程并实施可持续性措施。

(4) 物联网 (IoT)

允许各种设备和物品连接到互联网，以实现远程监控和控制。IoT 在纺织和服装行业中的应用提供了许多机会，允许企业实现远程监控和控制，提高生产效率和产品质量。以下是一些与 IoT 在纺织和服装行业中的应用相关的方面：

生产设备监测：IoT 传感器可以连接到生产设备，监测设备性能和状态。这有助于实时监控设备的工作情况，预测设备故障，并提前采取维修措施，减少生产中断时间。

质量控制：IoT 传感器可以用于监测产品质量。它们可以检测产品上的缺陷、污渍和损坏，并自动将有问题的产品排除在生产线之外，从而减少次品率。

库存管理：IoT 传感器可用于监测库存水平。它们可以提醒企业何时需要重新订购原材料，以确保供应链的稳定性。

供应链可见性：IoT 传感器可以用于跟踪原材料和产品在供应链中的位置和状态。这有助于提高供应链可见性，减少不确定性，确保及时交付。

环境监测：IoT 传感器可以监测工厂环境，包括温度、湿度、空气质量和噪音水平。这有助于确保员工的工作环境安全和健康。

能源管理：IoT 传感器可用于监测能源使用情况，包括电力和水资源。这有助于企业实施能源效率措施，降低生产成本，同时降低环境影响。

客户互动：IoT 可以支持与客户的互动。例如，智能纺织品可以与智能手机或其他设备连接，提供个性化的用户体验。

生产参数控制：IoT 传感器可以监测和控制生产过程中的参数，如速度、压力和流量。这有助于优化生产流程和提高生产效率。

销售数据分析：IoT 传感器可以用于收集销售数据，以了解产品在实际使用中的性能和客户反馈，从而改进产品设计和市场策略。

综上所述，IoT 在纺织和服装行业中的应用可以帮助企业更好地管理生产、提高产品质量、实现供应链可见性和与客户互动。这有助于提高竞争力，降低成本，提供更好的客户服务，并支持可持续性发展。

(5) 大数据和分析

用于处理和分析大规模数据，以发现趋势、模式和洞察。大数据和分析在纺织和服装行业中的应用可以帮助企业更好地了解市场需求、优化生产过程、提高产品质量和实现成本管理。以下是一些与大数据和分析在纺织和服装行业中的应用相关的方面：

市场趋势分析：大数据分析可以用于跟踪市场趋势、竞争对手的活动和消费者偏好。这有助于企业制定市场策略，预测需求和改进产品定位。

需求预测：基于历史销售数据和市场趋势，大数据分析可以帮助企业更准确地预测需求，以调整生产计划和库存管理。

产品质量控制：大数据分析可以用于监测生产过程中的质量数据，以及检测产品中的缺陷和问题。这有助于实施质量控制和改进生产工艺。

销售数据分析：大数据分析可以用于分析销售数据，包括销售趋势、地理分布和客户分析。这有助于优化销售策略和市场营销活动。

供应链优化：大数据分析可以用于优化供应链管理，包括原材料采购、生产计划和物流。这有助于减少库存成本和提高供应链效率。

产品生命周期管理：大数据可以用于产品生命周期管理，以追踪产品的整个生命周期，包括设计、开发、制造和市场推广。

客户反馈分析：大数据分析可以用于分析客户反馈，包括社交媒体评论和客户服务数据。这有助于改进产品和提供更好的客户体验。

实时监控：大数据分析支持实时监控生产过程，以及自适应生产控制。这有助于提高生产效率和产品质量。

成本分析：大数据分析可以用于成本管理，包括生产成本、能源成本和物流成本。这有助于降低成本和提高竞争力。

环境可持续性：大数据分析可以用于监测和改进生产过程的环境可持续性，包括能源效率和废弃物管理。

综上所述，大数据和分析在纺织和服装行业中的应用可以提供重要的洞察力，帮助企业更好地满足市场需求、降低成本、提高产品质量和实现可持续性目标。这有助于企业在竞争激烈的市场中取得优势地位。

(6) 虚拟化技术

允许多个虚拟服务器在单个物理服务器上运行，以提高资源利用率。虚拟化技术在纺织和服装行业中的应用可以帮助企业更有效地管理计算资源、降低成本并提高灵活性。以下是一些与虚拟化技术在纺织和服装行业中的应用相关的方面：

生产设备虚拟化：在纺织生产过程中，虚拟化技术可以用于模拟和管理生产设备。这有助于企业优化生产流程、减少生产中断时间和提高生产效率。

计算资源共享：虚拟化技术允许多个虚拟服务器在单个物理服务器上运行。这有助于更好地利用计算资源，减少硬件投资和降低维护成本。

应用虚拟化：虚拟化技术可以将应用程序和工作负载隔离和管理。这有助于确保应用程序之间不会相互干扰，并提高系统稳定性。

事故恢复：通过虚拟化，企业可以实现灾难恢复解决方案，以确保在紧急情况下迅速恢复业务运营。

测试和开发环境：虚拟化技术可用于创建测试和开发环境，以便进行新产品的研发和测试，而无需设置物理服务器。

虚拟化桌面基础设施（Virtualization Desktop Infrastructure,VDI）：在纺织行业，VDI 可以用于提供虚拟桌面环境，员工可以远程访问其工作环境，从而支持远程办公和移动工作。

资源弹性：虚拟化允许企业根据需求扩展或缩减计算资源。这有助于应对季节性需求波动或特殊项目的需求。

成本管理：通过减少硬件需求、能源消耗和物理空间占用，虚拟化技术有助于降低 IT 成本。

网络虚拟化：虚拟化还可以应用于网络资源，以建立虚拟网络环境，改进网络管理和安全性。

绿色 IT：虚拟化有助于降低能源消耗，减少硬件设备的需求，从而支持可持续性和绿色 IT 倡议。

综上所述，虚拟化技术在纺织和服装行业中的应用可以帮助企业更好地管理资源、降低成本、提高灵活性和实施灾难恢复解决方案。这有助于提高生产效率和竞争力，同时支持可持续性发展。

(7) 元宇宙与 3D 数字人

真人数字人作为元宇宙场景的基石，具有推动技术普及和应用推广的重要作用。以下是一些原因：

沉浸式体验：真人数字人可以提供更加真实、沉浸式的体验，使用户感觉更好地融入虚拟环境。这种感觉对于元宇宙的成功至关重要，因为它需要超越传统的虚拟体验，使用户感到与真实世界更为接近。

情感连接：通过使用真人数字人，可以更好地传达情感和表情，增强用户与虚拟世界中的实体之间的情感连接。这对于虚拟社交、虚拟商务等场景非常重要，因为情感因素在人类交流和合作中起到关键作用。

个性化互动：真人数字人可以根据用户的需求和个性化要求进行互动。这种个性化的互动性质使得元宇宙中的体验更富有深度和多样性，满足不同用户的需求。

虚拟代表：在虚拟商务、虚拟演示等场景中，真人数字人可以作为品牌或公司的虚拟代表，与用户进行互动。这有助于建立品牌形象，并使虚拟体验更加生动。

技术推动：真人数字人的开发和应用需要先进的计算机图形学、人工智能和深度学习技术。通过推动真人数字人的发展，也能够促进这些领域的技术进步，从而推动整个元宇宙技术的发展。

总体而言，真人数字人的广泛应用可以为元宇宙的成功和普及提供更强大的动力。这需要跨学科的合作，包括计算机科学、人机交互、艺术设计等领域的专业知识。随着技术的不断进步，我们有望看到真人数字人在元宇宙中发挥越来越重要的作用。

"元宇宙 3D 数字人"的概念确实与虚拟社交、虚拟商务和虚拟培训等领域相关联，提供更加丰富和沉浸式的虚拟体验。以下是一些可能的应用场景和潜在优势：

虚拟社交和协作：通过在元宇宙中使用 3D 数字人，用户可以更自然地与其他虚拟实体互动，促进虚拟社交和团队协作。这有望提高在线会议和团队合作的效率，使得远程工作更加生动和亲密。

虚拟商务：在元宇宙中使用 3D 数字人可以为虚拟商务提供更生动的体验。例如，在虚拟商店中，用户可以通过 3D 数字人物与虚拟销售代表互动，获取更个性化的购物建议。这有望提高虚拟购物的吸引力和互动性。

虚拟培训：在培训领域，使用 3D 数字人可以模拟真实场景，提供更实际的培训体验。员工可以与虚拟导师互动，进行模拟实践，从而更好地学习和掌握各种技能。

虚拟展会和演示：在虚拟展会中，3D 数字人可以代表公司或品牌，与参与者互动，展示产品或服务。这为参与者提供了更具吸引力和互动性的体验，有助于提高品牌知名度。

对于纺织服装产业，可能的应用包括虚拟试衣间，用户可以通过 3D 数字人在元宇宙中尝试不同的服装风格，提高购物体验。此外，品牌可以通过在虚拟世界中展示新款服装，吸引更多消费者。

(8) 数字化转型的核心是管理创新

数字化转型是指组织或企业利用数字技术和数据驱动的方法来改变其业务模式、流程和价值创造方式。管理创新是数字化转型的关键组成部分之一，它强调的是在数字化转型过程中重新构思和优化管理方式和流程。

管理创新在数字化转型中的核心作用：

流程优化与效率提升：管理创新可以重新设计和优化工作流程和组织结构，使其更适应数字化环境，提高工作效率和生产力。

数据驱动的决策：通过管理创新，组织可以更好地收集、分析和利用数据，从而做出更明智的决策和战略规划。

推动变革和文化转型：管理创新可以促进组织内部文化和态度的转变，鼓励员工接受并适应数字化工作环境，推动变革和创新。

客户体验和市场敏捷性：通过管理创新，企业可以更好地理解客户需求并快速响应市场变化，提升客户体验和市场敏捷性。

人才发展和组织学习：管理创新鼓励组织建立学习型机制，不断培养和吸引具备数字化技能的人才，使组织在数字化转型中保持竞争力。

风险管理与安全保障：管理创新有助于建立更完善的风险管理机制和数据安全措施，保障企业在数字化环境中的稳定和安全。

管理创新不仅是数字化转型的推动力，也是实现数字化目标的重要保障。它可以帮助组织更好地应对数字化带来的挑战和变革，提升组织的适应性和灵活性，从而更好地利用数字技术来创造价值、提升竞争力并持续发展。

3.2.2 智能化技术

(1) 人工智能 (AI)

AI 包括机器学习、深度学习和自然语言处理，用于模拟人类智能和自主决策。AI 在纺织和服装行业中的应用很多，包括改善生产、质量管理、客户服务和市场策略等。以下是一些与 AI 在纺织和服装行业中的应用相关的方面：

生产优化：AI 可以用于监控生产过程，优化生产流程，提高生产效率。机器学习算法可以分析大量生产数据，识别潜在问题并提供实时反馈，以改进生产。

质量控制：AI 可以用于质量控制，检测产品上的缺陷和问题。深度学习模型可以识别织物或服装上的瑕疵，减少次品率。

需求预测：机器学习和数据分析可用于预测市场需求，以调整生产计划和库存管理，避免产品过剩或不足。

个性化生产：AI 技术可以支持定制生产，根据客户的个性化需求生产服装。这有助于提供更多样化的产品。

供应链管理：AI 可以用于优化供应链管理，包括库存优化、交货时间预测和供应商绩效分析。

客户服务：自然语言处理技术可以用于改进客户服务，自动回答客户查询和提供在线支持。

市场分析：AI 可以分析市场数据，了解竞争情况、客户偏好和新趋势。这有助于制定更有效的市场策略。

虚拟试衣间：AI技术可以支持虚拟试衣间，允许客户在线试穿服装，提高购物体验。

自适应生产：AI可以用于实现自适应生产，根据实时需求和质量数据调整生产过程，以确保产品始终保持高质量。

预防性维护：AI可以帮助预测设备可能出现故障的迹象，并提前采取维修措施，减少生产中断时间。

综上所述，AI在纺织和服装行业中的应用可以提高生产效率、质量管理、客户满意度和市场竞争力。这有助于企业更好地应对市场变化和客户需求，实现可持续性和创新。

(2) 自动化和机器人技术

机器人用于执行重复性任务和生产，如工业机器人和自动驾驶汽车。自动化和机器人技术在纺织和服装行业中的应用可以帮助企业提高生产效率、减少人力成本和改善生产质量。以下是一些与自动化和机器人技术在纺织和服装行业中的应用相关的方面：

自动化生产线：自动化生产线使用机器人和自动化设备执行重复性任务，如纺织、裁剪、缝纫和包装。这有助于提高生产效率，减少人力成本。

智能机器人：智能机器人可用于材料搬运、产品组装和包装等任务。它们可以在无需休息的情况下连续工作，提高了生产线的效率。

3D打印机器人：3D打印机器人可用于创建原型和样品，加速产品设计和开发。在服装制造中，它们可以用于打印定制的服装部件。

自动化库存管理：自动化和机器人技术可用于自动化库存管理，包括原材料和成品的搬运、存储和追踪。

自动化数据收集：机器人和传感器可以用于自动收集生产数据，包括温度、湿度和质量参数。这有助于实时监控生产过程。

质量检测机器人：自动化机器人可用于质量检测，包括检查纺织品或服装上的瑕疵和问题。

自动化维修：自动化机器人可以用于设备维护，监测设备状态并执行维修任务，减少生产中断时间。

物流自动化：机器人和自动化技术可用于物流和仓储管理，以提高仓库效率和订单处理速度。

综上所述，自动化和机器人技术在纺织和服装行业中的应用有助于提高生产效率、降低成本、改善质量控制和加速产品开发。这有助于企业更好地应对市场需求，提高竞争力。

(3) 自然语言处理 (Natural Language Processing，NLP)

NLP使计算机能够理解和生成自然语言，用于语音识别和智能客服。NLP在纺织和服装行业中的应用可以涵盖多个领域，从生产管理到客户服务。以下是一些与NLP在纺织和服装行业中的应用相关的方面：

客户服务和智能客服：NLP技术可以用于创建智能客服机器人，用于在线客户支持和查询解答。这提高了客户服务的效率和可用性。

市场调研和消费者反馈：NLP 可以用于分析社交媒体、在线评论和消费者反馈，以了解产品偏好、市场趋势和竞争情况。

供应链沟通：NLP 技术可用于改善供应链合作伙伴之间的沟通，自动处理订单、发货通知和交货更新。

质量问题跟踪：NLP 可以用于跟踪质量问题和缺陷的报告，以便及时采取纠正措施。

员工培训：NLP 技术可用于创建在线培训和知识库，提供员工培训和信息检索的支持。

智能文档管理：NLP 可以帮助企业管理和检索大量文档，包括合同、规程和报告。

多语言支持：对于国际化的纺织和服装企业，NLP 可以提供多语言支持，帮助企业与全球客户和供应链伙伴进行交流。

虚拟助手：NLP 技术可以用于创建虚拟助手，帮助员工执行任务、回答问题和提供建议。

市场营销和广告：NLP 可以分析市场数据和消费者反馈，以改进市场营销策略和广告效果。

智能搜索：NLP 技术可以改善内部和外部搜索引擎，以帮助员工和客户更容易地找到所需的信息和产品。

NLP 技术在纺织和服装行业中的应用有助于提高效率、改进沟通、了解市场动态，以及提供更好的客户服务。这有助于企业更好地适应市场需求，提高竞争力。

(4) 计算机视觉

计算机视觉系统允许计算机识别和解释图像和视频，用于图像处理和人脸识别等应用。计算机视觉在纺织服装行业中的应用可以帮助企业改善产品质量、生产效率和客户体验。以下是一些与计算机视觉在纺织和服装行业中的应用相关的方面：

质量控制和瑕疵检测：计算机视觉系统可以用于检测纺织品和服装上的瑕疵和缺陷。这有助于提高产品质量，减少次品率。

自动化检验：计算机视觉系统可以自动检验生产线上的产品，包括纺织品和服装部件。这减少了人工检查的需求，提高了生产效率。

尺寸和匹配：计算机视觉可以用于测量纺织品和服装部件的尺寸，确保它们符合规格。它还可以用于匹配和排序。

颜色识别：计算机视觉系统可以识别颜色，用于颜色一致性控制和颜色匹配。

纺织图案检测：计算机视觉可以检测和识别纺织品上的图案、纹理和印刷，以确保它们与设计相符。

人脸识别：在零售和客户互动方面，计算机视觉可以用于人脸识别，提供个性化的购物体验和客户服务。

虚拟试衣间：计算机视觉技术可以用于虚拟试衣间，允许客户在线试穿服装，以改善购物体验。

生产监控：计算机视觉可以用于监控生产过程，包括设备状态和产品流程。这有助于实时了解生产情况。

仓储管理：计算机视觉可以用于仓储管理，包括货物跟踪和库存管理。

市场研究和趋势分析： 计算机视觉可以分析市场趋势，包括消费者行为、时尚趋势和竞争分析。

综上所述，计算机视觉在纺织和服装行业中的应用可以提高质量控制、生产效率、客户体验和市场洞察力。这有助于企业更好地满足市场需求，提高竞争力。

(5) 自动驾驶技术

自动驾驶技术用于实现无人驾驶汽车和交通管理。自动驾驶技术在纺织和服装行业中的应用相对有限，但仍然可以在某些领域发挥作用，尤其是在供应链和物流管理方面。以下是一些与自动驾驶技术在纺织和服装行业中的应用相关的方面：

无人驾驶送货车：在供应链和物流领域，自动驾驶技术可以用于无人驾驶送货车，用于货物的运输和交付。这可以提高交付的效率和可靠性。

仓库自动化：自动驾驶技术可以用于自动化仓库操作，包括货物搬运和库存管理。无人驾驶机器人可以用于自动搬运和货物排序。

交通管理：自动驾驶技术可以用于改善工厂和生产设施内部的交通管理。自动驾驶车辆可以帮助优化物流和生产流程。

尽管自动驾驶技术在纺织和服装行业中的应用相对有限，但它仍然可以提供一些机会，以改善供应链管理和物流效率。随着技术的不断发展，可能会出现更多的应用场景。

(6) 智能家居技术

智能家居包括智能照明、智能家电和家庭自动化系统。智能家居技术在纺织和服装行业中的应用主要涉及产品销售和客户互动方面。以下是一些与智能家居技术在纺织和服装行业中的应用相关的方面：

智能纺织品和服装：纺织和服装企业可以开发智能纺织品，包括具有嵌入式传感器的智能衣物。这些智能纺织品可以用于监测身体健康、体温、运动等数据，并将数据传输到智能设备。

智能家居集成：一些纺织和服装品牌可以与智能家居生产商合作，将其产品集成到智能家居生态系统中。例如，智能窗帘可以与智能家居系统连接，根据室内光线和温度自动调整。

智能家居产品的销售：纺织和服装品牌可以在智能家居产品的销售中发挥作用，可以提供与家居装饰相匹配的纺织品和家居产品，以提供一体化的解决方案。

智能家居应用的推广：纺织和服装品牌可以与智能家居应用开发者合作，通过应用程序推广其产品。例如，可以开发与智能家居应用相集成的虚拟试衣间应用。

智能家居数据分析：纺织和服装企业可以使用智能家居数据来了解客户的需求和喜好，以改进产品设计和销售策略。

总体而言，智能家居技术为纺织和服装行业提供了与家居装饰和客户互动方面的机会。这有助于创造更智能、更便捷的生活方式，同时提高产品销售和客户满意度。

(7) 智能客户关系管理 (Customer Relationship Management，CRM)

智能 CRM 使用 AI 和分析来改进客户互动和个性化服务，其在纺织和服装行业中的应用可以提供更智能化的客户服务和改进客户互动体验。以下是一些与智能 CRM 在纺织和服装行业中的应用相关的方面：

个性化客户体验：利用智能 CRM，纺织和服装企业可以分析客户的购买历史、喜好和行为，从而提供个性化的购物建议和推荐产品。这有助于提高客户满意度和销售量。

客户支持和互动：智能 CRM 可以用于改进客户支持服务。自动化的客户服务机器人可以回答常见问题，为客户提供即时帮助。

客户数据分析：智能 CRM 系统可以分析大量客户数据，以了解市场趋势和客户行为。这有助于制定更好的市场营销策略和产品开发决策。

客户满意度调查：智能 CRM 可以用于自动化客户满意度调查和反馈收集。这帮助企业了解客户满意度水平，并及时采取行动解决问题。

客户互动分析：通过分析客户的互动历史，智能 CRM 可以预测客户的需求和兴趣，以更好地满足他们的期望。

销售渠道管理：智能 CRM 系统可以帮助企业管理销售渠道，跟踪销售机会和提高销售效率。

客户忠诚度管理：通过智能 CRM，企业可以实施客户忠诚度计划，奖励忠诚的客户，提高他们的忠诚度。

客户生命周期管理：智能 CRM 系统可以追踪客户的整个生命周期，包括潜在客户、新客户、忠诚客户和流失客户。这有助于精细管理客户关系。

总体而言，智能 CRM 在纺织和服装行业中的应用有助于提供更个性化的客户服务、改进客户互动体验、提高销售效率和客户满意度，从而增强企业竞争力。

3.3 数字化和智能化技术在纺织服装业的应用

数字化和智能化技术在纺织服装业中有广泛的应用，有助于提高生产效率、产品质量、供应链管理和客户满意度。以下是一些数字化和智能化技术在纺织服装业的应用示例：

3.3.1 自动化生产线

数智化技术使纺织服装企业能够实现生产线自动化，减少人力成本，提高生产效率。自动化设备可以执行重复性高的任务，例如纺织、裁剪、缝纫和包装，从而提高产量。自动化生产线是纺织服装业中数字化和智能化技术的一个重要应用领域。以下是一些数智化技术和自动化生产线的关键方面：

自动化设备：纺织服装企业使用各种自动化设备，如数控织机、自动缝纫机、自动剪裁机和自动包装机，以减少人力介入和提高生产效率。这些设备能够精确执行任务，确保产品的一致性和质量稳定。

传感技术：自动化生产线通常配备各种传感器，用于监测生产过程中的温度、湿度、张力、颜色等参数。这些传感器可实时检测潜在问题，并根据需要进行自动调整，以确保产品符合质量标准。

可编程逻辑控制器(Programmable Logic Controller,PLC)是一种常见的自动化控制设备,用于控制生产线上的机器和设备。它们可以根据预定的程序执行任务,协调不同设备之间的操作,从而实现高度自动化的生产流程。

机器视觉系统:机器视觉系统可以识别和检测产品中的缺陷或不一致之处。它们可以用于自动质量控制,确保产品符合规格,并将不合格产品从生产线中排除。

生产数据收集和分析:数智化技术允许纺织服装企业收集大量生产数据。这些数据可以做分析,以识别潜在的问题和优化生产过程。数据分析有助于提高生产效率和降低废品率。

远程监控和管理:纺织服装企业可以使用数智化技术实时监控生产过程。管理人员可以通过远程监视系统随时了解生产情况,及时做出决策,以确保生产线正常运行。

自适应生产:利用智能系统,纺织服装企业可以实现自适应生产,根据实时需求和质量数据调整生产过程,以确保产品始终保持高质量。

自动化生产线的实施可以提高纺织服装业的竞争力,减少生产成本,提高生产效率,同时也提高了产品的一致性和质量。这些技术有助于企业更好地满足市场需求,降低废品率,并提高客户满意度。

3.3.2 智能机器人

智能机器人可以用于材料搬运、产品组装和包装等任务,它们可以在无需休息的情况下连续工作,提高了生产线的效率。智能机器人在纺织服装业中的应用是数字化和智能化技术的一部分,可以显著提高生产线的效率和灵活性。以下是关于智能机器人在纺织服装生产中的一些重要应用领域:

材料搬运:智能机器人可用于搬运纺织原材料、半成品和成品。它们可以在生产车间内自动搬运重物,从而减轻工人的体力劳动,提高生产效率,同时降低搬运过程中的人为错误。

产品组装:在纺织服装制造中,智能机器人可以执行产品组装的任务。它们可以精确地将不同部件组装在一起,确保产品的一致性和质量。这对于需要高精度组装的产品,如服装、家居纺织品等非常有用。

包装:智能机器人还可以用于纺织产品的包装。它们可以自动将成品折叠、装箱,并贴上包装标签。这降低了包装过程中的人工成本,提高了包装速度,从而加速产品的发货。

自动质量控制:某些智能机器人配备了视觉和传感技术,可以进行自动质量控制。它们可以检测产品中的缺陷、污点或不一致之处,并将不合格产品从生产线中排除,确保产品符合质量标准。

协作机器人:智能机器人还可以与人类工人协同工作,共同完成任务。这种协作型机器人通常具有安全特性,能够检测周围的人类员工并避免碰撞,从而提高生产线的安全性。

生产线灵活性:智能机器人的部署可以提高生产线的灵活性。它们可以很容易地进行重新编程,以适应不同产品和订单的生产需求,减少了生产线更改的停工时间。

智能机器人在纺织服装业的应用有助于提高生产效率、降低成本、提高质量和增加生产灵活性，对纺织服装企业的竞争力和可持续性具有积极影响。

3.3.3 基于机器视觉的防伪标签

　　基于机器视觉的防伪标签是一种利用图像识别技术来验证产品真伪的方法。这种标签通常包含了特殊的图案、条码或者其他可视化元素，利用机器视觉技术可以对其进行识别和验证。以下是基于机器视觉的防伪标签的工作原理和一些关键特点：

　　(1) 工作原理

　　独特编码或标识物：防伪标签可能包含独特的编码、特殊的图案或者使用了特殊材料，这些可以通过机器视觉技术进行识别。

　　图像采集和处理：使用相机或扫描仪等设备，将标签的图像采集到系统中，然后利用图像处理和分析算法进行处理。

　　特征提取和匹配：机器视觉系统会提取图像特征，并将其与预先存储的标签特征进行比对，以验证标签的真实性。

　　验证结果输出：经过比对分析后，系统会输出验证结果，判断标签是否合法，以便消费者或者相关方验证产品真伪。

　　(2) 特点

　　防伪性：这种标签能够确保产品的真实性，因为其特殊编码或图案难以复制。

　　实时验证：通过机器视觉系统，可以快速、实时地对标签进行验证，提高验证效率。

　　多样性：防伪标签可以采用不同的材质和设计，使得每个标签都独一无二，增加了防伪性。

　　信息存储能力：有些防伪标签可能还携带有关产品的信息，如生产日期、批次号等，以供进一步查询。

　　基于机器视觉的防伪标签是一种高效的防伪技术，能够有效减少假冒产品的流通，保障消费者权益，同时也有助于企业维护品牌声誉。

3.3.4 基于机器视觉的智能化质量检测

　　基于机器视觉的智能化质量检测是利用计算机视觉技术进行产品质量检测和评估的过程，例如，自动验布机、异纤机等。它结合了图像处理、模式识别和机器学习等技术，通过对纤维、胚布、成品布图像或视频进行分析，检测纤维、布面疵点、尺寸偏差等问题。以下是其工作原理和关键特点：

　　(1) 工作原理

　　图像采集：使用相机或传感器采集产品的图像或视频。

　　图像预处理：对采集到的图像进行预处理，包括去噪、增强对比度、边缘检测等，以提高后续分析的准确性。

　　特征提取和分析：提取图像中的特征并进行分析，例如形状、颜色、纹理等，以便识别产品的特定特征或缺陷。

模式识别和分类：使用机器学习算法或深度学习模型对图像进行分类和识别，判断产品是否符合质量标准。

缺陷检测和分析：自动检测和定位产品表面的缺陷、异物或不良特征，并对其进行分析和记录。

质量评估与反馈：根据检测结果给出质量评估，判断产品是否合格，并将结果反馈至生产线以进行进一步处理。

(2) 特点

高效性：机器视觉系统能够快速处理大量图像数据，实现高效的质量检测，提高生产线的效率。

精确性：利用机器学习和深度学习模型，可以提高检测的精确度，减少误判。

自动化与一致性：自动化的检测过程能够保证检测结果的一致性，并减少人为因素带来的误差。

实时性：能够实现对产品质量的实时监测和及时反馈，有助于提前发现和解决问题。

基于机器视觉的智能化质量检测在制造业中被广泛应用，能够提高产品质量、降低成本，并有效提升生产效率。

3.3.5 数字人直播解放直播运营生产力

数字人直播是一种结合数字人技术和直播平台的创新形式，它可以在直播运营中带来许多生产力的提升。以下是数字人直播如何解放直播运营生产力的一些方面：

24/7 在线陪伴：数字人直播可以实现 24/7 的在线陪伴，不受时间和地点的限制。这意味着品牌或机构可以提供全天候的直播服务，覆盖更广泛的受众，并满足不同时区的需求。

自动化回答和客户互动：数字人可以被编程为自动回答常见问题，进行基本的客户互动。这样可以减轻人工客服的工作负担，提高效率，并使直播更具交互性。

个性化推荐和服务：借助数字人的算法和学习能力，可以实现个性化的内容推荐和服务。数字人可以分析用户历史行为和偏好，提供定制化的直播体验，增强用户满意度。

数据分析和运营优化：数字人直播可以实时收集和分析大量用户数据，包括观看习惯、喜好和互动行为。这些数据可以用于优化直播内容、改进运营策略，并提高直播的质量和吸引力。

多语言支持：数字人可以轻松应对多语言需求，为全球观众提供直播服务。这有助于拓展市场，吸引更多国际受众。

虚拟主持人和表演者：数字人可以被设计成虚拟主持人或表演者，拓展直播的创意和娱乐性。这种创新形式可以吸引更多目光，提升直播的吸引力。

总体而言，数字人直播通过结合人工智能和直播技术，为直播运营提供了更多可能性。然而，需要谨慎使用，确保数字人的设计和互动方式符合用户期望，并维护直播的真实性和可信度。

3.3.6 纺织服装智能制造的数据资源、数据产品与数据资产

在纺织和服装智能制造中，数据资源、数据产品和数据资产都扮演着重要的角色。

(1) 数据资源

生产数据：包括生产线上的各个环节产生的数据，如生产速度、工艺参数、设备运行状态等。

供应链数据：涵盖供应商信息、原材料库存、交付时间等数据，支持供应链管理和优化。

质量检测数据：包括产品检验数据、质量问题记录、次品率等，用于质量控制和改进。

市场销售数据：销售记录、顾客反馈、市场趋势分析等，支持产品设计和市场预测。

(2) 数据产品

实时生产监控系统：可视化生产数据，报告生产效率、设备利用率等，以支持实时决策。

预测性供应链分析：基于市场需求预测和供应链数据，优化原材料采购和库存管理。

智能质量控制系统：结合质量检测数据和分析模型，实现实时质量控制和改进。

个性化产品设计工具：基于市场销售数据和用户反馈，提供个性化设计建议。

(3) 数据资产

预测分析模型：预测市场需求、生产效率和质量控制等模型，帮助企业做出战略性决策。

优化的生产流程方案：基于数据分析，优化生产流程，提升生产效率和产品质量。

市场洞察和产品创新：基于市场数据和用户反馈，持续改进产品设计和市场策略，提高竞争力。

纺织服装智能制造中的数据资源、数据产品和数据资产结合了生产、供应链、市场等各个方面的数据，通过分析和应用，为企业提供了改进生产流程、提高产品质量和创新的机会。

3.3.7 纺织服装生产过程中的能源管理

AI 驱动的生产能源管理结合业务数据、环境数据和 AI 算法，能够实现更智能、精准的能源管理和优化。以下是这种整合方式的关键要点：

(1) 业务数据

生产流程数据：包括生产线运行情况、设备利用率、生产周期等数据，用于分析生产过程中的能源消耗和效率。

能源使用数据：记录能源类型、消耗量、使用频率等数据，帮助评估生产过程中的能源利用情况。

成本和效率数据：涉及生产成本、资源利用效率等指标的数据，可帮助评估不同能源利用方案的成本效益。

(2) 环境数据

气候与环境数据：包括温度、湿度、气压等环境参数数据，影响能源消耗和生产效率的关键因素之一。

能源来源数据：涉及能源来源的稳定性、可靠性和可持续性等数据，有助于优化能源

选择和采购策略。

(3)AI 算法

预测和优化：利用机器学习和预测模型分析历史数据和实时数据，预测未来的能源需求，优化能源使用计划，以提高效率和降低成本。

智能控制：AI 算法可用于智能控制系统，实时监测环境参数和能源消耗情况，并自动调整生产过程中的能源利用策略。

数据关联和优化建议：通过关联业务数据和环境数据，AI 可以提供优化建议，例如在特定气候条件下调整生产计划或能源选择。

(4) 结合应用

整合业务数据、环境数据和 AI 算法，能够实现更智能化的生产能源管理。AI 利用数据分析和预测能力，为企业提供更精确、实时的能源管理建议，使得能源使用更高效、更环保，并在不断优化中降低成本。这种整合应用可以帮助企业更好地利用可用的数据和技术，以更加智能的方式管理生产过程中的能源使用。

3.3.8 西服个性化的大规模定制、C2M 平台

C2M(Customer to Manufacturer) 是指由消费者需求驱动的定制制造模式。在服装行业，尤其是西服定制领域，C2M 平台可以提供个性化、大规模定制的服务。以下是 C2M 平台西服所具备的特点和优势：

个性化定制：C2M 平台可以通过在线平台或应用程序，收集消费者的个性化需求，例如款式、尺码、面料、颜色等，实现对西服的个性化定制。

大规模定制：利用数智化技术和智能制造，C2M 平台能够实现大规模的个性化定制生产。基于消费者需求的数据，实现快速、灵活的生产。

定制体验：消费者可以通过 C2M 平台参与设计过程，选择喜欢的款式、图案、颜色和面料，参与到定制西服的每个环节，增强了消费者的参与感和满足感。

智能推荐和个性化建议：平台可以利用消费者提供的数据和行为，通过算法给出智能推荐，比如根据身形数据推荐合适的尺码或款式，从而提升消费者的购物体验。

生产效率和成本控制：数字化生产方式使得定制过程更高效，减少了传统制造中的人工和时间成本，有利于控制成本。

品质保证和售后服务：由于每件西服都是根据消费者的个性化需求生产，因此更容易满足消费者的品质要求。同时，提供针对性的售后服务，满足消费者的个性化需求。

C2M 平台的西服定制能够充分满足消费者的个性化需求，提供更好的定制体验，并通过数字化和智能化生产方式实现大规模的定制生产。这种模式能够更好地连接消费者和制造商，提高生产效率和产品质量，同时也提升了消费者的满意度和品牌忠诚度。

3.3.9 设备维护和故障预测

数智化技术可以帮助企业进行设备维护的预测和计划。通过监测设备传感器的数据，可以识别设备可能出现故障的迹象，并提前采取维修措施，减少生产中断时间。设备维护

和故障预测是数字化和智能化技术在纺织制造中的重要应用，有助于提高生产效率、减少停机时间和降低维修成本。以下是有关设备维护和故障预测的一些关键方面：

传感器监测：纺织制造设备通常配备了各种传感器，用于监测设备性能和状态。这些传感器可以测量温度、压力、振动、电流、电压等参数。传感器数据通过数智化技术实时收集和记录。

数据分析：收集到的传感器数据经过数据分析，可以用于识别设备可能出现故障的迹象，例如，异常的振动模式或升高的温度可能表明设备存在问题。

故障预测模型：基于传感器数据和历史维修记录，企业可以建立故障预测模型。这些模型使用机器学习算法和统计分析来预测设备可能的故障时间和类型。

实时警报：一旦故障预测模型发现可能的故障迹象，它可以生成实时警报，通知相关维护人员。这有助于采取预防性维护措施，防止设备停机。

预防性维护：预防性维护是在设备发生故障之前计划维护措施的一种策略。这可以减少停机时间，降低维修成本，同时延长设备的寿命。

远程维护：数智化技术还支持远程设备维护。技术人员可以通过远程访问设备，进行诊断和维修，而无需亲临现场。

数据历史记录：数智化技术允许企业建立设备性能的历史记录。这些记录可用于分析设备的长期性能趋势，优化维护计划，以及改进设备设计。

设备维护和故障预测有助于降低停机时间，提高设备可靠性，减少维修成本，同时提高生产效率。它是数字化和智能化技术在纺织制造中的关键应用之一，对于提高企业的竞争力和可持续性非常重要。

3.3.10 精益生产和流程优化

数智化技术可以支持精益生产原则，帮助企业优化生产流程，减少浪费和不必要的环节，从而提高效率。精益生产和流程优化是数字化和智能化技术在纺织制造中的关键应用之一，旨在提高生产效率、降低成本和提高质量。以下是有关精益生产和流程优化的一些关键方面：

价值流分析：数智化技术可用于分析生产过程中的价值流。这包括识别哪些步骤增加了价值，哪些步骤是浪费的。通过识别和消除浪费，企业可以优化流程。

自动化和自适应控制：数智化技术可以自动化许多生产过程，减少了人工干预。此外，自适应控制系统可以实时调整生产参数以保持产品质量。

生产线平衡：数智化技术可用于优化生产线的平衡，确保每个工作站都能够以相同的速度工作，从而避免生产瓶颈。

实时数据分析：实时数据分析工具可以监测生产过程中的各个环节，识别潜在问题和趋势。这有助于及时调整生产流程，提高效率。

质量控制和追溯：数智化技术可用于质量控制，包括监测产品参数并自动识别次品。此外，它还支持产品追溯，以帮助确定和解决质量问题。

精益生产和流程优化通过减少浪费、提高效率和优化资源利用，帮助纺织制造企业提高竞争力，降低成本，提高产品质量，并更好地满足客户需求。这些技术对于可持续性和成功的生产非常关键。

数智化技术在纺织服装企业应用的案例

3.4.1 CAD（计算机辅助设计）技术的应用

许多纺织服装企业使用 CAD 软件来设计和开发纺织品和服装。这些工具允许设计师创建精确的设计，减少了手工绘图和设计的时间，提高了设计的精度和创意。CAD 技术在纺织和服装行业中的应用确实是非常重要的。以下是关于 CAD 在这两个领域中的应用的一些具体方面：

(1) 纺织品设计

CAD 软件允许纺织品设计师创建和编辑纺织品的图案、纹理和颜色。设计师可以使用 CAD 工具来绘制和编辑纺织品的重复图案，确保图案对齐和重复精确。这提高了纺织品设计的效率，并减少了手工绘图和纸质样品的需要。设计师还可以通过 CAD 工具模拟不同的颜色和图案变化，以更好地满足市场需求。

(2) 服装设计

在服装设计领域，CAD 软件用于创建服装的创意图稿、图案设计和样式排版。设计师可以使用 CAD 工具绘制服装的草图，添加颜色和纹理，然后进行数字化排版，以生成详细的设计规范。CAD 工具还允许设计师创建服装的原型，以便在制造之前进行虚拟试穿和修改。这提高了服装设计的精度和创意性，并减少了手工设计的时间和成本。

CAD 工具提供了高度精确的绘图和设计工具，确保了设计的一致性和精度。设计师可以轻松地进行修改和编辑，而不必重新制定整个设计。这有助于减少错误和提高设计的可重复性。使用 CAD 工具创建的设计可以轻松地以数字格式进行存档和共享，这消除了纸质设计图稿的存储和传输问题，使设计师和生产团队能够更轻松地合作和访问设计文件。

CAD 可以与制造过程的数字化和自动化集成，以实现更高效的生产。制造设备和机器可以根据 CAD 文件来切割、缝纫和制作服装和纺织品。总之，CAD 技术在纺织和服装设计中的应用提供了更多的工作效率、精度和创意性，有助于加速设计过程、减少成本，同时保持高质量的产品设计。这对于纺织服装企业来说是非常有价值的工具。

3.4.2 产品生命周期管理 (PLM)

PLM 系统帮助企业更好地管理产品的设计、开发和制造过程，它可以追踪产品的整个生命周期，协调不同部门之间的合作，确保产品按时上市。PLM 系统是在许多制造和产品导向的行业中非常重要的工具，包括纺织和服装行业。以下是关于 PLM 系统在纺织和服装行业中的应用的一些具体方面：

(1) 产品设计和开发

PLM 系统允许纺织和服装企业管理产品的设计和开发过程。设计团队可以使用 PLM 系统创建和存储产品设计规范、图纸和原型。这有助于确保设计的一致性和可追溯性，降低了设计错误的风险。不同部门之间可以协同工作,以共享设计信息和反馈,从而提高设计效率。

(2) 材料管理

PLM 系统可以用于管理纺织和服装生产所需的各种原材料和配件,帮助企业跟踪材料的供应、库存和成本,以确保材料按时供应,并降低库存成本。

(3) 生产计划

PLM 系统支持生产计划的管理和优化,可以协调生产线的安排、生产批次和交付时间,以确保产品按时生产并按需供应。

(4) 质量控制

PLM 系统可以用于监控产品质量和进行质量控制,帮助企业追踪产品规格和质量标准,并记录质量问题的发现和解决方案。

(5) 可追溯性

PLM 系统允许产品的整个生命周期得以追踪和记录。这对于了解产品的历史、维修和回收非常有用。

(6) 合规性管理

在纺织和服装行业中,合规性问题的可持续性和环保合规性至关重要。PLM 系统可以帮助企业跟踪和管理合规性要求,以确保产品符合相关法规和标准。

(7) 协同工作

PLM 系统促进不同部门和团队之间的协同工作,以确保产品开发和制造过程的顺利进行。PLM 系统提供了集成的工作平台,支持多人同时访问和合作。

总之,PLM 系统在纺织和服装行业中的应用有助于提高产品的设计、开发和制造效率,降低成本,同时提高产品质量和合规性。PLM 系统为企业提供了一个综合的解决方案,以更好地管理产品的整个生命周期,从概念到市场推出。

3.4.3 3D 打印技术

纺织服装企业使用 3D 打印技术来创建原型和样品,以加速设计和开发过程,它还可以用于定制服装的制造。3D 打印技术在纺织和服装行业中的应用是一种创新的方法,它带来了多个重要方面的好处:

(1) 原型和样品制作

纺织和服装企业可以使用 3D 打印技术来制作高度精确的产品原型和样品。这使得设计师能够快速验证设计概念,观察和评估实际的物理模型,以便进行修改和改进。这有助于加速产品开发周期,降低开发成本,减少了传统原型制作所需的时间和资源。

(2) 个性化和定制

3D 打印技术可以用于制造个性化的服装和纺织品。消费者可以根据自己的需求和喜好,定制服装的设计、颜色、大小和形状。这增加了产品的价值和满意度,同时也提高了客户忠诚度。

(3) 创新设计

3D 打印技术鼓励了创新设计的出现,可以创建更复杂和具有独特结构的服装和纺织品。设计师可以探索新的形式、纹理和结构,以创造令人惊叹的时尚作品。

(4) 可持续性

3D 打印技术可以减少废料和资源浪费。传统的服装制造通常会产生大量废料,而 3D 打印可以精确地制造所需的物品,减少了资源的浪费。

(5) 快速生产

3D 打印可以在短时间内生产服装和纺织品,从而更快地响应市场需求和趋势。这对于小批量生产和快时尚行业特别有吸引力。

(6) 节省成本

3D 打印可以减少生产和库存成本,因为可以按需制造产品,避免了过多的库存。

尽管 3D 打印在纺织和服装行业中有许多优势,但也需要考虑材料选择、打印速度和成本等挑战。然而,随着技术的不断发展和改进,3D 打印在纺织和服装领域的应用有望继续增加,并带来更多创新。

3.4.4 电子商务和数字市场

许多纺织服装企业建立了在线销售渠道,利用电子商务平台扩展其市场。他们还使用数字市场和社交媒体来推广产品和与客户互动。电子商务和数字市场在纺织和服装行业中的应用已经成为一种不可或缺的趋势。以下是一些相关的方面和优势:

在线销售渠道:纺织和服装企业可以通过建立电子商务平台来扩展其市场范围。这使得他们能够销售产品给全球消费者,而不仅仅局限于地理位置。在线销售渠道还提供了更多的销售机会,包括 B2C(企业对消费者)和 B2B(企业对企业)销售。

方便的购物体验:电子商务提供了方便的购物体验,消费者可以随时随地通过互联网浏览和购买产品。这降低了购物的时间和地点限制,提高了购物的便捷性。

个性化和定制:电子商务平台可以利用消费者数据来提供个性化推荐和产品定制选项。这有助于提高客户满意度,增加销售额。

数字市场和社交媒体:纺织和服装企业可以使用数字市场和社交媒体来推广其产品,建立品牌形象,与客户互动,并获取市场见解。社交媒体平台可以用于展示时尚趋势、搭配灵感和客户评论。

库存管理:电子商务平台允许企业更好地管理库存。可以根据需求进行库存调整,避免过多的库存,降低库存成本。

全球市场:通过电子商务,纺织和服装企业可以轻松进入全球市场。企业可以直接面向国际客户,扩大其市场份额。

数据分析:电子商务平台提供了大量有关客户行为的数据。企业可以使用这些数据进行分析,以了解客户需求和趋势,从而更好地调整产品和市场战略。

在线支付和安全性:电子商务平台通常提供多种在线支付选项,并采取安全措施以保护客户的支付信息。这增加了购物的方便性和信任度。

总之,电子商务和数字市场对于纺织和服装企业来说提供了更多的销售和市场推广机会,提高了客户互动,同时降低了销售和库存管理的成本。这有助于企业更好地适应数字时代的市场需求。

3.4.5 虚拟试衣间

一些纺织服装企业提供虚拟试衣间，允许客户在线试穿服装，以改善购物体验和减少退货率。虚拟试衣间是一种创新的数字技术应用，对于纺织和服装行业来说具有重要意义。以下是一些虚拟试衣间的优势和应用方面：

改善购物体验：虚拟试衣间提供了更丰富的购物体验，允许客户在线上试穿不同款式和尺寸的服装。这帮助客户更好地了解产品的外观和适合度，从而提高了购物的满意度。

减少退货率：通过虚拟试衣间，客户可以更准确地选择合适的尺寸和样式，减少了购物后的退货率。这有助于企业降低运营成本和库存管理的复杂性。

个性化建议：虚拟试衣间可以分析客户的喜好和体型数据，提供个性化的建议和推荐。这有助于客户更容易找到适合他们的服装。

在线社交分享：一些虚拟试衣间还允许客户在社交媒体上分享他们试穿服装的照片，与朋友和家人互动，从而促进品牌的宣传和销售。

多平台访问：虚拟试衣间通常可以在多种设备上访问，包括电脑、平板电脑和手机。这增加了客户的访问渠道，提高了产品的可及性。

市场研究和趋势分析：通过虚拟试衣间，企业可以收集客户的试衣数据，了解客户的喜好和趋势。这有助于更好地满足市场需求，并进行产品设计和库存管理。

环保和可持续性：虚拟试衣间可以降低实体试衣间的需求，从而减少了资源的浪费。这有助于企业更好地实现可持续性目标。

虚拟试衣间是数字技术在纺织和服装零售中的一个创新应用，它提高了购物体验、降低了退货率，并促进了品牌的数字化化和互动性。这对于纺织和服装企业来说是一个有力的工具，可以吸引更多的客户，提高销售和客户忠诚度。

3.4.6 客户关系管理(CRM)

纺织服装企业使用 CRM 系统来管理客户数据和互动，提供个性化的客户服务和销售。CRM 系统在纺织和服装行业中的应用是为了更好地理解和满足客户的需求，提供更好的客户服务，以及增加销售和客户忠诚度。以下是与 CRM 系统在纺织和服装行业中的应用相关的一些方面：

客户数据管理：CRM 系统用于集中管理客户信息，包括联系信息、购买历史、偏好和需求。这有助于企业更好地了解客户，进行个性化服务和营销。

个性化营销：基于客户数据，CRM 系统可以帮助企业创建个性化的营销活动和推广。这包括发送个性化的电子邮件、短信和特别优惠，以吸引客户并提高销售。

销售机会管理：CRM 系统跟踪潜在销售机会和客户关系。销售团队可以使用 CRM 系统来识别潜在客户、跟进销售机会和提高销售效率。

客户支持和服务：CRM 系统支持客户关系及需求服务，使他们能够更好地理解客户的问题和需求，及时响应，并提供高质量的客户服务。

客户反馈管理：CRM 系统可以用于收集和分析客户反馈，以改进产品和服务。这有助于企业更好地满足客户期望。

客户满意度调查：CRM 系统可以用于进行客户满意度调查，以了解客户满意度水平，并识别改进机会。

销售预测：基于历史销售数据和市场趋势，CRM 系统可以帮助企业预测销售和库存需求，从而更好地规划生产和供应链。

客户忠诚度管理：CRM 系统有助于企业建立客户忠诚度计划和奖励计划，以吸引客户保持忠诚。

数据分析：CRM 系统可以用于数据分析，帮助企业了解客户行为、市场趋势和产品性能。

多渠道管理：CRM 系统支持多渠道客户互动，包括在线销售、实体店、社交媒体等。

综上所述，CRM 系统在纺织和服装行业中的应用有助于建立更强大的客户关系、提供更好的客户服务和销售，增加客户忠诚度，并帮助企业更好地理解市场需求和趋势。这有助于提高企业的竞争力并实现长期增长。

数智化技术在纺织服装行业中的多样化应用，有助于提高生产效率、提供更好的客户体验和降低成本。随着技术的不断发展，纺织服装企业将继续探索新的数字化解决方案，以适应不断变化的市场需求。

数字化转型和智能化技术的演进，正以前所未有的速度改变着我们的世界。这一变革不仅仅是技术的飞速发展，更是一场改变组织、社会和个人方式的革命。数字化转型为我们带来了前所未有的便利和机遇，但也伴随着挑战和责任。在未来，我们需要保持敏锐的洞察力，不断学习和适应，以确保我们在这个不断变化的数字化时代中保持竞争力和创新力。让我们携手并肩，以智能化技术为力量，开创出更加繁荣和可持续的未来。

【案例研究】

全球范围内有一些数字化程度领先的纺织服装企业，在数字化转型方面取得了显著成就。以下是几个值得研究的案例：

◎ **案例 1:** 阿迪达斯 (Adidas)

阿迪达斯采用了数字化制造技术，例如 "Speedfactory" 项目，通过自动化生产线和 3D 打印技术，实现本地化制造和个性化定制，缩短了产品的生产周期。阿迪达斯的 "Speedfactory" 项目是其数字化转型和智能化技术应用的典范。这个项目旨在通过自动化生产线和 3D 打印技术实现本地化制造和个性化定制。

自动化生产线：Speedfactory 采用先进的自动化生产线，整合了机器人技术和自动化设备，大大减少了人力介入，提高了生产效率和精确度。这种自动化生产线可以在较短的时间内完成产品的制造和组装。

3D 打印技术：通过 3D 打印技术，Speedfactory 实现了对鞋底、鞋帮等关键部件的个性化定制。这意味着消费者可以根据自己的喜好和需求，定制鞋子的特定部分，使产品更贴合个人需求。

本地化制造和快速交付：Speedfactory 的理念是将制造过程尽可能地靠近市场，以满足当地市场需求。这种本地化制造模式可以缩短供应链，降低库存成本，并使产品更快速地送达消费者手中。

通过数字化制造技术的应用，阿迪达斯的 Speedfactory 项目成功地实现了个性化定制和本地化制造，大大提高了生产灵活性，缩短了产品的生产周期，并更好地满足了消费者的个性化需求。

◎ 案例 2: Nike

Nike 利用数智化技术改善了供应链管理，通过预测分析和实时数据监控，优化了生产和库存管理，以更快速、灵活地响应市场需求。Nike 在数字化转型方面的成功主要集中在供应链管理方面。通过数智化技术的应用，Nike 实现了更高效的生产和库存管理，以更快速、灵活地满足市场需求。

预测分析：Nike 利用大数据和预测分析技术，分析市场趋势、消费者偏好以及销售数据，以预测需求并制定生产计划。这使得 Nike 能够更精准地预测市场的变化，并在提前预测需求的基础上做出生产和库存管理的决策。

实时数据监控：Nike 实施了实时数据监控系统，通过传感器和信息系统实时监测生产和库存情况。这种实时监控系统使得 Nike 可以快速了解生产进度、库存水平和供应链中的瓶颈，并做出及时调整，以便更灵活地满足市场需求。

供应链优化：借助数智化技术，Nike 优化了供应链管理，改善了供应商之间的协作和沟通。通过数字化平台，Nike 能够更好地与供应商协作，实现供应链的透明度和高效性，从而提高了生产效率和快速响应能力。

这些数智化技术的应用使得 Nike 能够更加精确地预测市场需求、优化生产和库存管理，实现了更快速、灵活地响应市场需求的能力，从而在激烈的市场竞争中保持了竞争优势。

◎ 案例 3: 爱彼迎 (Epyllion Group)

这是孟加拉国的一家纺织制造商，通过数智化技术实现了供应链的可追溯性和透明度，确保产品质量和符合环保标准。

可追溯性和透明度：通过数智化技术，爱彼迎建立了一套供应链追溯系统，实现了对原材料、生产流程和产品运输等环节的跟踪和记录。这种系统使得公司能够准确追溯产品的来源和生产过程，确保了产品的质量和合规性。

产品质量保证：通过数智化技术的应用，爱彼迎能够更加全面地监控生产过程中的各个环节，及时发现并解决可能存在的问题，确保产品符合质量标准。这有助于提高产品的质量稳定性和一致性。

环保标准遵从：数智化技术的应用有助于爱彼迎更好地管理和监控生产过程中的环保指标，确保生产活动符合环保法规和标准。这包括减少废料和能源消耗，更有效地管理资源，以减少对环境的影响。

通过数智化技术的引入，爱彼迎能够建立更加高效和透明的供应链体系，确保产品质量、追溯性和环保标准的合规性。这有助于提升公司在市场上的竞争力，同时也符合了现代企业对可持续性和社会责任的重视。

◎ 案例 4: 亚马逊 (Amazon)

作为电商巨头，亚马逊通过智能算法和大数据分析，实现了对纺织品销售趋势的精准预测,同时利用自家平台推动了智能纺织品的销售。

销售趋势预测:亚马逊利用大数据分析和智能算法对历史销售数据、用户行为和市场趋势进行分析,从而实现了对纺织品销售趋势的精准预测。这种预测有助于调整库存、制定采购计划,确保库存与需求更加匹配。

推动智能纺织品销售:亚马逊作为电商平台,积极推动智能纺织品的销售。通过技术创新和市场推广,将智能纺织品引入到平台上,并利用自身的网络和资源,提升这类产品在市场上的曝光和销售量。

个性化推荐系统:亚马逊利用大数据技术开发了个性化的推荐系统,根据用户的购买历史、浏览行为和偏好,向用户推荐符合其兴趣的纺织产品,从而提高销售转化率。

亚马逊依托先进的数据分析和智能技术,实现了对纺织品销售的精准预测和智能产品的推广,为用户提供更多个性化选择的同时,也提高了纺织类商品的销售效率。这种数智化技术的应用不仅促进了纺织品产业的发展,也提升了电商平台的竞争力。

◎ **案例 5**: 宜家(IKEA)

作为家居领域的领军企业,宜家运用数智化技术提高了供应链效率,例如使用可视化技术规划产品布局和展示,并利用增强现实技术提供更好的购物体验。

宜家在数字化转型中的成功体现了其在家居领域的领军地位。通过数智化技术,宜家不仅提高了供应链效率,还利用可视化和增强现实技术提供更优质的购物体验。

可视化技术规划产品布局和展示:宜家利用可视化技术,通过虚拟展示和平面图,规划产品布局和展示方式。这种技术有助于更好地设计产品陈列、展示空间,提高购物环境的吸引力和实用性。

增强现实技术提供更好的购物体验:宜家运用增强现实技术,为消费者提供更丰富、沉浸式的购物体验。例如,利用手机或平板电脑应用程序,消费者可以在现实环境中观察和放置虚拟的家具,以更直观地了解宜家产品如何融入自己的家居环境。

供应链效率提升:宜家数字化转型也涉及供应链方面的改进。通过数字化平台,宜家能够更好地与供应商合作、管理库存,实现了供应链上的协作和高效性。

通过数智化技术的应用,宜家提升了购物体验,改善了产品展示和空间规划,同时也提高了供应链的效率。这种数字化转型不仅增强了企业在市场上的竞争力,更为消费者带来了更便捷、沉浸式的购物体验。

这些企业通过数字化转型和智能化技术的应用,实现了供应链的优化、生产效率的提升和产品创新,成为了数字化纺织行业的典范,其经验与策略对于其他企业的数字化转型提供了借鉴和启发。

◎ **阅读材料 1**

《经纬棉纺成套智能化工厂的建设》

(1) 经纬纺机简介

经纬纺织机械股份有限公司(下简称"经纬纺机")是中国机械工业集团有限公司的骨干企业——中国恒天集团有限公司的核心成员企业。经纬纺机历史悠久,专业积淀深厚,产品涵盖纺纱、织造、捻线、化纤机械和纺机专件等纺织产业各个领域，旗下从事纺机研发与制造的下属子公司25家，拥有2个国家级技术中心、5个省级技术中心，其中青岛宏大纺织机械有限责任公司已建成百年。

在纺纱成套解决方案方面，经纬纺机采用全新工业化、一体化设计，提升了成套装备连续化、智能化水平；建设国产全自动轨道式智能纺纱输送系统，突破了传统纺纱物流输送环节存在间断的关键瓶颈；开发国产化全流程智能管控系统，大幅提升了生产制造过程整体自动化、信息化、智能化水平。

(2) 智能制造推动纺纱行业高质量发展之路

经纬纺机立足科技创新，以智能制造为主攻方向，不断强基补短，通过应用自动化、信息化、数字化、智能化等相关技术，构建了涵盖智能成套装备、智能物流系统、智能管理系统三大部分的全流程智能纺纱成套装备及系统，实现了纺纱生产的物流、工艺流、信息流的全面集成，大幅提高了我国纺纱行业的竞争优势。

1) 智能成套装备，支撑行业绿色发展

传统纺纱工艺包含抓棉、开棉、混棉、清棉、梳棉、并条、粗纱、细纱、络筒、打包、仓储等多道工序。目前，经纬纺机在对单机设备完成自动化的基础上，已经实现大部分纺纱工序连续化生产，极大地缩短了纺纱工艺流程，提高了生产效率、节约了人工成本，保障了产品一致性。

①智能化高产清梳联

青岛宏大智能高产清梳联设备广泛采用新工艺、新技术、新设备，能稳定和提高生条与成纱质量，减少回花，提高制成率；最大流程产量达2 000 kg/h，除杂率达70%；同友商相比，相同配置清梳联流程，实现节能20%~30%。

其主要创新优势如下：

(a) 抓棉机实现3个品种抓取，稳定可靠，精细抓取，智能调整供棉。

(b) 国际首创并联式单轴流工艺，开松更充分，除杂效率更高。

(c) 开发了不同原料精确配比的精细混棉功能，是国际上唯一一家全系列精细混开棉机组制造厂商，实现在清花流程中的精确配比，称重精度可达1%，混纺率差不超过1%。

(d) 全自主创新高产智能梳棉机，工艺成熟，分梳精细，调整方便，品种适应性强。可配置棉结在线监测、盖板隔距在线检测、锡林接针保护、智能统计分析生条条干、针布寿命、能耗等智能化配置。

未来产品创新思路如下：

(a) 自主研发的的创新型清梳联产量突破2 000 kg/h，满足市场对高产清梳联的需求；

(b) 采用短流程配置，工艺调整灵活，投资少，占地少，节省用工30%，减少能耗30%，为客户带来创造的经济价值；

(c) 在棉、化纤、麻、毛、混纺等领域，进行工艺试纺性研究，提高生产效率；

(d) 基于大数据和工业互联网平台等新一代信息技术，实现纺织生产的自动化、数字化和网络化制造，实现纺织产业智能化发展。

②深度自学习异纤分检机

北京经纬新技术深度自学习异纤分检机运用大数据和深度学习特征自动提取的优势，从全新的视角综合分析棉花和各种异纤的特点，能够实时、高效检出棉花中各类异纤，尤其对传统算法难以识别的地膜、丙纶丝、浅色和黑色等细小异纤检测效果奇佳。

其主要创新优势如下：

(a) 为了解决不发光白丝和小片地膜的分检率，对光源进行了特殊设计，结合 AI 深度学习，补齐原有的技术短板；

(b) 人工智能深度学习算法通过模型加深和加宽，覆盖纹理、颜色、形状、灰度、梯度等各种异纤特征，对于检测细小异纤尤其是细线、头发丝检测效果明显领先国内外友商；

(c) 基于 Linux 系统的分布式嵌入处理平台，适应高温、高湿、高粉尘的运行环境，系统长时间运行稳定。

未来产品发展思路如下：

未来将加快人工智能深度学习技术的应用，加大国产传感器技术、国内芯片的攻关力度，不断为客户提供检出率高、落棉量低(减少浪费)、省心省力、中高低端配置、使用便利的智能化异纤分检设备。

③高速三自动精梳机

经纬智能纺织机械有限公司根据当前国内外精梳设备的发展趋势、产品现状、市场需求等，保持公司现有精梳设备的优势，吸收国外同类先进设备的特点，自行研发的新一代智能型精梳产品。该产品立足于高速、高效、高可靠性、高自动化，在无人操作的前提下可实现全流程智能化生产。

其主要创新优势如下：

(a) 实现了与条并卷机、棉卷智能物流系统全自动智能化生产，整个生产过程为非接触式操作，减少了用工，提高了产品质量；

(b) 采用三自动技术，即自动退空管、自动换卷、自动接头技术，取代人工，自动完成余棉留头、余棉退绕、空管移出、棉卷喂入、棉网搭接智能化，产品质量显著提高；

(c) 采用大角度变速梳理技术，梳理角度增加45%，与90°梳理相比相同指标降低2%左右的落棉。

其主要发展思路如下：

(a) 生产速度达到 550 钳次 / min，解决车头传动和往复运动件损伤，确保指标满足客户要求；

(b) 提高整机自动化和智能化水平，减少用工，实现易维护；

(c) 全自动精梳机接头成功率提高到 98% 以上。

④高速匀整并条机

沈阳宏大高速匀整并条机，最高设计达到 1 000 m/min，实际生产速度也达到 700 m/min 以上，与国外先进设备完全处于同一水平，并且通过对纯棉、混纺、涤、黏胶、天丝等多品种的历史大数据收集和分析，针对各种纤维的不同特性，设计不同工艺，如加压、自动断条力度、吸风、气流大小等参数，使设备工作状态和出条质量获得最好的匹配效果。

其主要创新优势如下：

(a) 智能电子牵伸技术，输入目标重量，设备自动调整牵伸倍数，无需用户复杂计算、也无需更换传动轮，效率高，操作简单；

(b) 最新的自调匀整及在线检测技术，配备乌斯特 USG3 自调匀整及在线检测或自主研发的 NAS 自调匀整及在线检测系统，高速运行；

(c) 自清洁吸棉箱，通过堵、剥、吹以及负压监控报警，保证设备清洁系统的稳定，也减少了挡车工清洁吸棉箱的工作频率；

(d) 自动升头技术，无需操作工搓捻、穿引，重新整理棉网、设备自动生头，效率高、操作简单。

未来创新思路如下：

(a) 高速不断突破，效率提升为客户节省人工和投资，创造更多的价值；

(b) 智能化不断发展，为用户在操作上、管理上提供更多的便利，降低工人的劳动强度、提高工作效率；

(c) 工序互联自动化，在实现梳并联、并并联的基础上，攻关棉条自动接头技术，彻底实现并条工序全自动化。

⑤智能化自动落纱粗纱机

天津宏大采用外置式自动落纱技术，搭配电子牵伸、张力智能控制、单锭断纱检测功能模块，实现了粗纱机全自动纺纱，最长锭数为 216 锭、空满管交换率达 99.7% 以上。

其主要创新优势如下：

(a) "四合一"集成控制系统，分别驱动锭翼加捻、罗拉牵伸、筒管卷绕、龙筋升降系统，通过数学模型控制，实现多台电机的同步控制和纺纱；

(b) 超长型自动落纱粗纱机，将驱动系统放置车中部位，驱动左右两侧纺纱系统，实现左右两侧可独立纺制不同的粗纱品种，最长锭数达 432 锭；

(c) 精确定长，防止粗纱脱落的打箍方式多样，满纱定长定位停车，以保证每落粗纱长度误差小于 1 m，节约原材料。

未来产品创新思路如下：

(a) 整节装配粗纱机的设计，粗纱机车身部位进行模块化设计，实现粗纱机模块化装配，提高装配质量，缩短用户现场装车周期；

(b) 采用视觉检测技术的单锭断纱检测功能模块的开发，解决采用传感器技术的单锭断纱检测走线、维护困难的难题；

(c) 针对化纤品种（低捻纱）尾纱清除成功率低的问题进行技术研究，提高化纤品种尾纱的清除成功率。

⑥智能化超长细纱机

经纬智能对标丰田，开发了以整节装配为设计要求，配置全电子牵伸、积极式升降系统、电气多轴运动控制系统等的"高速高效、自动化、智能化、清洁节能、免维护"的超长细纱机,可配置粗细络联成套智能联动系统、集中吸棉系统,为客户节省人工,提高产能,可配单机监控、车间集中管理、远程运维等,通过数字化来支持管理,从而提升员工专业技能,优化成本,提升效益。

其主要创新优势如下:

(a) 整节装配技术:机架多点支撑,精度高、稳定性好,最大锭数 1 824 锭;

(b) 全电子牵伸技术:动力传递效率高,润滑保养周期长,工艺切换快速,操作方便;

(c) 双侧吸棉技术:以更低的能耗取得设备所需的负压,有效节能达 20% 以上;

(d) 智能负压控制技术:实时监测纺纱状态,自动调节负压,节能效果达 35% 以上;

(e) 超高速锭子技术:采用经纬超越 68 系列锭子,最高转速 25 000 r/min。

未来产品创新思路如下:

(a) 分段式中间传动系统研究。有利于解决目前市场大牵伸、大锭量、重加压纺纱造成的罗拉扭振问题,实现前纺设备的一致性快速化生产。

(b) 高速纺纱研究。为实现纺纱速度突破 30 000 rpm、50 000 r/min 的目标,做好高速锭子、电锭技术、高速钢领钢丝圈、高速纺纱技术等方面的研发及商业化产品的推出工作。

(c) 节能技术研究。在牵伸集聚气流控制技术的研发上快速突破,研究机械式紧密纺技术,在达到减少毛羽、提升强力的紧密纺目标基础上,实现环锭纺与紧密纺的快速切换,降低紧密纺系统的整机功耗。针对加捻卷绕环节、工艺吸棉环节继续做好技术改进及提升。

(d) 集中控制技术研究。开发集落集中控制以及 2 机台主机控制,并制定多机台控制技术方案。

(e) 在线检测技术研究。初步构建细纱机自检功能方案,例如皮带张紧检测、电机温度检测等;调研纱线检测技术;进行机台运转数据在线监测的验证与推广。

⑦自动络筒机

青岛宏大最新研制了 VCRO PLUS 系列自动络筒机,是在 VCRO 络筒机基础上进行了全新的工业外观设计,新设计了一体化机头及控制部分、设计了全新的第三代自动落纱小车,并且增加了单锭气圈跟踪技术、筒纱精密定长等技术,不仅外观美观大气、维护方便,而且更加智能高效、筒纱品质更高。VCRO PLUS 自动络筒机具有双纱库及多联式系列化产品,可以满足不同用户的定制化需求,大大节约了用户投资成本,减少了劳动力。

其主要创新技术如下:

(a) 通过电子式防缠绕传感器频率的变化,判断纱线卷绕动态,预防腰带纱产生;

(b) 通过气圈跟踪,筒纱卷绕张力更加均匀,降低管纱尾纱断头率,提高卷绕速度 10% 以上;

(e) 采用张力传感器实时检测纱线张力,实时补偿,保持络纱张力恒定,筒纱品质更优;

(d) 智能落筒小车技术,智能化程度更高,可实现自动换批、自动借管、多次生头、单独落筒等功能,确保了自动络筒机更换品种后实现连续生产。

未来产品创新思路如下:

(a) 在单锭产量、筒纱定长、百根万米断头率、可靠性稳定性等方面进一步提升络筒机的品质。

(b) 多联式细络联络筒机，可实现一拖多、多拖多。实现节能降耗、降低投资成本。

(c) 在品种适应性方面，进一步拓宽捻接器的品种适应性。扩展特殊品种捻接、退捻元件选择范围，提供最佳捻接配置及参数给用户，提高捻接器品种适应性。

⑧经纬高端棉纺专件

(a) 锭子

高速：锭子机械速度最高可以达到 30 000 r/min，纺纱速度能够达到 25 000 r/min；

低振动、低噪音：锭子振动小，在 20 000 r/min 条件下运转，噪音水平相当于普通锭子在 16 000 r/min 下的噪音水平。

(b) 罗拉

一致性好：锭差 CVb（离散值，条干不匀率）下降 0.2%~0.5%，粗节、细节、棉结有显著改善；

适纺性好：适纺 1.97~98.42 tex 纯棉、混纺普梳、精梳细纱各种纤维；

指标优：配置经纬优质主机，常规品种成纱指标均可达到乌斯特公报 5% 水平。

无有害机械波：机械波拉网检测，无有害机械波。

稳定周期：使用 3~5 年不走调。

(c) 摇架

棉、麻、毛、娟、丝及人造纤维的牵伸加压解决方案；

握持部位平衡机构消除压力锭差，条干均匀度改善明显；

每区 4 档压力可调，压力组合达 64 种，纺纱工艺适应广，即可普通环锭纺又可紧密纺。

2) 智能物流系统，贯通工序无缝衔接

经纬纺机除在完成成套单机装备的自动化、连续纺之外，实现物流系统无缝衔接全流程智能纺纱装备，突破了全流程智能纺纱物流输送系统存在间断的关键技术瓶颈。

①条筒输送技术

利用 AGV(Automated Guided Vehicle) 和 RFID(Radio Frequency Identification) 射频技术，研制柔性及刚性技术相结合的自动输送系统。

(a) 首创移动平台缓存换桶模式，实现梳棉机与并条机间棉条桶自动输送及空满桶交换；

(b) 精梳及与末道并条通过固定导轨将条桶自动输送到满桶的存储库，并采用 RFID 技术实现输送品种的调度；

(c) 开发条桶托盘输送及仓储技术，首创并条机与粗纱机整体换桶形式，实现并条机与粗纱机间棉条桶自动输送及空满桶交换。

②管纱输送技术

粗细络联技术实现了粗纱、细纱、络筒 3 个工序间的连续化生产。

粗细联通过智能纱库、智能输送轨道，可实现满纱从粗纱向细纱、空管从细纱到粗纱的自动化和智能化的输送，实现粗纱机和细纱机之间的物流和信息流的传输和控制，保证粗细联适应多品种生产的要求。

细络联通过托盘输送的形式，实现了细纱机至络筒机之间的管纱输送，并且配置了细纱质量追踪系统，利用 RFID 技术，对问题管纱追溯到细纱锭子，从而快速排除细纱问题，提高纱线质量。

③筒纱自动打包输送技术

络筒筒纱输送系统采用了工业软件、RFID 传感器技术，实现了筒纱的自动上纱、自动输送、下纱－排纱、自动码垛、移栽装运、自动套膜、开袋套袋、自动缝袋、称重贴标扎袋、自动仓储等功能的一体化。

3) 智能管理系统，赋能纺织数字转型

采用了物联网技术、大数据分析技术、5G 及人工智能技术，构建了"云 + 端"模式的纺纱车间数字化智能化管理系统——"经纬 e 系统"，助力纺织行业智能化转型升级。

①经纬 e 系统功能模块介绍

经纬 e 系统开发了 6 大功能模块：生产管理、能源管理、智能调度、设备专家、工艺专家和精益核算等模块。其中：

(a) 生产管理模块，实现了透明化纺纱车间；

(b) 能源管理模块，实现了水电气消耗的实时监控，吨纱能耗在线核算，异常耗能的快速定位；

(c) 智能调度模块，实现了多品种小批次订单的自动排产、智能跟单，基于后道生产预测技术的半制品自动备库，实现纺纱全流程的产能平衡；

(d) 设备专家模块，实现了全流程纺纱设备的全生命周期管理，采用了互联网技术实现了设备的远程运维，预测性维护技术在局部关键部位有所应用；

(e) 工艺专家模块，实现了纺纱工艺的知识库的构建，基于质量优先的工艺推荐功能；

(f) 精益核算模块，实现了吨纱用棉量、吨纱能耗、吨纱用工的在线实时核算。

经纬 e 系统经过 10 余年的推广使用，逐步推动纺纱产业以经验为主的传统管理模式到以数据为基础的科学管控模式的转变，提升了纺纱企业的综合效益。

②经纬 e 系统成套管控、智能生产

经纬 e 系统采用物联网技术，实现了其和经纬成套纺纱设备的深度融合，实现了前后道设备之间、人与设备之间的互联互通，并开发了若干创新应用：

(a) 设备故障的定向维护，利用大数据分析技术精确定位落后机台、落后锭子、落后原因并及时推送信息至责任人；

(b) 全流程工艺参数在线设置，通过工艺单的在线下达避免了人为因素的干扰，确保纱线质量的一致性；

(c) 纺纱设备－数据－人三者之间的协同，构建纺纱车间的快速响应系统，实现车间异常事件快速上报、责任人快速响应到异常处理事后评价的闭环管控。

经纬 e 系统与纺纱车间物流设备实现了深度融合，实现半制品物流的智能调度：

(a) 棉包的自动排包，通过计算机配棉实现棉包排包图的自动生成，并将指令下达抓包 AGV 实现自动上包，杜绝棉包错排产生的纱线质量问题；

(b) 梳棉－AGV－轨道系统之间的智能调度，根据予并工序的生产需求调度 AGV 按需搬运棉条筒；

(c) 粗细联工序的自动备库，通过细纱机上粗纱换段预测，自动将生产任务计划下达粗纱机工序；

(d) 全流程质量追溯，利用 RFID 技术，实现质量问题的全流程可追溯。

③经纬 e 系统数据驱动、赋能转型

智能化工厂核心价值在数据，经纬 e 系统集成了整个纺纱生产要素环节，实现了数据的整合和分析。

业务数字化：

(a) 产品设计数字化：构建纺纱车间产品开发过程中工艺知识库，集成了产品生产制造过程中质量数据，建立了产品设计一体化集成体系。

(b) 设备运维保障数字化：经由覆盖全厂的 5G 传输网络设备数据上传到云端。通过对大数据的监视分析，实现设备的状态实时监视、定向维护、疑难问题的专家远程指导。

(c) 订单交付流程数字化：车间汇集所有订单，通过基于遗传算法的 APS (Advanced Planning and Scheduling) 排产模块，自动生成订单在各工序机台的任务甘特图。通过 MES 系统实时跟踪订单的进度。

(d) 质量管理数字化：通过在线质量检测监测系统，实现全流程质量在线追溯和管理。

(e) 生产运营数字化：构建了企业从棉花采购、产品设计、订单计划、生产制造、订单交付及售后服务一体化的数字管控平台。

数字业务化：

(a) 数智化供应链平台：生产大数据平台和备件电商平台及纱线交易平台实现数据的互联互通，实现备件的定向销售、订单的市场快速响应。

(b) 设备远程运维平台：与主机厂主机设计平台数据融合，实现全流程设备从设计开发到交付使用的全生命周期的数字化管理，为客户提供了设备定向维护服务，为主机厂提供改进设计的数据服务。

(c) 专家知识服务：融合棉花质量数据、配棉工艺数据、全流程设备工艺数据及半制品质量数据、成品质量数据。通过在线数据的综合分析，提供配棉方案专家服务、工艺调优专家服务等。

(d) 纱厂综合服务平台：纱厂综合体检报告、以大数据为基础应用数据挖掘技术定期为纱厂分析成功经验、探寻落后环节、定位原因，提出优化、完善的建议。

(3) 纺纱智能制造技术

1) 智能成套装备，支撑行业绿色发展

全流程智能纺纱成套装备及系统示意图如图 3.1 所示。全流程纺纱工艺示意图如图 3.2 所示。

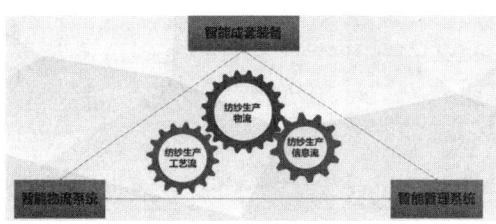
图 3.1 全流程智能纺纱成套装备及系统示意图

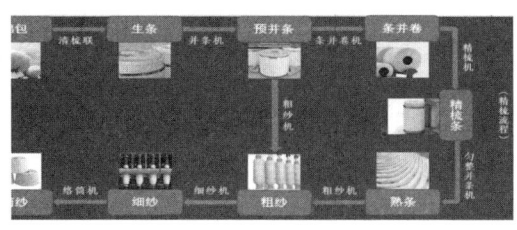
图 3.2 全流程纺纱工艺示意图

① 单机高速高产

单机高速高产设备如图 3.3~3.8 所示。

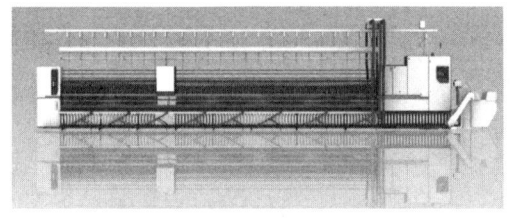
图 3.3 超长化：1824 锭超长细纱机

图 3.4 超长化：432 锭超长粗纱机

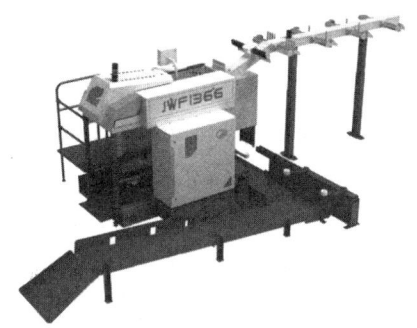
图 3.5 高速化：匀整速度达 800 m/min

图 3.6 高速化：精梳机钳次可达 500 钳次/min

图 3.7 超宽梳理：工作幅宽 1.3 m，梳理面积 3.9 m^2

图 3.8 一拖多自动络筒机

② 连续纺、短流程技术

连续纺、短流程设备示例如图 3.9~ 图 3.11 所示。

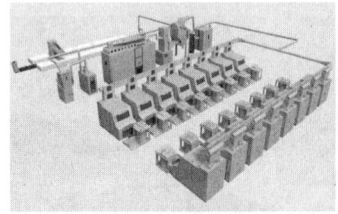  

图 3.9 清梳联合机：集抓、开、混、清、梳一体　　图 3.10 全球首创梳并联合机　　图 3.11 自动换卷、接头

③单机自动化深入发展

自动化单机设备示例如图 3.12~ 图 3.15 所示。

图 3.12 精梳三自动技术　　图 3.13 细纱机集体自动落纱技术

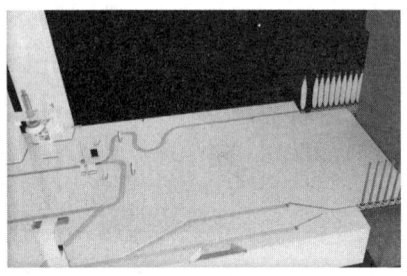 

图 3.14 质量追踪技术　　图 15 络筒机自动换筒技术

④单机数智化技术不断深入应用

单机数智化技术示例如图 3.16~ 图 3.21 所示。

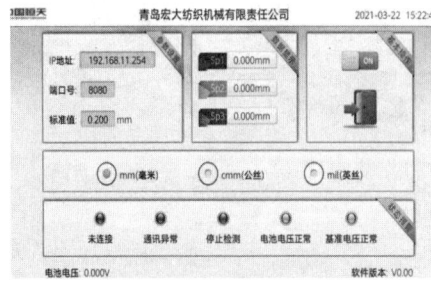 

图 3.16 隔距、棉结、落棉检测技术　　图 3.17 自调匀整技术

第 3 章 | 数字化转型和智能化技术

图 3.18 电子清纱技术

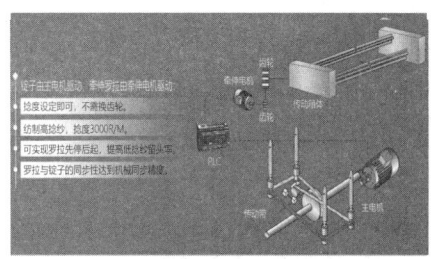

图 3.19 电子加捻技术

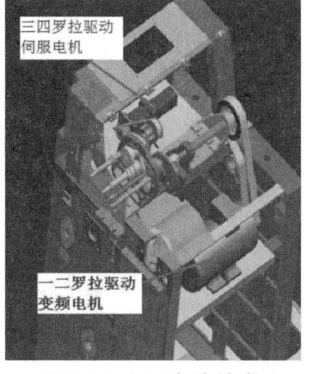

图 3.20 电子牵伸技术

图 3.21 单锭检测技术

⑤绿色节能化

绿色节能设备示例如图 3.22~图 3.23 所示。

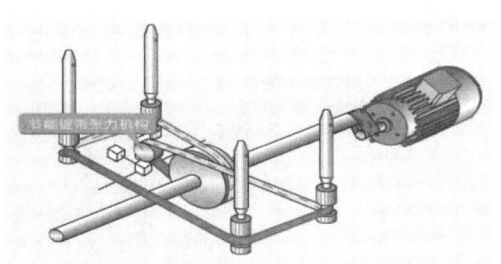

图 3.22 永磁电机：相较变频异步电机，实现节能 6%

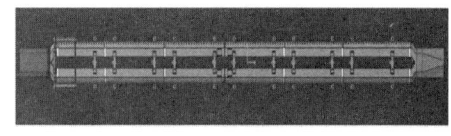

图 3.23 双侧吸风：降低长车工艺吸棉能耗 30% 以上 (1 200 锭)

2) 智能物流系统，贯通工序无缝衔接

①柔性及刚性技术相结合的条筒自动输送技术

条筒自动输送技术如图 3.24~图 3.27 所示。

图 3.24 AGV 输送技术

图 3.25 移动平台缓存换桶模式

图 3.26 固定导轨输送技术　　　　图 3.27 托盘式整体换桶技术

②管纱物流输送技术

管纱物流输送技术如图 3.28~ 图 3.29 所示。

图 3.28 粗细联技术　　　　　　图 3.29 细络联技术

③筒纱自动打包输送技术

筒纱自动打包输送技术如图 3.30~ 图 3.32 所示。

图 3.30 筒纱输送技术　　图 3.31 筒纱打包技术　　图 3.32 智能仓储技术

3) 智能管理系统，赋能纺织数字转型

①生产管控平台

"6+1"模式构建纺纱生产数字化管理新模式：生产管理、设备管理、能源管理、工艺管理、生产调度、成本核算 + 移动应用。

②园区网络结构设计

物联服务是连接工业设备和业务系统的桥梁，是基于物联网、互联网、人工智能、大数据技术，融合行业生态，沉淀工业知识，具有泛在设备连接能力的 IoT 云平台。平台将保证数个环锭纺车间数据稳定处理分析。纺纱生产 IoT 云平台如图 3.33 所示。

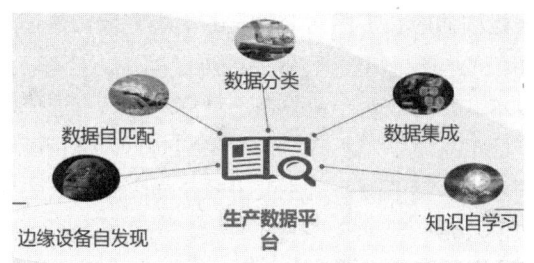

图 3.33 纺纱生产 IoT 云平台

(a) 简化实施：简化设备连接过程，实施周期缩减了 50%~80%。
(b) 降低成本：大幅降低应用成本，总体建设费用降低了 30%~50%。
(c) 知识沉淀：沉淀设备、工艺等工业知识。

③车间网络结构设计

通过管理型交换机构建每个车间光纤局域网，在此基础上构建纺纱车间的无线局域网；在车间接入层网络采用无线连接方式对每台设备进行入网。

④经纬 e 系统成套管控，智能生产

经纬 e 系统成套管控系统如图 3.34 所示。

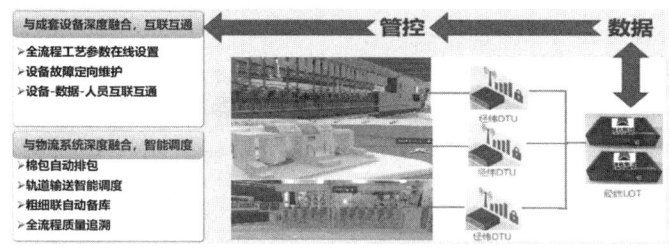

图 3.34 经纬 e 系统成套管理系统

⑤经纬 e 系统数据驱动，赋能转型

业务数字管理：经纬 e 系统的基础模块可以实现对纱厂数字化管理的全部要求。用户可通过基础模块的应用，将以经验为基础的传统管理模式转变为以数字为基础的管理模式，实现对纱厂的精益化管理。

◎ **阅读材料** 2

飞梭智纺·边织边检 简介

通过对数千家织厂的调研，发现在传统织布环节中，首先会依赖挡车工。挡车工一般会负责多台机器(例如喷气机 1v12 台、喷水加捻机 1v22 台)，她在 12 h 内不间断地对每台织机进行人工巡检检查，一旦发现有瑕疵就立即停机解决。现在的织机仅仅因为 1~2 种问题停机，全品类 30 余种疵点的发生只能依赖人工巡查识别后止损。所以一旦工人不能及时发现、及时解决这些疵点，将持续发生，产生大量无法售卖的废布。再次，传统纺织工厂，依赖织布过程中挡车工控制质量，织布环节后专门增加验布工序，用于质量检查、筛出次品。以上方法存在不少问题，主要包括：第一，人工巡检坯布疵点受疲劳、情绪等主观因素的影响，很难及时发现疵点并及时处理，同时，验布环节也难以确保验布结果维持一致，经常会产生误检和漏检。工厂管控品质的手段，仅仅是通过人工巡检/验布，依赖挡车工、验布工的责任心与专业度，导致品控难。第二，挡车工占据后道车间60%以上的员工数量与人工成本，并且成熟专业验布工难招聘且薪资连年增长，导致人工成本高且招工难。第三，由于坯布品质参差不齐，布行采购时，大路货厂商被压低利润，中高端品质货无法确定已生产坯布容错范围，发生交付坯布后因品质产生大量赔付和扯皮，多数织厂每年因此而损失上百万元。

边织边检智造系统解决行业痛点

挡车工人0巡检，挡车工节省至少30%	品检车间免质检，打卷工人节省30%	坯布出货0客诉，源头止损、提升合格率
单人看台数可提升到30%甚至翻倍 释放熟练工劳动力	取消验布环节 打卷效率翻倍 实时质检，落布定级	减少客诉赔偿 喷气车间**降低修布率**，节省修布工 喷水车间**降低废布率**，止损高货值

而致景科技提供的边织边检机器人应用于织布环节，实现"织验合一"，即由机器人代替挡车工巡检、代替验布工复检，织布验布合二为一。边织边检机器人通过在织机上搭建运动的图像采集装置，并通过部署在设备侧的边缘盒子进行模型推理，实现在喷水织机以及喷气织机的生产坯布环节进行实时瑕疵检测，同时在织布过程中及时发现重大瑕疵并进行预警，以避免形成更大的质量问题，实现挡车工人0巡检，品检车间免质检。

- 应用效果如下：

①织布过程免巡检。边织边检机器人安装在织机上方"飞拍"，安装高度完全符合工厂安全生产要求；全自动检测布匹瑕疵，发现问题后就会亮灯提醒挡车工，将10余项复杂任务拆解至智能化设备+独立工种，挡车工将专职处理经向接线、纬纱处理等3类问题；无需巡检，提高挡车工看台数量，节省挡车工。边织边检机器人安装示意图如图3.35所示，边织边检机器人工作示意图如图3.36所示。

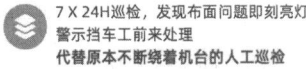

图3.35 边织边检机器人安装示意图　　图3.36 边织边检机器人工作示意图

②品检车间免质检。实时质检、落布定级——取消验布环节，落布即生成质量检测报告(定品定级)，边织边检机器人疵点识别准确率达到90%，验布工按定级结果进行免验布高速打卷、搬运、码垛，提升质检入库效率。边织边检实时质检落布定作如图3.37所示。

③车间管理制度变革。源头止损、提升合格率——为管理人员提供工人忙时占比、接单速度、工单处理速度、

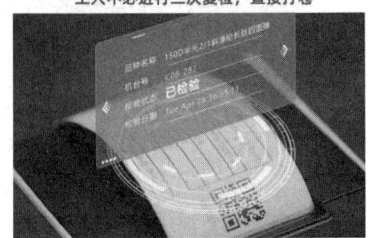

图3.37 边织边检实时质检落布定级

工单数量、机台效率等数据，提供管理好工厂的好抓手；出厂的每一条布都有了"身份证"，可以随时查看定级结果与质量详情，实现生产信息全链可追溯。从源头检测疵点，早解决早止损，提升整体品质，极大提高了坯布的合格率，减少客诉赔偿。

- 技术及应用难点：

目前国内市场方面无论从硬件形态、软件系统、算法识别能力都是需要很多定制化和算法创新能力来创造一种设备，替换织布表面缺陷检测环境，提升织布过程的自动化。由于坯布生产过程中瑕疵具有种类多、成因多、形态多样、不易识别、数据获取困难等多种特性，目前依靠机械或自动化设备进行坯布质量检测的可靠性较低，尚缺乏有效可产品化的解决方案。因此，如何进一步提高布匹疵点识别分类的准确率、效率、适用范围和智能化程度是国产化布匹疵点在线检测系统亟待解决的难点问题。

具体应用场景下，在同一家工厂生产坯布的品种会随着订单的变换而变化，在变换不同品种后希望机器设备可以直接进行疵点检测，同一家工厂面临频繁更换新品种将给布面 AI 智能检测机器人带来了很大的挑战。而且市面上存在的坯布有成千上万种，不同工厂常织生产的布种存在很大差异。且不同车间环境拍摄的坯布图像存在不同的干扰噪声形态，如各种类型的异物、机台零部件对模型检测造成的干扰，导致在适配初期的识别准确率受到严重的影响。因此，首先需要解决储备布种有限的问题，解决布面特殊纹路、特殊布边区域导致 AI 模型的过检、误检问题；其次需要针对特殊布种进行分组模型储备，需要针对特殊纹路进行分组和分类解决；最后解决车间环境造成的各类异物、机台零部件、线头、棉絮等噪声对模型检测产生验证的干扰，导致模型识别准确率低的问题。

针对以上技术难题，公司利用算法、软件定义硬件，推出边织边检机器人产品。建立实时边缘端的缺陷检测系统、数据回流系统、后台模型训练系统、缺陷的合成系统、边缘端调度控制系统等子系统组成。其中，核心的缺陷检测系统主要利用深度学习技术，针对纺织行业的场景进行针对性的模型训练，然后把模型从云端的服务器上下发到边端的设备上，形成云管端的智能化设备能力升级。设计边云系统的双缺陷检测机制，边端的检测算法具备较高的召回率，云端的检测算法具有较高的识别率。这样既节省了网络传输的数据量，又保证了较高的缺陷识别率。

此外，基于 AIGC (AI Generated Content，人工智能技术生产内容)，AI 大模型实现快速扩展新的坯布品种的识别，解决 0 样本和小样本的问题。面临市场上几万个布种，每一个布种都需要有对应足够多的缺陷才能有较高的缺陷检出率，基于坯布工艺参数信息 + 缺陷语料信息 + 坯布良品图片作为图文输入 (prompt)，得到缺陷坯布纹理图片，可作为新品种坯布检测模型的缺陷数据集，快速训练出来基于针对新品种的坯布检测模型，提升新品种坯布的缺陷检测能力。目前可适配包含经向、纬向、破散边、拖纱等全疵点类型超 50 种，充分满足车间使用需求，且疵点识别准确度达 90% 以上。在坯布缺陷识别算法及模型创新成果方面，已申请多篇发明专利。

◎ **应用案例**：四川宜宾产业园

四川省宜宾市屏山经济开发区纺织智造园 (四川宜宾产业园) 占地面积 173 万 m^2，分三期开发建设，其中一期占地面积 67 万 m^2，建筑面积约 82 万 m^2，预计投产后将达到年产 10 亿 m 织布的产能。园区规划有梭织布车间 15 栋如图 3.38 所示。

图 3.38 四川宜宾产业园喷水织机车间

每栋车间拥有先进的纺织全流程设备，包括：喷水梭织机、整经机、倍捻机、穿综机等，可实现行业常见梭织布匹生产。车间内实现内部无线组网，所有已投入生产的喷水织机都实现了上云联网，支持在设备上架设有高清摄像头的成像模块以及在边缘设备等改装操作，能够满足边织边检机器人的场景应用需求。目前已向四川宜宾产业园工厂的喷水织机车间共交付 964 套边织边检机器人。

边织边检设备应用效果如下：

①边织边检机器人在工厂批量安装落地，稳定运行并达到 SLA (Servicel Level Agreement) 指标 (99.2%)；

②挡车工基于边织边检可实现 0 巡检，1 人看机台数量可增加 30% 及以上，在车间内节省挡车工；

③坯布疵点识别准确度达到 90% 以上；

④落布分级 A 类坯布免验布，打卷速度可提升 100%，在验布区提升打卷入库效率；

⑤管控每一匹布的品质，为工厂提供数字化分析，支持工厂灵活判定不同等级的售价。

结语： 在纺织服装产业中，数字化转型和智能化技术的探索引领着未来的方向。这一章深入探讨了数字化转型和智能化技术对行业带来的革新和变革。数字化转型为纺织服装产业注入了新的活力和机遇。从供应链管理到产品设计再到市场营销，数字化的介入提高了效率，创造了更广阔的发展空间。同时，智能化技术的应用也为企业带来了全新的竞争优势，如自动化生产、大数据分析和智能营销等方面的应用推动了产业的发展。

然而，数字化转型和智能化技术也伴随着挑战和风险。技术更新换代的速度，对人员技能和素养提出了新的要求；数据隐私和信息安全等问题也需要企业持续关注和解决。

在数字化转型和智能化技术的大潮中，只有不断创新、持续学习，纺织服装企业才能在竞争中立于不败之地。这一章的研究旨在为企业提供了关于数字化转型和智能化技术的全面认识，以及在实践中应对挑战的策略和方法。只有在持续创新和坚持不懈的努力下，产业才能迈向更加繁荣和可持续的未来。

思考题：

1. 数字化转型中涉及的数据收集、隐私保护和个人权利如何平衡？

2. 数字化转型是否有助于消除社会和经济差距，还是加剧了这些差距？
3. 智能化技术是否在为所有人提供机会和资源平等发挥作用？
4. 数字化转型对工作市场和职业发展的影响是什么？
5. 教育系统应如何适应数字化转型和智能化技术的发展？
6. 数字化转型中的网络安全和数据隐患如何解决？
7. 数字化转型和智能化技术如何影响环境可持续性和资源利用？
8. 政府应如何制定政策和监管措施，以促进数字化转型的发展同时又保护公众利益？

第4章 纺织服装企业数智化战略规划

随着技术的飞速发展和消费者需求的不断变化,企业必须积极应对这一变革,以确保竞争优势和持续发展。在这个数字化浪潮中,制定全面的战略规划至关重要,这不仅仅是关于技术的应用,更是关乎企业文化、生产方式和市场定位的全面革新。本章将探讨纺织服装企业数字化智能化战略规划的核心内容和意义,我们将深入剖析这一战略在当前行业背景下的紧迫性,以及它对企业未来发展的重要性。数字化智能化不再是可有可无的选择,而是成为了推动企业前进的必然趋势。在这个章节中,我们将探讨数字化智能化对纺织服装企业的影响,重点突出以下几个方面:技术创新对产品设计、生产和销售等环节的影响;智能化生产对提升效率和质量的作用;数据驱动决策在供应链管理中的重要性;客户体验提升和个性化定制所带来的新机遇。

通过本章的阐述,我们将为纺织服装企业数字化智能化战略规划打下坚实的理论基础,为后续章节提供深入的战略指导和实施方案。这个战略规划旨在引领企业迈向未来,以更加高效、创新和可持续的方式,满足日益复杂多变的市场需求,实现业务的长期成功和持续增长。

4.1 人工智能、大数据、大模型引发算力革命

4.1.1 算力革命

人工智能、大数据和大模型的兴起正是推动了算力革命的重要因素。

(1) 人工智能 (AI)

复杂算法的需求:AI 涉及复杂的算法,尤其是深度学习和神经网络模型,这些模型需要大量的计算资源来训练和优化。

实时决策和预测:在实时应用和大规模数据处理中,需要强大的算力支持,以便进行快速的决策和准确的预测。

(2) 大数据

数据处理与分析需求增加:大数据时代带来了海量数据的处理和分析需求。有效地处理大规模数据、进行复杂分析和挖掘数据背后的信息,需要大规模的计算资源。

实时性和复杂性：大数据处理需要同时处理大量数据和复杂算法，这对计算能力提出了更高的要求。

(3) 大模型

深度学习和模型复杂性：训练大型的深度学习模型和复杂的神经网络需要大量的计算资源。这些模型在语言处理、图像识别、自然语言处理等领域表现出色，但也需要更强大的算力支持。

这些因素的相互作用促成了算力革命，推动了计算能力的迅速提升。云计算、图形处理单元(GPU)、专用 AI 芯片等技术的进步为处理这些大规模数据和复杂模型提供了更快速、更强大的计算支持，助力人工智能、大数据等领域的发展。随着技术的不断演进，算力革命对于推动人工智能和大数据等领域的创新和发展至关重要。

4.1.2 制定数字化智能化战略的重要性

制定数字化智能化战略对于企业具有极其重要的意义，特别是对于纺织服装类的制造业企业。

提升竞争力和市场地位：通过数字化智能化战略，企业能够提高产品质量、效率和客户体验，从而增强市场竞争力，赢得更多客户，扩大市场份额。

提高生产效率和降低成本：采用数字化智能化技术，可以优化生产流程，实现智能制造和智能供应链管理，从而提高生产效率、降低制造成本，提高企业盈利能力。

快速响应市场需求：数字化智能化战略使企业能够快速获取并分析市场数据，准确预测市场需求，快速调整产品设计、生产和供应链，以适应市场的快速变化。

优化资源配置和供应链管理：通过数字化智能化战略，企业可以实时监控和分析供应链、库存、采购和物流数据，实现精准的资源配置和供应链管理，减少资源浪费，降低库存压力。

推动创新和产品升级：数字化智能化战略有助于提高企业内部创新能力，通过数据分析、人工智能等技术创新，推动产品升级和创新，满足客户多样化的需求。

改善客户体验和服务：数字化智能化战略可以帮助企业优化客户服务流程，提高客户体验，例如通过智能客服、在线定制等方式，满足客户个性化需求，增强客户忠诚度。

实现可持续发展和绿色制造：通过数字化智能化战略，企业可以监测和优化能源、资源的使用情况，推动绿色制造和可持续发展，降低对环境的影响，提升社会责任感。

适应数字化时代的要求：当前处于数字化时代，数字技术的普及和发展对企业产生了深远影响。制定数字化智能化战略有助于企业适应数字化时代的要求，保持业界领先地位。

综上所述，数字化智能化战略不仅是适应未来发展趋势的需要，也是提高企业运营效率、增强市场竞争力、改善客户体验和实现可持续发展的关键路径。

4.1.3 纺织服装企业数字化智能化战略规划

针对纺织服装企业的数字化智能化战略规划，可以涵盖多个方面，包括生产、设计、供应链、销售、客户体验等。下面是简要的数字化智能化战略规划的概述：

(1) 愿景和目标设定

愿景：成为数字化智能化领域的领先企业，通过技术创新提升纺织服装制造的效率、品质和可持续性。

目标：提高生产效率，降低制造成本。优化供应链管理，实现快速、精准的物流和库存控制。创新设计流程，快速响应市场需求，提高产品差异化竞争力。提升客户体验，实现在线购物、定制和售后服务的智能化。

(2) 业务现状分析

现状评估：分析现有业务流程、系统和技术设施，确定数字化智能化改进的切入点和关键领域。

市场需求：了解市场趋势，消费者行为和需求变化，找到数字化智能化可以解决的痛点和机会。

(3) 技术和数字化智能化工具选择

物联网(IoT)：用于生产设备的实时监控和维护，以及智能供应链管理。

大数据分析：分析销售数据、生产数据和客户反馈，进行需求预测、产品设计优化等。

AI和机器学习：用于设计优化、智能客服、个性化推荐、定价策略等。

自动化生产系统：智能机器人和自动化流水线，提高生产效率和准确性。

(4) 数字化智能化战略制定

生产流程优化：通过IoT监控设备状态，实现智能化的生产调度和设备维护，提高生产效率和质量。

智能供应链：利用物联网和大数据优化供应链，准确预测需求，降低库存成本，实现物流智能化。

创新设计：结合大数据分析和AI技术，优化设计流程，快速推出符合市场需求的新产品。

智能销售和客户体验：建立智能化的电子商务平台，实现个性化推荐、在线定制和智能客服。

(5) 组织架构和人才培养

建立数字化智能化团队：设立数字化智能化团队，负责推动数字化智能化转型，协调各部门合作。

人才培养：进行内外部培训，提升员工数字化智能化技能，推广数字化智能化理念和技术。

(6) 风险评估和管理

隐私和安全风险：加强数据隐私保护，建立安全控制措施，确保数据安全。

技术风险：定期评估技术可靠性，及时更新技术设施，规避技术风险。

(7) 实施与监控

项目实施：按照阶段计划逐步实施各个领域的数字化智能化方案，确保顺利推进。

监控与调整：定期监测数字化智能化方案的实施效果，根据反馈进行调整和改进。

(8) 持续优化和创新

反馈机制：建立反馈机制，吸收员工和客户的反馈意见，以持续优化数字化智能化方案。

创新推动：鼓励创新思维，推动新技术应用，保持领先地位。

这样的数字化智能化战略规划将有助于纺织服装企业在数字化智能化转型过程中，提高生产效率、降低成本、提高产品质量和客户体验，以适应市场变化和赢得竞争优势。

全球新生产方式正在重构：工业制造正在经历战略性重塑、系统性升级、整体性跃迁。智能制造迈向虚实融合、知识驱动、动态优化、安全高效、绿色低碳，推动制造技术突破、工艺创新、精益管理和业务流程再造；AI、元宇宙与区块链技术协同创新，带来生产效率和消费体验双向提升；生成式AI深刻改变商业模式、生产关系与生态构成，Gartner预测2026年超过80%企业将使用生成式AI。与此同时，中国纺织服装产业不断加快打造更加智慧、灵活、绿色的供应链体系，加强绿色供应链国际合作与网络建设，积极支持绿色生产、绿色消费和绿色投资。2021年，我国列入《绿色产品评价标准清单及认证目录》的商品进出口额为7 578.1亿美元，其中纺织产品位列第一；2013—2022年，中国纺织服装业对"一带一路"共建国家直接投资金额约60亿美元，达到行业对全球投资比重的约50%。其中，绿色生产、绿色消费和绿色投资，已经成为海外纺织服装企业在共建"一带一路"过程中，构建全球纺织服装供应链的价值内核。

4.2 战略目标制定

设定明确、可衡量、可达到的长期和短期目标，确保这些目标与愿景和使命一致。制定明确、可衡量、可达到的战略目标是确保组织朝向愿景和使命方向迈进的关键步骤。这些目标应该明确表明组织在长期和短期内想要实现的成就。

4.2.1 制定战略目标的一般步骤和要点

(1) 对愿景和使命的对齐

确保制定的目标与组织的愿景和使命保持一致。目标应该是实现愿景和使命的具体阐释，有助于推动组织朝着愿景迈进。

设定长期目标：明确愿景的实现目标：将愿景转化为可实现的长期目标，这些目标可能在5年、10年或更长时间内实现。

设定具体且量化的指标：确保每个目标都具有可衡量性，如市场份额增加10%，收入增长20%等。

设定短期目标：拆分长期目标，将长期目标分解为可实现的短期目标，通常为每年、每季度或每月。

明确具体任务和行动：每个短期目标应该附带具体的任务、行动和时间表，以便实现这些目标。

(2) 确保目标可达

考虑资源和能力：确保制定的目标可以在现有资源、人力和技术能力下实现，避免过于理想化的目标设定。

考虑市场环境：考虑外部因素，如市场竞争、经济状况等，以确保目标在当前市场环境下是可达的。

(3) 建立战略纲要和关键绩效指标 (KPIs)

制定战略纲要：概述实现这些目标的战略方向，包括市场战略、运营战略、人才发展战略等。

设定关键绩效指标 (KPIs)：为每个目标设定关键绩效指标，用于衡量目标的实现进度和成功度。

(4) 监测和调整

定期评估进展：设定定期评估目标进展的时间节点，分析实际绩效与目标的差距，及时调整战略和行动计划。

灵活调整策略：根据内外部环境的变化，灵活调整战略和目标，确保组织始终朝着正确的方向前进。

通过制定这些明确、可衡量、可达到的战略目标，组织能够更好地实现其长期愿景和使命，并确保在日常运营中取得进展和成就。

4.2.2 制定战略选择

根据外部环境和内部资源分析，选择最适合实现目标的战略路径，如成本领先、差异化、集中化、多元化等。制定战略选择是基于对外部环境和内部资源的深刻分析，选择最适合实现目标的战略路径。不同的战略路径适用于不同情境和组织状况。下面是一些常用的战略路径及其特点：

(1) 成本领先战略

特点：以成本效益为主要优势，通过高效生产、规模经济和资源优化降低成本，以在市场上提供具有竞争力的价格。

适用情景：适用于市场价格敏感、成本控制能力强、能够实现规模经济的行业。

(2) 差异化战略

特点：通过独特的产品、服务、品牌或市场定位来区分自己，创造独特的价值，使得消费者愿意为其付出额外的价格。

适用情景：适用于市场需要多样化产品或服务，消费者对品质、创新和品牌认同度较高的行业。

(3) 集中化战略

特点：集中资源于一个或少数几个核心领域，专注于特定市场、产品或服务，以达到最高效、最专业的运营。

适用情景：适用于组织资源有限，需要聚焦于核心能力以取得竞争优势的行业。

(4) 多元化战略

特点：涉足多个不同的市场、行业或产品，以降低风险、创造更多收益来源，增强整体稳健性。

适用情景：适用于寻求降低风险、利用多样化市场机会，或面临当前市场饱和或成熟的行业。

(5) 合作伙伴关系战略

特点：建立战略性合作伙伴关系，通过合作共赢、资源共享、互补性优势等方式，共同实现目标。

适用情景：适用于寻求共同发展、整合资源、扩展市场或技术的行业。

(6) 创新和技术领先战略

特点：通过创新、研发、技术投资等，成为技术、产品或服务方面的领先者，以赢得市场竞争优势。

适用情景：适用于市场需求不断变化、技术更新快速、创新对竞争至关重要的行业。

选择适合组织的战略路径应该考虑组织的资源、能力、市场定位、行业特点以及未来发展方向。可以根据组织的定位和优势选择一个或多个战略路径，并在实施过程中根据市场反馈和内部情况进行调整和优化。

4.2.3 制定执行计划

制定具体的实施计划，明确战略实施的时间表、责任人、资源分配和预期成果，确保每个阶段都有明确的指标。制定具体的实施计划是确保战略顺利实施的关键步骤。下面是制定战略实施计划的一般步骤和要点：

(1) 确定战略实施的时间表

划分实施阶段：将整个实施过程划分为适当的阶段，明确每个阶段的开始时间、结束时间和关键里程碑。

设定时间目标：为每个阶段设定明确的时间目标，确保时间表的可行性和实现可能性。

(2) 明确责任人

分配任务和责任：为每个阶段指定负责人和执行团队，明确每个人的责任和任务。

建立协同合作机制：确保不同部门和团队之间的协调合作，以实现整体目标。

(3) 资源分配

确定所需资源：分析每个阶段所需的人力、财务、技术和其他资源，确保能够满足实施需求。

合理分配资源：根据优先级和需求合理分配资源，确保每个阶段的顺利推进。

(4) 制定具体行动计划

确定具体任务：为每个阶段确定具体的任务和行动计划，包括操作、战术、营销、人力资源等方面的任务。

制定详细步骤和活动：将任务细化为具体的步骤和活动，明确实施过程中所需的具体行动。

(5) 设定预期成果和指标

明确阶段性目标：为每个阶段设定具体、可衡量的目标，确保可以评估阶段性成果。

KPIs：为每个目标设定关键绩效指标，用于衡量实现目标的进展和成功度。

(6) 监控和评估机制

设定监控机制：建立监控制度，定期检查实施进度，确保按计划执行。

定期评估成果：定期评估每个阶段的成果和目标达成情况，及时调整实施策略和战略方向。

(7) 风险管理

识别风险和挑战：对实施过程中可能面临的风险和挑战进行识别和分析。

制定应对策略：制定应对风险的具体策略，包括预案、调整计划等，以降低潜在影响。

(8) 沟通和沟通计划

制定沟通计划：确保与各利益相关者保持及时、有效的沟通，分享进展、解决问题和获得反馈。

(9) 持续改进

收集反馈意见：定期收集各方面的反馈意见，以了解实施情况并作出相应调整。

进行持续改进：基于反馈意见和评估结果，不断优化实施计划，以确保战略实施的成功。

通过以上实施计划的步骤和要点，组织可以确保战略能够按计划有序实施，最大程度地实现设定的战略目标。

4.2.4 执行和监控

贯彻实施计划，持续监测实施过程，根据实际情况进行调整和改进，确保战略能够顺利实施。

有效沟通：确保团队间、部门间和利益相关者之间的有效沟通，分享信息、进展和反馈。

监控实施进度：根据实施计划设定 KPIs，用于衡量实施进度和达成情况。

定期跟踪 KPIs：定期监测和跟踪 KPIs，分析实施进展，确保符合预期目标。

风险管理和问题解决：及时识别和管理实施过程中出现的风险和问题，制定应对策略和解决方案。

收集反馈意见：鼓励团队成员提供意见和建议，以便及时发现问题并采取相应行动。

4.2.5 评估和反馈

对实施的战略进行定期评估，收集反馈意见，识别成功和失败因素，并对战略进行必要的调整。评估和反馈是确保战略实施成功的重要步骤。定期的评估和持续的反馈意见能够帮助组织识别战略实施中的优势、劣势、机会和威胁，从而及时调整战略方向和行动计划。以下是评估和反馈的一般步骤和要点：

(1) 设定评估周期

确定评估时间节点：设定定期的评估时间，如每季度、每半年或每年，根据实际需要灵活调整。

(2) 制定评估标准和指标

设定评估指标：建立明确的评估指标和标准，这些指标应与战略目标及 KPIs 相关联。

确定量化指标：优选可量化的指标，以便能够客观衡量战略实施的进度和成果。

- 收集数据和信息：

定期收集数据：收集与评估指标相关的数据，包括实施进度、KPIs 数据、成本和财务数据、市场反馈等。

分析实际情况：对收集到的数据进行分析，了解实施进展、目标达成情况和问题点。

(3) 评估战略目标达成情况

比较实际与目标：对比实际绩效与设定的战略目标，评估目标达成情况，识别差距和成功因素。

分析成功和失败因素：识别导致目标达成或未达成的成功因素和失败因素，为战略调整提供依据。

(4) 收集反馈意见

采集各方反馈：向团队成员、关键利益相关者和客户等各方收集反馈意见，了解他们的看法、需求和建议。

建立反馈机制：建立反馈渠道和机制，鼓励积极反馈和提出改进建议，确保信息畅通。

(5) 制定调整计划

根据评估结果制定调整计划：基于评估结果和反馈意见，制定具体的战略调整计划，明确调整方向和行动。

设定新的战略目标和 KPIs：根据调整计划设定新的战略目标和 KPIs，以确保战略的再次实施和评估。

(6) 沟通和共享调整信息

与团队和利益相关者分享信息：将调整计划和结果及时传递给团队成员和关键利益相关者，保持透明度。

促进共同理解和合作：确保团队和利益相关者理解调整计划，鼓励共同合作实施调整。

(7) 迭代和持续优化

持续循环评估和反馈过程：将评估和反馈作为持续循环的机制，不断进行战略调整和优化，适应动态环境。

通过评估和反馈机制，组织能够及时了解战略实施情况，识别成功和失败因素，为战略的灵活调整提供数据支持，从而保障战略的顺利实施和长期成功。

4.2.6 方法

(1) 头脑风暴

鼓励团队成员自由发表意见和想法，集思广益，产生创新的解决方案。头脑风暴是一种常用的创意产生和问题解决的方法，旨在鼓励团队成员自由发表意见、集思广益，以创新的方式找到解决方案。以下是进行头脑风暴的基本步骤和要点：

①明确目标或问题

确定要解决的问题或达成的目标，明确头脑风暴的主题和范围，使团队成员明白讨论的焦点。

②创造开放、积极的氛围

提供良好的沟通环境：创造一个开放、无压力、尊重意见的环境，鼓励所有成员分享想法。

激发积极性和热情：鼓励团队成员充分参与，激发他们的积极性和热情，保持灵感的流动。

③设定时间限制

控制讨论时间：对每个阶段或主题设置时间限制，鼓励成员集中精力产生创意，避免长时间讨论陷入僵局。

④自由发表意见

鼓励开放性想法：鼓励每个团队成员不受限制地表达各种创意和想法，避免批判和评判。

推崇数量而非质量：初期阶段重在产生尽可能多的想法，不评判其好坏，鼓励多样性和数量。

⑤交流和互动

促进互相启发：成员可以根据彼此的想法进行启发，产生新的联想和创意，鼓励互动和交流。

避免评价和批判：在头脑风暴阶段避免评价或质疑，以防止抑制创意产生。

⑥汇总和分类

整理并分类意见：将产生的各种想法进行整理和分类，以便更好地理解和处理。

保留多样性：尽量保留多样性的意见，不要轻易排除看似不切实际的想法。

评估和筛选：对汇总的意见进行评估，筛选出最具创意、实施性和适合解决问题的意见。

结合实际情况选择方案：结合实际情况和资源限制，选择最适合的解决方案或方向。

⑦制定行动计划

确定行动步骤和责任人：将选定的方案转化为具体的行动计划，明确实施步骤、时间表和责任人。

头脑风暴是一种富有创意和活力的讨论方式，可以激发团队创新思维，推动解决问题和制定创新方案。

(2) 场景规划

基于可能的未来情景进行规划，提前应对多种可能的发展情况，制定相应的战略。场景规划是一种战略规划方法，旨在通过分析多种可能的未来情景，制定相应的战略来应对不同的发展方向。这有助于组织更加灵活、有针对性地应对未来的不确定性和挑战。以下是场景规划的一般步骤和要点：

①确定关键不确定因素

识别未来不确定的关键因素：分析可能影响组织的外部和内部因素，例如技术发展、市场需求、政策变化等。划分不同可能性：对每个关键因素进行分类，判断其可能发生的不同情景，包括最有可能的、最乐观的和最悲观的情景。

②制定情景描述

描述每种情景：为每种可能的未来情景制定详细描述，包括外部环境、市场特征、竞争格局、技术发展等。

突出关键特征：突出每种情景的关键特征，以便更好地理解其对组织的影响。

③分析情景影响

分析影响和机会:对每种情景进行深入分析,评估对组织的影响、带来的机会和挑战,以及可能的需求和趋势。

判断战略适应性:判断现有战略在不同情景下的适应性,明确现有战略的优势和劣势。

④制定战略响应

制定应对战略:根据分析结果,为每种情景制定相应的战略响应方案,确保组织能够灵活应对未来情景。

优化现有战略:根据情景规划的结果,对现有战略进行优化和调整,以适应多种未来可能的发展情景。

⑤优先级和整合

确定优先级:评估各种战略响应方案的重要性和优先级,以确保资源分配合理、重点明确。

整合战略:将针对不同情景制定的战略响应进行整合,确保相互之间协调一致,形成整体的战略框架。

⑥制定行动计划

设定明确的行动步骤:为每种战略响应制定明确的行动计划,包括时间表、责任人、资源分配等。

设置绩效指标:为每个行动步骤设定可衡量的绩效指标,以便及时评估实施进展和成果。

⑦定期审查和更新

定期审查情景规划:定期审查情景规划的结果,跟踪情景的变化,对战略进行调整和优化。

及时更新战略:根据新的情景和变化,及时更新战略响应方案,确保战略的持续适应性和有效性。

通过场景规划,组织可以更好地预测和适应未来可能的情景,制定具有前瞻性和针对性的战略,增强组织的抗风险能力和长期竞争优势。

(3) KPIs(关键绩效指标)

设定能够量化衡量战略目标实现情况的KPIs,以便及时评估和调整战略。KPIs是能够量化、具体衡量战略目标实现情况的重要指标。通过设定清晰明确的KPIs,可以及时评估战略实施的进展,帮助组织及时发现问题并作出调整。下面是设定KPIs的一般步骤和要点:

①对战略目标进行分解

将战略目标分解为具体的可量化、可衡量的子目标,确保每个子目标都能反映战略的实施情况。

②明确定量化指标

确定能够量化的指标:针对每个子目标,选择能够量化的指标,如销售额、市场份额、客户满意度等。

确定度量单位和时间范围：为每个指标确定度量单位(如货币、百分比、数量)和度量时间范围(每月、每季度、每年等)。

③设定具体目标值

设定目标值：为每个KPI设定具体的目标值，包括短期目标、中期目标和长期目标，以便分阶段评估实现情况。

④确保可衡量和可达到

确保KPIs可衡量性：确保每个KPI具有明确的量化方式，能够被准确度量和监测。

确保KPIs可达到性：确保每个KPI的目标值是可实现的，并且能够鼓励团队努力工作以实现目标。

⑤制定责任人和责任清晰

指定责任人：明确每个KPI的责任人，确保每个KPI有负责人负责监督和推进。

确定责任范围和权限：明确每个责任人的职责、权限和工作范围，以确保KPIs的推进和实现。

⑥建立监测和报告机制

设定监测频率和方式：确定对KPIs的监测频率和监测方式，如每日、每周、每月监测，通过系统、报表等方式进行监测。

设定报告机制：确立KPIs的定期报告机制，将实际数据与目标值进行比较，发现偏差并及时采取行动。

⑦定期评估和调整

定期评估KPIs的实现情况：根据设定的监测频率，定期评估每个KPI的实现情况，分析偏差原因。

及时调整战略和行动：根据KPIs的评估结果，及时调整战略、战术或行动计划，以确保战略的有效实施和达成目标。

通过设定明确的KPIs，组织可以对战略目标的实现情况进行精准评估，及时发现问题并作出调整，以保障战略的顺利实施和最终成功。

(4) 贝尔法斯特盒模型

通过讨论团队的愿景、现实、障碍和表现来推动决策和制定战略。

贝尔法斯特盒模型(Belfast Box Model)是一种组织战略和决策制定的模型，以"愿景(Vision)、现实(Reality)、障碍(Barriers)和表现(Performance)"4个方面为基础，帮助团队全面思考并制定战略。以下是该模型的详细解释：

愿景(Vision)：这一阶段涉及制定明确的愿景和目标，即团队或组织所希望实现的理想状态。这个愿景应该是具体、可行的，能够激励团队成员奋斗。

现实(Reality)：这一阶段涉及识别当前的现实情况，包括组织内外部的现状、资源、能力、市场情况等。团队需要全面了解现实，以便为制定战略提供实际依据。

障碍(Barriers)：这一阶段涉及识别可能影响实现愿景的障碍、挑战或限制因素。这些障碍可能是内外部因素，如竞争、法规、技术限制、资源不足等。

表现(Performance)：这一阶段涉及对团队的表现进行评估和测量，以了解团队在实现愿景过程中取得的成绩和进展。这有助于确定是否偏离了设定的目标。

团队通过深入讨论和分析这 4 个方面，可以形成全面的认知，帮助指导战略制定和决策过程。这个模型可以促使团队全面思考，理顺愿景与现实之间的关系，认识到可能出现的障碍，以及如何通过表现来实现愿景。

在制定战略时，团队可以通过对愿景、现实、障碍和表现的综合评估，提出相应的战略选择、行动计划和调整方向，以确保愿景的实现并取得优异的表现。

(5) 决策树分析

通过构建决策树来分析不同战略选择的风险和回报，帮助选择最适合的战略。

决策树分析是一种决策支持工具，通过将决策过程可视化为树形结构，帮助评估不同决策选项的风险、回报和潜在结果。在制定战略时，可以利用决策树分析来评估不同战略选择的优劣，并选择最适合的战略。

利用决策树分析战略选择的一般步骤和要点：

①确定决策目标

明确定义要解决的问题或目标，以确保决策树的焦点清晰。

识别决策选项：确定可选的战略选择或决策选项，列出所有可能的路径。

识别影响因素：确定影响决策结果的因素，可能涉及经济、市场、技术、法律、社会等多个方面。

②构建决策树

设计决策树的结构：将决策选项、影响因素和结果按照层级关系构建成树状结构。

标明概率和值：对每个决策选项标明可能的概率和潜在回报或损失值。

③计算概率和值

对每个节点的概率和值进行计算，考虑每个决策选项在不同情况下的概率和值。

④分析决策树

通过分析决策树，从根节点到叶节点的每条路径，计算各个路径的预期价值（风险和回报）。

⑤评估决策选项

对每个决策选项的预期价值进行比较和评估，确定最有可能达到目标的选项。

⑥做出决策

根据评估结果，选择具有最高预期价值的决策选项作为最终战略选择。

决策树分析能够帮助清晰地展示战略选择的不同路径和可能的结果，使决策者能够更全面地理解各个选项的风险和回报，有助于做出理性和明智的战略决策。

针对不同的情景制定不同的战略，以适应不同的可能性和变化。

情景规划 (Scenario Planning) 是一种策略规划方法，旨在帮助组织应对未来的不确定性和变化。它假设未来可能出现多种情景，每种情景都有可能发生，组织需要为这些不同情景制定相应的战略，以确保在不同的未来发展路径上都能够成功。以下是情景规划的一般步骤和要点：

确定关键不确定因素：识别影响组织未来的关键不确定因素，如技术发展、市场变化、政策法规、经济波动等。

制定可能的情景：根据不同不确定因素的可能变化，制定不同的未来情景。每个情景描述一种可能的未来发展路径。

描述情景特征：为每个情景描述特征，包括外部环境、市场情况、竞争格局、技术趋势、社会变化等。

分析情景影响：分析每个情景对组织的影响，包括机会、威胁、需求变化、资源可得性等方面。

制定相应战略：针对每个情景制定相应的战略，以适应该情景下的环境和变化。这可能包括市场进攻、成本控制、创新投资等策略。

评估战略可行性：评估每种战略的可行性和适应性，确保组织能够有效实施这些战略。

制定执行计划：为每种战略制定具体的实施计划，包括行动步骤、时间表、资源分配、责任人等。

定期审查和调整：定期审查情景规划，根据实际情况和新的信息调整情景和相应的战略。

情景规划允许组织在面对不确定性时保持灵活性，避免将所有资源和努力集中在单一战略上。它能够让组织更好地应对多样化的未来，使战略更具适应性、前瞻性和有效性。

战略规划是持续性的过程，需要与组织的发展保持同步，并不断地根据内外部环境的变化做出调整和优化。

4.3 战略规划的步骤和方法

制定战略规划是企业发展过程中的关键步骤，它提供了一种结构化方法来实现企业的长期愿景和目标。

4.3.1 一般性的战略规划步骤和方法

(1) 步骤

明确愿景、使命和价值观：定义组织的长远愿景、使命以及核心价值观。愿景描述未来所期望的状态，使命描述企业的目标，核心价值观则是企业所遵循的价值原则。

明确愿景、使命和价值观对于组织的长期成功至关重要。这些元素不仅为组织提供了明确的方向，还能吸引员工、合作伙伴和利益相关者共同追求共同目标。下面是对这些概念的定义：

(2) 愿景

组织愿景是对未来所期望的理想状态的描述，代表了组织长期的奋斗目标和最终成就的抱负。愿景应该激励和引导组织的行为，为其提供明确的方向。愿景应该是振奋人心、具有启发性的，并能够激发人们为实现这一愿景而共同努力。

(3) 使命

使命是对组织的目的和存在的基本原因的陈述。它描述了组织为何存在、它的主要职能以及它所要为社会、利益相关者和客户创造的价值。使命是组织所追求的长期目标的驱动力，通常简明扼要、具体明确，能够激励员工和各利益相关者积极参与。

(4) 核心价值观

核心价值观是指组织所信奉和遵循的基本原则和价值观念。这些价值观构成了组织文化的基础,指导员工在日常工作中的行为和决策。核心价值观体现了组织的道德、道德准则、团队合作、诚信、创新、客户导向等重要价值,并对内外各方展示了组织的特色和特点。

这些元素通常由组织领导者和团队共同制定,以确保整个组织在行动和决策中保持一致性,并朝着共同的目标努力。愿景、使命和核心价值观应该被不断评估和更新,以确保其与组织发展和变化的步伐保持一致。

4.3.2 外部环境分析

PESTLE 分析:评估宏观环境的政治、经济、社会、技术、法律和环境因素对组织的影响。PESTLE 分析是一种系统性工具,用于评估宏观环境对组织的影响,涵盖了政治(Political)、经济(Economic)、社会(Social)、技术(Technological)、法律(Legal)和环境(Environmental) 6 个方面的因素。以下是对这些因素的详细分析:

(1) 政治因素

政府稳定与政策变化:评估政府稳定程度,了解政府对行业的政策、法规和税务方面的影响。

政治领导力和稳定性:分析国内外领导人、政府及其政策对组织的影响和稳定性。

政府干预和监管:了解政府对行业的管控程度,以及可能出台的新政策对组织的影响。

(2) 经济因素

经济增长和稳定:分析国家或地区的经济增长率、通货膨胀率和失业率等,对组织的市场需求和财务状况产生影响。

汇率和国际贸易:考虑汇率波动、贸易协定对进出口、国际业务和成本的影响。

消费者购买力:了解消费者收入水平、购买力和消费习惯,以影响产品或服务的定价和市场策略。

(3) 社会因素

人口结构和变化:考虑人口增长率、年龄结构、社会文化价值观等,对产品需求和劳动力市场产生影响。

生活方式和消费习惯:分析社会对于健康、环保、多元文化等方面的关注,影响产品设计和营销策略。

教育水平和技能:了解受教育程度、技能水平对劳动力市场和创新能力的影响。

(4) 技术因素

研究与发展:分析技术创新、研发投资和市场适应新技术的能力,影响产品创新和竞争力。

自动化和智能技术:考虑自动化、人工智能、大数据等技术对业务模式、效率和竞争力的影响。

进步速度和可及性:了解技术发展的速度、普及程度和可获得性,影响组织的竞争优势。

(5) 法律因素

行业法规和合规要求：考虑法律法规对产品生产、市场准入、劳动力关系和知识产权的影响。

消费者权益保护：了解消费者权益法律规定对产品质量和服务质量的影响。

劳动法律和雇佣法规：考虑劳动合同、工时、薪资标准等对雇员和用人单位的影响。

(6) 环境因素

环保法规和压力：考虑环保法规对生产、供应链和可持续发展的影响。

可持续发展和社会责任：分析社会对组织的可持续性、环保和社会责任的期望，以及这些因素对声誉和市场形象的影响。

PESTLE 分析能够为组织提供更全面的了解外部环境的影响，为制定战略和业务决策提供基础。

4.3.3 行业分析

评估行业结构、竞争力、供需关系、市场趋势等。行业分析是评估特定行业的各种因素，以更好地理解其结构、竞争环境、供需关系和市场趋势的过程。以下是一些行业分析的关键要素：

(1) 行业结构

市场规模和增长率：评估市场的总体规模以及行业的增长趋势，了解市场潜力。

市场分割：分析市场是否被分割成不同的细分市场，每个细分市场的特点和潜在机会。

入口壁垒：了解进入该行业所需的资本、技术、法律限制等因素。

①竞争力

竞争对手分析：识别主要竞争对手，了解其市场份额、策略、优势和劣势。

竞争动态：评估竞争对手之间的竞争强度、新进入者的威胁以及产品替代品的存在。

定价策略：分析行业中的定价策略和价格弹性，了解价格竞争的影响。

②供需关系

供应链分析：识别供应链的关键环节，了解原材料供应商和分销商的影响。

需求趋势：分析消费者需求的变化趋势，包括需求的季节性、周期性和长期趋势。

库存水平：了解行业内的库存水平，以评估供需平衡和市场健康度。

③市场趋势

技术趋势：分析技术创新如何改变行业，例如数字化、物联网、人工智能等。

社会趋势：了解社会和文化趋势，例如可持续性、健康和健康意识等。

政策和法规：考虑政府政策、法规和法律变化对行业的影响。

(2) 竞争对手分析

竞争对手分析是一项重要的市场研究活动，旨在深入了解组织的竞争环境，包括主要竞争对手的策略、市场份额、优势和劣势。以下是竞争对手分析的关键步骤和要点：

识别竞争对手：首先，确定潜在的竞争对手，包括直接竞争对手(提供相似产品或服务的公司)和间接竞争对手(可能满足相同客户需求的公司)。将竞争对手分为主要竞争对手和次要竞争对手，重点关注市场份额较大的竞争对手。

收集竞争信息：收集竞争对手的基本信息，包括公司名称、总部位置、历史、组织结构等。获取竞争对手的财务信息,如年度报告、收入、利润、市值等。分析竞争对手的产品或服务组合、价格策略、销售渠道、目标市场等市场相关信息。

评估竞争策略:研究竞争对手的战略和业务模式,包括市场定位、差异化策略、市场扩张计划等。分析竞争对手的营销策略,包括广告、促销、品牌定位等。了解竞争对手的研发和创新战略,以及它们对新技术和趋势的反应。

市场份额和地位:确定竞争对手的市场份额,了解其在市场中的地位。比较竞争对手的市场份额变化趋势,以观察其在市场中的动态表现。

优势和劣势:分析竞争对手的竞争优势,这可能包括技术领先地位、品牌认知度、成本优势等。识别竞争对手的劣势,如财务困难、不稳定的供应链、品牌声誉问题等。

战略预测和应对:基于对竞争对手的分析,预测其可能的未来动向和战略举措。制定相应的应对策略,包括产品创新、市场定位调整、价格策略变更等。

定期更新:竞争对手分析是一个持续的过程,需要定期更新以反映市场变化和竞争对手的调整。监测竞争对手的新动态,及时适应市场变化。

竞争对手分析有助于组织更好地了解市场竞争环境,制定更有效的战略,识别机会和威胁,并改进自身的竞争地位。这种分析是战略规划和业务决策的关键组成部分。

(3) SWOT 分析

SWOT 分析是一种常用的战略管理工具,用于评估组织内外部环境的优势(Strengths)、劣势(Weaknesses)、机会(Opportunities) 和威胁(Threats)。这种分析有助于组织了解自身的优势和劣势,以及外部环境中的机会和威胁,从而制定更有效的战略。以下是 SWOT 分析的详细步骤和要点:

优势:确定组织内部的强项和优势,这可能包括核心能力、技术专长、品牌声誉、优秀团队等。识别过去取得的成功经验和可利用的资源,如资金、设备、独特的知识或技术等。分析组织内部的特点,比如卓越的产品质量、高效的运营流程、强大的分销网络等。

劣势:辨认组织内部的薄弱环节和劣势,可能涉及内部流程不完善、人力资源短缺、财务困难等。了解过去的失败经验和学到的教训,确定需要改进的领域和问题点。分析组织内部的缺陷,例如低效的管理结构、技术滞后、不足的市场知识等。

机会:确定外部环境中有利于组织的机遇,如市场增长、新兴技术、法规变化、合作机会等。分析行业趋势和市场需求,确定组织可以抓住的机会,例如新兴市场、人口变化、社会趋势等。了解竞争对手动态,寻找他们的薄弱环节,以抓住市场份额。

威胁:辨识外部环境中对组织不利的威胁,如竞争加剧、技术变革、法规制约、市场饱和等。分析行业和市场的挑战,如供应链中断、不稳定的经济状况、自然灾害等。考虑竞争对手的策略,包括新产品、市场拓展、价格战等可能对组织产生的影响。

交叉分析和战略制定:结合内外部因素,进行交叉分析,例如利用优势来利用机遇,利用优势来应对威胁等。

基于 SWOT 分析的结果,制定战略,明确如何最大程度地利用优势、克服劣势、抓住机遇和应对威胁。SWOT 分析为组织提供了全面的战略视角,有助于制定适应性强、具有竞争优势的战略,并为长期发展奠定基础。

4.3.4 内部资源和能力分析：

评估组织内部的人力资源、资金、技术、设备和管理能力，分析组织的优势和劣势。内部资源和能力分析是一种关键的战略管理工具，用于评估组织内部可利用的资源和能力，以了解其优势和劣势。以下是对内部资源和能力的评估方法和要点：

(1) 人力资源分析

人才结构和能力：评估组织的员工结构、技能、经验和专业知识，包括领导能力、团队合作和创新能力等。

培训和发展：分析组织的培训机制，了解员工培训和发展的投资情况，以及员工的学习意愿和机会。

(2) 资金分析

财务状况：分析组织的财务健康状况，包括资产、负债、现金流等，以确保足够的财务资源来支持业务运作和发展。

融资能力：评估组织的融资能力，包括债务结构、信贷历史、信用评级等，以及寻找融资机会。

(3) 技术能力分析

核心技术：确定组织的核心技术和独特的专业知识，以及其在市场上的竞争优势。

创新能力：评估组织的创新能力，包括研发实力、新产品开发速度和技术前瞻性。

(4) 设备和基础设施分析

现有设备和技术：分析组织现有的设备、技术和基础设施，评估其现状和能力。

设备更新和维护：考虑设备的更新和维护情况，以确保设备能够满足生产和业务需求。

(5) 管理能力分析

领导团队：评估领导团队的能力、经验和适应性，以确保领导层能够有效推动组织目标的实现。

决策制定和执行：分析组织的决策制定和执行能力，包括战略制定、项目管理、风险管理等方面。

(6) 优势和劣势识别

优势：确定组织在人才、财务、技术、设备和管理方面的明显优势，以及这些优势如何支持战略目标。

劣势：识别组织在人才、财务、技术、设备和管理方面可能存在的缺陷和劣势，以便采取措施加以改进和弥补。

内部资源和能力分析为组织提供了清晰的了解，使其能够更好地利用内部优势，改进劣势，并制定战略以实现长期成功。

4.4 案例研究：成功的数字化智能化战略

数字化智能化战略在纺织服装企业中有许多成功案例，以下企业是典型代表：

4.4.1 H&M

H&M 在数字化智能化方面取得了一定成就，主要体现在：

(1) 供应链数字化

物联网技术应用：H&M 采用物联网技术来实现供应链数字化，通过传感器和设备连接网络，实现对生产、库存等环节的实时监测和管理。

数据分析优化管理：运用数据分析技术对物联网数据进行处理和分析，更好地了解产品流动和库存情况，优化供应链管理流程。

减少库存、提高效率：通过实时数据和分析，能够更精准地预测市场需求，减少了库存积压，提高了生产效率和资源利用率。

(2) 在线个性化体验

个性化推荐：通过移动应用和网站，利用数据分析和算法，为客户提供个性化的产品推荐，提升了购物体验的个性化和针对性。

虚拟试衣间体验：提供虚拟试衣间功能，允许消费者在线体验不同款式、颜色的服装，增强了互动和购物体验。

H&M 在数字化智能化方面的成功应用，使得其在供应链管理上更加灵活高效，能够更快地适应市场需求的变化，同时通过个性化的客户体验提高了消费者的满意度和忠诚度。这种数字化智能化战略的成功应用为 H&M 在竞争激烈的服装零售市场中保持了竞争优势。

4.4.2 Li-Ning（李宁）

作为中国体育服装品牌，Li-Ning 也在数字化智能化领域有所建树。Li-Ning 在数字化智能化领域的成功应用主要体现在以下两个方面：

(1) 数据驱动的市场营销

大数据分析：Li-Ning 运用大数据技术分析客户需求、购买行为以及市场趋势，以获取更全面的消费者洞察。

精准定位产品和推广：通过数据分析，能够更准确地理解消费者偏好，精准定位产品设计和市场推广方向，提高了市场反应速度和产品的针对性。

(2) 智能制造

推动智能制造和自动化生产：Li-Ning 积极推进智能制造，采用自动化技术和智能化生产线，提高了生产效率和产品品质。

提高生产效率和品质：自动化生产能够减少人为因素的干扰，确保产品质量的稳定性，同时提高了生产效率，缩短了生产周期。

Li-Ning 利用数据驱动的市场营销和智能制造的成功应用，提升了企业在市场竞争中的地位。数据分析使其更了解消费者，更精准地满足市场需求；而智能制造则提高了生产效率和产品品质,使得企业更具竞争力。这些举措有效地将数字化智能化技术与品牌业务结合,使 Li-Ning 在中国体育服装市场中保持了竞争优势。

4.4.3 Zara

Zara 是全球知名的快时尚品牌,其数字化智能化战略主要集中在供应链和零售方面:

快速供应链:利用先进的物联网技术和数据分析,实现了供应链的快速响应能力。通过即时分析销售数据,快速调整生产和库存,实现了"快时尚"模式。

店铺技术创新:采用智能 POS (Point of Sale) 系统,定期收集和分析销售数据,以优化库存管理、定价策略和产品设计。

4.4.4 Adidas

Adidas 是一家领先的运动服装品牌,其数字化智能化战略主要集中在创新设计和客户互动方面:

3D 设计技术:采用 3D 设计和数字样品制作技术,可以更快速、高效地进行产品设计和测试。

社交媒体互动:通过社交媒体平台与客户积极互动,了解客户需求,推出定制化产品,提高客户参与感。

4.4.5 ASOS

ASOS 是一家在线时尚零售商,利用人工智能和大数据分析来推荐个性化的时尚选择给客户。他们还采用了自动化仓库技术和快速交付系统,以提供更快的交付服务。

(1) 个性化推荐系统

大数据分析和人工智能:ASOS 利用大数据分析和 AI 技术,深入了解客户的购买习惯、喜好和趋势。

个性化推荐:基于数据分析的结果,建立了个性化推荐系统,向每位客户推荐更符合其品味和需求的时尚选择,提高了购物体验的个性化程度。

(2) 自动化仓库和快速交付系统

自动化仓库技术:ASOS 引入自动化技术,使仓库操作更高效,提高了订单处理速度和准确性。

快速交付系统:结合自动化仓库技术,ASOS 实现了快速交付系统,加快了订单处理速度和产品送达时间,提供更快的交付服务。

这些技术的成功应用使 ASOS 能够更好地理解客户需求、提供个性化服务,并在交付服务上实现更高效的运作。这种数字化智能化战略的成功应用,不仅提升了用户体验,还帮助了 ASOS 在竞争激烈的在线时尚零售市场中保持竞争优势。

4.4.6 Lululemon Athletica

Lululemon 作为一家专注于高性能运动服装的品牌,利用数字技术和智能制造技术带来了革新,并通过会员计划提供个性化服务。

(1) 数字技术和智能制造

定制高性能运动服装：Lululemon 采用数字技术和智能制造技术，允许顾客定制符合个人需求的高性能运动服装，提高了产品的个性化程度和适应性。

创新生产技术：运用智能制造技术，提高了生产效率和产品品质，使得服装能够更好地满足运动员和顾客的需求。

(2) 会员计划和个性化建议

数据驱动的会员计划：Lululemon 的会员计划通过收集和分析顾客数据，为会员提供个性化的健身建议、服装搭配和运动指导。

个性化体验和服务：基于数据分析，提供定制化的运动建议，让顾客获得更贴近个人需求的健身指导和产品推荐。

Lululemon 通过数字技术和智能制造技术提供了个性化的高性能运动服装，并通过会员计划，利用数据分析为顾客提供个性化的健身建议和服务。这种结合数字技术和会员计划的策略成功地提升了顾客体验，并使品牌在高性能运动服装市场上更具竞争力。

4.4.7 Burberry

Burberry 利用数智化技术和社交媒体来创造与客户的互动体验，例如通过虚拟试衣间和实时活动直播。他们还优化了供应链管理，以更快地推出新产品。Burberry 作为奢侈品牌，充分利用了数智化技术、社交媒体和供应链优化，为客户创造了互动体验并提升了产品推出速度。

(1) 数智化技术和社交媒体互动体验

虚拟试衣间：利用数字技术，提供虚拟试衣间功能，让顾客在线上尝试不同款式、颜色的服装，增强了互动和购物体验。

实时活动直播：通过社交媒体平台，直播品牌活动和时装秀，增加了用户参与度，使用户更深度地参与到品牌文化和产品体验中。

(2) 供应链管理优化

快速推出新产品：优化供应链管理，使得 Burberry 能够更快速地推出新产品，适应市场变化和潮流趋势，提高了品牌的反应速度。

灵活性和效率提升：通过优化供应链流程，提高了生产效率和灵活性，使得品牌更能快速响应市场需求。

这些举措使 Burberry 在数智化技术和社交媒体的应用中，为客户创造了更丰富的购物体验和品牌参与度，并且通过供应链优化使得品牌更灵活地适应市场变化。这种数字化战略成功地将品牌与客户互动的体验结合起来，增强了品牌的市场竞争力和吸引力。

这些著名品牌纺织服装企业在数字化智能化战略方面的成功经验表明，通过充分利用先进技术、数字化工具和数据分析，可以提高供应链效率、产品创新速度以及客户体验，从而获得市场竞争优势。这些成功企业案例展示了在纺织服装行业中，通过数字化和智能化策略的成功应用，以实现更高效的生产、更个性化的产品以及更好的客户体验。这些案例提供了对于其他企业制定数字化智能化战略的启示和借鉴。

【案例阅读材料】

案例 1：

森马服饰去年预盈超 10 亿元：增长超六成，存货周转天数减少

(CFW 服装经理人 2024-01-30 15:29 发表于浙江)

1月29日晚间，浙江森马服饰股份有限公司(森马服饰，002563.SZ)发布2023年年度业绩预告称：2023年公司预计录得净利润10.6亿~11.6亿元，预计同比增长66.41%~82.10%；预计扣非后净利润为9.7亿~10.7亿元，同比增长约95.04%~115.15%；预计基本每股收益0.39~0.43元/股。

根据森马服饰公布2023年第三季度报告：报告期内公司营收33.38亿元，同比增长1.11%；净利润3.16亿元，同比增长89.37%；扣非后净利润为2.96亿元，同比增长103.71%。前3季度，森马服饰录得净利润8.32亿元，同比增长206.51%；扣非后净利润7.76亿元，同比增长355.49%。如果以此来算，森马服饰第4季度净利润大约为2.28亿~3.28亿元；扣非后净利润约为1.94亿~2.97亿元。而2022年，森马服饰净利润为6.37亿元，同比减少57.15%；扣非后净利润为4.97亿元，同比减少63.26%。

对于业绩变动的原因，森马服饰解释称，这是由于报告期内公司继续推动组织变革、模式创新、流程再造，强化零售业务组织能力，全面推进新零售模式落地实施，实现线上与线下、直营与加盟业务的相互赋能，公司运营质量和效率提升，销售毛利率同比提升，毛利额同比增加。公司库存运营效率同比提升，存货周转天数同比减少，期末库存余额同比减少，资产减值损失同比减少。而从森马服饰过去一年的各种动作来看，加速直播或许是森马服饰2023年业绩增长的一大原因所在。公开资料显示，森马从2017年起入主直播风口、布局直播赛道，2023年12月18日，森马服饰曾透露，2022年森马电商直播的业绩突破30亿元。

2023年6月，森马单独成立了直播事业部，以抖音为核心，全面布局多平台直播业务。同年7月，森马服饰通过旗下投资公司出资2000万元注册全资子公司浙江森生不息电商直播有限公司。2023年12月18日，森马服饰宣布正式启用位于浙江瓯海的直播温州基地。值得注意的是，在2023年加速布局直播业务前，2020年开始，森马服饰的营收也经历了一定程度的下滑。森马2020年财报显示，2020年森马服饰营收大幅下滑21.4%至152.1亿元；2021年微增1.4%至154.2亿元，仍未恢复至2018年的水平；2022年，它的营收再度下滑13.5%至133.3亿元。

2023年中报中，在谈及服装行业面临的变化时，森马服饰表示：随着生活方式的变化及互联网的发展，具有综合消费体验的购物中心正在成为线下零售重要渠道，线上零售及消费占比也不断提升，直播电商成为新的重要赛道，线上线下相互融合的零售运营模式成为服饰企业的必然选择；国际品牌在中国市场的发展正在从一线城市向二三线城市下沉，本土品牌面临中国消费持续增长的发展机遇，也面临消费快速变化、零售渠道变迁、互联网消费崛起、全球化竞争加剧等挑战。

从过往业绩来看，分渠道而言，随着线上渠道的兴起，加之疫情等因素带来的线下

门店成本增加，服装行业竞争加剧等原因，森马服饰也面临着线下渠道的缩减。2020年至2023年上半年，森马服饰线下门店数分别为8 725、8 567、8 140和8 136家。其中直营门店数分别为681、781、723和699家；加盟门店数分别为7 693、7 412、7 336和7 371家；联营门店数分别为351、374、84和66家。与此同时，森马服饰的线上销售占比逐年增高。数据显示，2020年、2021年和2022年，来自线上的销售额分别为58.09亿、64.58亿和64.54亿元，占比分别为38.20%、41.88%和48.42%。且线上销售毛利率也逐年增长，2020年，森马服饰线上渠道毛利率仅有32.65%，是线上、直营、加盟、联营4个渠道中毛利率最低的。2021年和2022年，线上渠道毛利率分别增长至37.36%和38.80%，毛利率超过了线下渠道的37.33%，2023年上半年线上渠道毛利率则进一步增长至41.68%。

案例2：

SHEIN启示录：中国品牌也能在时尚领域实现降维打击

（服饰汇精英社群2024-01-10 16:52 发表于福建，作者魏强）

蓝鲨导读：扎根中国、面向全球，会让中国诞生很多像SHEIN一样的全球化企业。

"到年末盘点大家都发现，跨境电商应该是今年为数不多亮眼的行业之一。"一位消费投资人告诉蓝鲨消费。而在跨境电商中，最具代表性的企业莫过于SHEIN。尽管对国内市场来说，大量消费者对SHEIN知之甚少，甚至连名字都不知该怎么读。但就是这样一家"隐形"巨头，已经悄然成为了最受欧美青少年欢迎的时尚品牌。根据美国权威咨询公司Morning Consult发布的"全美十大增长最快品牌"调查报告，SHEIN在"2023十大增长最快品牌"中排名第四。在这份榜单上，有ChatGPT、Zelle、Facebook、可口可乐等众多国际知名品牌，SHEIN是其中唯一上榜的中国品牌，也是全球唯一上榜的时尚品牌。"到海外去，赚世界的钱"，一直是多年来中国企业共同的理想，但受困于交通物流、受众群体差异、市场竞争、品牌认知度、地缘政治等多重因素，中国企业的出海全球化遭遇不少挑战。

如果从改革开放算起，中国企业的出海之路，已经历时40余年。从第一阶段打着"中国制造"标签的制造出海；到第二阶段，以吉利收购沃尔沃为代表的投资并购出海；到以SHEIN为代表的，真正的世界品牌出现。

中国企业终于能以一种独创的、更具竞争力的方式，向价值链上游移动，成为全球市场的领导者。

(1) 中国全球化企业新物种

中国企业的出海之路，最早兴盛于20世纪80年代。彼时大量廉价加工品，从珠三角工厂出发，印着"中国制造"的标签，进入了西方市场。以至于90年代中国企业，因为商品价格过分低廉，在海外遭遇了一波密集的反倾销诉讼。

而到2001年12月11日，中国正式加入世界贸易组织，一批更具冒险精神的企业家又开始通过跨境并购，进行投资出海。按照当时流行的比喻，他们的出海更像是一次"蛇吞象"的冒险。比如在2001年中国加入世贸组织之际，吉利成为首家获得轿车生产资质的民营企业。此后，吉利一路高歌猛进，2005年成功在香港上市，最新市值超过930亿港元。

但李书福的野心远不止于上市。2010年,李书福斥资18亿美元,收购了有86年历史的欧洲老牌车企沃尔沃,成功缔造了"蛇吞象"案例。正是在收购沃尔沃后,吉利市值一飞冲天,比收购时翻了几十倍。在其后的十余年,通过将沃尔沃这一在中国和欧洲都极有声誉的品牌,整合进自有体系,吉利也逐渐成为了国际知名车企。

既然有珠玉在前,逻辑上SHEIN的出海之路,理应与吉利类似:通过收购海外知名企业,借壳出海。但SHEIN偏偏没有按常理出牌,反而从一开始就确定——要以自己独有的方式成为中国全球化企业新物种。SHEIN的这份特立独行与公司创始人许仰天的成长背景和个人性格有密切关系。

1984年许仰天出生于山东淄博,大学专业就是国际贸易。2007年毕业后,许仰天去了南京一家外贸线上营销公司做搜索引擎优化工作。2008年,年仅24岁的许仰天就跟朋友合伙做外贸公司的企业服务项目。这也是他初涉国际市场。此后,许仰天便转向国际市场的销售,最开始,许仰天什么都卖。公司主营业务是跨境服装定制,从婚纱、毕业礼服到晚礼服都有。可不论服装品类如何变化,中国企业"人微言轻"的地位始终没变。

由于欧美等跨国企业依靠品牌和核心技术等优势,长期把持产业链话语权,比如耐克和苹果公司,其全球最大的加工厂都位于中国,但最赚钱的专利以及品牌溢价,其实都牢牢把控在自己手里。而作为80后创业者,并受过良好教育的许仰天认为:中国企业只有做出自己的品牌、从模式上做出创新,才能从根本上改变在全球化竞争中不平等的地位。

因此许仰天放弃婚纱定制,聚焦女装市场,并且要打造自主品牌,这就是后来的SHEIN。在品牌背后许仰天又毅然决定自己打造供应链,以数智化技术驱动"小单快返"柔性按需产业链模式,对生产端进行改造。所谓小单快反模式,本质上就是让供应链最大程度按需生产,并根据市场反馈及时调整,从源头上减少库存和浪费。在SHEIN品牌的模式下,所有SKU(Stock Keeping Unit)都从非常小的订单开始,一般以100~200件起订,如果销售趋势好立刻返单,不达预期则中止生产。对于这种创新模式,一开始有很多供应链厂商抵触。广州伊蔓服饰的负责人就曾表示:"SHEIN的'小单快返'模式,一个款式一开始只有100~200件订单,对于供应链来说,这么小的单子一般都不感兴趣。"

为了说服供应链供应商,2014年初许仰天亲赴广东和各路服装厂交流,他所带领的团队也一家工厂一家工厂地谈,说服服装厂尝试SHEIN的"小单快返"模式。最终,SHEIN这条以前从没人走过的路,被证明拥有极大战略价值。比如伊蔓服饰,在加入SHEIN供应链后,SHEIN为其免费提供人员培训、数智化技术工具。让曾经效益节节下滑的伊蔓服饰,能根据市场需求更快、更精准地提供产品,从而焕发了新生。现如今,伊蔓服饰已经从一家小服装厂成为单日产采购量可达到万件以上。同样的故事自然不止于伊蔓服饰。实际上,许多广州番禺地区的小型服装厂,已经与SHEIN形成了良性合作关系。

SHEIN对传统工厂进行了深度数字化改造,通过深刻的按需洞察力,改传统的"排产"模式为"按需"生产。这样,一方面,更好地满足了全球年轻消费者个性化、多元化的时尚需求;另一方面,品牌库存从行业平均水平的30%降至低个位数,原材料采购也更加合理,减少浪费。最终达成的效果也很明显。在供应链侧,供应商有长期、稳定、确定性的生意,自然更愿意接受SHEIN的"小单快反"模式;对于SHEIN而言,有了供应链支持,就有了更强的供货能力和市场反应能力，在市场竞争中积累优势打造产品力和品牌力，源源不断获得消费者的下单，而SHEIN随即也能以更短于行业平均水平的账期给合作工厂打款，由此形成良性循环。客观来说，中国的供应链能力一直为世界所认可，但以往由于游戏规则长期被国外品牌制定和把控，国内企业与国外市场(消费者)的直接互动较少。

而在SHEIN品牌的"小单快反"模式下，企业直接掌握了链接全球国际市场的销售渠道、营销渠道和创新的供应链技术/方法论。

(2) 中国模式的降维打击

基于领先的品牌影响力、丰富的市场运营经验、创新的柔性供应链以及时尚且极具性价比的产品，业内将SHEIN描述为"时尚界苹果"。如果说，基于中国的供应链优势，打造柔性按需产业链是SHEIN的根基和起手式，SHEIN能在全球市场飞速扩张另一个关键因素还在于——能将国内电商、营销的先进经验复刻到国外，实现降维打击。从更广义上来看，SHEIN也正是将国内电商的成熟模式融会贯通，配合自身创新，并成功复刻到海外，才实实在在上演了一出"降维打击"。针对Instagram、TikTok等社交媒介平台，SHEIN进行了大量营销投入，招募大量网红发布穿搭视频，开箱视频。如果推广效果好，网红们可以获取相当可观的佣金。通过网红效应，SHEIN迅速增加了产品的曝光度，并通过流量裂变，在海外成为了时尚潮流的代名词。在全美"千禧一代中十大增长最快品牌"榜中，SHEIN高居第二，与ChatGPT、OpenAI、Facebook、CocaCola等众多国际知名品牌齐名，成为唯一入选上述榜单的中国品牌。

除了领先的市场营销经验，更具性价比的价格则是SHEIN基于柔性供应链优势。基于效率提升带来的成本降低，并将这些价值100%回馈给终端消费者，从而大大降低产品的销售价格，配合精准营销，祭出的一招杀手锏。横向对比老牌快时尚品牌ZARA。消费者试穿和购买ZARA，主要在线下体验店，ZARA千店千面的细致服务也一直为业内所称道。但在世界各地建线下店(房租)，培训店员(人工)，意味着更多次的分销和搬运(物流和仓储)，这意味着更高的成本。因此，从疫情开始，以ZARA为代表的快时尚品牌只能不断关掉效益不好的门店，以减少亏损。

而SHEIN品牌反而凭借更实惠的价格，更丰富的品类，更时尚的定位，在疫情期间逆势增长，一举将销量做到了ZARA和H&M两大品牌之和。

用美国《连线》杂志的话来说："即便是在快时尚产业，SHEIN的扩张速度也有些'令人发指'。"

(3) 带头赚全世界的钱

SHEIN命运齿轮的转动，始于2012年决定自建独立站。这意味着SHEIN开始告别小打小闹，真正作为一个独立快时尚品牌开始运营。在11年间，SHEIN已经成为了最受海外用户欢迎的时尚品牌之一。实际上，在中国企业出海的40年间，有品类无品牌，一直困扰着中国出海企业走向价值链的上游。比如广州市番禺南村镇服装加工基地，很早就是全球最大的纺织服装市场。但由于缺乏品牌力，南村镇的优质服装，只能以"批发"外贸方式输出海外。直到2014年，SHEIN品牌决定到广州番禺建立供应链，情况才发生根本性改变。

而很多供应商的故事也在这里生根发芽。

华高服饰创始人张胜就是典型例子。3年前,张胜和妻子都还是服装电商行业背井离乡的打工人。后来张胜听说SHEIN品牌的订单多、回款快,再加上"小单快反"的模式新颖,他就选择把宝押在SHEIN上。3年过后,张胜的华高服饰工厂年产值已经翻了五番,超过亿元。张胜表示:"SHEIN不仅推动了服装产业升级,在跨境出海方面也扮演着引领和带头角色,作为SHEIN的供应商,只需要跟着SHEIN品牌的节奏,就能获得比较健康持续的发展。"张胜的成功并非个例。实际上,在今天的广州、佛山、江门、肇庆等地,都有SHEIN的产业布局。不仅将中国产品以新的模式源源不断输送到世界市场,也创造了大量就业机会。

广东省服装服饰行业协会秘书长陈韶通也认为,以SHEIN为代表的中国服装纺织服装企业,已经站在了产业链的中高端,掌握了品牌、技术、系统等要素,并有能力将自有体系更广泛地应用在时尚产业,进行全球范围的资源配置。

换句话来说,SHEIN历时10余年打造的品牌效应,终于让中国服装产业,能享受品牌带来的竞争优势,以更自信和主动的姿态走到世界舞台中央。在形成了自有品牌后,具有全球战略眼光的SHEIN,也很清楚企业长期发展的下一步就是平台化战略。

从自有品牌成为平台最好的例子莫过于亚马逊。亚马逊原本只是卖书网站,到后面用户数量众多,商品品类几乎无所不包,惠及了世界各地的消费者。

从成立之初,SHEIN就一直坚持要赚"全世界的钱",而要实现这个目标,光靠自有品牌当然不够,SHEIN希望将更多卖家和产业带出海,一起开拓国际蓝海市场。

2023年5月,SHEIN推出了"希有引力"百万卖家计划,宣布在未来3年,将帮助中国在内的全球1万个商家,年销售额突破百万美元、帮助10万个中小商家年销售额达到10万美元。在刚刚过去的"黑五&圣诞大促"中,也有大量中国出海品牌,借助SHEIN的平台,在海外收获了一年中最多的盈利。时至今日,很多人仍惊讶于SHEIN的飞速崛起,认为其是一夜之间天降的巨头。但实际上,SHEIN的成功并非偶然。

凭借全球化视野,SHEIN抓住移动互联网下半场的数字化红利,充分发扬光大中国供应链的优势,结合电商营销等先进经验,以更加创新的方式成功复刻到了国外,才在今天这个更加全球化的市场大放异彩。

从中国中车的高铁出海,到比亚迪汽车和宁德时代的新能源汽车和新能源(包括专注太阳能的隆基股份)出海,再到今天被称为"服装界苹果"的SHEIN的服装品牌出海,中国只有更多真正意义上"扎根中国、面向全球"的世界品牌的出现,才能为中国经济提供更多想像力,助力高质量发展。

案例3:

安踏与李宁:二人异路,东趋西步
(荟荟 服装荟 2024-01-02 09:04 发表于上海)

作为国产运动鞋服的双巨头,安踏与李宁是被研究者反复拿来比较的两个对象。

本文我们主要讨论安踏与李宁这两家鞋服巨头的差异,以及它们所面临的挑战,主要观点如下:

在品牌运营上，安踏的平台化与李宁的 IP 化不能一概而论，基因所致，各有优劣。

在人群打法上，安踏走向独立分散，李宁走向整合统一，都帮助他们精准圈中了想要的人群，但它们所遇到的更大的挑战是如何拿捏破圈的尺度。

在全球战况下，安踏与李宁呈现出明显的差异，前者激进，后者保守，但它们都是全球化的新手。

(1) 安踏的平台化与李宁的 IP 化

和曾经的耐克、阿迪们一样，国产运动鞋服品牌们在这些年也不可避免地走向同一条河流——搭建自己的品牌全家桶。

安踏和李宁的说法并不同，前者强调"多品牌运营"，后者强调"单品牌运营"，但本质上都是通过品牌裂变与孵化，形成更多的增长曲线，它们的理想也很美好：一来是通过不同品牌切入不同赛道，抢占更多的人群，讲述更多的新故事；二是分摊风险，不把鸡蛋放在同一个篮子里。

两大巨头的不同点在于，发展至今，安踏更像一个擅长品牌管理的平台型企业，李宁则更像是一个 IP 公司。

导致这种分化，很大程度是历史基因所致。

在今年 11 月的电话会中，李宁管理层表示，"每个企业有自己的模式、思路和方法，没有好坏之分，不同的做法是过去历史积累的基因和经验决定的。"

熟悉安踏与李宁历史的都知道，李宁并非没有走过"多品牌运营"之路，只是因为管理问题最后选择聚焦主品牌，也正是因为聚焦主品牌，让李宁比安踏更快更好地承接到了"国潮红利"。

而安踏在转型时，李宁已名利双收，只能弯道超车。从百丽手中拿下尚在亏损的 FILA 时，也是一穷二白，靠着一步步地运营摸索，才逐渐跑通了模式。另一边的李宁则在消化"国潮红利"摊薄后的苦果。

李宁 IP 化的优势在于能够力出一孔，极易形成用户心智。此前李宁主打"技术牌"与"国潮牌"，一双篮球鞋在二手市场上表现超越耐克。李宁通过主品牌的品牌效应，也培育了 LNG、中国李宁、李宁 YOUNG、LI-NING1990 等子品牌。

但劣势在于"船大难掉头"。李宁单品牌运营的本质依附"国潮红利"。因此，李宁 IP 背后的附加价值在于高端、时尚与潮流，一甩过去国货的"土气"，但这一定位也意味着其必然会失去了一部分大众市场，也很难如安踏一样可以通过不同的品牌切入不同的消费人群。

(2) 安踏与李宁东趋西步

品牌运营外，在消费理性的趋势下，当金融街的精英们开始流行平替风，耐克阿迪们也在直播间玩起降价，安踏与李宁们所遇到的另一个时代困境是：如何说服消费者接受自己的定价？

时代不同，卖货的逻辑自然不同。在国货红利的鼎盛期，同等价位下，消费者在国潮面前，自然是用脚投票。但随着消费趋于理性，叠加耐克阿迪们也纷纷向中国市场低下头颅，安踏与李宁们也因价格被消费者疯狂吐槽，从 2022 年第三季度至今，安踏与李宁们的核心主线就是通过调整供给,优化库存表现。

事实上,类似的剧本已经在2008年北京奥运会之后上演过一次。

但区别于上一轮李宁与安踏们战略层的失误,本轮的调整压力更小,库存周期也更短。总结来看,李宁和安踏一边通过折扣、渠道改革、产品布局(功能性+刚需单品)和投入数字基建等方法来改善库存表现,另一边也没忘了自身的战略布局。

安踏的并购哲学在"人群破圈"上起到了关键作用。安踏的并购历程,也就是卡位不同需求人群的过程,通过"买买买",安踏比李宁更快地捕捉趋势,并做出反应。

不同品牌之间走向独立和分散,这也意味着安踏想要通过更灵活的方式,更精准地抓住人群。而李宁则走上了一条相反的路线——聚合、统一。

随着与安踏逐渐拉开身位,李宁也想明白了两件事:一是国潮红利真的过去了,"时装周一件5 000元的联名帽衫"在一个强调性价比的年代里,根本无法生存;二是李宁过往的优势在体育精神(创始人李宁)、科技基因与对国风设计的理解力,这些长板需要做长。

在这样的思路下,李宁开始掉转车头:一是重新梳理品牌定位,从强调国潮重新聚焦体育功能赛道。其中,中国李宁定位转变成服务大众的潮流运动品牌,LI NING 1990则是定位高品质的时尚高级运动品牌。二是持续将自身的科技优势植入优势品类,加码篮球、跑步与健身三大核心专业运动品类,用大单品策略叠加更饱满的价格带,进行破圈。

用球鞋测评博主的话来说:"稳定在3开的价格,代理商能挣点钱,消费者也能接收,品牌也能收获口碑,三方得利,非常的和谐。"

反映在李宁的财报中,就是鞋类产品布局占比明显提高。2021年时,李宁服装品类营收占比为52%,到了2022年,这一数字已换成了鞋类产品。安踏走向分散,李宁走向统一,两大巨头也同样面临着各自眼前的挑战。

(3) 安踏的激进与李宁的保守

2017年7月21日下午,当美国NBA球星韦德来到位于北京亦庄的李宁公司总部时,细雨之中的李宁总部就像一个体育公园。6年之后的9月,另一位NBA顶流球星凯里·欧文落地晋江,参观安踏总部,在中国球迷的拥簇下,度过了一个印象深刻的中秋节。

从韦德和李宁,到欧文和安踏,2023年,安踏和李宁都有了一个新的关键词——出海。

借助球星的IP,名人就是渠道,这是一条被耐克们已验证过的经典老路。安踏与欧文的签约,某种程度上也印证着其进一步深入美国市场的野心——这是耐克们的主场。

安踏与李宁们的出海热也并不是偶然现象,但安踏和李宁呈现出明显的分化——安踏激进,李宁保守。

导致这样态度分化的原因是多重的。

一是战略布局不同,安踏很早就剑指全球市场。相较于安踏这位出海新手,李宁早在20余年前就开启了国际化探索。在2001年,作为"中国第一运动品牌"的李宁在西班牙开了一家品牌店,但在此后的库存危机下,李宁停掉了几乎所有国际市场的赞助活动,回归中国市场。截至今年6月,李宁国际市场的营收占总营收的比例也仅为2.1%。

而寄托于香港为国际化的瞭望所,从李宁的角度来其实是一种保守的策略。一方面,自去年起,李宁先后在尖沙咀、屯门、荃湾、大围开设了线下零售门店。另一方面,通过对香港市场的探索,李宁尝试建立一套海外的标准化体系。

二是经验也不同。安踏在收购亚玛芬后,实则通过这家企业了解了如何运营一个世界级多品牌体育用品公司。除此以外,安踏连续8年披露ESG(环境、社会、公司管理)实践和成果,对可持续发展的关注同样也是为全球化提前铺路。

在运动鞋服领域,新王与旧王的交替持续演进,尚未到终局。在一个不确定的市场环境下,讨论"确定性"是奢侈的。安踏与李宁们唯一能做的,也必须要做的,就是用一切的方法,接住市场的变化。

结语:在纺织服装企业数智化战略规划的探讨中,我们深入研究了数字化和智能化对企业未来发展的关键作用。数智化战略规划不仅仅是技术应用,更是对企业未来路径的策略性规划。

通过本章的探索,我们了解到数字化和智能化技术的应用,不仅提高了企业的效率和竞争力,还塑造了企业文化和业务模式。自动化生产、数据分析、智能营销等技术的运用为企业带来了更多机会,但同时也需要企业不断调整、学习和适应。

在数字化智能化的时代,企业数智化战略规划是实现成功的关键。这意味着要紧跟技术变革,但更重要的是要在技术和战略之间取得平衡。企业需要结合自身发展阶段和市场需求,制定切实可行的数智化战略,并持续优化和调整。

本章的研究旨在为纺织服装企业提供了关于数智化战略规划的理论框架和实践指南。只有在理论指导和实践经验的指引下,企业才能在数字化智能化的浪潮中抓住机遇,保持竞争优势,并不断朝着更加智能、创新的方向发展。

思考题:

制定一份纺织服装企业数字化智能化战略规划,着重考虑技术整合、市场应用和可持续发展。针对当前行业趋势和挑战,提出全面的战略计划,包括关键技术的应用、人才培养和合作伙伴关系建立。

要求:考虑纺织服装企业数字化智能化战略规划的方方面面,包括技术、市场、可持续发展等各个方面的考量,并要求提出具体的计划和行动方案来应对行业的挑战和趋势。

1. 选择一家纺织服装企业,分析其当前的数智化水平,并提出改进建议,设计一份数智化战略规划。

2. 探讨数字化智能化对纺织服装企业管理的影响,选取一种新兴技术(如大数据、物联网等),提出其在企业数智化战略规划中的应用方案。

3. 研究纺织服装企业数字化转型的关键挑战,提出应对策略,并设计一份全面的数智化战略规划。

4. 选择一个特定的市场细分,分析数字化智能化对该细分市场的影响,提出适应该市场变化的企业数智化战略规划。

5. 评估一家纺织服装企业当前的数智化战略规划,分析其优势和不足,并提出改进建议。

第 5 章 信息系统与数据管理

信息系统与数据管理是当今数字化时代的核心支柱，塑造着商业、科技和社会的方方面面。随着科技的飞速发展，数据的价值愈发凸显，而信息系统的作用日益重要，因为它们不仅能够收集和存储数据，更能将数据转化为洞察力和决策支持。本章旨在深入探讨信息系统与数据管理的核心概念、原则和最佳实践。我们将探索信息系统如何收集、处理、分析和应用数据，以及数据管理在保障数据安全、隐私保护和合规性方面的作用。信息系统与数据管理是现代组织和企业运作的关键组成部分。信息系统是一系列相互关联和协同工作的组件，通过收集、存储、处理、分析和传递数据来产生有用的信息，以支持组织的运营、决策和战略制定。数据管理则是确保数据高效、安全、质量良好和易于访问的实践。

5.1 企业信息系统的作用

企业信息系统(Enterprise Information System，EIS)在现代商业环境中扮演着至关重要的角色，它是一个涵盖全企业各部门和业务的综合性信息系统。下面是企业信息系统的主要作用和功能：

5.1.1 整合和协调业务流程

EIS 在整合企业内外各种业务流程和操作方面发挥了关键作用。通过将各种信息和操作集成到一个系统中，EIS 帮助企业实现了以下几个方面的优势：

(1) 业务流程整合与协调

内部流程整合：EIS 整合了企业内部各个部门的信息和流程，促进了信息共享和协作，减少了数据孤岛，提高了工作效率和准确性。

外部业务整合：它还能连接企业与外部供应商、合作伙伴和客户，促进了跨组织的合作和交流，从而加速了业务操作和决策过程。

(2) 协同性和效率提升

即时信息共享：EIS 使得信息可以在不同部门之间实时共享，避免了信息滞后和信息交流不畅所导致的问题，提高了决策的迅速性和准确性。

跨部门协作：它促进了跨部门的协同工作，让不同团队能更紧密地合作共事，加速了项目的推进和完成。

(3) 效率提升与决策支持

数据分析与决策：EIS 整合了大量数据，通过数据分析和报告功能，为管理层提供更全面、实时的数据支持，辅助决策制定和业务规划。

资源优化：通过整合资源和优化流程，EIS 有助于企业更有效地利用资源，降低成本，提高了整体业务效率。

EIS 的整合和协调作用使企业能够更灵活地适应市场变化，更高效地运营，提升了竞争力和可持续性。这种系统的应用为企业提供了更多的机会去探索和利用新的业务模式，以及更好地满足客户需求。

5.1.2 数据集中管理和共享

EIS 在集中管理企业数据方面扮演着至关重要的角色。它通过以下方式确保数据的一致性、准确性和及时性，并促进不同部门之间的数据共享与交流。

(1) 数据集中管理与一致性

集中数据存储：EIS 提供统一的平台来集中存储企业各类数据，确保数据的集中管理和安全存储，避免了数据分散在不同系统或地方导致的混乱和数据不一致的问题。

数据一致性和准确性：通过集中管理，EIS 能够维护数据的一致性和准确性，确保不同部门使用的是同一版本的数据，降低了数据错误和冲突的风险。

(2) 数据共享与交流支持

跨部门数据共享：EIS 允许不同部门间的数据共享，促进了信息流动和跨部门合作，提高了团队之间的协同性和工作效率。

实时数据交流：它还支持实时的数据交流和更新，让各个部门可以及时获取最新的信息，帮助他们更好地响应市场变化和业务需求。

(3) 提升数据价值和决策支持

数据分析和报告：EIS 能够对数据进行分析和报告，为决策者提供清晰的数据展示，帮助他们做出更明智的决策。

实时监控和反馈：通过实时监控数据变化，EIS 可以提供及时反馈和警报，让管理层能够快速作出反应，防范潜在的问题。

综合来看，EIS 作为数据的中心管理者和共享者，为企业内部提供了一个统一的数据来源，确保了数据的质量和可靠性，并促进了不同部门之间的紧密协作与信息交流。这种数据管理的系统化和整合性为企业的决策和运营提供了重要支持，增强了其在竞争激烈的市场中的竞争力。

5.1.3 支持决策制定

EIS 通过提供实时、准确的数据和信息，为管理层的决策制定提供了重要支持，涵盖了战略、战术和运营层面。

(1) 战略决策支持

市场趋势分析：提供市场数据和趋势分析，帮助管理层了解行业发展方向，支持制定长期战略和发展规划。

竞争情报：收集和分析竞争对手信息，为企业制定竞争策略提供数据支持。

(2) 战术决策支持

销售和营销数据：提供销售、营销数据分析，帮助管理层优化销售策略、产品定价和市场推广。

客户洞察和反馈：收集客户反馈和数据，支持战术性决策，比如改进客户服务和产品特性。

(3) 运营决策支持

供应链数据分析：提供供应链数据和分析，协助管理层优化物流、库存管理和生产计划。

资源分配和效率评估：提供实时数据，帮助评估资源利用率和生产效率，支持运营决策。

EIS 通过整合和分析数据，为管理层提供了全面的业务情报和洞察，使其能够更准确地识别机会和挑战，并基于数据驱动的决策进行规划和执行。这种实时数据支持有助于管理层更迅速地调整战略方向、优化运营效率，以及更灵活地适应市场变化。

5.1.4 优化资源配置

EIS 通过对资源的合理分配和利用，有助于优化资源配置，降低成本、提高效率，从而实现最佳的资源利用效果。

(1) 资源分析与规划

数据分析：EIS 能够收集和分析大量的数据，从而帮助企业了解资源使用情况，包括人力、物料、资金等方面。

需求预测：基于数据分析，EIS 可以帮助企业进行需求预测，预测未来资源需求，有针对性地进行资源规划。

(2) 优化资源配置

人力资源管理：EIS 可辅助人力资源部门优化人员安排，匹配员工技能和任务需求，提高员工效率和满意度。

供应链优化：通过分析供应链数据，EIS 有助于优化供应商选择、库存管理和物流策略，降低库存成本和运输成本。

(3) 成本控制与效率提升

成本分析：EIS 能够进行成本分析，帮助企业识别成本热点，制定针对性的成本控制措施。

生产和运营优化：通过实时监控和数据反馈，EIS 支持生产和运营部门优化流程，降低能源消耗和废品率，提高生产效率。

(4) 风险管理与效能评估

风险识别：EIS 能够帮助企业识别资源利用中的风险，如过度依赖某一资源或资源浪费情况。

绩效评估：通过数据指标，EIS 支持对资源利用效果进行评估，帮助企业了解资源配置的效率和价值。

EIS 的优化资源配置功能有助于企业更有效地管理和利用资源，使其在资源利用方面更加智能和精细化，从而降低成本、提高效率，最终实现更佳的资源利用效果。

5.1.5 提高生产效率和质量

EIS 在自动化和优化生产流程方面扮演着关键角色，有助于提高生产效率、产品质量，降低废品率，从而增强企业的竞争力。

(1) 自动化生产流程

智能化制造：EIS 支持智能化生产系统，通过自动化工具和机器人技术，提高生产效率和生产线的灵活性。

生产计划和调度：基于数据分析，EIS 能够优化生产计划和调度，减少生产中的空闲时间和停机时间。

(2) 质量控制与改进

实时监控与反馈：EIS 提供实时监控生产过程，快速识别问题并提供反馈，帮助实现及时的质量控制。

质量数据分析：基于质量数据分析，EIS 支持企业发现生产中的质量问题，促进持续改进和工艺优化。

(3) 废品率降低与资源优化

废品分析和减少：EIS 能够分析废品产生的原因，指导企业采取措施降低废品率，提高资源利用率。

资源管理优化：通过资源利用效率的数据分析，EIS 协助企业优化资源使用，避免资源浪费，降低成本。

(4) 生产效率提升和成本控制

生产效率评估：EIS 支持对生产效率进行评估，识别瓶颈和改进点，优化生产过程，提高产能。

成本控制：通过优化生产流程和质量管理，EIS 帮助企业降低生产成本，提高生产效益。

EIS 的应用使企业能够更精准地控制生产过程，实现自动化和智能化生产，从而提高生产效率、产品质量和资源利用效率，降低废品率，使企业更具竞争力并提高市场敏捷性。

5.1.6 支持业务拓展和创新

EIS 通过提供数据分析和市场趋势预测等功能，帮助企业洞察市场、发现机会，推动业务创新和拓展。

(1) 数据分析与市场洞察

市场趋势分析：EIS 通过对市场数据的分析，识别市场趋势和变化，帮助企业更好地了解市场环境和竞争格局。

客户行为分析：基于客户数据，EIS 能够分析客户行为，洞察消费者需求和偏好，为产品开发和营销提供指导。

(2) 机会发掘与业务创新

机会识别：EIS 能够识别新兴市场和潜在机会，帮助企业抓住时机，开发新产品或服务，满足市场需求。

业务创新支持：基于数据分析，EIS 支持业务创新，鼓励企业开展新的商业模式或改进现有流程。

(3) 市场扩展与战略规划

市场拓展策略：EIS 为企业提供数据支持，支持市场扩张和进入新市场的决策，提供战略规划依据。

新产品开发：基于市场洞察和需求预测，EIS 支持新产品开发流程，帮助企业推出更符合市场需求的产品。

(4) 敏捷决策与持续改进

敏捷决策：EIS 提供实时数据和分析结果，支持管理层做出敏捷决策，及时调整战略和业务方向。

持续改进：基于市场反馈和数据分析，EIS 支持企业持续改进产品和服务，提升竞争力。

EIS 的应用使企业能够更准确地洞察市场，发现机遇，为企业决策提供更可靠的数据支持，并鼓励持续创新和改进，以适应快速变化的市场环境。这种市场洞察和数据驱动的业务决策有助于企业更好地把握商机，保持竞争优势。

5.1.7 提升组织协同和沟通效率

EIS 在协同工作和内外部沟通方面发挥着重要作用，有助于不同部门更好地协同工作、共享信息，提高沟通效率和准确性。

(1) 内部部门协同

信息共享：EIS 提供统一的平台，让不同部门能够共享数据、文件和信息，避免信息孤岛和重复劳动。

工作流程优化：EIS 支持工作流程的整合和优化，促进不同部门之间的协同合作，提高工作效率。

(2) 内外部沟通与合作

内外部沟通：EIS 连接内外部资源，方便员工与供应商、合作伙伴、客户等沟通交流，加强合作关系。

协作工具：EIS 提供协作工具和沟通平台，如共享文档、在线会议等，方便远程团队合作和沟通。

(3) 实时信息共享与反馈

实时数据交流：EIS 支持实时数据共享，让不同部门能够及时获取信息，有助于快速决策和反应市场变化。

问题解决：通过实时反馈和沟通渠道，EIS 帮助企业更快速地发现和解决问题，提高问题处理效率。

(4) 提升工作效率和准确性

流程优化：EIS 支持自动化和流程优化，简化工作流程，降低人为错误的发生。

准确数据支持：EIS 提供准确、一致的数据支持，有助于不同部门做出更准确的决策。

EIS 的应用让企业内部各部门之间的沟通更为便捷高效，促进协作与信息共享，有助于团队更好地协同工作、迅速响应变化，并加强了企业内外部的联系与合作。这种协同性和信息共享能力提高了工作效率和企业的竞争力。

5.1.8 遵守法规和合规要求

EIS 在确保企业合规性、提高信息质量、决策效率和资源优化等方面确实发挥着关键性的作用，对于企业的运营、发展和竞争力提升具有决定性的影响。

(1) 合规性和风险管理

法规遵从：EIS 有助于企业了解和遵守法律、法规以及行业标准，降低违规风险，确保企业运营在合规的框架内。

风险识别与管控：EIS 支持企业识别和管理潜在风险，通过数据分析帮助企业进行风险管控和应对措施。

(2) 信息质量和决策效率

信息可靠性：EIS 通过数据整合和管理，确保企业数据的准确性和一致性，提高信息质量，减少错误决策的风险。

决策支持：提供实时数据和分析结果，帮助管理层做出更快速、准确的决策，提升决策效率。

(3) 资源优化和竞争力提升

资源利用优化：EIS 优化资源配置和利用，降低成本，提高生产效率和企业运营效率。

提升竞争力：通过提供数据驱动的决策和资源优化，EIS 有助于企业提高竞争力，适应市场变化和挑战。

综合来看，EIS 在企业的合规性、信息质量、决策效率、资源优化等方面扮演着至关重要的角色，为企业的长期发展和竞争力提升提供了关键性支持。这种系统化的数据管理和分析有助于企业更加灵活地应对挑战，实现持续的改进和增长。

5.2 ERP 系统在纺织服装企业中的应用

企业资源规划(Enterprise Resource Planning，ERP) 系统是一种集成了各个业务流程、功能模块和数据的综合性管理信息系统。它通过整合和协调企业内外部的资源，包括人员、资金、设备、原材料、信息等，以提高企业的运作效率、数据准确性、决策水平和客户服务质量。

5.2.1 主要特征和模块

集成性：ERP 系统集成了企业内所有功能和流程，将各个部门和业务环节连接起来，形成一个无缝的整体。集成性是 ERP 系统的核心特征之一。ERP 系统旨在集成企业内部的所有功能、流程、数据和信息，将不同部门和业务环节连接为一个无缝的整体，实现信息的共享、数据的一致性和业务流程的协同。这种集成性带来了多方面的好处和优点：

信息流畅和共享：集成系统可以确保信息在整个组织内流畅共享，避免了信息孤岛和信息不对称。

实时数据和决策支持：ERP集成了各部门的数据，可以提供实时、准确的数据，为决策制定提供有力支持。

业务流程优化和高效性：ERP集成了业务流程，可以通过自动化和协同来优化业务流程，提高效率和准确性。

降低成本：通过整合业务流程和数据，减少了重复劳动，节省了时间和人力资源，降低了成本。

准确的财务信息：集成的财务模块确保了财务数据的准确性，有助于制定准确的财务决策。

客户满意度的提高：ERP系统整合了客户信息，能够提供更个性化、及时的服务，提高客户满意度。

强化监控和分析：集成系统能够提供全面的监控和分析能力，有助于领导层全面了解组织的运营情况，及时做出决策。

整合供应链和合作伙伴：ERP系统能够与供应商、合作伙伴等外部系统进行集成，形成更大范围的整合，提高了供应链的效率。

总的来说，集成性是ERP系统的核心特征之一，它使企业能够实现内外部各个业务环节的协同、高效运作，从而获得竞争优势并提高业务绩效。

5.2.2 模块化

ERP系统由多个相互关联的模块组成，每个模块负责特定的业务流程，如采购、库存管理、生产、销售、财务等，每个模块负责特定的业务流程或功能。这种模块化的结构使得ERP系统可以根据企业的需要进行定制、配置和扩展，以满足不同业务流程和部门的需求。每个模块都有自己的数据库和功能，但又能与其他模块进行数据交换和信息共享。这种设计使得ERP系统更加灵活，能够根据组织的需求进行定制和配置，同时便于系统的维护和升级。

模块化的优点包括：

定制化：可以根据企业的需求选择、定制和实施特定的模块，避免了不必要的复杂性。

独立性：每个模块相对独立，修改或升级一个模块不会影响其他模块的正常运行。

易于维护和升级：模块化结构使得维护、升级和修复特定模块更为便捷。

快速实施：可以分阶段实施不同模块，快速获得系统的部分功能，降低了实施风险。

可扩展性：可以根据企业的业务增长需要添加新模块，扩展系统功能。

灵活性：企业可以根据变化的业务需求调整模块的配置或添加新模块，以适应不断变化的市场环境。

模块化的设计使得ERP系统能够适应不同规模和需求的企业，提供高度定制化的解决方案，从而更好地支持企业的业务流程和发展。

5.2.3 实时性

ERP 系统能够提供实时的数据更新和报告，使企业能够及时了解业务情况，支持实时决策。实时性是指 ERP 系统具备实时数据更新和实时报告的能力，能够提供即时、准确的数据信息，使企业能够随时了解当前的业务情况，以便支持实时决策和快速反应市场变化。实时性的重要性在于现代商业环境中，市场变化快速，企业需要即时获取关键业务数据并做出迅速的决策以保持竞争优势。ERP 系统通过实时监控和数据更新，能够在以下方面帮助企业：

快速决策：及时获得最新的数据和信息，使决策者能够做出迅速、明智的决策。

实时监控业务流程：监控业务流程的实时状态，及时发现和解决问题，确保业务流程的顺畅进行。

追踪库存和订单：实时更新库存信息和订单状态，确保准确处理客户订单和库存管理。

客户服务和反馈：及时响应客户的需求，提供更好的客户服务体验。

供应链优化：实时监控供应链的各个环节，调整和优化供应链，以适应市场需求的快速变化。

降低成本和风险：及时发现和纠正错误，避免因错误造成的损失，降低业务风险。

综合来说，ERP 系统的实时性是保障企业在快节奏、动态变化的商业环境中保持灵活、高效的关键特征，其能够提供实时数据更新和实时报告，使企业能够做出更快速、准确的决策，适应市场的变化。

5.2.4 标准化

ERP 系统建立了标准的业务流程和数据模型，有助于企业实现标准化的运作，提高效率和质量。标准化是指在 ERP 系统中建立和应用统一的标准业务流程、数据模型和规范，以确保企业内部各个部门和业务流程按照同一套规范和标准进行运作。这有助于提高企业的效率、质量和协同工作能力。

标准化的重要性包括以下几个方面：

统一业务流程：ERP 系统通过标准化业务流程，确保了企业各部门间的协同和一致性，避免了业务流程的混乱和冲突。

一致的数据模型：标准化的数据模型保证了数据的一致性和准确性，使得不同业务流程和模块使用的数据具有统一的标准定义。

提高效率：标准化业务流程和数据模型可以消除重复、冗余的工作，降低了操作成本，提高了工作效率。

降低风险：标准化减少了非标准业务流程和数据模型引起的风险，提高了企业内部控制和合规性。

便于比较和评估：通过标准化，可以更容易地比较不同业务单元或时间段的业绩，进行绩效评估和优化。

简化培训和管理：标准化简化了员工培训，因为他们只需了解和遵循统一的标准业务流程和数据模型。

适应变化：标准化使得企业更容易应对变化，可以对标准进行调整以适应新的业务需求或市场变化。

总体来说，标准化是 ERP 系统的核心原则之一，通过建立统一的标准业务流程和数据模型，有助于提高企业的运作效率、质量和灵活性，进而增强企业的竞争力。

5.2.5 自动化

自动化是指 ERP 系统通过自动化技术和流程，可以自动执行许多重复、繁琐、标准化的任务，减少或消除人工干预，提高工作效率和准确性。这是 ERP 系统的重要特征之一，能够极大地提高企业的生产效率和运营效率。

以下是自动化在 ERP 系统中的作用和优点：

提高工作效率：自动化能够快速、准确地执行任务，避免了人工处理的时间延迟和误差，从而显著提高了工作效率。

降低成本：自动化减少了人工干预，降低了人力成本，尤其是对重复性高、大量重复任务的企业来说，节省了大量成本。

减少错误：自动化能够消除人为错误，确保任务的准确性，提高了数据的质量和精度。

加速决策过程：通过自动化，可以更快速地收集、处理和分析数据，为决策提供更及时的信息，加速决策过程。

优化资源利用：自动化可以优化资源分配和利用，确保资源的最佳使用，提高了企业的整体效能。

增强客户服务：自动化使得客户服务更高效，能够快速响应客户需求，提高客户满意度。

提升业务流程质量：自动化可以确保业务流程的规范执行，提高了业务流程的质量和一致性。

通过自动化，ERP 系统使得企业能够更加高效、精确地处理业务流程，使得员工能够将更多精力投入到创新、策略性决策和客户关系管理等高价值的活动中。

5.2.6 可定制性

可定制性是指 ERP 系统允许企业根据自身业务需求进行定制、配置和适应不同行业、企业特定需求的能力。这种定制性使得企业能够根据自身的业务流程、规模、特点以及行业要求对 ERP 系统进行个性化调整，以最大程度地满足企业的独特需求。以下是可定制性的主要优点和作用：

适应业务需求：ERP 系统的可定制性允许企业根据特定行业和业务要求对系统进行定制，确保系统能够适应企业特定的业务流程和需求。

提高工作效率：可定制性使得 ERP 系统能够更好地适应企业的工作流程，减少不必要的步骤和冗余，提高了工作效率。

降低实施和维护成本：定制和配置 ERP 系统，可以减少不必要的功能，降低实施和维护的成本，避免了对不需要功能的支出。

加强用户满意度：定制 ERP 系统使得用户可以根据自身偏好和需求调整界面、功能等，提高用户的满意度和接受度。

支持企业成长和变革：随着企业的成长和变革，可定制性使得系统可以随之调整，以满足新的业务需求和流程。

提升竞争力：通过定制 ERP 系统，企业能够更好地适应行业和市场的变化，提高企业的竞争力。

总体来说，可定制性是 ERP 系统的重要特征之一，可以使得系统能够更好地满足企业的特定需求，提高工作效率、用户满意度，降低成本，加强企业的竞争力。

5.2.7 报表和分析

报表和分析是 ERP 系统的重要功能，旨在为企业提供各种报表和分析工具，以便企业管理层能够分析业务数据，了解企业运营状况，并基于这些信息做出明智的决策。这些工具可以帮助企业深入了解业务绩效、趋势和模式，从而做出优化业务流程和制定战略规划的决策。以下是报表和分析在 ERP 系统中的主要作用和优点：

数据可视化：提供图表、图形、仪表盘等直观的数据可视化工具，使得数据更易理解，帮助决策者迅速了解业务情况。

业务洞察：通过分析业务数据，提供洞察和见解，帮助管理层深入了解业务绩效、趋势和模式，为业务决策提供支持。

实时报表：提供实时数据更新的报表，确保决策者能够基于最新数据做出决策。

个性化报表：允许用户根据需要定制个性化报表，满足不同用户的特定需求。

支持决策制定：提供数据分析、预测分析等工具，帮助决策者制定明智的决策，支持战略规划和业务目标实现。

绩效评估：基于报表和分析进行绩效评估，帮助企业评估业务流程的效率、客户满意度等。

跨部门协作：通过共享报表和分析结果，促进跨部门协作和信息共享，增强整个组织的协同效率。

通过报表和分析功能，ERP 系统可以帮助企业管理层快速、准确地了解业务数据，从而做出明智的决策，并优化业务流程，提高企业的绩效和竞争力。

5.2.8 客户关系管理

客户关系管理(Customer Relationship Managemenl,CRM) 是 ERP 系统的重要组成部分之一，专注于帮助企业管理与客户相关的信息、业务流程、市场营销和销售等。CRM 模块旨在增强企业与客户之间的互动、了解客户需求、提高客户满意度，并最终实现业务目标。

以下是 CRM 模块在 ERP 系统中的主要作用和功能：

客户信息管理：管理客户的基本信息、联系信息、交易记录、服务记录等，建立完整的客户档案。

销售管理：管理销售流程，包括销售机会追踪、报价、订单管理、合同管理等，提高销售效率和业绩。

市场营销：管理市场活动、市场推广、市场调研等，帮助企业制定和执行市场营销策略。

客户服务和支持：提供客户支持、投诉处理、售后服务管理，保持良好的客户关系，提高客户满意度。

客户互动管理：管理客户的互动、反馈、投诉等信息，以及与客户的沟通记录，建立良好的客户沟通和互动。

客户分析：分析客户行为、偏好、购买历史等数据，提供洞察和见解，以优化销售策略和服务。

客户满意度调查：进行客户满意度调查和评估，了解客户对企业的评价，改进企业的产品和服务。

CRM 模块的实施和使用有助于企业建立更加紧密、高效的客户关系，提升客户满意度，增强市场竞争力，促进销售和业务增长。CRM 模块与其他 ERP 模块的集成使得企业能够在整个业务流程中实现对客户信息和业务的综合管理。

5.2.9 供应链管理

供应链管理是 ERP 系统的重要组成部分，旨在集成、优化和协调整个供应链的各个环节，包括供应商、制造商、分销商等，以实现高效的供应链运作和协同合作。以下是供应链管理在 ERP 系统中的主要作用和功能：

需求计划和预测：根据市场需求和销售数据进行需求计划和预测，确保供应链能够及时满足需求。

供应商管理：管理供应商信息、采购协议、合同，优化供应商选择和采购流程，确保物料的及时供应。

库存管理：管理库存水平，包括采购、库存优化、库存控制，以避免库存过剩或短缺，降低库存成本。

生产计划和调度：根据需求计划，制定生产计划和生产调度，优化生产效率，确保及时交付。

物流和配送管理：管理物流和配送过程，包括运输、仓储、配送计划等，提高物流效率，降低配送成本。

质量管理：管理产品质量和质检流程，确保产品符合质量标准，提高客户满意度。

反向物流：管理产品退货、售后服务等反向物流流程，保障售后服务质量，提升客户满意度。

通过 ERP 系统的供应链管理模块，企业能够实现对整个供应链的可视化、协调、优化和控制，以最大程度地提高供应链的效率、灵活性和客户满意度。这对于现代企业来说至关重要，特别是在全球化市场和快速变化的商业环境中。

5.2.10 财务管理

财务管理是 ERP 系统的重要组成部分，旨在管理企业的财务流程，包括会计、成本控制、预算规划、资产管理等。这些功能协助企业有效地管理财务资源、制定财务策略，以确保企业的财务稳健和可持续发展。以下是财务管理在 ERP 系统中的主要作用和功能：

会计管理：管理财务账户、凭证、总账、辅助账等会计信息，确保财务数据的准确记录和报告。

成本控制：管理成本数据、成本核算和分析，控制企业各个方面的成本，提高盈利能力。

预算规划：制定、管理和监控预算，包括财务预算、项目预算等，确保资源的合理分配和利用。

资产管理：管理企业的固定资产、折旧、资产评估和处置，确保资产的有效管理和价值最大化。

现金管理：管理企业的现金流、资金预测、资金调配，确保企业有足够的流动资金满足日常运营需求。

财务分析和报告：提供财务指标分析、财务报表生成、财务分析工具等，为管理层提供财务状况的详尽洞察，支持决策制定。

税务管理：管理税务申报、纳税申报、税务合规等，确保企业遵守税法法规。

财务管理模块通过集成这些财务流程，使得企业能够更好地管理财务资源、优化成本、制定合理的财务决策，从而保持财务稳健、推动企业的可持续发展。

5.2.11 库存管理

库存管理是 ERP 系统中的关键模块，专注于管理企业的库存、采购、物流和供应链中与库存相关的流程，以确保库存的准确性、合理化、最优化和成本控制。以下是库存管理在 ERP 系统中的主要作用和功能：

库存跟踪和控制：跟踪库存水平、库存位置、库存变动等信息，确保库存准确性，避免过剩或短缺。

采购管理：管理采购需求、采购订单、供应商信息等，确保及时采购所需物料，保持供应链畅通。

订单处理：管理销售订单、采购订单、发货通知、收货通知等，确保订单处理的及时和准确。

供应链协调：协调供应链各环节，包括制造商、分销商、供应商，以优化库存、避免库存积压和缺货情况。

成本控制：管理库存成本、采购成本、运输成本，以确保库存管理的成本控制。

批次追踪：跟踪库存的批次、过期日期等信息，确保产品质量和安全性。

库存优化：基于需求预测和销售趋势，优化库存水平，避免库存过高或过低。

报表和分析：提供库存报表、库存分析工具，帮助企业了解库存情况，做出合理决策。

通过库存管理模块，企业能够优化库存流程，确保库存准确性，降低库存成本，提高库存周转率，以适应不断变化的市场需求和客户要求，同时保障供应链的高效运作。

5.2.12 人力资源管理

人力资源管理是 ERP 系统的重要组成部分，旨在管理员工信息、薪资、培训、招聘等人力资源相关的流程和数据。该模块有助于企业高效地管理和优化人力资源，以支持企业的战略目标和持续发展。

以下是人力资源管理在 ERP 系统中的主要作用和功能：

员工信息管理：管理员工基本信息、合同、联系信息、工作历史等，建立完整的员工档案。

薪资管理：管理员工薪资、薪资结构、薪资核算，确保准确的薪资发放。

培训与发展：管理培训需求、培训计划、培训记录，支持员工的职业发展和提升。

绩效管理：管理员工绩效评估、目标设定、绩效考核，激励员工提高绩效。

招聘管理：管理招聘需求、招聘流程、候选人信息，支持高效招聘流程。

员工福利管理：管理员工福利、员工健康、保险等福利事项，提高员工满意度。

员工离职管理：管理员工离职流程、离职手续等，确保员工离职流程的顺利进行。

通过 ERP 系统的人力资源管理模块，企业能够高效管理人力资源，招聘和培养人才，提高员工满意度和绩效，确保员工信息的准确性和安全性，以支持企业的战略发展和长期成功。

ERP 系统的实施需要深入的规划、培训和组织变革，以确保最大化地发挥其效益。它有助于企业提高运作效率、适应市场变化、降低成本、优化资源配置，提升企业的竞争力。ERP 系统的实施是一项庞大且关键的任务，它需要深入规划、全面培训以及适应组织变革。这样做可以确保最大限度地发挥 ERP 系统的效益，为企业带来显著的好处。

5.3 ERP 在纺织服装企业中的应用

ERP 系统是一种综合性的管理信息系统，通过集成各种业务流程和功能模块，协调、整合和自动化企业内外的资源和业务活动，以提高企业的运作效率、决策水平和客户服务质量。下面列举了 ERP 系统在纺织服装企业中的主要应用和优点。

5.3.1 全面集成业务流程

ERP 系统整合了纺织服装企业的各项业务流程，从采购原材料、生产制造、库存管理、销售订单处理，到财务管理等，使得各个部门和流程之间能够无缝协同工作。这有助于减少信息孤岛、提高流程协调，并确保实时数据的共享和更新。

实时数据可用性：ERP 系统提供实时的数据更新和报告功能，使企业管理层能够随时了解业务状况。这有助于更快速地做出决策，应对市场变化和客户需求。

库存优化：纺织服装企业通常需要管理大量的库存，包括原材料、半成品和成品。ERP 系统通过库存管理模块帮助企业优化库存水平，避免库存过剩或短缺，降低库存成本。

生产计划和控制：ERP 系统支持生产计划和控制，帮助企业有效管理生产流程、计划生产任务、跟踪生产进度，并确保按时交付客户订单。

质量管理：在纺织服装行业中，产品质量至关重要。ERP 系统可以帮助企业建立质量管理流程，跟踪质量指标和质检过程，确保产品符合标准。

销售和客户管理：ERP 系统支持销售订单处理、客户关系管理，有助于提高客户服务质量、满足客户需求，并加强客户关系。

财务管理：ERP 系统包括财务模块，帮助企业管理账务、报表、成本核算和财务规划。这有助于确保财务稳健和合规。

数据分析和报告：ERP 系统提供数据分析和报告工具，帮助企业管理层深入了解业务绩效、趋势和模式，以支持决策制定和战略规划。

总之，ERP 系统在纺织服装企业中的应用可以加强业务流程的协调和信息共享，提高生产效率、质量管理、库存控制和客户服务，从而增强企业的竞争力。此外，ERP 系统还有助于提高企业对市场变化的敏感度，并能够迅速适应新的商业机会。

5.3.2 优化供应链管理

通过 ERP 系统实现供应链的高效管理，包括原材料采购、供应商协调、生产进度跟踪等，提高供应链效率和透明度。优化供应链管理是纺织服装企业中极为关键的目标之一。通过 ERP 系统的应用，企业可以实现供应链的高效管理，从而提高整个供应链的效率和透明度。以下是实现这一目标的主要方法和优点：

集成采购流程：ERP 系统整合了采购流程，包括对原材料、面料等的采购。这使得企业能够更好地控制采购成本、库存水平和交付时间，优化供应链的效率。

供应商协调和管理：ERP 系统能够整合供应商信息和采购历史，帮助企业对供应商进行有效的评估和管理。这有助于建立稳定的供应关系，保障物料的及时供应。

生产进度跟踪：通过 ERP 系统，企业可以实时跟踪生产进度，了解各个环节的生产情况，确保生产计划的顺利执行，避免延误和资源浪费。

库存优化和需求预测：ERP 系统能够分析库存数据和市场需求，帮助企业优化库存水平，避免库存积压和物料过期，同时提高供应链的灵活性。

减少交易周期：通过自动化流程和实时数据更新，ERP 系统能够减少订单处理和采购流程的时间，加速交易周期，提高供应链的反应速度。

信息透明度：ERP 系统提供实时数据和报告，让企业管理层能够清晰了解供应链的状态和绩效，基于这些数据做出更准确的决策。

降低成本：通过优化采购、库存和生产流程，ERP 系统有助于降低采购成本、库存成本，并提高生产效率，从而降低整体运营成本。

通过这些优化方法，企业能够实现供应链的高效管理，确保原材料的及时供应、降低库存成本、提高生产效率，从而增强竞争力，满足市场需求。

5.3.3 生产计划和控制

ERP 系统在纺织服装企业的生产计划和控制方面发挥了关键作用。通过 ERP 系统的应用，企业能够实现高效的生产计划、排程和控制，实现生产资源的最优配置，进而提高生产效率、降低成本。以下是具体的方法和优点：

精准的生产计划：ERP 系统可以基于实时数据和需求预测，制定准确的生产计划。这有助于避免过量或不足的生产，实现资源的最优配置。

资源优化和排程：ERP 系统可以优化生产资源的分配和排程，确保生产任务合理分配给设备和人员。这样可以最大化资源利用率，提高生产效率。

生产进度跟踪和监控：通过 ERP 系统，企业可以实时跟踪生产进度，了解每个生产环节的情况。这有助于及时调整生产计划和资源分配，确保按时完成生产任务。

及时的库存管理：ERP 系统可以与库存管理模块集成，实时跟踪原材料和半成品的库存情况。这有助于及时采购所需原材料，避免因库存不足而影响生产进度。

准确的成本控制：通过 ERP 系统，企业可以实时掌握生产成本，包括人工、原材料、设备等成本。这有助于制定准确的成本预算和控制生产成本。

质量控制：ERP 系统可以整合质量管理模块，对生产过程进行质量控制和监督，确保产品符合质量标准，减少次品率。

灵活的生产调整：ERP 系统允许企业灵活调整生产计划，以适应市场需求变化或紧急订单。这有助于提高企业对市场变化的应变能力。

通过这些方法，ERP 系统有助于纺织服装企业实现高效的生产计划和控制，确保生产资源的最优利用，提高生产效率，降低成本，并满足客户需求。

5.3.4 财务管理

在纺织服装企业中，财务管理是至关重要的，因为它直接影响到企业的财务稳健和可持续发展。通过 ERP 系统的财务模块，企业可以实现集成的财务管理，自动化财务流程，包括账务、报表、成本控制等，从而提高财务数据的准确性和实时性。以下是 ERP 系统在纺织服装企业中的财务管理方面的主要优点和功能：

账务管理：ERP 系统能够自动记录和跟踪所有财务交易，包括收入、支出、资产和负债。这有助于确保财务数据的准确性和完整性。

成本控制：ERP 系统允许企业管理和控制各个方面的成本，包括原材料成本、生产成本、人工成本等。这有助于降低成本，提高盈利能力。

财务报表：ERP 系统可以自动生成各种财务报表，如资产负债表、利润表、现金流量表等。这使企业管理层能够随时了解企业的财务状况。

预算规划：ERP 系统支持预算制定和规划，帮助企业管理层制定财务目标和计划，并跟踪实际绩效与预算的差距。

供应商和客户账务：ERP 系统可以管理供应商和客户账务，包括应收账款和应付账款。这有助于跟踪和管理企业与供应商和客户之间的财务关系。

税务管理：ERP 系统可以自动计算和管理税务，确保企业遵守税法法规，及时申报和缴纳税款。

实时数据更新：ERP 系统提供实时的数据更新，确保财务数据的准确性和及时性。这有助于管理层做出明智的财务决策。

安全和合规：ERP 系统通常具有安全和权限控制功能，确保财务数据的保密性和合规性。

通过 ERP 系统的财务模块，纺织服装企业可以更好地管理财务流程，优化成本，提高财务数据的准确性和实时性，从而增强财务稳健，支持企业的战略目标和长期成功。

5.3.5 库存管理

库存管理在纺织服装企业中是极其重要的。通过 ERP 系统，企业可以实现实时监控库存情况，避免过多的库存积压，降低库存成本，并确保及时供应。以下是 ERP 系统在纺织服装企业库存管理方面的主要优点和功能：

实时库存跟踪：ERP 系统可以实时跟踪所有库存，包括原材料、半成品和成品。这有助于企业了解当前库存水平，避免库存积压或短缺。

智能库存优化：基于需求预测和销售趋势，ERP 系统能够智能优化库存水平，确保满足市场需求的同时最小化库存成本。

采购需求规划：ERP 系统可以根据库存情况和销售预测自动生成采购需求计划，确保及时采购所需原材料。

自动补货和补货提醒：ERP 系统可以自动设定补货点和补货数量，并发送提醒，以确保及时补充库存。

库存轮换和过期管理：ERP 系统可以跟踪库存批次和过期日期，确保先进先出原则，避免库存过期。

定制库存警报：ERP 系统可以设定定制化的库存警报，当库存低于或超过特定阈值时自动发出警报，以便及时采取行动。

库存成本分析：ERP 系统能够分析库存成本，包括采购成本、持有成本、订购成本等，以支持成本效益分析和财务决策。

订单处理和库存同步：ERP 系统确保订单处理和库存数据同步，避免订单超量或短缺的情况发生。

通过以上功能，ERP 系统帮助纺织服装企业实现库存的精准管理，确保库存水平适应需求，降低库存成本，并保持高效的供应链。

5.3.6 订单管理和交付追踪

订单管理和交付追踪对于纺织服装企业非常重要，它们直接影响到客户满意度和企业声誉。通过 ERP 系统，企业可以实现订单的全生命周期管理，跟踪订单的生产进度和交付情况，提高交付准时率，增强客户满意度。以下是 ERP 系统在订单管理和交付追踪方面的主要优点和功能：

订单生命周期管理：ERP 系统可以跟踪订单的整个生命周期，包括订单创建、确认、生产、装运、交付等阶段。这有助于实时了解订单进展情况。

订单处理自动化：ERP 系统可以自动化订单处理流程，包括订单验证、库存检查、价格计算等，减少人工干预，加速订单处理速度。

生产进度跟踪：ERP 系统能够实时跟踪生产进度，确保按时完成生产任务，提高生产效率，保证订单准时交付。

库存实时更新：ERP 系统可以在接受订单时实时更新库存情况，避免因库存不足导致无法完成订单。

交付时间管理：ERP 系统可以根据生产进度和交付要求，智能计算交付时间，确保按时交付客户。

配送路线优化：ERP 系统可以优化配送路线，确保最优的配送方案，提高交付效率，降低配送成本。

客户通知和反馈：ERP 系统可以自动生成订单确认、交付通知等信息，并及时发送给客户，增强客户与企业的沟通和信任。

客户满意度评估：ERP 系统可以记录客户反馈和评价，帮助企业了解客户满意度，做出改进和提升服务质量。

通过这些功能，ERP 系统使纺织服装企业能够更好地管理订单，实时追踪生产进度和交付情况，提高交付准时率，增强客户满意度，从而建立良好的客户关系，提升企业的竞争力。

5.3.7 客户关系管理

客户关系管理(Customer Relationship Management，CRM)对于纺织服装企业是至关重要的，它可以帮助企业建立稳固的客户关系，提供个性化的服务并提高客户忠诚度。通过 ERP 系统的 CRM 模块，企业可以有效地管理客户信息、订单历史、客户反馈等。以下是 ERP 系统在客户关系管理方面的主要优点和功能：

客户信息集中管理：ERP 系统能够集中管理客户的基本信息、交易历史、联系方式等，确保这些信息的准确性和完整性。

订单历史记录：ERP 系统可以记录和跟踪客户的订单历史，包括购买产品、交易金额、购买频率等信息，以便为客户提供更好的个性化服务。

客户分类和分析：ERP 系统可以对客户进行分类和分析，识别出高价值客户、潜在客户等，制定相应的营销和服务策略。

客户反馈管理：ERP 系统可以记录和管理客户的反馈、投诉、建议等信息，使企业能够及时响应并改进服务，提高客户满意度。

客户沟通和活动记录：ERP 系统能够记录与客户的沟通内容、会议记录、营销活动等，帮助企业保持良好的客户关系，提供个性化服务。

客户服务自动化：ERP 系统可以自动化客户服务流程，包括客户查询、订单跟踪、投诉处理等，提高服务效率和客户满意度。

客户满意度调查：ERP 系统支持客户满意度调查，通过收集客户反馈，评估客户对产品和服务的满意度，为改进提供依据。

跟进提醒和通知：ERP 系统可以设定客户跟进提醒和通知，确保及时跟进客户需求，避免遗漏重要事项。

通过 ERP 系统的 CRM 模块，纺织服装企业可以更好地管理客户关系，为客户提供个性化、高效的服务，增强客户忠诚度，提高销售额和企业的竞争力。

5.3.8 数据分析和决策支持

数据分析和决策支持是现代企业管理中不可或缺的一环。通过 ERP 系统提供的数据分析工具，企业可以基于数据做出更明智的决策，从而提高企业的竞争力。以下是 ERP 系统在数据分析和决策支持方面的主要优点和功能：

数据集成和汇总：ERP 系统能够将企业各个部门和业务流程的数据集成到一个统一的平台，方便汇总、整合和分析数据。

实时数据更新：ERP 系统提供实时数据更新，确保数据的准确性和时效性，使管理层能够基于最新数据做出决策。

多维度数据分析：ERP 系统支持多维度的数据分析，包括销售数据、库存数据、财务数据等，为决策者提供更全面的视角。

报表和可视化分析：ERP 系统可以生成各种报表和可视化图表，直观展示数据，有助于管理层更好地理解业务情况。

预测分析和模拟：ERP 系统可以应用预测分析和模拟技术，帮助企业预测市场趋势、需求变化，制定相应的战略。

成本效益分析：ERP 系统能够进行成本效益分析，评估不同决策对企业的影响，帮助选择最优决策方案。

数据安全和隐私保护：ERP 系统确保数据的安全性和隐私保护，只有授权人员可以访问和分析特定数据。

决策支持系统集成：ERP 系统可以集成决策支持系统，提供更高级的数据挖掘和分析功能，帮助企业做出复杂决策。

通过 ERP 系统提供的数据分析工具，企业领导和管理层可以更好地了解企业的运营情况，及时作出正确的决策，从而提高企业的效率、创新能力和竞争力。

5.3.9 合规性和透明度

合规性和透明度对于企业的可持续发展至关重要。通过 ERP 系统，企业能够确保自身的运作符合法律法规，提高财务透明度，降低合规风险。以下是 ERP 系统在合规性和透明度方面的主要优点和功能：

法律法规合规：ERP 系统可以整合相关法律法规的信息和要求，确保企业运作符合当地和国际的法律法规标准。

合规性检查和警示：ERP 系统可以设定合规性检查和警示机制，自动检查业务流程是否符合法律法规，并及时发出警示以避免违规行为。

权限控制：ERP 系统通过权限控制机制，确保只有授权人员能够访问敏感信息，保护数据的安全和隐私。

财务透明度：ERP 系统提供财务报表和数据的实时生成，确保财务信息的准确性和透明度，使管理层能够清晰了解企业的财务状况。

审计追踪：ERP 系统可以记录所有操作和交易，包括谁、什么时间、做了什么操作，为审计提供便利。

报告生成和可视化：ERP 系统能够生成各种合规性报告和财务报表，并通过可视化方式展示数据，便于理解和分析。

数据备份和恢复：ERP 系统提供数据备份和恢复功能，确保数据的安全性和完整性，以应对突发情况。

合规培训记录：ERP 系统可以记录员工合规培训的情况，确保员工了解和遵守相应的法律法规。

通过以上功能，ERP 系统可以帮助企业保持合规性，提高财务透明度，降低违规风险，增强企业的可持续发展和信誉。

5.3.10 快速响应市场变化

快速响应市场变化是企业保持竞争优势的关键之一。通过 ERP 系统，企业能够更迅速地调整业务流程、资源配置以适应市场变化，提高企业的灵活性和市场响应能力。以下是 ERP 系统在快速响应市场变化方面的主要优点和功能：

实时数据更新和监控：ERP 系统提供实时的数据更新和监控，使企业能够迅速了解市场变化，作出及时决策。

快速决策支持：ERP 系统通过数据分析和报表功能，为企业提供快速决策所需的信息和见解，缩短决策周期。

敏捷资源配置：ERP 系统允许企业灵活调整资源分配，包括人员、资金、设备等，以适应市场需求的变化。

业务流程定制和调整：ERP 系统可以定制和调整业务流程，使企业能够快速适应市场需求和新业务模式。

快速订单处理：ERP 系统自动化订单处理流程，加速订单确认、备货和交付，以满足客户对快速交付的要求。

供应链协同优化：ERP 系统可以优化供应链，协调供应商、制造商和分销商，以快速响应市场需求。

产品生命周期管理：ERP 系统可以管理产品生命周期，包括产品开发、改进、下线等，以及时调整产品线以适应市场变化。

市场趋势分析：ERP 系统能够分析市场趋势和客户需求变化，为企业制定适应性策略提供支持。

通过以上功能，ERP 系统使企业能够更加灵活、敏捷地应对市场变化，及时调整战略和运营，确保企业始终保持市场竞争优势。总的来说，ERP 系统在纺织服装企业中的应用能够提高企业的管理效率、质量、客户满意度和竞争力，有助于企业实现持续发展和长期成功。

5.4 数据管理和分析工具

数据管理和分析工具是用于帮助组织管理、处理、分析和解释数据的软件或平台。这些工具能够帮助用户从大量数据中提取有用的信息，做出明智的决策，并优化业务流程。以下是一些常用的数据管理和分析工具：

Microsoft Excel 是一种广泛使用的电子表格软件，广泛用于数据管理、数据分析和可视化。它具有丰富的功能，可以帮助用户处理和分析各种类型的数据。

SQL(Structured Query Language) 是一种标准化的查询语言，用于管理关系数据库管理系统(Relational Database Mangenent System,RDBMS)。它提供了一种统一的方式来处理数据库，包括数据的检索、更新、插入、删除以及数据库模式的定义和控制。

SQL 语言是关系型数据库系统的基础，几乎所有主流的 RDBMS 都支持 SQL 作为其操作和查询数据库的标准语言。例如，常见的 SQL 数据库管理系统包括 Microsoft SQL Server、Oracle Database、MySQL、PostgreSQL、SQLite 等。

Tableau 是一款强大的数据可视化工具。它被广泛用于将数据转化为具有吸引力、易于理解的图表、图形和仪表板，以便用户能够更好地探索和理解数据，发现其中的模式、趋势和见解。

Tableau 的直观界面和丰富功能使得它成为数据分析师、业务用户和决策者的首选工具，能够帮助他们更好地理解数据，做出明智的决策。

Power BI 是由 Microsoft 开发的商业智能工具，旨在帮助用户将多个数据源的数据整合到一起，并通过图表、报表和仪表板等形式展示数据分析结果。

Power BI 使得用户能够以直观、易懂的方式分析数据，并通过分享和协作功能与团队共享分析结果。它适用于各种规模的企业和组织，从个人用户到大型企业都可以受益于其强大的数据分析和报表功能。

SAS (Statistical Analysis System) 是一个广泛用于统计分析、数据挖掘、预测建模和业务智能的软件套件。它提供了丰富的工具和功能，使用户能够处理大规模数据集和进行复杂的统计分析。

SAS 的功能和灵活性使其成为研究机构、企业和学术界的首选工具，特别是在需要处理大规模、复杂数据以及进行高级统计分析的领域。

R 是一个免费、开源的统计分析工具，提供了丰富的统计分析、数据挖掘和数据可视化功能。它是一种强大且灵活的编程语言，特别受到数据科学家、统计学家、研究人员和分析师的欢迎。

由于 R 的灵活性和丰富的功能，它已成为数据科学领域的重要工具之一，广泛用于数据分析、研究、学术研究和业务决策等。

Python 是一种通用编程语言，它被广泛用于多种应用领域，包括数据科学和分析。Python 具有丰富的数据分析库和可视化库，使其成为数据科学领域的首选工具。

Python 在数据科学领域的广泛应用得益于其丰富的库、易用性和强大的生态系统，使其成为数据科学家、分析师和研究人员的首选工具。

SPSS(Statistical Package for the Social Sciences)是一种广泛用于社会科学研究和其他领域的统计分析软件。它提供了丰富的统计方法、数据处理功能和数据可视化选项，使研究人员能够对数据进行分析、建模和解释。

SPSS的功能和易用性使其成为社会科学研究者、统计学家和其他研究领域的专业人士的重要工具，帮助他们进行数据分析和研究。

Hadoop是一个开源的分布式计算框架，旨在存储和处理大规模数据集。它为处理大数据提供了一种高效、可靠和可扩展的解决方案。

Hadoop的设计目标是处理大规模数据集，使其适用于大数据处理和分析，成为处理海量数据的核心技术之一。

Apache Spark是一个快速、通用且可扩展的大数据处理引擎，广泛用于大规模数据处理、实时数据分析、机器学习和图形处理等多种应用场景。它提供了丰富的功能和灵活的编程模型，使其成为处理大数据的重要工具。

Apache Spark的强大功能和灵活性使其成为大数据处理和分析领域的重要工具，广泛应用于各种企业和研究场景。

Google Analytics是一款由Google开发的用于分析网站和移动应用的网站分析工具。它是一种强大的分析平台，能够追踪和监测网站和移动应用的用户行为、流量来源、转化率等多方面的数据，以帮助网站和应用的拥有者深入了解其用户，优化用户体验并做出更明智的业务决策。

Qlik的工具套件通过直观的界面、强大的数据分析能力和灵活的部署选项，帮助企业用户以数据驱动的方式做出更明智的决策，并提升业务绩效。

这些工具可以根据不同的需求和场景选择，帮助组织对数据进行高效管理、分析、可视化和解释，最终使组织能够基于数据做出明智的决策。不同工具具有各自独特的优点和适用范围，可以根据特定的目标、数据规模、分析要求以及组织的技术和资源情况选择适合的工具。综合利用这些工具，可以实现以下目标：

高效数据管理：通过这些工具，组织能够整合、清洗、存储和访问大规模的数据，确保数据的准确性、完整性和安全性。

深入数据分析：利用这些工具的丰富分析功能，组织可以对数据进行深入的分析，挖掘数据中的模式、趋势和关联，从中获得有价值的洞察。

直观数据可视化：通过可视化工具，可以将分析的结果以直观、易懂的方式展示出来，帮助团队成员和利益相关者更好地理解数据。

支持数据驱动决策：基于分析和可视化结果，组织可以做出更明智、基于数据的决策，以推动业务发展和提高效率。

实时数据监测：一些工具支持实时数据处理和分析，使得组织能够及时监测数据变化，迅速做出反应。

通过合理选择和应用这些工具，组织可以充分发挥数据的价值，取得商业上的优势，提高决策的准确性和效率。

数据隐私和安全考虑

在当今数字化时代，数据隐私和安全成为了组织和个人面临的重要挑战。保护数据隐私和确保数据安全是至关重要的，以防止数据泄露、滥用和未经授权的访问。以下是一些重要的数据隐私和安全考虑：

5.5.1 数据隐私考虑

个人信息保护：确保个人身份信息、联系信息、财务信息等个人敏感信息得到妥善保护，遵守相关隐私法规和法律。

明示目的原则：在收集个人数据时，明示数据收集的目的，并且只使用数据符合这些目的。

知情同意：获得个人的知情同意，明确告知他们数据的收集、使用和分享方式，遵守"知情同意"原则。

透明度：提供透明的隐私政策，向个人清晰地说明数据的类型、目的、使用方式和安全保障措施。

数据最小化原则：仅收集和使用必要的数据，避免收集超过业务需求的数据，遵守"数据最小化原则"。

数据访问权控制：实施权限控制，确保只有授权人员可以访问特定的数据，避免未经授权的访问。

数据所有权和责任：确定数据的所有权和责任归属，明确谁有权访问、修改、共享和删除特定数据。

5.5.2 数据安全考虑

加密和数据掩码：使用加密技术和数据掩码保护敏感数据，确保数据在传输和存储时不易被窃取或窥视。

网络安全：实施网络安全措施，包括防火墙、入侵检测系统、安全协议等，阻止网络攻击和未授权访问。

身份验证和访问控制：实施强密码策略、多因素身份验证和严格的访问控制，确保只有授权人员能够访问数据。

数据备份和恢复：定期备份数据，并确保能够快速恢复数据，以应对意外事件、数据损坏或丢失的情况。

安全培训和意识提升：对员工进行数据安全培训，提高他们对数据安全的认识，避免人为失误造成的安全漏洞。

监控和审计：实施监控机制，对数据访问和操作进行审计，及时发现和纠正潜在的安全问题。

应急响应计划：制定和测试应急响应计划，以便在遇到数据泄露或安全事件时能够快速、有序地应对和恢复。

以上这些措施有助于确保数据隐私和安全，促使组织建立健全的数据管理体系，并遵守相关法律法规，保护组织和个人的合法权益。

信息系统与数据管理不仅仅是技术和工具的集合，更是推动着现代社会和商业发展的关键引擎。它们塑造了企业的决策制定、产品创新和客户体验，也为科技进步和社会发展带来了无限可能。随着科技的不断发展和数据量的爆炸性增长，信息系统与数据管理的重要性将会愈发突出。我们将见证更多智能化、自动化和个性化的应用，这些将进一步改变我们的生活和工作方式。然而，随之而来的是挑战和责任。我们需要持续关注信息安全、隐私保护和数据伦理等问题，确保信息系统与数据管理的发展不仅为社会带来利益，也符合伦理和法律的要求。

◎ 阅读材料1

闻力生：3D数字技术赋能服装制造业数智化转型

中国服装智能制造联盟专家组副组长，东华大学教授　闻力生

(1) 什么是3D数字技术

3D数字技术是利用计算机和数学计算方法，通过建立三维空间模型来进行虚拟创意、设计、制作等的应用技术，通常在工业、媒体制作、电影制作、教育、建筑、医学、游戏等多种场合应用。特别在工业制造场合，通过虚拟构建真实的物体模型，创造逼真的视觉效果和交互体验，具有高度的可视化和互动性，从而可以减少成本，提高效率和品质，为发展现代工业制造科技和文化提供了可靠保证。

广义的3D数字技术和其他许多技术密切相关，例如：3D打印技术、3D仿真技术、3D建模技术、增材制造技术、元宇宙技术、数字孪生技术、激光切割和雕刻技术、计算机数控(CNC)技术、快速成型技术、3D材料工程技术、3D传感器技术、智能可穿戴产品技术、AR(Augmented Reality)/VR(Virtual Reality)/MR(Mixed Reality)技术、生成式人工智能(Gen AI)技术等。但我在这里主要说的是在制造业尤其是在服装制造业数智化转型的3D数字技术，因为这是当代制造业数智化转型发展的前沿技术。

(2) 3D数字技术在制造业的应用

3D数字技术在制造业的应用最大的价值在3D数字技术和Gen AI技术的融合。大家知道在2023年，Gen AI发展迅猛，我们已经见证了太多的文本生成、图像生成等领域的创新，但与此同时，3D AIGC (AI Generated Content)受到越来越多人的关注，应用前景非常广泛。AIGC集成的3D数字内容创作工具可以创建高度逼真的角色和环境，这一技术用于虚拟环境制作非常重要。AIGC集成的3D数字内容创作如图5.1所示。

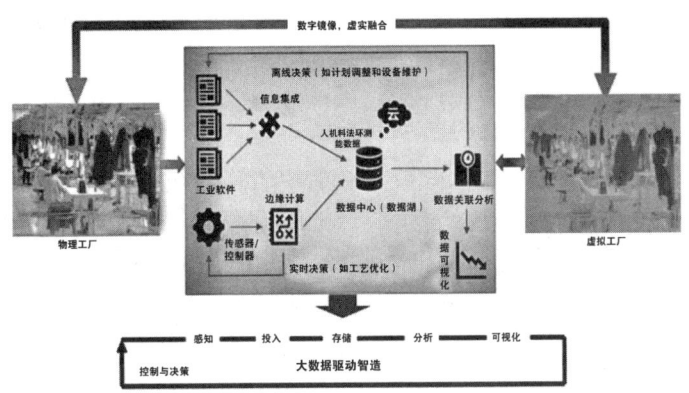

图 5.1 3D AIGC 的创作

所以只有 3D 数字技术和 Gen AI 融合，它们才能在制造业应用体现以下价值：①通过使用 3D 数字技术和 GenAI 融合，制造业可以进行更精确、更快速的产品设计和仿真。GenAI 可以分析大量的数据，并基于以往的经验和知识生成新的设计方案；3D 数字技术可以将这些设计转化为数字模型，进行虚拟验证和测试，以确保产品性能和质量。②制造业需要利用 3D 数字技术进行数据采集，这包括从各种传感器、生产设备、物流系统等来源收集的数据。这些数据可能包括生产进度、设备状态、库存情况等。然后，通过 GenAI 人工智能技术对这些数据进行处理和分析，以识别模式和趋势，并进行智能决策。③制造业需要利用 3D 数字技术与 GenAI 的结合可以实现智能制造和自动化生产线。GenAI 可以监控生产过程中的各种参数，并根据数据进行实时优化和调整；3D 数字技术可以提供高精度的传感器数据和模拟模型，用于监测和控制生产过程中的各个环节。这样可以提高生产效率、降低成本，并确保产品质量的一致性。④制造业需要利用 3D 数字技术和 GenAI 融合，可以实现更准确、更高效的质量控制和缺陷检测。GenAI 可以分析生产过程中的传感器数据和图像数据，检测并预测可能的质量问题；3D 数字技术可以提供高分辨率的图像和模型数据，用于检测产品中的缺陷和不良情况。⑤制造业需要利用 3D 数字技术和 GenAI 融合，可以进行供应链管理和优化。GenAI 可以根据市场需求和生产能力进行智能调度和计划，实现更高效的物流和库存管理；3D 数字技术可以提供实时的供应链数据和可视化模型，帮助制造商监控和优化供应链运作。总的来说，3D 数字技术与 GenAI 的融合可以在制造业中实现智能化、数字化和自动化的生产过程，提高生产效率、降低成本，并提高产品质量和供应链管理的水平，从而获得更大的竞争优势。

(3) 3D 数字技术在服装制造业数智化转型中的应用

3D 数字技术在服装制造业实现数智化转型起到了以下几个重要作用和应用：

①应用于服装虚拟设计和样品开发

大家知道，我们进行传统的服装设计和样品开发过程需要投入大量人力和时间以及各种资源。如今有了 3D 数字技术，设计师可以使用虚拟设计工具创建服装的三维模型，并进行虚拟试穿、细节调整和面料选择。这样可以更快速设计和开发服装样品，减少服装样品制作所需的时间和成本。例如，我们服装行业著名的凌迪 Style3D 数智化技术，它含盖了 3D 服装产品企划、3D 款式设计、3D 服装与电子模特走秀、3D 服装门店、3D 服装视频、3D 服装试衣等。Style3D 推出的在虚拟 3D 设计的样衣与衣片如图 5.1 所示。Style3D 推出的在虚拟模特真身上利用 AI 换脸技术和 3D 数字服装所组成的走秀电子模特如图 5.2 所示。

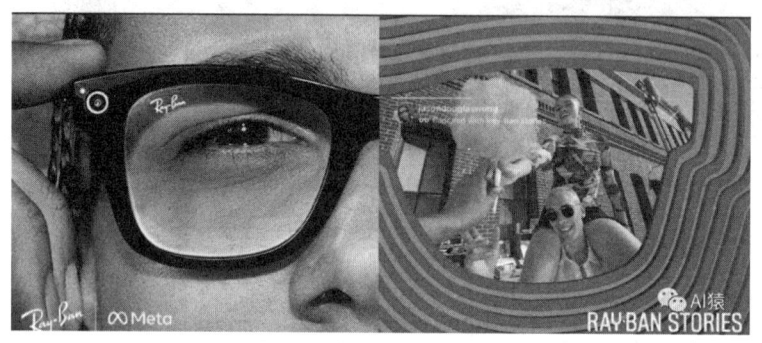

图 5.2 3D 服装与电子模特

②应用于服装定制化生产

消费者对服装个性化和定制化的需求越来越高。借助于 3D 数字技术，制造商可以根据客户的测量数据和喜好，生成定制化的服装模型，并进行虚拟试穿和个性化调整。基于虚拟试衣，用户可以通过网络查看到虚拟的"自己"试衣的效果，极大地提高网上购买服装的便利性。例如我国京东商城推出的"虚拟试衣间"，通过调整身高、体重、肩宽等指标形成"虚拟人形"，在贴图形成"虚拟的自己"；又例如博克科技公司推出的智能服装云平台系统，其中的 MTM 智能服装定制系统，就是通过 3D 建模和虚拟试衣完成客户定制的，其业务流程如图 5.1 所示。

③3D 数字技术推动实践服装数字孪生和服装元宇宙

打造虚实同步的数字孪生，是工业实现智能化转型的必经之路。简单来说，数字孪生就是物理世界的虚拟拷贝，具备物理世界的所有特性。拷贝的数据则来自多个数据源，包括 CAD 文件的设计数据、物联网数据等。通过将这些数据导入到软件平台中，我们就能够创建虚拟世界的模型，并赋予其模拟物理世界行为的能力，使之与现实如出一辙。但是，工业是一个庞大且复杂的产业，所涉及的数据源庞杂、多样且不兼容。若不能有效处理数据，会直接导致功能不全、信息不足、项目协同失调等问题，让数字孪生无法发挥其应有的价值。当然，这只是打造数字孪生的第一步。在处理好数据后，如何让虚拟世界的孪生体与现实同步，如何进行逆向控制，如何利用云计算，每一步都困难重重。例如 Unity 中国凭借全球领先的实时 3D 技术，已经为工业领域的各种工具提供链接口和数据支持，专攻多源异构数据融合难、实时数据接入协议复杂、终端设备渲染等痛点，从产品可视化、市场营销、销售配置器到数字孪生智能工厂，全方位、全流程地提供沉浸式 3D 交互体验，赋能整个工业智能化升级。

数字孪生是服装智能制造的底座，要实现服装制造的智能化，服装的制造加工设备、生产线和整个工厂都要利用 3D 数字技术进行虚拟构建。有了与现实世界一样的虚拟的生产线和虚拟的工厂，我们就可以虚增实，通过数据采集、优化决策、迭代优化映射到实际生产线等过程，达到实际生产线的优化运行，提高生产效率、质量和灵活性。

以虚增实的过程实际上也是数据驱动的过程，现实工厂的数据中心通过3D传感器和工业软件从现实(物理)工厂获得数据构建虚拟工厂，仿真虚拟工厂的优化运行数据，经过分析、决策，再映射到现实(物理)工厂，从而获得更优、更高效运行的智能的工厂，见图5.1。

④ 3D数字技术在服装制造业的其他应用

3D数字技术在服装制造业的其他应用还有：例如使用3D数字技术，制造业可以对服装模型进行全面的质量控制和缺陷检测。通过检查服装3D模型，可以发现并修复潜在的质量问题，避免不良产品进入市场。又例如3D数字技术Gen AI结合可以提供智能可穿戴服饰设备，例如美国Meta与雷朋(Ray-Ban)合作，推出的智能眼镜，不但能使用户免提交互，拨打电话、听音乐、拍照片，还能视频三维环境等。

(4) 结束语

3D数字技术起源于20世纪60年代的计算机图形学，一般来说，完整的3D数字技术涵盖概念设计、3D建模、纹理／材质、动画和渲染等等多个环节。传统3D数字的获得均需专业艺术家创作，创作时要加入了大量的人工经验设计，所以3D数字的获得是一项非常复杂且耗时的工作。但是如今我国一家专注于通用3D大模型的技术研发及产品落地的VAST初创公司，他们为了减少制作高质量3D数字资产和环境所需的专业知识和成本，让3D数字内容生成变成一件更容易的事，他们于2023年12月推出了VAST自研的3D大模型Tripo，它只需要几秒钟就能获得3D数字模型。这是Gen AI技术在2D图像生成基础上发展成3D数字模型的又一里程碑，意义十分重大。

◎ 阅读材料2

免蒸洗，简工艺更环保
——宏华最新推出涂料直喷数码印花工业机

涂料直喷一直以来都被认为是数码印花行业的发展趋势之一，因为它不仅工艺简洁，而且生产过程中产生的废水、废气也大幅减少，符合绿色生产的理念。宏华数码率先开发了一款可免蒸洗的无水印花解决方案。新技术消除了传统纺织应用印后工艺的需要，从而完全避免了这些工艺过程中大量的化学品使用和水的消耗。一机实现在线固色、打印全印花工艺流程。

(1) 紧随市场脚步30年深耕纺织行业

据统计，过去50年，纺织服装业造成了全球20%的水污染，并在染色和传统印花的过程中消耗大量清洁水，在创造可持续发展的世界方面也发挥着关键作用。根据研究，每年用于纺织／服装生产的水(930亿m^3)足以满足50亿人的消费需求。纺织行业更趋向于向绿色环保的方向发展。

宏华数科深耕数码喷印领域近30年，作为国内首家将数码喷印技术应用于纺织工业生产的企业，宏华从软件、设备、培训、服务到耗材，提供全方位的数码印花整体解决方案。应用涂料墨水的工业数码印花机，就是宏华经过多年墨水技术研发的沉淀，结合最新的工业京瓷喷头适用性，推出了最新 VEGA X1 pro 涂料数码印花机如图 5.3。

(2) 细分市场针织面料上的小碎花印花将成为涂料印花首个增长点

时尚消费和品质消费不断催生消费升级，随着国内居民生活水平的提升，消费者对高品质产品、时尚特色产品的需求不断增加。近年来，我国针织产业加快转型升级，不断开发生产出高质量、高附加值的针织面料和服装产品，扩大中高端产品供给，满足居民对美好生产的追求。

图 5.3 VEGA X1 Pro 涂料印花机

针织面料柔软透气，作为针织面料上的印花，最能体现其附加值的部分，其广泛应用于女装、童装。尤其广阔的童装市场，透气的针织面料加上可爱的印花图案，更受消费者欢迎。传统印花工艺中，上浆、打印、蒸化、水洗是必需的工艺环节，宏华 VEGA X1pro 涂料直喷数码印花系统以零耗水量提供有效和优质的印花(见图 5.4)，并且对设

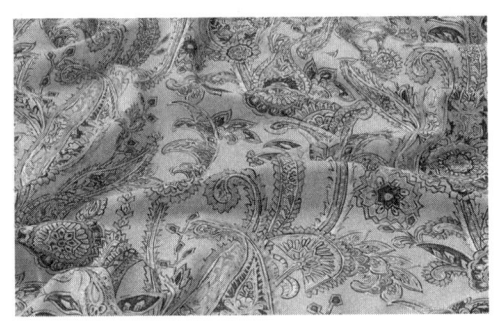

图 5.4 宏华 VEGA X1 Pro 涂料直喷数码印花面料

计自由、定制面料、短版印刷和更快的重新订购的新市场需求做出强烈响应。

VEGA X1 pro 搭载 16 个京瓷工业级打印头，单头单色，可用于棉类与混纺类面料上实现涂料直喷数码印花。作为数码印花整体方案提供商，宏华在涂料墨水研发上的突破，可实现涂料墨水与京瓷喷头完美结合，即保证打印的精细度，又保障了连续使用墨水的连贯性。这在工业机涂料印花领域，是一重大突破。

在高精度工业喷头与可变墨点技术的赋能下，打印精度最高可达 1 800 DPI。除了高品质的打印模块，VEGA X1 pro 还支持在线烘干固色，一机实现印花全流程。在 24 h 连续生产的条件下，日产能最高可达 6 000 m。

(3) 摒弃传统印刷的环保创新

VEGA X1 pro 为制造商提供符合 Oeko-tex 和 KYOCERA 标准的环保认证和可靠印刷的优势，通过前后处理和无水印刷为大规模生产带来新力量。除了弹性和非弹性服装外，它还用于许多不同的应用领域，例如桌布、运动服、窗帘、床罩、旗帜和室内装饰织物。VEGA X1 pro 使制造商能够获得具有出色牢度、准确色彩和柔软触感的任何印花图案。未来，涂料工业数码印花机，将会迎来更广阔的发展空间，纺织行业也将持续迈入更加绿色环保的新时代。

结语：在信息系统与数据管理的探讨中，我们深入研究了信息技术和数据管理在现代企业中的重要性以及对业务运营的深远影响。信息系统不仅是企业运营的支撑，更是推

动创新和发展的关键驱动力。

本章旨在强调信息系统和数据管理对企业成功的重要性。随着数字化时代的到来，企业对信息的依赖程度不断加深，合理利用信息系统带来的数据洞察力，能够帮助企业做出更明智的决策，优化流程，提升效率。

数据管理的重要性也在本章中得到强调。数据不仅是企业的宝贵资产，更是支撑决策、洞察市场和客户需求的重要依据。有效管理数据、保障数据安全、实现数据共享和利用，对企业的竞争力和创新能力至关重要。

本章的研究旨在为企业提供了关于信息系统和数据管理的理论基础和实践指南。只有在充分理解信息系统与数据管理的重要性，并在实践中灵活运用，企业才能在激烈的市场竞争中不断突破，实现长期稳健的发展。

思考题：

1. 如何平衡数据收集与隐私保护之间的关系？在信息系统中，如何建立有效的数据治理框架？

2. 数字化转型如何影响企业的组织文化？信息系统的实施如何影响员工的工作方式和企业内部沟通？

3. 如何利用大数据和分析来获得深入的商业洞察？数据分析对企业决策制定的影响是怎样的？

4. 在信息系统中，如何有效地管理信息安全和降低数据泄露的风险？信息安全对企业的重要性是怎样的？

5. 供应链数字化和智能制造对于企业运营和产品质量的影响如何？如何最大化利用这些技术提高效率？

6. 信息系统如何促进客户体验的个性化和定制化？个性化服务如何提升客户忠诚度和品牌价值？

7. 信息系统和数据管理在社会中的使用对个人和社会带来哪些影响？在信息收集和使用方面，如何平衡技术创新和伦理责任？

第6章 纺织服装生产过程数智化管理

纺织服装生产过程的数字化与智能化是指利用现代数字技术、信息化手段以及人工智能技术，对整个纺织服装制造生产过程进行优化、改造和升级，以实现生产流程的智能化、高效化、自动化和质量优化。这种转型旨在提高生产效率、降低成本、改善产品质量、缩短生产周期，并适应快速变化的市场需求。纺织服装产业一直是全球范围内一个重要的制造业领域，其生产链涵盖了从原材料采集到成品制造的复杂流程。然而，随着技术的飞速发展和全球市场的变化，这一传统行业正经历着前所未有的转型。

本章将探讨纺织服装生产过程中数字化与智能化技术的应用与影响。数字化和智能化作为当今工业界的两大前沿趋势，已经深刻改变了传统制造业的格局。在纺织服装产业中，数字化与智能化的应用不仅仅是技术上的进步，更是对整个生产流程的革命性挑战和改变。

数智化技术为纺织服装生产带来了全新的视角。从传感器和物联网技术的广泛应用，到大数据分析和智能制造系统的整合，这些技术正在重塑着供应链管理、生产流程优化以及产品设计和定制等方方面面。同时，人工智能、机器学习和数字孪生等前沿技术也在提升生产效率和产品质量的同时，为创新提供了更多可能性。然而，数字化与智能化并非一帆风顺，其应用也面临着一系列的挑战与问题。从技术标准的制定到人才培养的需求，从信息安全到智能化设备的成本等，这些问题都需要在实践中寻找解决方案。

6.1 制造过程的数字化转型

6.1.1 制造过程数字化转型的关键步骤和技术

制造过程的数字化转型是指利用数字技术和信息化手段对整个制造过程进行优化和改造，以实现生产效率的提升、质量的提高、成本的降低、市场需求的快速反应等目标。这种转型涉及到产品设计、生产计划、生产过程、供应链管理以及与客户的互动等多个方面。

(1) 数字化产品设计和开发

利用计算机辅助设计 (CAD) 和计算机辅助工程 (CAE) 等技术，实现产品的数字化设计、仿真和测试，以缩短产品开发周期、提高设计精度。

(2) 虚拟工厂和数字孪生技术

建立虚拟工厂模型，利用数字孪生技术模拟和仿真整个制造过程，从而优化生产流程、排程和资源分配。

(3) 物联网和传感技术

在生产设备、产品和仓储中部署传感器和物联网技术，实时监控生产过程、设备状态、产品质量等，实现生产数据的实时采集和分析。

(4) 制造执行系统

引入制造执行系统(Manfactaring Execution System,MES)，实现对生产现场的实时监控、协调和反馈，以确保生产进度、质量和资源的有效管理。

(5) 自动化生产设备和机器人

采用自动化的生产设备和机器人，实现生产线的自动化操作和灵活制造，提高生产效率和产品质量。

(6) 供应链数字化

通过数字化手段对供应链进行管理，实现对供应商、物流和库存的实时监控和优化，确保物料及时供应，降低库存成本。

(7) 数据分析和人工智能

应用数据分析和人工智能技术，对生产数据进行深度分析，挖掘潜在的优化空间，提高生产效率和质量。

(8) 云计算和边缘计算

利用云计算平台存储和处理海量数据，同时采用边缘计算技术提高数据处理速度，支持实时决策。

(9) 数字化培训与人员技能提升

为员工提供数智化技术的培训，提高员工的数字素养和技术能力，以适应数字化转型的需求。

通过制造过程的数字化转型，企业能够实现制造业的升级和转型，提高竞争力，满足市场需求，实现可持续发展。

6.1.2 纺织服装制造过程的数字化转型

纺织服装制造过程的数字化转型是指利用现代数字技术和信息化手段，对纺织和服装制造的整个生产过程进行优化、智能化和数字化改造，以实现生产效率的提高、质量的优化、快速响应市场需求、可持续发展等目标。以下是实现纺织服装制造过程数字化转型的关键步骤和技术：

(1) 数字化设计和样衣制作

应用计算机辅助设计和计算机辅助制造技术，实现服装设计的数字化和自动化，加速设计过程，减少样衣制作时间。

(2) 虚拟样衣和 3D 模拟技术

利用 3D 建模技术创建虚拟样衣和人体模型，进行三维模拟和拟合，以实现设计和样衣制作的数字化。

(3) 智能面料和智能生产线

引入智能面料和智能纺织设备，通过传感器采集面料数据，实现对面料质量和生产过程的实时监测与调整。

(4) 数字化生产计划与排程

应用制造执行系统和企业资源计划系统，实现对生产计划、排程和资源的数字化管理，提高生产效率。

(5) 自动化生产设备和机器人

使用自动化设备和机器人实现服装生产线的自动化制造，提高生产效率、减少成本，并确保产品一致性和质量。

【例如】单锭监测与自动接头机器人

细纱纺纱断头是影响生产连续化的重要因素，目前只能通过人工巡回检查，发现断头进行人工接头。由于纺纱断头具有一定随机性，无法预测，传统的细纱机只能人工按巡回路径巡查，工作强度高，看台数不多。环锭细纱机单锭监测技术是反馈纺纱断头、弱捻的有效手段，从原理上主要分为光电式和电磁式，都是通过检测钢丝圈的运行情况获取纺纱信息，进而判断纺纱断头和弱捻情况。现有单锭检测装置多安装在钢领板上，纺纱状态下实时检测钢丝圈运行状态，检测细纱断头情况，在断头处及车头车尾进行灯光提示，可通过电子屏显示机台断头数量和位置，给予挡车工指引，降低挡车工劳动强度，提高看台数。同时，基于单锭监测技术，还发展出粗纱停喂装置，安装在后罗拉后方位置，在纺纱断头后，粗纱自动停喂，有助于节约原料和生产管理。

单锭监测是细纱自动接头机器人的基础，只有准确获取断头信息，自动接头机器人才能精确定位实施接头操作。细纱自动接头机器人是对细纱工序自动化具有重要意义的一项数控技术，为实现无人值守细纱车间提供了可能。目前，环锭纺细纱接头机器人产品主要由瑞士立达和西班牙品特两家公司推出，这两家公司的产品均具有较高的原创性。例如，瑞士立达公司推出的自动接头机器人ROBOspin，可以模仿人工自动完成整个接头循环，从寻找管纱上的纱线开始，将纱线穿套钢丝圈、导纱钩，并采用绕胶辊形式接头，另外也可以借助辅助纱线实现空管生头。该接头机器人须在机器两侧各配置一台，从集成单锭监测系统接收纱线断头信息，发起接头操作。

纺纱企业对纺纱设备的要求集中在减少用工、降低工人劳动强度和提高生产效率上。提高设备连续化和智能化，是近年来纺纱设备发展的主题。纺织智能制造的发展过程是从机械化到自动化，再到数字化，最终实现智能化。细纱机自动接头机器人作为实现纺纱自动化的机器装置，需具有感知、决策、行动和交互的功能，能协助或取代人工，是实现纺纱智能制造的重要手段之一，也是未来的发展趋势。

(6) 物联网技术和传感器应用

在生产设备和流水线上部署物联网技术和传感器，实时监测生产状态、设备运行情况、库存等信息，支持智能决策。

(7) 数据分析与预测

运用大数据分析和预测技术，分析销售趋势、客户需求，为生产制定合适的生产计划，避免过剩或供不应求情况。

(8) 智能质量管理

利用视觉识别技术和机器学习，对生产线上的服装进行自动质检，提高质量检查的效率和准确性。

(9) 电子商务和定制生产

结合电子商务平台，实现定制生产，根据客户需求快速制作服装，提高客户满意度。

通过这些措施，纺织服装制造企业可以实现数字化转型，提高生产效率、产品质量、客户满意度，并促进行业的可持续发展。

6.1.3 机器人和自动化生产

机器人和自动化生产在现代制造业中发挥着重要作用，可以提高生产效率、降低成本、提升产品质量、改善工作环境和增强企业的竞争力。这些技术不仅限于纺织服装制造业，而是广泛应用于多个制造领域。以下是机器人和自动化生产在制造业中的一些关键方面和应用：

(1) 自动化生产线

自动化生产线采用自动化设备、机器人和传送带等，实现产品的自动加工、装配、测试和包装，从而提高生产效率和减少人工成本。以下是实施方式和技术应用：

自动化设备和机器人：选择适用的自动化设备和机器人，根据产品特性和生产需求进行合理配置。

传感器和控制系统：配备传感器来感知生产线的状态和产品信息，集成先进的控制系统实现自动化流程控制。

可编程逻辑控制器(PLC)：使用 PLC 进行生产过程的逻辑控制，实现不同设备之间的协调和协同工作。

人机界面(HMI)：配置直观的人机界面，便于操作、监控和调整生产线的状态和参数。

物联网技术：应用物联网技术实现设备间的数据交互和监控，实现智能化的生产线管理和维护。

通过建立自动化生产线，企业可以实现高效、精确、安全、灵活的生产流程，提高了企业的竞争力和适应市场变化的能力。

(2) 装配和测试

机器人用于产品的装配、组装和测试，确保产品质量和一致性，并且可以在短时间内完成大量的工作。以下是实施方式和技术应用：

自动装配机器人：使用装配机器人完成产品的装配和组装任务，利用夹爪、吸盘等工具进行物体抓取、定位和装配。

测试机器人：利用测试机器人进行产品的功能测试、性能测试，确保产品达到设计要求。

视觉识别技术：配备视觉系统，使机器人能够识别和定位零件，确保正确的装配和测试。

传感器和反馈控制：使用传感器获取装配和测试过程中的数据，通过反馈控制实现精确的动作和调整。

编程和调试：对机器人进行合适的编程和调试，确保机器人能够准确、高效地完成任务。

通过机器人在产品装配和测试中的应用，企业可以实现高效、高质量、安全的生产流程，提高产品的生产速度和质量，降低生产成本，增强企业的市场竞争力。

(3) 物料搬运与物流

自动引导车（AGV）和其他类型的机器人可以用于物料搬运、仓库管理和物流配送，实现自动化的物流运输。以下是实施方式和技术应用：

AGV：AGV是一种能够自主导航的无人车辆，用于物料搬运和仓库管理，通过预设路径和地标实现自动导航。

物流机器人：物流机器人可用于货物的分拣、装载、运输等任务，能够智能规划路径，实现高效的物流运输。

智能仓库管理系统：配备智能仓库管理系统，通过传感器、RFID等技术实时监控库存情况，自动化地管理物流流动。

实时数据交互和监控：利用物联网技术，实现机器人和物流系统的实时数据交互和监控，实现智能调度和优化。

AI和路径规划：利用AI技术和高效路径规划算法，实现智能的运输路径选择和调度。

通过机器人在物料搬运与物流中的应用，企业可以实现物流运输的自动化和智能化，提高运输效率和准确度，降低成本，为供应链管理和物流分销提供强大支持。

(4) 视觉识别和质量控制

机器视觉系统可以对产品进行自动检测和质量控制，识别缺陷并及时排除不合格品，确保产品质量。以下是实施方式和技术应用：

图像采集系统：配备高分辨率相机和光源，确保图像清晰、准确。

图像处理和分析：运用图像处理技术，对图像进行分析、特征提取和缺陷识别。

模式识别和机器学习：利用模式识别和机器学习算法，训练系统识别产品的良品和不良品。

自动判定系统：开发自动判定系统，根据预设标准自动判断产品的合格与否。

实时反馈和报警：将机器视觉系统与生产线集成，实现实时反馈和报警，确保不合格品及时处理。

通过机器视觉系统的应用，企业可以实现高效、高精度的质量控制，减少不合格品率，降低产品质量相关的风险，提高客户满意度，进而增强企业的竞争力。

(5) 协作机器人

协作机器人可以与人员共同工作，安全地分享同一工作空间，用于一些需要人机合作的任务，提高生产灵活性和效率。以下是实施方式和技术应用：

安全传感器和系统：配备安全传感器，如激光扫描器、摄像头等，用于检测周围环境和人员，确保安全合作。

人机界面：设计直观易用的人机界面，用于操作和监控协作机器人的行为，进行任务配置。

力传感器和控制技术：结合力传感器和先进控制技术，实现机器人与人类工作者间的力的感应和控制。

远程监控和远程操作：实现远程监控和远程操作功能，以便操作人员可以远程干预和调整机器人的行为。

任务规划和路径规划：使用任务规划和路径规划技术，实现机器人在共享空间内的安全运动和任务执行。

协作机器人的应用能够为生产环境带来显著改变，提高了生产灵活性、效率和安全性。其能够被广泛应用于装配、物料搬运、测试、包装等领域，推动了工业生产的创新和升级。

(6) 追踪和数据分析

自动化系统能够实时追踪生产过程和设备运行情况，采集数据并进行分析，以提供生产过程的实时洞察和优化建议。以下是实施方式和技术应用：

传感器和数据采集：使用传感器实时采集设备运行数据、生产过程数据和产品质量数据。

实时数据处理：利用实时数据处理技术，对采集到的数据进行实时处理、分析和聚合。

数据仓库和存储：将处理后的数据存储到数据仓库中，以便后续分析和查询。

数据分析和挖掘：使用数据分析和挖掘工具，对数据进行深入分析，发现模式、趋势和关联。

可视化和报告：将分析结果以图表、报表等形式进行可视化呈现，为决策提供直观依据。

通过追踪和数据分析，企业可以实现对生产过程的精准监控和洞察，及时调整生产策略，优化资源分配，提高生产效率和产品质量，为企业的持续改进和发展提供强大支持。

6.1.4 人机界面和远程监控

使用自动化系统提供直观的人机界面，让操作人员能够轻松地监控、控制和调整生产过程。同时，可以通过远程监控实现远程管理和故障诊断。以下是实施方式和技术应用：

触摸屏和图形界面：使用触摸屏等直观的图形界面，方便操作人员进行操作和监控。

远程监控系统：配置远程监控系统，允许远程访问和管理生产设备和过程。

实时数据传输和网络技术：使用实时数据传输和网络技术，确保实时数据在各个界面间的传递和共享。

报警和通知系统：配备报警和通知系统，及时通知操作和管理人员关键事件和状况。

远程诊断和远程维护：实施远程诊断和维护技术，实现对设备和系统的远程诊断和维护。

通过人机界面和远程监控的应用，企业能够实现对生产过程的及时监控、调整和远程管理，增强生产效率、灵活性和故障处理能力，提高了整个生产体系的可靠性和智能化水平。

机器人和自动化技术不仅提高了制造业的效率和质量，还改善了工作环境，减少了劳动强度,为企业提供了更大的发展空间。然而,实施这些技术需要充分考虑人力资源培训、安全、隐私保护等方面的问题,以确保数字化转型的顺利进行。

机器人和自动化技术的广泛应用确实为制造业带来了显著的效益,包括提高效率、优化生产流程、提高产品质量以及改善工作环境。然而,在实施这些技术时必须充分考虑一系列重要问题,以确保数字化转型的顺利进行,并最大限度地发挥其潜在优势。

第一,人力资源培训和技能发展。进行充分的培训,以确保员工具备适应新技术和工作流程所需的技能。培训内容应包括操作、维护、监控以及应急情况处理等方面的知识。

第二,安全和健康。确保机器人和自动化系统的安全设计和操作,以保护员工免受潜在危险和伤害。这涵盖了安全设备、紧急停止装置、安全标识以及员工培训。

第三,社会接受和变革管理。引导员工和社会接受数字化转型,建立共识和信任。积极沟通变革的理由、好处和影响,及时解决员工的疑虑和问题。

第四,人机协作设计。优化机器人和人的协作设计,以确保二者可以安全、高效地共同工作。这包括共享工作空间的设计、机器人的智能感知、避障技术等。

第五,法律和法规遵从。遵守国家和地方的法律法规,特别是与安全、隐私、劳动关系等相关的法律。确保自动化系统的设计和运营符合法律规定。

第六,技术可靠性和容错设计。设计自动化系统时考虑技术可靠性和容错性,以避免系统故障对生产过程造成严重影响。

综合考虑并解决这些关键问题,可以确保数字化转型的平稳实施,并最大程度地发挥自动化技术的优势,为企业提供更大的发展空间和竞争优势。

6.2 纺织服装机器人和自动化生产

在纺织服装制造领域,机器人和自动化技术的应用日益普遍,以实现生产过程的智能化、高效化和精准化。这些技术不仅提高了生产效率和质量,还降低了劳动强度,推动了纺织服装制造业的数字化转型。以下是纺织服装制造中机器人和自动化生产的一些关键应用和技术:

6.2.1 自动化生产线和装配机器人

自动化生产线和装配机器人是纺织服装制造领域中智能化和高效生产的关键组成部分。引入自动化生产线,包括自动装配线和生产设备,通过机器人自动完成衣服的裁剪、缝合、熨烫等制造工序,提高了生产效率。以下是这方面的一些关键优点和实施方式:

(1) 优点

提高生产效率:自动化生产线通过机器人完成重复、繁琐的任务,能够在较短时间内完成大量工作,显著提高生产效率。

降低人工成本:自动化减少了对人力的依赖,降低了人工成本,特别是对于重复性高、劳动强度大的工作环节。

提高产品质量:机器人具有高精度和稳定性,能够保证产品制造过程的一致性和质量,避免人为因素对产品质量的影响。

灵活性和定制生产:自动化生产线可以根据需要进行快速调整,适应不同款式、尺码和定制需求,提高生产线的灵活性。

减少生产周期:通过自动化的生产线和装配机器人,可以大幅缩短生产周期,快速响应市场需求,降低库存周期和成本。

(2) 实施方式和技术应用

自动化生产线设计:针对服装生产流程,设计合理的自动化生产线,将裁剪、缝合、熨烫等工序无缝衔接,实现高效连续的生产流程。

装配机器人应用:机器人可以应用于裁剪布料、缝纫、熨烫、贴标签等工序。机器人可以搭载不同的工具和夹具,适应不同的制造步骤。

传感器和视觉系统:在自动化生产线中,利用传感器和视觉系统监测和反馈产品制造过程中的各种数据,确保制造过程的准确性和质量。

编程和控制系统:开发定制的编程和控制系统,使机器人能够按照预先设定的程序进行裁剪、缝合和熨烫等工序。

整合数据分析和优化:收集生产过程的数据,利用数据分析和优化算法,不断改进生产线,提高生产效率和产品质量。

通过这些自动化和智能化的技术应用,纺织服装制造业能够实现高效、高质量、灵活的生产过程,以满足不断变化的市场需求,提升竞争力。

6.2.2 3D 身体扫描和定制生产

3D 身体扫描和定制生产是纺织服装制造领域的一种先进技术和制造模式,通过利用 3D 扫描技术获取客户个体身体数据,实现定制化设计和生产,以满足不同客户的独特需求和偏好。以下是这一技术和制造模式的关键优点和实施方式:

(1) 优点

个性化定制:可以根据客户的个体身体数据和偏好,设计和制造合身、个性化的服装,提高客户满意度。

减少库存和过剩:传统服装制造常常伴随着庞大的库存和过剩问题,而定制生产可以根据实际需求减少库存。

节约材料和资源:通过精确的 3D 身体扫描和定制设计,可以减少材料浪费,节约资源,提高生产效率。

创新和多样性:3D 定制可以推动创新,设计出更多样化、独特的服装款式,满足市场不同需求。

提高客户体验:客户参与到设计过程中,能够获得更高的参与感和满意度,提升客户体验。

(2) 实施方式和技术应用

3D 身体扫描技术应用:使用 3D 身体扫描仪器对客户进行身体扫描,获取客户的身体数据,包括体型、曲线、肩宽、腰围等。

3D 建模和设计软件：利用专业的 3D 建模和设计软件，将客户的身体数据转换为服装的 3D 模型，进行个性化设计。

定制化生产流程：设计制定定制化生产流程，包括 3D 设计、裁剪、缝制等环节，确保产品按照客户要求进行制作。

数字化制造工艺：结合数字化制造工艺，利用数控裁剪、3D 打印等技术，实现高效、精准的制造过程。

客户参与和反馈：引入客户参与，允许客户通过 3D 模拟预览和调整设计，获得客户的反馈和意见，以进一步优化设计。

通过 3D 身体扫描和定制生产技术，制造商能够更好地满足客户的需求，提高生产效率，降低生产成本，同时促进创新和可持续发展。

6.2.3 视觉识别和质量控制

视觉识别和质量控制是纺织服装制造中的关键技术，通过应用机器视觉技术，能够实现自动化的质量检测，提高产品质量和生产效率。以下是这方面的一些关键优点和实施方式：

(1) 优点

自动化质量检测：机器视觉技术能够自动识别和检测面料的质量和缺陷，减少人工干预，提高检测效率。

高准确度和一致性：机器视觉系统具有高度准确的识别能力，能够实现一致的质量标准，避免人为误判。

实时监控和追踪：可以实时监控制造过程中的质量状况，及时发现和处理问题，提高产品质量。

降低成本和废品率：自动化质量控制能够及时捕捉和纠正缺陷，降低废品率，减少不合格产品的制造成本。

适应多样化生产：机器视觉系统可以针对不同类型的面料和产品进行调整，适应多样化的生产需求。

(2) 实施方式和技术应用

机器视觉系统搭建：设计和搭建适应纺织服装制造的机器视觉系统，包括相机、图像处理软件、光源等设备。

缺陷识别算法开发：开发基于机器学习和图像处理的缺陷识别算法，使系统能够准确识别面料的缺陷和质量问题。

训练模型：使用大量样本数据训练视觉系统的模型，使其具有较高的识别能力和准确度。

实时监控和反馈：将机器视觉系统与生产线集成，实现实时监控和自动反馈，及时发现质量问题并进行处理。

数据分析和持续优化：收集机器视觉系统的数据，分析缺陷和质量数据，不断优化系统，提高识别准确度。

通过视觉识别和质量控制技术，纺织服装制造企业能够实现高效、精确的质量检测，提高产品质量和客户满意度，降低不良品率，从而提升企业的竞争力和市场声誉。

6.2.4 智能化面料处理

使用智能面料，如能感知温度、湿度等的智能纺织品，以及具有自愈功能的纺织材料，提高服装的舒适度和功能性。这种技术能够使服装适应不同环境条件，提供更多的功能，为用户提供更舒适的穿着体验。以下是智能化面料处理的一些关键技术和应用：

智能传感技术：利用智能传感器嵌入纺织品中，监测环境因素如温度、湿度、紫外线等，实现对穿着者的环境感知。

智能调温和调湿技术：使用智能面料和热敏材料，实现根据穿着者的需求调节服装的温度和湿度，保持舒适感。

自愈材料技术：开发具有自愈功能的纺织材料，能够自动修复或防止纺织品的磨损和损坏，延长服装的使用寿命。

智能织物涂层技术：利用智能涂层技术，为纺织品表面涂覆具有特殊功能的材料，如抗污涂层、防水涂层等，提高服装的耐用性和功能。

光纤技术：将光纤嵌入纺织品中，实现服装的照明、显示、信息传递等多种功能，增强服装的创新性和实用性。

智能纳米技术：应用纳米技术制造具有智能功能的纳米纺织品，实现渗透、防水、抗菌等特殊功能。

智能生物材料技术：将生物材料融入纺织品中，实现对身体的舒适保护和适应，如具有抗过敏、抗菌、透气性等特性。

智能睡眠技术：开发具有智能睡眠功能的纺织品，通过监测穿着者的睡眠状态，调整睡眠质量，提高睡眠舒适度。

智能化面料处理能够为纺织品赋予更多的创新功能，提高服装的附加值和用户体验，推动服装产业向智能化、舒适化和功能化方向发展。

6.2.5 自动化物料搬运与仓储管理

自动化物料搬运与仓储管理利用先进的自动化技术，如自动引导车（AGV）和机器人，来实现原材料的自动化搬运和仓储管理，以提高物流效率、减少人为错误，实现智能化、高效化的物料处理和仓库管理。以下是这种自动化系统的一些关键优点和实施方式：

(1) 优点

提高效率：自动化搬运和仓储管理能够提高物流效率，降低物料搬运时间，加速物料流动。

减少人力成本：减少了人工参与的需要，降低了人力成本，特别是在繁忙或重复性高的搬运任务中。

提高准确性：机器人和 AGV 具有高度精准的定位和运动能力，可以避免搬运中的误差，提高库存准确性。

实时监控和追踪：可实时监控物料位置、库存情况，帮助管理者做出准确决策。

灵活适应变化：系统可以根据需求进行调整，适应不同的搬运任务和仓库布局。

(2) 实施方式和技术应用

AGV：配备AGV，通过程序控制实现原材料的自动化搬运，可以根据预设路径和规则完成搬运任务。

物料搬运机器人：使用具有自主定位和搬运能力的机器人，能够适应多种物料搬运场景，提高搬运效率。

智能仓库管理系统：配备智能化的仓库管理系统，通过传感器、RFID等技术实时监控库存情况，自动化地管理物料流动和库存。

自动化搬运路径规划：利用路径规划算法，使AGV或机器人能够智能选择最优路径进行搬运，减少时间和能源消耗。

系统集成和数据互联：将AGV、机器人和仓库管理系统进行整合，实现信息的互通互联，提高整个系统的效能。

通过自动化物料搬运与仓储管理系统的建立，企业可以充分利用现代技术，实现物流流程的智能化和高效化，提高仓库管理水平和生产效率，降低成本，为企业的可持续发展奠定基础。

6.2.6 协作机器人

使用协作机器人与工人共同完成装配、包装等任务，提高了生产效率和工人安全。协作机器人是一种能够与人类工作在同一空间并共同完成任务的智能机器人。与传统机器人不同，协作机器人被设计用于安全地与人类共同工作，通过传感器、视觉系统和先进的控制算法，实现与人类的安全交互和合作。以下是协作机器人的一些关键优点和实施方式：

(1) 优点

安全合作：协作机器人具有先进的安全功能，能够感知周围环境，避免与人产生碰撞，保障工人安全。

提高生产效率：协作机器人可以协助人类工人完成重复性、繁琐或劳动强度大的任务，提高生产效率。

灵活适应：协作机器人可以根据需要进行编程和调整，适应不同的任务和生产需求，具有高度灵活性。

人机协同优势：协作机器人能够发挥人类的创意、判断和决策能力，实现人机协同，提高任务质量。

降低成本：与传统机器人相比，协作机器人通常成本更低，易于部署和维护，降低了投资和运营成本。

(2) 实施方式和技术应用

安全传感技术：配备传感器和视觉系统，能够实时检测周围环境，避免与人员或障碍物发生碰撞。

人机交互界面：设计直观友好的人机交互界面，使操作简单直观，人类工人可以轻松与机器人合作完成任务。

编程和控制系统：提供简单易用的编程工具，使人类能够快速学习和编程协作机器人的动作和任务。

任务规划和协同控制：开发高效的任务规划算法和协同控制策略，使协作机器人能够顺利完成分配的任务。

人员培训和适应：提供培训和教育，使工人能够理解如何与协作机器人协同工作，并逐步适应协作机器人的操作和流程。

协作机器人的应用能够在生产制造领域中改善工作条件，提高生产效率，降低事故风险，进而推动工业生产的智能化和可持续发展。

6.2.7 数字化生产计划与排程

数字化生产计划与排程是利用先进的制造执行系统(MES)和计算机辅助生产(CAP)系统来进行生产流程规划、任务分配、时间安排、资源调配等操作的过程，以实现高效的生产管理和生产效率的提升。以下是数字化生产计划与排程的一些关键优点和实施方式：

(1) 优点

提高生产效率：通过数字化的生产计划和排程，能够优化资源利用，减少闲置时间，提高生产效率。

实时监控和调整：MES 和 CAP 系统能够实时监控生产过程，及时识别并调整不符合计划的情况，保持生产进度顺利。

资源优化利用：通过数字化排程，能够更有效地分配和利用资源，包括设备、人员、原材料等，降低资源浪费。

准确的生产计划：基于数据分析和模拟，可以制定更准确、合理的生产计划，适应不同订单和需求变化。

高质量产品输出：通过精确的排程和监控，可以确保产品按时交付，并保证产品质量。

(2) 实施方式和技术应用

MES：集成 MES 系统，实现对生产过程的监控、数据收集、报告生成和质量管理，提高生产效率。

CAP 系统：应用 CAP 系统进行生产计划制定、排程管理、资源调配等，实现智能化的生产管理。

数据分析和预测：利用大数据分析、人工智能等技术，分析历史数据，预测未来产能和需求，制定更准确的生产计划。

实时监控和反馈：通过传感器和监控系统实时获取生产数据，及时反馈给 MES 和 CAP 系统，以便及时调整生产计划。

集成企业资源规划(ERP)系统：将数字化生产系统与 ERP 系统进行集成，实现生产计划和企业资源的全面协调。

通过数字化生产计划与排程，企业能够实现生产过程的精准控制、高效调度和资源优化，从而提高生产效率，降低成本，提供高质量的产品和服务。

6.2.8 电子商务和供应链数字化

电子商务和供应链数字化的结合可以极大地提高企业对市场需求的响应速度和效率。通过电子商务平台，企业可以实现在线订购、订单处理、生产排程、库存管理以及供应链管理等数字化操作，为企业实现高效、快速、智能的供应链运作提供了可能。以下是电子商务和供应链数字化结合的一些关键优点和实施方式：

(1) 优点

快速响应市场需求：通过电子商务平台的实时订单处理和数智化供应链管理，能够迅速调整生产排程和库存，以适应市场需求的变化。快速响应市场需求是数字化转型的重要目标之一，特别是对于制造业和供应链管理。通过电子商务平台的实时订单处理和数智化供应链管理，企业能够更加敏捷地调整生产排程、库存和物流等，以满足市场需求的变化，提高客户满意度并降低库存成本。

实时订单处理：电子商务平台可以实时处理客户订单，使企业能够快速了解市场需求变化并作出反应。

及时生产排程调整：基于实时订单信息，企业可以调整生产排程，优化生产流程，以适应快速变化的市场需求。

库存优化：实时订单信息可以帮助企业优化库存管理，避免过量库存或库存不足的情况，降低库存成本。

精准物流配送：实时订单数据能够帮助优化物流配送，确保产品及时送达客户，提高客户满意度。

数据驱动决策：基于电子商务平台的数据分析，企业可以做出更加精准的决策，以适应市场需求的动态变化。

(2) 实施方式和技术应用

数字化供应链管理系统：实施数字化供应链管理系统，实现订单、库存、物流等信息的实时追踪和集成管理。

实时数据分析和预测：利用实时订单数据进行实时数据分析和市场需求预测，以制定相应的生产和供应链策略。

自动化生产调度系统：配备自动化生产调度系统，能够根据实时订单调整生产排程，提高生产的灵活性和效率。

电子商务集成：将电子商务平台与企业的生产、库存和物流系统进行集成，实现订单直接传输和实时处理。

智能仓库管理：实施智能仓库管理系统，通过自动化技术提高仓库效率，确保及时发货。

通过电子商务平台和数智化供应链管理系统的应用，企业能够更加灵活、高效地响应市场需求变化，提高了供应链的可视性、透明度和响应速度，为企业的市场竞争力提供了有力支持。

6.2.9 自动化订单处理和实时信息交互

自动化订单处理和实时信息交互能够极大地缩短订单处理到货物交付的时间,这对提高客户满意度和整个业务的效率至关重要。通过优化订单处理流程、自动化通知和实时信息交流,企业可以更快速、更精准地处理订单,实现快速交付,满足客户的期望和需求。以下是自动化订单处理和实时信息交互的一些关键优点和实施方式:

(1) 优点

快速订单处理:自动化订单处理可以实现快速、高效的订单受理、确认和处理,缩短订单周期。

及时信息交互:实时信息交互确保订单处理中的各个环节及时通知相关人员,避免延误。

降低人工错误:通过自动化减少人工干预,降低订单处理中的错误和误解,提高准确性。

增强客户体验:缩短订单处理时间,能够提高客户满意度,增强客户对企业的信任感。

(2) 实施方式和技术应用

自动化订单处理系统:部署自动化订单处理系统,实现订单的自动接收、处理、分配和确认。

实时通知和提醒:集成实时通知系统,确保订单处理中的各个步骤能够及时通知相关人员。

电子化文档处理:将订单处理过程电子化,通过电子文档管理系统实现高效、追溯和实时共享。

智能客户服务系统:部署智能客户服务系统,可以为客户提供实时的订单处理情况查询和反馈。

自动化审批流程:设计自动化审批流程,加速订单的内部审批和确认,避免人工等待时间。

通过这些方法,企业可以显著缩短订单处理时间,实现订单到货物交付的高效率,提高客户满意度,增强企业的市场竞争力。

6.2.10 数字化的供应链管理

数字化的供应链管理可以帮助企业更精准地预测需求、优化库存,从而降低库存成本和库存风险。通过实时数据分析和预测算法,企业能够更好地了解市场趋势、客户需求,以及供应链中的各个环节,有针对性地调整采购、生产和配送策略,避免库存积压,降低库存成本。以下是数字化的供应链管理的一些关键优点和实施方式:

(1) 优点

精准需求预测:通过数据分析和预测,能够更准确地预测市场需求,避免库存过剩或不足。

及时供应链调整:基于实时数据,能够及时调整采购、生产和配送计划,降低库存积压。

减少资金占用:降低库存水平,可以减少资金在库存上的占用,提高资金利用效率。

降低库存风险：通过精细的库存管理，避免过期、陈旧或损坏等情况，降低库存风险和损失。

(2) 实施方式和技术应用

实时数据分析和预测：利用数据分析和预测算法，对历史销售数据和市场趋势进行分析，以预测未来需求。

智能库存管理系统：部署智能库存管理系统，通过算法和模型来优化库存水平和库存策略。

自动化采购和供应链协调：通过自动化系统实现采购和供应链的协调，及时调整供应链以适应需求变化。

供应链可视化和协同平台：使用供应链可视化和协同平台，实现供应链各环节的实时信息共享和协同。

RFID 和条码技术：使用 RFID、条码等技术实现库存的实时跟踪和管理，提高库存数据的准确性。

通过这些方式，企业可以实现更精确、更高效的库存管理，降低库存成本，提高库存周转率，为企业降低运营成本、提高盈利能力提供有力支持。

6.2.11 优化生产排程

将电子商务订单直接与生产排程系统集成可以实现生产排程的智能化、高效化和透明化。这种集成可以使订单的接收、处理和生产排程之间实现无缝连接，从而更好地响应客户需求、提高生产效率，避免生产过程中的瓶颈和资源浪费。以下是优化生产排程的一些关键优点和实施方式：

(1) 优点

实时生产排程：通过电子商务订单的实时集成，可以实现生产排程的实时调整，以适应订单变化和生产情况。

智能资源分配：结合电子商务订单信息，可以智能地分配资源，优化生产排程，提高资源利用率。

减少生产周期：通过更高效的生产排程，可以缩短生产周期，提高交付速度，增强客户满意度。

降低生产成本：通过优化生产排程，可以降低生产过程中的闲置时间和能源消耗，降低生产成本。

(2) 实施方式和技术应用

订单 – 生产系统集成：集成电子商务平台和生产排程系统，实现订单直接触发生产排程的自动化。

实时生产排程系统：部署实时生产排程系统，能够动态调整生产流程，实现高效的生产排程。

数据分析和预测：利用数据分析和预测技术，分析订单趋势和客户需求，为生产排程提供数据支持。

智能资源管理系统：使用智能资源管理系统，实时监控和分配生产所需的人力、设备和原材料资源。

实时通信和协同工具：利用实时通信和协同工具，确保订单信息及时传达给生产排程系统，实现快速响应。

通过将电子商务订单直接与生产排程系统集成，企业可以实现高效、智能、透明的生产排程，最大限度地优化生产流程，降低成本，提高效率，满足市场需求。

6.2.12 提高客户体验

提高客户体验是数字化转型的重要目标之一，特别是在电子商务和在线销售领域。通过在线订购和自动化的订单处理，企业能够为客户创造更便捷、高效、愉悦的购买体验，这对于增强客户与企业之间的关系、提高客户满意度和忠诚度至关重要。以下是提高客户体验的一些关键优点和实施方式：

(1) 优点

便捷快速的购买流程：在线订购和自动化订单处理简化了购买流程，使客户能够更快速、更方便地完成订单。

实时订单跟踪和通知：提供实时订单状态跟踪和通知，让客户随时了解订单处理进度，提高客户信任感。

个性化服务和推荐：通过分析客户的购买历史和喜好，提供个性化产品推荐，增强客户的购物体验。

自助服务和在线支持：提供在线自助服务和客户支持，让客户能够随时解决问题，提高客户满意度。

(2) 实施方式和技术应用

用户友好的电子商务平台：设计直观、易用的电子商务网站或应用程序，使客户能够轻松浏览、选择产品并完成订单。

自动化订单处理系统：部署自动化订单处理系统，实现订单的自动接受、处理、分配和确认。

实时通知和提醒：集成实时通知系统，向客户发送订单确认、发货通知等实时信息。

个性化推荐引擎：利用个性化推荐引擎，向客户推荐可能感兴趣的产品，提高购买率。

在线客户服务和聊天机器人：提供在线客户服务和聊天机器人，为客户解答疑问，提供购物建议和支持。

通过这些方式，企业可以改善客户的购买体验，提高客户满意度，促进客户的回购和口碑传播，进而增强企业与客户之间的紧密关系。

6.2.13 自动化技术

(1) 电子商务平台集成

将电子商务平台与企业的生产排程系统、供应链管理系统等进行集成是提高生产效率和客户体验的关键措施。这种集成可以使订单信息直接传递，实现生产排程的实时调整，帮助企业更好地响应市场需求和客户订单，确保订单及时交付。

以下是实现电子商务平台集成的一些关键实施方式和技术应用：

①实施方式

API 集成：利用 API(Application Programming Interface) 实现电子商务平台与生产排程系统、供应链管理系统的实时数据交换和集成。

数据同步和导入：定期同步或实时导入电子商务平台的订单数据到生产排程系统，确保订单信息的及时更新。

自定义集成解决方案：根据企业特定需求，开发定制化的集成解决方案，确保订单信息在系统间高效传递。

②技术应用

RESTful API：使用 RESTful API 设计和实现与电子商务平台的集成，实现订单信息的实时获取和更新。

消息队列：使用消息队列技术实现异步处理订单信息，确保高效的订单信息传递和处理。

企业服务总线(Enterprise Service Bus,ESB)：借助 ESB 技术，实现不同系统之间的连接和数据传递，确保订单信息的顺畅流通。

实时数据库同步：使用实时数据库同步技术，确保订单信息在不同系统间的实时同步和更新。

通过这些实施方式和技术应用，企业可以实现电子商务平台与生产排程系统、供应链管理系统等的高效集成，实现订单信息的实时传递和生产排程的及时调整，提高生产效率，满足客户需求，优化客户体验。

(2) 实时数据交互

实时数据交互是确保订单信息及时、准确传达的关键。通过实时数据交互，企业能够使订单信息在不同系统之间流畅传递，确保生产、库存、配送等各个环节能够实时更新和响应。这对于提高生产效率和客户满意度至关重要。以下是实现实时数据交互的一些关键实施方式和技术应用：

①实施方式

实时数据同步：配置系统间的实时数据同步机制，确保订单信息的实时同步和更新。

事件驱动架构：基于事件驱动架构，使得订单相关的事件能够实时触发数据交互和处理。

消息队列和发布订阅模式：使用消息队列和发布订阅模式，实现订单信息的快速、异步传递。

②技术应用

WebSocket：使用 WebSocket 技术实现客户端与服务器的实时双向通信，传递订单信息。

RESTful API：设计 RESTful API 接口，以实现不同系统间的实时数据交互，包括订单信息的获取和更新。

消息队列系统(如 RabbitMQ、Kafka)：使用消息队列系统，通过发布订阅模式实现订单信息的实时传递。

实时数据库更新：在数据库设计中采用实时更新策略，确保订单信息的数据库实时更新和同步。

通过这些实施方式和技术应用，企业可以实现电子商务平台与企业内部系统的实时数据交互，确保订单信息的及时、准确传达，为生产、库存、配送等环节提供及时的数据支持和决策依据，提高整体生产效率和客户满意度。

(3) 自动化订单处理

开发自动化的订单处理系统可以极大地提高订单处理效率和准确性。这种系统能够自动将接收到的订单信息导入生产排程、库存管理系统等，自动触发相应的操作，包括生产排程的调整、库存的更新等，从而实现订单处理的高度自动化和实时性。以下是实现自动化订单处理的一些关键实施方式和技术应用：

①实施方式

订单信息自动导入：实现系统间接口，自动将电子商务平台接收到的订单信息导入企业内部系统。

自动生产排程触发：基于订单信息，自动触发生产排程系统进行生产计划的调整和优化。

自动库存管理更新：根据订单信息，自动更新库存管理系统中的库存数量和状态。

自动通知和反馈：在订单处理过程中自动生成通知和反馈，确保订单处理状态的实时更新。

②技术应用

Web 服务和 API：设计和实现可供不同系统调用的 Web 服务和 API，用于实现订单信息的自动导入。

事件驱动架构：基于事件驱动架构，通过监听订单事件自动触发相应的处理。

自动化工作流系统：集成自动化工作流系统，实现自动触发和执行订单处理流程。

实时数据同步技术：使用实时数据同步技术，确保订单信息的实时同步和传递。

通过这些实施方式和技术应用，企业可以实现订单处理的高度自动化，提高订单处理效率，降低人工干预，减少处理时间，确保订单的准确处理，提升客户体验。

(4) 智能供应链管理系统

集成智能供应链管理系统是数字化转型中至关重要的一环。智能供应链管理系统能够基于订单信息、预测需求以及实时市场变化，进行智能化的资源分配和调度，以确保供应链高效运转、满足客户需求，同时降低成本和提高效率。以下是实现智能供应链管理系统集成的一些关键实施方式和技术应用：

①实施方式

智能需求预测：利用先进的预测模型，分析订单数据和市场趋势，实现精准的需求预测。

自动化库存优化：基于需求预测和库存数据，自动优化库存水平，确保及时交付同时避免库存积压。

智能订单处理：设计智能算法，自动将订单信息与库存、生产能力等匹配，实现最优订单处理。

实时资源调度：实时监控资源使用情况，自动调度供应链资源，以满足订单需求。

②技术应用

人工智能(AI)和机器学习：利用 AI 和机器学习技术分析订单数据，预测需求，优化库存和资源分配。

大数据分析：利用大数据分析技术处理海量订单数据和市场数据，提取有用信息，做出决策。

(5) 数据分析和预测

数据分析和预测技术在电子商务平台订单数据的分析和需求预测中发挥着关键作用。通过对订单数据进行深入分析和预测，企业能够更好地了解客户行为、产品需求，从而为生产排程、库存管理和供应链调配提供有价值的决策依据。以下是实现数据分析和预测的一些关键实施方式和技术应用：

①实施方式

数据收集和清洗：收集、整理、清洗电子商务平台上的订单数据，保证数据质量和准确性。

数据挖掘和分析：运用数据挖掘技术对订单数据进行分析，发现潜在规律、趋势和关联性。

需求预测模型建立：基于历史订单数据，建立需求预测模型，例如时间序列模型、机器学习模型等。

实时数据监控：部署实时监控系统，对订单数据进行实时监控，及时发现变化并作出调整。

②技术应用

机器学习和深度学习：利用机器学习和深度学习技术进行订单数据分析，构建高效的预测模型。

时间序列分析：应用时间序列分析方法，预测订单数据中的季节性、周期性趋势。

统计分析工具：使用统计分析工具，对订单数据进行统计学分析，揭示其中的规律和特征。

数据可视化：运用数据可视化工具将分析结果以图表、图形等形式直观展示，方便决策制定。

通过这些实施方式和技术应用，企业可以充分利用大数据分析和预测技术，从订单数据中提取有用的信息、规律和趋势，为生产排程和供应链管理提供科学依据，以实现更高效的生产和供应链运作。

将电子商务与数字化的供应链紧密结合，企业能够实现高效、智能、灵活的供应链运作，带来多方面的益处，包括但不限于：

快速响应市场需求：通过电子商务平台实时监测市场变化和客户需求，使企业能够快速调整生产、库存和供应链策略，以适应市场的快速变化。

实现个性化生产：通过数智化供应链的灵活性和智能化，企业能够更好地实现个性化定制和生产，满足客户的个性化需求，提高客户满意度。

优化运输和配送：结合电子商务的订单数据和数智化供应链的智能调度，企业可以优化运输和配送过程，降低物流成本，提高物流效率。

改善供应链协同和合作：通过数字化平台，企业可以更好地与供应链伙伴合作，实现供应链的协同优化，提高整体运作效率。

增强决策支持：数智化供应链产生丰富的数据，通过分析这些数据，企业可以做出更明智的战略决策，提高业务效率和竞争力。

综合来说，电子商务与数智化供应链的结合为企业提供了全新的运营模式和业务优化机会，加速了数字化转型的步伐，提高了企业的市场敏捷性、竞争力和客户满意度。

6.3 智能供应链管理

智能供应链管理是指利用先进的技术和智能化手段来优化和升级供应链的运作和管理，以提高效率、降低成本、提升服务质量、加强透明度、减少库存，并实现对市场需求的快速响应。这种转型能够加强企业与供应商、制造商、分销商和客户之间的紧密协作，使供应链更具弹性和适应性。以下是实现智能供应链管理的关键要素和技术：

6.3.1 物联网(IoT)和传感器技术

利用物联网和传感器技术监测和追踪整个供应链中的物流、库存、设备状态等信息，实现实时数据采集。

大数据分析：利用大数据分析技术处理供应链中产生的海量数据，分析供应链的运作情况，发现优化的机会和潜在问题。

人工智能(AI)和机器学习：应用 AI 和机器学习算法来预测市场需求、优化库存管理、提高生产计划的准确性，以及实现自动化决策。

区块链技术：使用区块链技术确保供应链的安全、透明和可追溯，实现对供应链节点的高效管理和数据共享。

智能合约：利用智能合约技术确保供应链合同的自动执行和透明性，减少合同纠纷，提高运作效率。

供应链可视化和协同工具：使用供应链可视化工具，让各个参与方能够实时查看供应链运作情况，以实现更好的协同和决策。

预测性分析和需求规划：利用预测性分析和需求规划工具，通过历史数据和市场趋势来预测需求，为库存管理和生产计划提供依据。

自动化订单处理：实现订单处理的自动化，包括订单生成、订单确认、物流规划等，以降低订单处理时间和提高订单准确性。

智能运输和物流管理：使用智能运输系统和物流管理平台，优化运输路线、降低运输成本、提高配送效率。

客户体验和反馈分析：收集客户反馈数据，分析客户体验和需求，以及对产品和服务的满意度，从而优化供应链策略和产品设计。

通过应用这些技术，企业可以实现供应链的智能化，从而更好地满足市场需求、提高效率、降低成本，并在激烈的市场竞争中保持领先地位。

6.3.2 纺织服装生产智能供应链管理

纺织服装生产领域的智能供应链管理旨在通过先进技术和智能化手段，优化整个供应链的运作和协调，以满足市场需求、降低成本、提高效率和质量。以下是在纺织服装生产中实现智能供应链管理的关键要素和技术：

需求预测和规划：利用大数据分析和人工智能，分析市场趋势、历史销售数据、时尚潮流等，预测需求，制定智能的生产规划。

物联网和传感器技术：在纺织服装生产过程中使用物联网和传感器技术，实时监测设备状态、库存水平和生产进度，为供应链决策提供数据支持。

数字化设计和制造：应用计算机辅助设计(CAD)和计算机辅助制造(CAM)技术，实现服装设计和制造的数字化，提高设计效率和生产速度。

智能库存管理：利用物联网技术和智能算法实现对库存的实时监控和优化，避免库存积压和缺货情况。

供应链协同平台：建立供应链协同平台，实现供应商、制造商、分销商和零售商之间的实时协作和信息共享，提高协同效率。

智能运输和物流管理：应用智能物流系统，优化运输路线、降低运输成本，提高物流效率，确保及时交付。

智能质量控制：利用机器视觉技术和智能传感器，对生产过程中的产品进行实时质量监控和检测，提高产品质量和准确度。

电子商务和客户体验：整合电子商务平台，实现在线订购、客户反馈收集，分析客户需求，以提高客户满意度。

智能价格策略和优惠：利用算法分析市场价格、竞争对手价格等信息，制定智能价格策略和优惠，以吸引客户并提高销售。

安全与隐私保护：在数据传输和存储过程中，采取安全措施保护数据安全和隐私，确保信息安全不被泄露。

通过这些技术的应用，纺织服装制造企业能够实现供应链的智能化和数字化，提高生产效率、产品质量和客户满意度，同时降低成本和库存，从而在竞争激烈的市场中脱颖而出。

6.3.3 人工智能生成内容条件下的时尚设计

人工智能生成内容(Artificial Intelligence Generated Content,AIGC)对时尚行业的影响是全面的,它从设计、生产到销售环节都有着深远的改变。

(1) 设计的影响

设计革新和创意推动:AIGC 通过大数据分析和深度学习,为设计师提供源源不断的创意灵感。它可以解析历史数据、趋势和消费者反馈,帮助设计师更准确地预测未来趋势,鼓励创新的设计思路。AIGC 的核心思想是利用机器学习和深度学习算法来生成具有一定质量和创意的内容。这种技术基于大量的数据训练模型,让模型能够学习数据中的模式、规律和特征,从而生成新的内容。

AIGC 通常采用各种类型的神经网络结构,如变分自动编码器、生成对抗网络、递归神经网络等。通过这些网络,模型可以生成文本、图像、音频等多种类型的内容。

输入条件可以是文本、图像、甚至是其他媒体形式,也可以是一些指导性的信息,比如关键词、描述或样本。模型会根据这些输入条件学习,尝试理解其含义和模式,然后生成新的内容,以尽可能地匹配这些条件。

这种技术在各个领域都有广泛的应用,如自然语言处理、图像生成、音频合成等。它能够帮助人们更快速地生成内容,提供灵感,甚至在一定程度上模仿人类的创造力和创意。

个性化定制和消费者参与:AIGC 利用个性化算法和消费者数据,为消费者提供定制建议,使他们更容易找到符合自身品味和需求的服装。此外,AIGC 的参与也让消费者能更直接地参与到设计和定制过程中。

AI 与服装领域结合的方式非常多样化,其中包括但不限于以下几个方面:

创意灵感与设计辅助:AI 可以利用灵感板上的图像、文字描述等信息,帮助设计师进行创意激发和设计构思。它能够分析图像、颜色、图案等,并提供相关建议,辅助设计师在设计过程中做出更有创意的选择。

智能设计生成:基于设计师的输入或指导,AI 可以生成不同的服装设计草图、图案和颜色组合。这些设计可以参考设计师的初始想法,并根据 AI 算法生成新的设计概念,为设计师提供更多灵感和选择。

材料和颜色搭配:AI 技术能够分析大量的颜色搭配、布料和图案组合,为设计师提供合适的建议,优化服装的材料选择和颜色搭配。

趋势预测与市场分析:AI 通过分析大量的市场数据、消费者趋势和社交媒体信息,可以帮助预测未来的时尚趋势。这有助于设计师更好地把握市场需求,调整设计方向。

定制化设计和个性化推荐:AI 技术可以根据消费者的个人喜好和身体尺寸数据,为其提供定制化的服装设计和个性化的推荐,增强消费者的购物体验。

以上这些都是 AI 在服装设计领域中的应用方式,它们帮助设计师更快速、更智能地进行创意构思和设计,同时也提供更符合市场需求和个性化需求的服装产品。

目前 AI 工具对服装设计的运用,体现在以下方面:

① 流行趋势分析

AI在流行趋势分析方面有着强大的潜力。它可以通过多个渠道获得大量数据，包括社交媒体、时尚网站、购物平台、品牌发布、时尚秀和行业报告等，然后利用这些数据进行深度分析和模式识别，找到潜在的规律和趋势，以进行未来的预测和分析。AI在流行趋势分析中的应用包括：

数据整合和分析：AI可以整合来自不同渠道的大量数据，如图像、文字、视频等，并通过自然语言处理和图像识别等技术，将数据转化为可分析的格式。

模式识别和预测：AI利用机器学习算法和深度学习模型，分析数据中的模式和规律，识别消费者的偏好、流行元素和趋势。它可以预测特定款式、颜色、设计元素等的受欢迎程度，并推测未来可能的流行趋势。

实时监测和反馈：AI能够实时监测数据，并根据新的信息不断更新分析和预测，及时调整模型，以更准确地反映流行趋势的变化。

个性化推荐和定制：AI也可以根据消费者的个人喜好和行为数据，为其提供个性化的流行趋势推荐，帮助品牌和零售商更精准地满足消费者的需求。

通过这些AI技术，品牌和设计师可以更准确地把握市场趋势，提前预测流行风向，更好地满足消费者需求，进而设计和推出更具竞争力的产品。

②时尚系列大片展示

AI图像生成器在时尚领域的应用已经开始崭露头角。这些生成器利用深度学习和生成式模型，可以产生各种风格和设计的图像，为时尚设计师提供了额外的创意来源和设计灵感。在时尚系列大片展示方面，AI图像生成器在以下方面可以帮助设计师：

创意激发与设计过程：设计师可以利用AI图像生成器浏览大量的自动生成的图像，获取新颖的灵感和设计元素。这些图像可能包含各种风格、颜色和图案，为设计师提供广泛的设计想法。

快速草图和概念设计：AI生成器可以根据设计师的输入或指导，快速产生服装设计的草图或概念图。设计师可以使用这些生成的图像作为设计的起点，进一步加工和优化。

图案和颜色探索：AI生成器可以生成各种不同的图案和颜色搭配，帮助设计师在服装设计中进行图案和颜色的探索，找到更具创意和吸引力的设计元素。

时尚展示与营销宣传：AI生成的时尚设计图像可以用于时尚系列的展示和宣传，为品牌和设计作品提供视觉上的吸引力。

这些AI图像生成器为时尚设计师提供了更广阔的创作空间，加速了设计过程，并且有助于产生更具创意和独特性的时尚系列大片展示。同时，结合人类的审美和创意，AI技术可以与设计师共同合作，创造出更引人注目和有影响力的作品。

③图案个性化定制

AI在图案个性化定制方面有着巨大的潜力，特别是在图案匹配和设计优化方面。传统的图案设计过程可能需要设计师花费大量时间来手动选择、设计和匹配图案，而AI工具可以在这方面提供巨大的帮助。

快速匹配与选择：AI工具能够根据设计师的需求和产品风格，快速匹配出符合要求的图案。它通过分析大量的图案库和设计元素，提供更有效率的选择和匹配，节省了设计师的时间和精力。

多样化创作：AI工具可以为设计师提供更多样化、更丰富的图案选择，使设计师能够尝试不同风格、不同主题的创作。这有助于创造更多元化的产品线和设计风格。

小批量定制：AI技术支持小批量快速反应的印花工艺流程。设计师可以更灵活地根据市场需求和趋势，快速调整图案设计，并且通过AI工具快速适应不同的生产需求。

自动化优化：AI工具还可以帮助设计师对图案进行自动化优化，根据反馈和数据分析不断改进图案的设计和效果，提高产品质量和市场竞争力。

这些AI工具在图案个性化定制中发挥着重要作用，它们提供了更高效、更灵活的设计流程，使得设计师能够更好地满足市场需求，快速响应变化，并创造出更具吸引力和独特性的产品。设计师可以尝试不同风格、不同主题的创作，进而实现小批量快速反应的印花工艺流程。

④资源灵感库

利用AI工具建立一个资源灵感库，能够在时尚设计中极大提高效率，尤其是在设计初期的灵感搜集和草图绘制阶段。

灵感搜集：AI工具能够自动从多个渠道收集和整合各种时尚元素、图案、颜色、设计风格等信息，包括社交媒体、时尚网站、艺术品、历史文献等。这种资源库为设计师提供了广泛的灵感来源，帮助他们在设计时更快地找到所需的创意元素。

图像识别与分类：AI能够通过图像识别和分类技术，自动对收集到的信息进行分类和标记，使设计师能够更轻松地搜索和访问所需的内容，从而提高了信息的利用率。

草图绘制辅助：AI在草图绘制阶段也能提供帮助。它可以根据设计师的简单草图或描述，快速生成更精美、更具细节的草图或设计图，作为设计的起点或参考，加速设计流程。

个性化建议：AI还可以根据设计师的喜好和需求，向其推荐特定类型、风格或主题的设计灵感，使得灵感库更贴近设计师的个人品味和风格。

通过建立这样一个资源灵感库，设计师可以更有效地收集、管理和利用各种设计元素和灵感，加快设计过程，提高创作效率，同时也有助于激发更丰富、更创新的设计思路。

⑤版型款式库

AI工具在版型款式库方面提供了很多便利，但在实际大货生产和样衣制作之前，人为的设计和调整仍然是必不可少的。

AI工具生成的服装款式可以作为参考图和设计稿，有助于设计师快速构思和展示设计概念。但在进入实际生产之前，需要进行人为的设计和调整。

细节设计和调整：AI生成的款式可能会缺乏某些细节考虑，如具体的缝合方式、面料选择、功能性设计等。设计师需要根据实际需求和人体工程学对款式进行细致的调整和设计，以确保服装的舒适性、可穿性和实用性。

功能性和工艺考量：在进行实际生产之前，需要对款式进行功能性和工艺方面的考量。这包括是否符合功能需求、是否易于制作、成本考量、面料和配件的选择等。

人体工程学和试穿验证：设计师需要考虑款式对不同身材的适应性，通过人体工程学和试穿验证，确保服装的舒适性和合身性。

样衣制作和调整：在进入大货生产之前，通常会制作样衣进行验证。通过样衣的制作和调整，设计师可以对款式进行最后的优化和调整。

虽然 AI 工具可以加速款式设计的初期阶段，但设计的细节和功能性方面仍需要设计师的专业知识和经验来完善和调整，以确保最终的服装款式符合实际需求并且具有良好的可穿性和市场竞争力。

(2) 生产的影响

AIGC 在优化生产流程方面具有重要作用。它可以通过以下方式提高供应链管理、生产预测和库存管理的效率：

需求预测：AIGC 利用大数据分析和机器学习技术，可以更准确地预测市场需求和趋势。它分析历史销售数据、市场趋势、消费者偏好等信息，帮助制定更精准的生产计划，避免过量生产或库存积压。

生产优化：基于需求预测，AIGC 可以优化生产计划和生产流程。它帮助厂商更好地调整生产能力，根据需求灵活安排生产，降低生产成本，提高生产效率。

供应链管理：AIGC 有助于优化供应链管理，减少供应链中的瓶颈和延迟。它可以通过数据分析和预测，提前识别潜在的问题并进行调整，确保供应链各环节的顺畅运转。

库存管理：通过更精确的需求预测和生产计划，AIGC 可以帮助企业降低库存积压，避免过多的库存资金被囤积，提高资金周转效率。

迅速调整：AIGC 可以根据市场变化和实时数据调整生产计划，帮助企业更迅速地适应市场变化，提高反应速度和灵活性。

这些优化措施能够降低生产成本，减少库存积压，推动生产模式更加高效和灵活，提高企业的竞争力和利润。AIGC 在生产流程优化中的应用为企业带来了更智能、更精准的决策支持，有助于应对市场的变化和挑战。

(3) 销售的影响

AIGC 在数字化购物体验方面引入了许多创新技术，改善了消费者的购物体验。

虚拟试衣间：AIGC 技术支持虚拟试衣间，让消费者通过在线应用或平台可以在虚拟环境中试穿服装。这种技术使用人体扫描、图像识别等技术，使消费者能够更好地了解服装的合身度和效果，提前预览穿搭效果。

增强现实技术：除了虚拟试衣间，AIGC 还支持增强现实 (AR) 技术。消费者可以利用手机或平板电脑，在实际环境中通过 AR 技术试穿虚拟服装，以更真实的方式感受服装的效果。

购物推荐系统：AIGC 利用大数据分析和机器学习，为消费者提供个性化的购物推荐。通过分析消费者的偏好、历史购买数据和行为，为他们推荐更符合个人喜好的服装款式和搭配，提高购物的便捷性和满意度。

交互式体验：AIGC 技术也改善了消费者的交互式购物体验。通过在线平台或移动应用,消费者可以与产品进行更直观的互动,旋转、放大、缩小产品图像,从多个角度观察产品细节,增强购物乐趣和参与感。

这些技术的应用极大地改善了消费者在线购物的体验,使他们能够更直观地了解和体验商品,减少了线下试衣间的拥挤和等待,提高了购物的便捷性和乐趣性。

(4) 生产创新的影响

AIGC 在可持续发展和生产创新方面扮演着重要角色,它可以通过多种方式推动时尚产业更好地迈向可持续发展。

材料选择与优化:AIGC 利用大数据分析和模式识别技术,可以帮助设计师和制造商选择更环保、可持续的材料。它能够推荐使用具有较低环境影响的材料,帮助行业减少对资源的依赖和环境负担。

设计优化:通过优化设计和生产流程,AIGC 可以减少浪费,例如通过设计优化,减少裁剪时的废料量。它可以根据数据分析提供更有效率的生产方案,降低能源消耗和碳排放。

生产过程创新:AIGC 技术在生产过程中的应用也能够带来创新。例如,通过预测和优化生产计划,减少库存积压,避免过量生产和资源浪费。

循环经济模式:AIGC 有助于推动服装行业向循环经济模式转变。它可以促进服装的再利用和再循环,例如通过推荐服装的二手销售,减少废弃衣物对环境的影响。

创新材料利用:AIGC 技术也有助于推动对新型环保材料的研发和利用,帮助行业寻找更可持续的生产方式,例如利用可降解材料或者循环再生纤维。

这些方法不仅有助于降低服装产业对资源的消耗,减少环境负担,还有助于提高生产效率和降低成本。AIGC 在可持续发展方面的应用对整个时尚产业的发展具有重要意义,促进了行业朝着更可持续、更环保的方向迈进。

AIGC 的广泛应用将重塑时尚行业的多个方面,从提升创意和个性化体验到推动行业更环保、高效的发展方向,同时也需要平衡技术发展和人文关怀,确保在创新的同时能够保持行业的人性化和审美价值。总的来说,AIGC 在时尚行业的应用可以提升创新、个性化、效率和可持续性,为消费者和品牌带来更多选择和价值。

6.4 数字化纺织服装设备、工艺和运转管理

6.4.1 智能化设备管理

智能化设备管理涉及利用人工智能和自动化技术来优化设备的监控、维护和管理。在制造业和生产环境中,智能化设备管理可以带来以下多重好处:

(1) 预测性维护

预测性维护是利用 AI 技术来分析设备传感器和数据,以预测设备可能出现故障的模式和迹象。这种维护方式能够在设备出现实际故障之前采取必要的维护措施,从而减少停机时间和维修成本,提高生产效率和设备可靠性。AI 在预测性维护中的应用主要有以下

几个方面：

数据收集和分析：AI 系统通过传感器和数据收集装置持续监测设备运行状态，收集大量的运行数据。这些数据可以包括温度、压力、振动等各种指标，用于建立设备的运行模型。

模式识别和预测：利用机器学习和数据分析技术，AI 系统对设备数据进行分析和处理，识别设备可能的故障模式和迹象。它可以发现数据中的异常模式或特征，预测设备未来可能出现的故障。

提前干预和维护：一旦 AI 系统检测到潜在的故障信号，它会发出警报或提醒维护人员。这允许维护团队提前干预，进行预防性维护，以防止设备故障或减少停机时间。

优化维护计划：通过分析设备数据和故障模式，AI 可以帮助企业优化维护计划。它能够识别哪些设备需要更频繁的检修或维护，提高维护效率和资源利用率。

预测性维护利用 AI 技术帮助企业在更智能、更高效的基础上管理设备，降低突发故障带来的影响，提高生产设备的稳定性和可靠性。这种方法可以节省维修成本、减少停机时间，从而提升企业的生产效率和竞争力。

(2) 实时监控和优化

智能系统在设备管理中实时监控和优化方面发挥了关键作用。它通过以下方式提高生产效率和质量：

实时监控设备状态：智能系统能够实时监测设备的运行状态，包括温度、压力、速度、产量等指标。这些数据有助于了解设备的健康状况和运行情况。

异常检测与预警：系统能够识别设备异常情况，并即时发出警报或通知维护人员。这种预警机制有助于及时处理潜在问题，避免设备故障导致的生产中断。

数据分析和优化：通过对实时数据的分析，智能系统能够识别生产过程中的瓶颈和优化空间。它可以根据数据反馈调整生产流程，优化设备运行参数，以提高生产效率。

自动化调整和反馈：系统可以自动调整设备运行参数或通知相关操作人员进行调整。这种自动化反馈和调整能力使得生产过程更加智能化和高效化。

持续学习和改进：智能系统能够持续学习设备运行模式，并根据反馈数据不断改进自身的预测和优化能力，逐步提高生产效率和设备稳定性。

这些功能使智能系统能够实现实时监控设备状态，并根据数据反馈进行及时的调整和优化，从而提高生产效率、降低故障风险，并提升产品质量。这种实时监控和优化能力使得生产过程更加智能、高效和可靠。

(3) 自主决策

智能系统的自主学习和决策能力可以为设备管理带来许多好处，其中包括：

自动参数调整：智能系统可以根据收集到的数据和模式识别技术，自动调整设备的参数以优化生产流程。这样的自主调整能力有助于提高生产效率和品质。

自主维护能力：针对一些常见的、预知的设备问题，智能系统能够自主进行一些简单的维修任务，如清洁、校准或重新启动设备，减少因问题积聚而产生的生产中断。

异常识别和应对：智能系统通过学习和数据分析，可以识别设备异常情况，并自主采取相应措施，如降低生产速度、发出警报或自动停机，以避免设备进一步损坏或减少生产损失。

自主学习和优化：系统通过持续的学习和数据积累，能够逐步提升自身的决策和优化能力，更好地适应不同的工作环境和变化。

减少人工干预：自主决策和自动化维护减少了对人工干预的需求。这可以降低人力成本、提高生产的稳定性和效率，同时减少了操作员的负担。

尽管智能系统具备自主学习和决策的能力，但对于某些复杂或不确定的情况，仍然可能需要人类操作员进行干预或复杂的决策。然而，智能系统的自主性能够在很大程度上提高设备管理的效率和稳定性。

(4) 资源优化

智能设备管理在资源优化方面具有重要作用，它可以通过以下方式提高资源利用效率：

节能降耗：智能系统可以通过优化设备的运行参数和生产流程，实现更有效的能源利用。例如，根据实时数据调整设备运行模式，减少能源浪费，从而降低能源成本。

减少废料：通过实时监控和优化生产流程，智能系统能够减少生产过程中的废料产生。它可以调整生产参数，优化原材料使用，减少不必要的废品，提高产品质量，降低废料处理成本。

设备维护和优化：智能系统能够通过预测性维护和自主决策功能，及时进行设备维护和优化。这有助于延长设备的使用寿命，减少因设备故障导致的资源浪费和生产中断，降低维修成本。

资源利用率提升：智能系统能够优化生产计划和资源分配，以提高设备的利用率。通过更有效地安排生产流程和资源利用，减少闲置设备时间，提高生产效率。

循环经济模式推进：智能设备管理有助于企业向循环经济模式转变。通过提高设备利用率、降低能源和物料消耗，以及废料回收再利用等方式，促进资源的可持续利用。

这些措施不仅有助于降低生产成本，还有助于减少对资源的浪费，提高资源利用效率，促进企业可持续发展。智能设备管理通过优化资源利用，在经济效益和环境效益上都带来了显著的改善。

(5) 远程监控与操作

远程监控与操作是智能化设备管理的重要组成部分，它带来了许多便利和效率，具体包括：

实时监控：操作人员可以通过智能设备管理系统远程实时监控设备运行状态。无论身处何地，都能够随时查看设备的运行情况、生产数据和性能指标。

远程诊断：通过远程监控，操作人员可以对设备进行远程诊断，快速发现并解决潜在问题，避免或减少生产中断，提高设备可用性。

远程控制：在必要时，操作人员可以通过智能化系统远程控制设备，进行调整、修改参数或执行简单的操作，以实现远程指导和调控。

灵活性和响应能力：远程监控与操作提供了更大的灵活性，即使不在生产现场，操作人员也能随时对生产过程做出反应和调整。

减少人员风险：对于某些危险或复杂环境，远程监控操作可以降低人员暴露于风险环境的需求，提高操作人员的安全性。

跨地域协作：远程监控使得跨地域协作更为便捷，多地点的团队可以共同监控和操作设备，协作更高效。

这种远程监控与操作的能力极大地提高了生产过程的灵活性和效率，允许操作人员随时随地对设备进行监控和调整，保证了生产的稳定性和连续性。

(6) 数据驱动决策

数据驱动决策是智能设备管理中的一个重要方面。通过收集、分析和利用大量设备数据，智能系统能够为企业提供更具洞察力和科学性的决策支持，具体包括：

数据收集与整合：智能设备管理系统能够收集来自各种传感器和设备的数据，并将这些数据整合到一个平台或系统中。

数据分析和模式识别：通过数据分析技术，系统可以识别设备运行中的模式、趋势和异常情况。它能够发现隐藏在数据中的关联性和规律性。

预测性分析：基于历史数据和模式识别，智能系统可以进行预测性分析，预测可能出现的设备故障、生产瓶颈或生产效率提升的机会。

优化决策制定：利用数据驱动的分析结果，系统能够为企业制定更明智的决策，如优化生产计划、改进生产流程、资源配置和设备维护。

持续改进和优化：智能系统通过持续学习和数据更新，能够不断优化自身的分析和预测能力，帮助企业在不断变化的环境中进行持续改进。

数据驱动决策能够使企业管理层和操作人员更准确、更快速地做出决策，从而提高生产效率、优化资源利用，降低生产成本，同时提升产品质量和客户满意度。

智能化设备管理在提高生产效率、降低成本、延长设备寿命和提高安全性方面发挥着重要作用。这种技术的应用使得企业能更加智能地管理和运营生产设备，逐步实现自动化、智能化的生产过程。

6.4.2 数字化纺织服装制造工艺管理

数字化纺织服装制造工艺管理是利用数智化技术和智能系统来管理和优化整个纺织服装制造的生产流程。这种数字化管理包括以下方面：

(1) 智能化生产规划与调度

智能化生产规划与调度利用数据分析和预测模型，通过智能系统优化生产计划和调度，以确保资源的合理利用，并提高生产效率。以下是实现这一目标的关键方法和优势：

数据收集与整合：智能系统收集来自各个生产环节的数据，包括生产设备运行状态、生产能力、原材料库存、订单量等，整合这些数据建立生产信息的数据库。

预测性分析：基于历史数据和趋势，智能系统使用数据分析和预测模型，预测未来生产需求、市场趋势以及可能的生产瓶颈。

优化生产计划：利用预测结果，智能系统能够制定更合理的生产计划，确定最佳的生产批次、生产时间和资源分配，以适应不同的市场需求。

动态调度和调整：智能系统能够实时监测生产过程中的变化，根据实际情况动态调整生产计划和调度，以应对突发事件或市场变化。

资源优化和成本降低：通过智能化规划和调度，能够更有效地利用资源，降低生产成本，减少闲置时间和资源浪费。

提高交付效率：智能化的生产规划和调度能够更精准地安排生产时间和交付期限，提高交付效率和客户满意度。

通过这些方式，智能化生产规划和调度系统能够根据数据分析和预测模型优化生产计划，确保生产资源合理利用，提高生产效率，同时更灵活地应对市场需求的变化，使生产更加智能化和敏捷化。

(2) CAD/CAM 设计与模拟

使用计算机辅助设计 (CAD) 和计算机辅助制造 (CAM) 技术，实现服装设计和生产流程的数字化，减少手工操作，提高设计精度和生产效率。CAD 和 CAM 技术在纺织服装行业发挥着重要作用，它们的主要功能和优势如下：

① CAD

数字化设计工具：CAD 提供了数字化的设计平台，设计师可以利用这些工具进行服装设计、图案设计和样板制作。

精确度和效率：CAD 软件允许设计师更精确地创建和修改设计，提高设计的准确性和效率。它也允许设计师轻松地保存和管理设计版本。

3D 建模和可视化：CAD 软件支持 3D 建模和可视化，设计师可以在虚拟环境中查看服装设计的效果，从而更好地评估和调整设计。

② CAM

数字化生产工艺：CAM 将设计转化为可用于生产的数字化数据，帮助制造商更容易地理解和操作生产流程。

自动化生产：CAM 系统可以自动转化设计为生产所需的指令，使得生产过程更为自动化，减少人为操作和错误。

生产流程优化：CAM 技术可优化生产流程，减少物料浪费，提高生产效率和产品质量。它还能帮助调整和优化机器和工具的使用。

综合而言，CAD/CAM 技术在纺织服装行业的应用，不仅简化了设计过程，还提高了设计的精度和生产效率。通过数字化的设计和制造流程，企业能够更快速地响应市场需求，减少成本，提高产品质量，并为创新提供更广阔的空间。

(3) 智能化原材料管理

智能化原材料管理利用物联网 (IoT) 和射频识别 (RFID) 等技术，通过跟踪原材料供应链实现原材料的智能化管理、库存优化和供应链透明化。以下是这种管理方式的核心功能和优势：

物联网技术的应用：将传感器和智能设备部署在原材料及其运输过程中，实现数据的实时监测和收集。

RFID技术的运用：通过RFID标签，可以对原材料进行唯一标识和跟踪，实现对原材料的追踪和管理。

实时监控和数据采集：物联网和RFID技术能够实时监测原材料的位置、状态、数量等信息，将数据传输至中心系统。

库存优化：基于实时数据，智能系统能够分析和预测库存需求，优化库存管理，减少库存积压和缺货风险。

供应链透明化：通过收集和分析供应链数据，可以实现供应链的透明化，提高对供应链的可见性和可控性。

自动化采购和补货：基于预测和实时数据，系统可以自动进行原材料的采购和补货，减少人工干预和错误。

质量追溯：通过记录每个原材料的生产商、运输信息和质量检验数据，可以实现质量追溯，迅速定位和解决质量问题。

成本控制和效率提升：智能化原材料管理可以帮助企业更精准地控制成本，优化供应链，提高运营效率。

这种智能化的原材料管理方式为企业提供了更多的数据和信息，帮助企业更好地管理供应链、优化库存、提高生产效率和产品质量，从而提升竞争力。

(4) 生产过程监控与优化

生产过程监控与优化利用传感器和实时数据采集技术，让智能系统实时监控生产线各个环节，以优化生产流程并及时应对问题。这种方式有助于实现以下目标：

实时数据采集：利用传感器和监测设备，收集生产环节中的各种数据，如温度、湿度、压力、速度等，并将数据实时传输至中央系统。

生产环节监控：智能系统监控生产线的各个环节，包括原材料输送、加工、装配等过程，以确保生产流程正常进行。

异常检测与预警：系统通过设定的参数或模型，检测生产过程中的异常情况，并发出实时预警，帮助人员及时处理问题。

实时反馈与调整：基于实时数据和分析，系统可以及时对生产流程进行调整，以优化生产效率、降低能耗或解决潜在问题。

问题解决与持续改进：通过持续监控和数据分析，系统帮助发现并解决生产中的问题，支持持续改进生产流程和质量控制。

预测性分析：基于历史数据和模式识别，智能系统也能够预测潜在的问题，提前做好准备并采取相应措施。

生产效率提升：通过优化生产流程和及时解决问题，提高生产线的运行效率，减少停机时间，降低成本。

这种实时监控和优化的方式能够使生产线更具智能化和灵活性，加速问题识别和解决，提高生产效率，降低生产中断风险，并为持续改进和优化提供了数据支持。

(5) 质量控制与品质管理

质量控制与品质管理的自动化质量检测和数据分析在生产过程中发挥着重要作用，主要有以下优势和功能：

自动化质量检测：利用传感器、视觉系统和其他自动化设备，对生产过程中的产品进行实时的、非破坏性的质量检测。

一致性和准确性：自动化检测系统能够确保在每个生产周期内对产品进行一致性的检测，并保持高度的准确性，减少人为因素。

实时反馈：一旦检测出质量问题，系统可以立即发出警报或暂停生产线，确保不合格产品不会进入下游流程。

数据驱动的分析：收集的质量数据用于分析生产线上的趋势和问题，通过数据分析找出潜在的质量改进点。

追溯能力：自动化质量检测系统可记录每个产品的质量数据，使企业能够进行质量追溯，快速定位和解决质量问题。

质量标准的执行：确保产品符合质量标准和规范，提高产品的一致性和整体质量水平。

成本节约：减少了手工检验的时间和人力成本，提高了效率和准确性，同时降低了废品率和生产成本。

持续改进：通过不断分析和改进，自动化质量控制系统可以帮助企业优化生产流程，提高产品质量和生产效率。

这种自动化的质量控制和品质管理方式提高了产品质量、减少了生产中的人为错误和浪费，为企业带来了更高的效率和竞争力。

(6) 追溯与可追踪性

使用数智化技术对产品和生产过程进行追溯，实现生产链条的可追踪性，有助于迅速定位问题源头和质量管理。追溯与可追踪性指的是利用数智化技术对产品和整个生产过程进行追溯，以实现生产链条的可追踪性和透明度。这种方式具有以下优势和功能：

问题定位和解决：追溯能力使得企业能够快速定位生产过程中出现的问题和缺陷，并迅速采取必要措施解决问题。

质量管理：对产品和原材料的追溯有助于质量管理，可以确保产品符合标准，提高产品质量和一致性。

合规性和监管要求：在某些行业，如食品、医药等，追溯是确保合规性和满足监管要求的重要手段。

安全性保障：对产品生产过程的追溯可以帮助确保产品的安全性，避免因为质量问题而带来的风险。

信息透明度：让企业和消费者能够了解产品的制造地点、生产时间、原材料来源等信息，提高透明度。

追踪回收：在产品寿命周期结束后，追溯技术可以帮助回收并重新利用产品材料，降低资源浪费。

品牌信誉和声誉：对产品质量和生产过程的透明追溯有助于提高品牌的信誉度，增强消费者的信任感。

数智化技术（如RFID标签、条形码、区块链等）在实现产品和生产过程追溯方面发挥着重要作用，使得企业能够更精确、更快速地追溯产品信息，确保产品质量和合规性，提升整体运营效率和客户满意度。

(7) 数字化智能仓储管理

数字化智能仓储管理利用先进技术，如物联网、自动化系统和数据分析，对仓储运营进行优化，以提高库存管理、订单处理和物流配送的效率。以下是其主要功能和优势：

实时库存监控：通过物联网传感器和RFID技术，实现对库存的实时监控和管理，准确记录货物的存储位置和数量。

智能仓库布局：利用数据分析和模拟技术，优化仓库布局，提高存储容量和提升拣选效率。

自动化仓储系统：采用自动化设备和机器人技术，实现货物的自动分类、拣选、装载和存储，减少人工干预，提高工作效率。

订单处理优化：通过智能化系统实现订单处理的自动化和优化，快速处理订单、减少出错率和提高订单准时交付率。

数据驱动的决策：通过大数据分析，对库存需求、出货趋势和客户需求进行分析，帮助企业做出更精准的库存管理决策。

物流配送优化：智能系统可以优化物流路线和配送计划，降低运输成本，提高交付效率。

客户服务和响应速度：通过提高仓储效率和订单处理速度，提升客户服务水平和响应速度。

降低成本和减少浪费：优化库存管理和仓储布局，降低库存积压，减少货物损失和浪费。

数字化智能仓储管理系统通过提高运营效率、优化库存管理和物流配送，降低了成本、提高了客户服务质量，使企业能够更灵活地应对市场变化和客户需求。

这些数智化技术的应用使得纺织服装制造更加智能化、高效化和可控化，提升了生产过程的可视化程度，减少了人为错误和浪费，促进了生产效率和品质的提升。

6.4.3 数字化纺织服装生产运转管理

数字化纺织服装生产运转管理利用数字技术和智能系统来管理生产运营流程，包括以下方面：

(1) 生产计划和调度

利用数字化工具和系统进行生产计划和调度，确保订单的及时交付和生产线的高效运转。生产计划和调度的数字化工具和系统在生产流程中扮演着关键角色，主要功能和优势包括：

订单管理：通过数字化系统，跟踪和管理订单流程，包括接收订单、处理订单和安排生产计划。

资源调配：根据生产能力和订单需求，数字化系统能够优化资源的分配，包括人力、设备和原材料，确保资源的充分利用和高效运转。

生产计划优化：利用数据分析和预测模型，系统能够制定更合理的生产计划，确保按时完成订单并避免库存积压或短缺。

实时监控和调整：系统能够实时监控生产过程，根据实际情况动态调整生产计划和调度，以适应变化的需求和生产状况。

交付可靠性：数字化工具可以确保订单及时交付，提高生产线的稳定性和可靠性，增强客户信任。

降低生产成本：通过优化生产计划和调度，避免了过多的库存积压或急需采购的情况，从而降低了生产成本。

自动化处理：数字化系统可以自动处理一些重复性和标准化的任务，减少人工干预和错误。

数据分析支持：收集的数据可以用于分析生产效率、资源利用情况和订单完成情况，为企业提供数据支持，实现持续改进。

通过数字化工具和系统进行生产计划和调度，企业可以更有效地管理生产流程，提高生产效率，确保订单及时交付，并且更灵活地应对市场需求的变化。

(2) 智能化生产监控

智能化生产监控利用传感器和实时数据采集技术，监控生产设备的运行状态和生产效率，以及时识别和解决生产中的问题和瓶颈。以下是其主要功能和优势：

实时数据采集：利用传感器和监测设备，收集各种生产数据，如设备运行状态、温度、压力、能耗等，以实现实时监控和数据收集。

运行状态监控：系统可以实时监测生产设备的运行状态，包括正常运转、停机、故障等情况，确保设备运行稳定。

生产效率分析：通过收集的数据对生产效率进行分析，找出生产中的瓶颈和提高效率的潜在方法。

预测性维护：基于实时数据和模式识别，系统能够预测设备可能出现的故障或需要维护的情况，实现预防性维护。

异常检测和警报：系统能够自动识别生产中的异常情况，并及时发出警报，以便人员进行及时处理。

实时调整生产：根据实时监控的数据，系统可以实时调整生产策略和生产流程，以优化生产效率和资源利用。

远程监控：允许远程监控设备运行状态，即使不在现场也能够实时了解生产情况。

持续改进：通过数据分析和问题解决，支持生产过程中的持续改进，提高生产效率和产品质量。

智能化生产监控系统能够使企业更及时地了解生产情况，减少停机时间，提高生产效率和产品质量，并为持续改进提供数据支持。

(3) 工艺优化和标准化

通过数智化技术对生产工艺进行优化和标准化，从而提高生产效率和产品质量。其主要功能和优势包括：

数据驱动的优化：利用数据分析，对生产工艺中的关键环节进行分析和优化，找出改进空间，提高生产效率。

标准化流程：建立标准化的生产流程和操作规范，确保每个环节都按照标准进行，降低因人为因素引起的变化和误差。

自动化生产：利用自动化设备和机器人技术，实现生产流程的自动化，提高工作效率和准确性。

质量控制：优化后的标准化工艺能够帮助生产过程中的质量控制，提高产品的一致性和稳定性。

成本效益：通过工艺优化和标准化，降低生产成本，减少资源浪费，提高生产效率。

持续改进：建立数字化的工艺优化系统，能够持续收集数据和反馈信息，实现持续改进和优化。

快速响应能力：标准化工艺使得企业能够更迅速地响应市场需求变化，快速调整生产模式。

人才培训：标准化工艺使得培训和操作更简单、更一致，降低了人员变动对生产过程的影响。

通过数智化技术对生产工艺进行优化和标准化，可以提高生产效率、降低成本、提升产品质量和一致性，并且为企业持续改进和提升竞争力提供了重要支持。

(4) 物料管理和供应链透明化

物料管理和供应链透明化借助物联网技术和数字化管理系统，对原材料、库存和整个供应链进行管理和监控，以优化物料运输和库存成本。以下是其核心功能和优势：

物联网技术应用：通过物联网传感器、RFID等技术，实现对原材料和产品的唯一标识和实时监控，追踪物料在供应链中的流动和位置。

实时库存管理：通过数字化系统，实现对库存的实时监控和管理，精准掌握库存数量、位置和状态，避免过量库存或库存不足。

供应链透明化：收集和整合供应链数据，提高对供应链的可见性，了解物料流向和交付进度，降低供应链风险。

准确需求预测：通过数据分析和预测模型，对物料需求进行预测，帮助企业进行准确的供应链规划和库存控制。

供应链优化：优化供应链流程和物流管理，降低物料运输时间和成本，提高供应链效率。

快速响应能力：实时监控和数据分析使企业能够更快速地应对市场需求的变化，提高供应链的灵活性。

降低成本：避免库存积压和物料短缺，降低库存成本和生产停滞的风险，提高物料利用率。

追溯能力：数字化管理系统记录每个物料的来源、运输信息和质量检验数据，有助于实现物料的追溯，快速定位和解决问题。

综合利用物联网技术和数字化管理系统对物料管理和供应链进行透明化管理，可以提高企业对供应链的掌控能力，降低成本，提高效率，同时增强了对整个供应链的可追溯性和透明度。

(5) 质量控制与品质管理

通过自动化的质量检测和数据分析，确保产品质量符合标准，提高一致性和可靠性。质量控制与品质管理的自动化质量检测和数据分析在生产过程中扮演着重要角色。其核心功能和优势包括：

自动化质量检测：利用传感器、视觉系统和其他自动化设备，对产品进行实时的、非破坏性的质量检测，以确保产品质量符合标准。

一致性和准确性：自动化检测系统能够确保在每个生产周期内对产品进行一致性的检测，并保持高度的准确性，减少人为因素。

实时反馈：一旦检测出质量问题，系统可以立即发出警报或暂停生产线，确保不合格产品不会进入下游流程。

数据驱动的分析：收集的质量数据用于分析生产线上的趋势和问题，通过数据分析找出潜在的质量改进点。

追溯能力：自动化质量检测系统可记录每个产品的质量数据，使企业能够进行质量追溯，快速定位和解决质量问题。

质量标准的执行：确保产品符合质量标准和规范，提高产品的一致性和整体质量水平。

成本节约：减少了手工检验的时间和人力成本，提高了效率和准确性，同时降低了废品率和生产成本。

持续改进：通过持续监控和数据分析，系统帮助发现并解决生产中的问题，支持持续改进生产流程和质量控制。

这种自动化的质量控制和品质管理方式提高了产品质量、减少了生产中的人为错误和浪费，为企业带来了更高的效率和竞争力。

(6) 数据分析和决策支持

数据分析和决策支持在生产领域扮演着关键角色，主要通过收集、分析和利用大量的生产数据为管理层提供决策支持，优化生产流程、资源分配和运营策略。以下是其核心功能和优势：

数据收集和整合：收集各个生产环节产生的数据，整合、清洗和处理数据，形成完整的数据集。

趋势分析：通过数据分析，发现生产流程中的趋势和模式，识别潜在的优化点和改进机会。

预测性分析：利用历史数据和预测模型，预测未来生产趋势和需求，帮助企业做出合理的生产规划和决策。

实时监控：实时监控生产过程中的数据，及时发现问题和异常，并能够快速采取解决措施。

资源优化：基于数据分析结果，优化资源的分配和利用，包括人力、设备、原材料等，降低成本，提高效率。

运营策略制定：依据数据分析结果，制定和优化生产运营策略，使其更符合市场需求和企业目标。

决策支持：为管理层提供数据驱动的决策支持，帮助他们做出基于客观数据的决策，降低决策的风险。

持续改进：通过不断收集和分析数据，支持企业的持续改进和优化，提高生产效率和产品质量。

数据分析和决策支持通过对生产数据的深入分析，为企业提供了更准确、更全面的了解和洞察，使其能够更加灵活地应对市场变化和做出更明智的决策。

这些数字化管理技术使纺织服装生产更加智能化、透明化和高效化。它们帮助企业更好地管理生产流程，优化资源利用，提高生产效率和产品质量，以应对市场需求的变化并保持竞争力。

6.5 案例研究与点评

6.5.1 中国纺织服装生产过程数字化与智能化成功的案例点评

SHEIN在全球范围内取得了巨大的增长和成功，其已经成为了一家备受关注的电商品牌，特别是在快时尚领域。SHEIN能够成为增长最快品牌的可能逻辑可能包括以下方面：

快速扩张与全球化策略：SHEIN通过迅速扩张其全球市场份额，进入多个国家和地区的电商市场，拓展了其用户群和销售渠道。其全球化战略可能包括市场研究、本土化运营和全球供应链建设等。

数字化营销与社交媒体策略：SHEIN善于利用社交媒体平台，通过精准的数字化营销和与网红、博主的合作，增加了品牌曝光度和用户黏性，这可能采用了多样化的内容营销策略和社交互动手段。

时尚敏锐度和产品策略：SHEIN的快速响应时尚趋势，快速推出符合市场需求的产品，并且能够灵活调整产品线，满足年轻消费者的购物需求，这可能是其品牌快速增长的一个关键因素。

用户体验与品牌忠诚度：SHEIN可能通过优化购物体验，提供便捷的客户服务和灵活的退换货政策，同时建立了良好的用户反馈机制和品牌忠诚度，从而吸引了更多的忠实消费者。

这些可能是 SHEIN 成为全美增长最快品牌的潜在因素。然而，要准确了解其成长背后的底层逻辑，需要更多专业的市场分析和具体数据支持。

案例：
◎ 阅读材料 1

SHEIN 成全美 2023 十大增长最快品牌之一的底层逻辑

原创：王育琨、喻书高。王育琨频道 2023-12-27 00:02 发表于北京

(1) SHEIN 成为全美 2023 十大增长最快品牌之一

新民晚报讯 (记者 金志刚) 中国品牌在海外持续崛起。近日，由美国知名权威咨询公司 Morning Consult 发布的"全美十大增长最快品牌"调查报告显示，SHEIN 为"2023 年十大增长最快品牌总榜"第四名，与 ChatGPT、Zelle、OpenAI、Facebook、CocaCola 等众多国际知名品牌齐名，成为唯一入选上述榜单的中国品牌。

值得一提的是，SHEIN 还同时入选"2023 年千禧一代中十大增长最快品牌"第二名，成为全美千禧一代 (1981—1996 年出生) 年轻人最喜爱的品牌之一。

结合两个榜单可以发现，随着以 SHEIN 为代表的中国品牌影响力持续扩大，中国品牌正持续在国际市场崛起、新一代中国全球化企业不断走向世界舞台。

对所有参与调查的消费者而言，SHEIN、亚马逊药店、e.l.f. 和倩碧，都是在该榜单上的知名品牌和零售商。据报告分析显示，年长消费者、X 世代、婴儿潮一代以及千禧一代，对 SHEIN 的购买兴趣度增长较快，其中千禧一代增速最为明显， 此外，SHEIN 在 Z 时代核心受众中重新占据主导地位。

从细分榜单看，ChatGPT 也是"千禧一代中十大增长最快品牌"的第一名。由此可见，美国千禧一代年轻人群对人工智能的前沿应用给予了极大的关注。有意思的是，根据榜单排名，SHEIN 紧跟其后成为榜单第二名，深受美国年轻消费者的欢迎和喜爱。

值得一提的是，这已经不是 SHEIN 第一次入围该榜单。2022 年，SHEIN 作为最受 Z 世代 (18~25 岁) 女性欢迎的品牌第八名，与 YouTube、谷歌等 20 余家国际知名品牌一同登上 2022 年最受 Z 时代喜爱品牌榜单。调查结果显示，Z 世代女性对 SHEIN 的好感度，相比 Z 世代男性高出 29.26 个百分点。

无独有偶，据金融服务机构 Piper Sandler 2023 年秋季最新的一项调研显示，SHEIN 斩获了 Piper Sandler 美国年轻人最受欢迎的购物网站第二位，Piper Sandler 美国年轻人最受欢迎的服装品牌第四位两项成绩，与 Nike 一举成为同时入选两大榜单的公司，成为美国年轻人最受欢迎的服装品牌。

清华大学战略新兴产业研究中心副主任胡麒牧认为，SHEIN 崛起背后是其不断用技术帮助供应商持续优化实现数字化制造的结果，在这过程中也助力我国服装制造业转型升级。数字化的工具让供应链更加高效，做更加个性化服装、小单快反的同时，能够系统化

地降本增效，这是典型的品牌和创新驱动。期待越来越多的中国企业能够释放创新红利，在国际市场大展拳脚。

(2) 许仰天之SHEIN

SHEIN用7年时间颠覆了全球时尚的浪潮，同时也成了资本市场的"宠儿"。知情人士称，高盛、摩根大通和摩根士丹利已被聘为此次发行的主承销商，可能在2024年进行IPO。

据财联社《科创板日报》消息，SHEIN再度传出赴美上市消息，估值或达900亿美元。按照900亿美元估值，SHEIN仍是全球估值第三高的创业公司，高于OpenAI，仅次于字节跳动和SpaceX。

这一切"潮"的背后，是一个神秘的男人，他就是SHEIN的创始人许仰天。英国《卫报》称他为"快时尚之王"和"神秘亿万富翁"。他的背景可一点都不时尚，理工科出身。在公司里碰到他，恐怕会误以为他是个研发小天才。他从不接受采访，是个不折不扣的低调奇才。看到有人谈论他，他的第一反应竟然是"删除"！

SHEIN抓住了风口，直观上看无非在于三点：一是小批量定制，满足大众个性化需要；二是利用线上社交及短视频工具，通过流量运营进行裂变式成交；三是中国工厂的供应链体系。这些概括非常流行，因为流行也就权威。在此基础上，我想可以概括SHEIN跃升全美十大增长最快品牌的10个底层逻辑，其中第10个底层逻辑最重要。

①许仰天"无我"

上帝归上帝，客户归客户，商业归商业，时尚归时尚新一代，设计归设计师，供应链归供应链，工厂归工厂，渠道归渠道……许仰天啥也不是！正因为许仰天在架构SHEIN时"无我"，"以其无私故能成其私"。处处谦虚退让，先人后己，反而得到新一代时尚客户的拥戴；事事把自己置身事外，结果反而保全了自身的存在。

②客户最想活出自性智慧之光

占领客户心智的高地，是品牌崛起的珠穆朗玛峰，其他都是低矮丛林。为时尚的新一代服务，他最懂新一代的心智高地，少女们都有一个"不同凡响"的梦，她们都想打上自己的独特符号，尤其是在着装上。SHEIN给了她们一个绝佳的选择，她们内在的潜意识和显意识都得到了尊重。小批量定制，而且尊重她们每一个细小的诉求。

③通过线上流量运营进行裂变式成交

毕竟善用新媒体新工具，这是搜索引擎出身的许仰天商业实践的童子功。

④做好美国用户与中国工厂的桥梁

SHEIN成为美国少女们与中国工厂的桥梁，这又是许仰天做对了的事。

SHEIN的供应商种类繁多，包括：由SHEIN提供款式，只需负责服装加工的OEM(Original Equipment Manufacturer)；自己设计款式，推给SHEIN挑选的ODM(Original Design Manufacturer)；在SHEIN平台上以品牌商家身份入驻的OBM(Original Brand Manufacturer)；配饰、用品等非成衣品类的VMI(Vendor Managed Invetory)供应商；甚至仓储物流服务商等。

⑤成为无SHEIN用户铁粉和个人设计师转变为SHEIN平台设计师的桥梁

聚集全球有创意的设计师与用户铁粉，积极参与创作设计。SHEIN发明了一套针对女装流行数据进行实时捕捉的系统，该系统可以对各种服装销售网站的产品进行数据抓取并总结，从而预测出未来一段时间的流行趋势。

根据短期内会诞生什么样的流行趋势，SHEIN自己的设计师团队进行迅速的组合设计。这个设计师团队，也是开放的，不是固定为内部团队，而是向全世界设计师开放。司外设计师可以利用自己的时间，对相应的数据加工，提出自己独立的设计。最后将设计交给消费者点评和下单，下单到了一定程度，就会被选中作为新推出的设计，而这些设计是可以直接接受下单的。

消费者-设计师零距离，可以使量身定制做到极致。线上平台，谁都可以参与。爱美少女的消费者参与成为了时尚。或许，正是这些最痴迷的消费者，她们提出了最苛刻的条件和刁钻古怪的渴望，最后却让她们成为了设计师，成为了以心比心的设计师。

⑥独一无二的一整套算法

记得，2016年在巴塞罗那小型恳谈会上，笔者请教任正非"作为高科技公司，未来华为最难攻克的点是什么？"他的回应出乎我的意料，就两个字："算法"。这是高科技公司真正较劲的地方。他还举例华为一名年轻的俄罗斯数学家的案例，作为顶级数学家进入华为，享受着顶级的工薪，可是10年没有做出什么成绩。华为依然有耐心和包容。谁知道，10多年后他做出了一套算法，打通了4G、5G甚至6G的算法。由此，我确认，理工男许仰天，一定开发出了一整套独一无二的算法，才可以在短短几年，把国际巨头甩在了后面。

理工男的许仰天精于算法的梳理、排列和组合。SHEIN发明了一套针对女装流行数据进行实时捕捉的系统，该系统可以对各种服装销售网站的产品进行数据抓取并总结，从而预测出未来一段时间的流行趋势。

许仰天一定购买了数量巨大的消费者体态、体型、美观偏好比例等庞大的终端数据库，团队精化出了一整套算法，任何一个设计指标的变动，会引发一系列的变化，这就给个体设计师和铁粉一个便宜的入口，不需要非常专业就可以提出一系列新创意，而正是这样的创意组合的无穷性，给了SHEIN平台无穷性的勃勃生机。

⑦消费者审美成为第一性审美

今天新新消费者已经不是被动的接受者，他们有许多与众不同的渴望和审美，从创意设计开始，交给消费者审美自由去选择，用庞大的数据库给他们提供具体支持。SHEIN的新设计层出不穷，都挂在网上，随时接受最终消费者的审美点评。获得青睐多的设计，自然有机会投入生产并进而成为品牌，恰到好处的算法，马上就可以得出这个设计师（无论是吸引内部的、还是外部的个体设计师，或是铁粉用户设计师），都有出头露面的机会，只要你得到最终消费者的点赞下单。甚至最终消费者都可以提出一系列参数，自己设计，有人在把你的设计实现出来，而且你的设计一旦吸引了其他消费者的点击，你反而可以凭借设计师的身份赚大钱了。

据报道，SHEIN 每日上新款式约 3 000 款，每周上新款式近 2 万款，遥遥领先于同行的数千款水平。而且 SHEIN 很便宜，以一款样式相似的女性上装为例，SHEIN 售价仅 7 美元，Zara 打完折还卖 12.99 美元，二者价格差距达 70%。截至 2021 年 10 月底，Zara 母公司 Inditex 一年总营收约为 290 亿美元，而据媒体报道，SHEIN 在 2021 年营收约为 157 亿美元，也就是约为 Inditex 的 1/2。

但目前 Inditex 的市值不足 680 亿美元，已远低于 SHEIN 的千亿美元估值。毕竟，传统产业结合互联网模式更易受资本市场推崇。2020 年开始，SHEIN 的产品线已经拓展到男装、童装、鞋类、家居、家纺、美妆、配饰等诸多品类。许仰天不满足这些，他还盯住了高端。

⑧小批量高端量身定制市场不可估量

在销售高性价比商品的同时，许仰天盯上了高端市场，推出 MOTF 及独立站，引入 Dazy、Motf 等中高端品牌入驻。把高端品牌服装搬到了线上，高端消费者不再是一个被动的接受者，他们历来就有无穷多的设想和渴望，不在设计师的脑子里，甚至大数据都没法捕捉。那些潜意识的诉求，也可能在线上一个渴望与大数据库即时互动，即时会生出无穷多的新组合。我看到了颠覆高端市场的可能性。毕竟，量身定制从本质上说就是高端市场。

⑨许仰天已经开始构建服装新生态

据称，2022 年初，SHEIN 计划投资 150 亿，在广州新建供应链总部。这是构建量身定制服装新生态的关键一步。从初心"为美国用户和中国工厂建立连接桥梁"，到现在从最终消费者显意识和潜意识审美的导引，一整套数据化系统的转换，到一个庞大的中国供应链总部，这是个历史性的飞跃。

许仰天之所以可以完成这个飞跃，因为他"舍得"，他愿意与工厂主动分享美国市场红利。看上去，那是一个简单的措施，实际上那是一个质朴的山东男人内心深处无限的爱。正是因为有"舍得"这个无限爱的源头，才有了许仰天缔造（SHEIN）传奇的 7 个底层逻辑。

⑩读者都来找找许仰天和 SHEIN 的底层逻辑

今天的读者厌倦了长舌妇说个没完，今天我打住。我们学习许仰天的"无我"，请读者在评论区留言，你认为许仰天和 SHEIN 的底层逻辑是什么？

点评：数据驱动的设计和创新是一种强大的方法。通过分析大规模的消费者数据，识别趋势、偏好和模式，设计团队可以更好地了解目标受众的需求。结合精心开发的算法，他们能够利用这些数据洞察来生成新的创意和设计方案。这种方法有助于更精确地满足消费者的偏好，同时也能够在创新过程中提供指导和灵感。

当谈到数据驱动的设计和创新时，有几个案例可以提供学习和启示：

Netflix 的推荐系统：Netflix 利用用户的观看历史、评级和喜好数据，通过算法来个性化推荐影视内容。这种数据驱动的推荐系统为用户提供了更符合其口味的观影体验，同时也促进了内容的发现和推广。

Nike 的定制化设计：Nike 借助数据驱动的方法，通过分析运动员和消费者的需求，推出了定制化的运动鞋服务。他们利用消费者的个人喜好、体态和运动需求数据，为他们量身定制鞋子，提供更贴合个体需求的产品。

Spotify 的个性化音乐推荐：Spotify 利用用户的音乐收听历史、喜好和播放列表数据，通过算法为用户推荐个性化的音乐体验。这种数据驱动的方法提升了用户对音乐平台的黏性，同时也促进了新音乐的发现和推广。

这些案例表明，数据驱动的设计和创新能够深入了解用户需求，并基于这些洞察提供更个性化、贴近用户心理的产品和服务。这种方法也可以加速创新过程，提高产品和服务的质量，从而更好地满足市场需求。

这些成功案例展示了数字化与智能化技术在纺织服装生产中的应用，通过自动化、智能化和数据驱动的方法，取得了效率提升、定制化生产、供应链优化等方面的成果。这些案例证明了数字化与智能化对纺织服装产业的潜力和影响。

◎ **阅读材料 2**

无人纺纱工厂、针织工业机器人、制衣数字化创新，传统纺织科技感十足
（棉纺织技术新传媒 2023-12-07 17:21 发表于陕西）

现代化的纺织工厂内，智能纺锤上下飞舞，滚下一锭锭的密集纱线；工业机器人"摇头摆臂"，将棉纱"穿针引线"，纺织成衣；仓储车间的小机器车来回穿梭，自动化控制让装载成品分毫不差……上述情景，是不少中国纺织服装企业的生产常态。

纺织行业是中国传统优势产业，涵盖了原辅料制造、纺织制造和服装生产等多个环节。近年来，在新技术助力下，产业链上下游的中国纺织服装企业纷纷转型升级，涌现一大批实现高端制造和智能整合的生产工厂，推动形成更加绿色、高效的产业集群。2022 年，中国纺织品服装出口总额同比增长 2.5%，连续 3 年突破 3 000 亿美元大关。近日，本报记者从北到南，走访多家产业链上下游企业，探寻中国纺织服装业如何运用新技术转型升级。

(1) 纺纱：全天不间断无人化生产

近日，记者踏进位于山东省德州市德城区的德州华源生态科技有限公司"无灯工厂"，屋内暖意十足，眼镜瞬间浮起一层薄雾。"为消除静电，我们需要确保厂内环境的恒温恒湿，这是实现自动纺线的第一步。"德州华源项目经理刘志告诉记者。

首先映入眼帘的是巨大的梳棉机，伴随机器轰鸣声，处理过的棉花经管道被"吸"入梳棉机中，成为棉条后再被"吐"进储存桶中。"梳棉不仅能去除棉花中的杂质，还能使棉花原料在单纤维的状态下充分混合，为后续流程打下基础。"刘志说。

记者穿过一道小门，走进纺织车间，看到几台长约 70 m 的自动纺线机正在工作，每一台纺线机上都密密麻麻分布着成百上千个纺锤。纺锤快速转动，发出"沙沙"的声音，纺好的线自动缠绕在纺轴上。纺线机的排布规则好似图书馆里的书架，从机器头端走到尾端，需要 1 min 左右的时间。

"实现自动生产，不仅需要自动纺线机等大块头，机器、运输管道的分布都有讲究。"刘志说，"在设计车间时，设计团队选择将材料运输管道吊在天花板上，既能节约空间，

又能提高效率。"记者抬起头,发现原材料、成品正有条不紊地来回穿梭。在整个生产车间,没有一人参与纺线,只有三两工人骑着小型电动三轮车在车间来回穿梭,不时驻足检查机器运行情况。

但在2003年企业刚投产时,德州华源采用的还是传统劳动密集型生产方式。"传统生产方式,依靠的是工人的经验和技术,效率低、利润少、污染高,品质也无法得到保证。"刘志回忆。随着国内外纺线技术的发展,传统的生产方式越来越难以为继,德州华源决定不破不立,在老厂区以北建立一个新厂区,机器全部更新为国内最新设备。"国内纺线机器厂商的飞速发展给我们提供了底气,不用担心被国外厂商'卡脖子'。德城区实施的'工赋山东'专项行动则为我们的数字化转型提供了政策支持。"刘志说。

如今,德州华源的"无灯工厂"可以做到24 h不间断无人生产,生产效率和产品品质得到明显提升。

在车间内,记者还见到一种特殊的彩线,其由提取自植物的纯天然染料染制而成,用手轻轻一捏,触感轻柔——这是德州华源自主研发的新型彩线。"我们不仅注重提高生产效率,也着手高端产品的研发和环境保护。这种彩线无毒无害,适合制作婴幼儿衣服。"刘志说,"未来,我们将加大研发,让纺织产品更'绿'更环保。"

(2) 针织:工业机器人智能制造

"由纱线到布料甚至成衣,不再是一个体力活,工业机器人可以轻松做到。"宁波慈星股份有限公司副总经理李立军对记者说。

啥是工业机器人?带着这个疑问,记者来到位于浙江慈溪的宁波慈星生产车间一探究竟。在车间内,一排排纺织工业机器人正在工作。远看,这些工业机器人和常见的针织横机并无差别。靠近后,记者发现端倪:每一台机器都配有一块电子触摸屏。只见操作员在电子屏幕上娴熟地输入指令,纱筒中的纱线便被吸入针槽中,随即织针上下翻飞,没过多久,一匹布料"新鲜出炉"。

"针织装备经历了手摇横机、电动横机、自动化横机等阶段,现在已经迭代升级到了数字化全自动电脑针织横机,也就是工业机器人阶段。"李立军介绍,全智能化的工业机器人可以根据后台设置的操作命令,自主完成一系列生产工作。

自主工作,软硬件结合是关键。宁波慈星从2003年开始研发全自动电脑针织横机,历经5年取得技术突破。如今,通过运用工业机器人,宁波慈星的生产效率是利用传统手工横机时的20~30倍。

为确保出厂产品的质量,每台全自动电脑针织横机设备出厂前都要经过工业机器人系统运维员的测试、调试。"我们相当于针织设备的'体检大夫'。"工业机器人系统运维员屠旭东打了个比方。宁波慈星人力资源部主管李红丽介绍,公司目前有67名工业机器人系统运维员,包括8名较高等级的专业技师,共同保障全自动纺织设备的正常运行生产。

除了工业机器人,宁波慈星还研发出"一线成型"的智能制造装备,打造了慈星"事坦格智能制造车间"。该车间是一个基于"5G+智能物联网+云计算技术"的数智化工厂,客户在宁波慈星的"柔性定制云平台"在线自主下单后,数智化工厂便开始自动作业。生产过程中，智能制造装备借助智跑纱嘴、柔性牵拉等技术，解决纺织成衣过程中套口缝合等问题，让自动制衣的等待时间缩短，实现从纱线到成品的"一线成型"。此外，"柔性定制云平台"的大数据还能快速分析当下的流行元素，为平台合作企业提供建议方案，无论是款式、花型还是大小，都可实现数字化设计和个性化定制。

"从客户平台选样下单到货物送达手中，慈星'事坦格智能制造车间'在5~7天内即可完成，成品价格也低于市场同款同质零售价。国内多家鞋服企业已经引进了我们开发的这套生产装备和流水线。"李立军说。

(3) 制衣：运用数字化创新模式

在位于江苏常熟的波司登全自动吊挂式流水线上，一件件羽绒服仿佛身有"轻功"，在车间顶部的红色链条上"飞舞"。每到一个工序卡口，由工人取下、裁剪、熨烫、拼块，一气呵成。"我们现在都是自动充绒、自动包装、自动模板，关键生产环节自动化程度达到90%。"波司登股份有限公司副总裁王晨华说。为何要智能化？王晨华告诉记者，这是为了解决成衣品牌的"结构性缺货"。

成衣企业是纺织行业中的最后一环。由于直接面对消费者，市场波动较大，一旦预测不准，就会面临畅销款缺货、滞销款积压的尴尬。20世纪末，波司登就吃了个大亏——贸然生产的23万件羽绒服在北方市场只卖出约1/3，留下15万件滞销库存和800多万元银行贷款，老品牌差点折戟。市场瞬息万变。如何抢占先机？作为传统服装企业，波司登选择走上智能化生产之路。转型要经过三道关。

第一关是监测关。记者看到，每隔6 s，波司登的企业大数据平台就会刷新全国销售数据。消费者心思再难猜，在大数据中也能一目了然，工厂可以根据市场需求柔性生产、动态交付。

第二关是生产关。"我们将大数据、AI技术应用在商品生命周期预估上，通过3D设计、3D打版等，实现人体数据采集、虚拟试衣、样板和工艺的自动生成。"王晨华表示，现在新款的设计效率大大增加，供应链的反应速度更快了。

第三关是仓储关。在波司登巨型自动化立体仓库中，一列列银色的金属货架整齐划一地排列，大机械臂抓取、放下，小机器车托举着货箱疾驰。在这里，搬运、分拣、配送、清点全部机械化，仓储区单日吞吐量最多可达100万件。即便在每年"双11"订单暴增期间，波司登也能做到下单当日全部就近发货。

通过智能化，波司登目前的生产交付周期已缩短至7~14天。"数字化不只是一个风口，还是一种模式的创新。我们希望由过去的期货式大规模生产转变为现货式敏捷制造。"王晨华表示。

传统纺织服装业一度被认为是高污染、低利润的密集型产业，随着纺织服装企业创新能力不断增强，传统产业焕发新生机。中国纺织工业联合会会长孙瑞哲表示，中国纺织行业科技创新能力已从"跟跑"阶段全面进入"并跑、领跑"阶段。在新技术助力下，中国纺织工业正在发生蝶变，通过智能化转型织就更加美好的行业未来。

(资料来源：人民日报海外版)

结语： 在纺织服装生产过程数智化管理的讨论中，我们深入研究了数智化技术对生产过程的革新和管理优化。数智化管理不仅仅是生产效率的提升，更是对整个生产链条的重新构想和再造。

本章重点探讨了数智化技术在纺织服装生产中的应用。从智能机器人到自动化生产线再到大数据分析，这些技术的引入大幅提升了生产效率和产品质量，同时也为企业带来了更多创新和竞争优势。

然而，数智化管理也带来了新的挑战。技术投入、员工培训、数据隐私等问题需要企业持续关注和解决。在数字化转型的过程中，企业需要找到平衡点，确保技术应用与管理实践的有机结合。

本章的研究旨在为纺织服装企业提供了数智化技术在生产过程中的应用指南。只有在充分理解数智化技术的潜力，并在实践中灵活应用，企业才能在生产过程中实现效率和质量的双重提升，保持行业竞争力。

思考题：

1. 简要描述你所在国家或地区的纺织服装产业现状，包括其规模、特点和重要性。
2. 分析数字化与智能化技术在当地纺织服装生产中的应用情况，列举并描述具体案例或技术。
3. 讨论数字化与智能化对纺织服装生产过程带来的变革，包括效率提升、质量改进和生产模式的变化等方面。
4. 探讨在推动数字化与智能化过程中可能面临的挑战，并展望未来该产业在这些技术发展方面的趋势。

第7章 纺织服装产品市场营销数智化管理

纺织服装行业作为全球经济的重要组成部分,在数字化转型的浪潮下面临着前所未有的变革。随着智能技术和大数据应用的不断演进,市场营销的范式正在从传统的推广和销售转变为更加智能、个性化的方式。本章将聚焦于探讨如何在纺织服装产品市场营销中利用数智化管理的手段来应对这一变革,提升竞争力和市场占有率。

电子商务和数字化销售渠道

7.1.1 纺织服装产品电子商务和数字化销售渠道

纺织服装产品的电子商务和数字化销售渠道是指利用互联网和数字技术,通过在线平台和数字化手段进行产品销售和市场拓展。这种方式可以提高销售效率、扩大市场覆盖范围、提升客户体验,是纺织服装行业数字化转型的重要方向。以下是实现纺织服装产品电子商务和数字化销售渠道的关键方面和实施策略:

(1) 电子商务平台建设

建立专业的纺织服装电子商务平台是推进数字化转型、拓展销售渠道、提升客户体验的关键举措。下面是建设纺织服装电子商务平台的关键步骤和要点:

需求分析和规划:了解目标市场、目标客户,明确平台的定位、目标和功能需求,制定详细的项目规划。

选择合适的电子商务平台解决方案:选择适合纺织服装行业的电子商务平台解决方案,可以考虑定制开发或采用现有的电商平台。

产品信息管理:设计产品信息管理系统,确保产品信息丰富、准确,包括图片、价格、描述、尺码、库存等。

多种支付方式和安全购物环境:集成多种支付方式,如信用卡支付、支付宝、微信支付等,确保支付环境安全可靠。

用户注册和账户管理:提供简单易用的用户注册流程,设计良好的账户管理系统,保护用户隐私和安全。

界面设计和用户体验优化:设计直观、吸引人的界面,优化用户体验,包括响应式设计、快速加载、易导航等。

订单管理和物流系统集成：设计高效的订单管理系统，集成物流系统，实现订单跟踪和配送信息的实时更新。

客户服务和售后支持：提供在线客户服务，如在线聊天、客服热线，确保客户能及时得到帮助。

市场推广和社交媒体集成：集成社交分享功能，设计推广活动，与社交媒体平台整合，扩大品牌曝光度。

安全和隐私保护：保障用户信息安全，遵守隐私保护法律法规，建立健全的安全保护措施。

测试和优化：在线上线前进行系统测试，修复和优化漏洞，确保系统稳定、安全、高效运行。

持续改进和更新：根据用户反馈和市场变化，不断优化平台，更新产品信息，提升购物体验。

培训和支持团队：为运营、客服、技术等团队提供培训，确保平台正常运营和持续优化。

建设专业的电子商务平台是一个系统工程，需要搭建全面、稳定、高效的系统以及提供良好的用户体验。同时，要不断关注市场变化和用户需求，持续改进和升级电子商务平台，以适应快速发展的电子商务行业。

(2) 多渠道销售

多渠道销售是纺织服装企业提高产品曝光度、扩大市场份额的有效策略。在不同的电商平台上开设线上店铺，覆盖更广泛的潜在客户，如淘宝、京东、天猫、拼多多等。以下是在多个电商平台上开设线上店铺的一般步骤和注意事项：

市场调研和选择平台：分析不同电商平台的特点、用户群体、手续费、推广方式等，选择适合纺织服装销售的平台。

注册和开设店铺：在选定的电商平台上注册账户并申请开设线上店铺，按照平台要求填写店铺信息。

产品上架和管理：上传产品信息，包括商品图片、描述、价格、规格等，确保产品信息准确、吸引人。

价格制定和促销策略：根据不同平台的特性，制定相应的价格策略和促销活动，吸引购买者。

订单处理和物流配送：管理订单，及时处理订单并安排快速、可靠的物流配送，确保顺利交付。

客户服务和售后支持：提供良好的客户服务，解答客户疑问，处理投诉，提高客户满意度。

定期维护和更新：定期检查产品信息、库存、价格等，及时更新并维护店铺，保持活跃度。

广告和推广：考虑利用平台内的广告、推荐位等资源进行宣传推广，提高店铺和产品曝光率。

数据分析和优化：分析不同平台的销售数据、客户行为，优化产品选择、价格、推广策略等。

品牌统一和形象维护：在不同平台上保持品牌形象一致，维护品牌的统一性和专业性。

遵守规定和政策：遵守各电商平台的规定和政策，保持良好合作关系。

多渠道销售可以帮助企业触达更广泛的客户群体，提高品牌知名度和销售量。在选择电商平台时，建议考虑平台的用户群体、流量、手续费、售后服务等因素，以最大程度发挥各个平台的优势。

(3) 移动端优化

优化网站和应用在移动端的显示和用户体验，以适应移动设备用户的需求，提高购买转化率。移动端优化对于纺织服装电子商务平台至关重要，随着移动设备的普及，移动端用户增加，提高移动端用户的体验和购买转化率可以有效推动销售。以下是一些优化措施：

响应式设计：确保网站和应用采用响应式设计，能够适配不同尺寸的移动设备，保证在各种屏幕上良好显示。

简洁明了的界面设计：精简页面，简洁的布局和设计，避免信息过载，突出核心信息，确保用户能快速理解产品和服务。

快速加载速度：优化网站和应用的加载速度，减少页面加载时间，以提高用户体验和搜索引擎排名。

易用的导航和搜索功能：设计简单直观的导航栏和搜索功能，让用户可以快速找到所需产品，提高用户留存率。

移动支付功能：提供简便、安全的移动支付方式，支持主流支付方式，方便用户快速完成购买。

优化产品展示：确保产品展示在移动端清晰、吸引人，提供高质量的产品图片和简明的产品描述。

客户账户功能优化：提供易用的注册、登录和账户管理功能，简化注册流程，降低用户使用门槛。

强调用户评价和社交分享：显示用户评价，提高信任度，鼓励用户分享产品链接和购买体验。

考虑地理位置信息：利用移动设备的定位信息，为用户提供相关地区的优惠信息、活动或门店位置。

测试和反馈：定期测试移动端应用和网站，收集用户反馈，不断优化和改进用户体验。

兼容多种设备和平台：确保应用和网站在不同的移动设备(iOS、Android等)和不同的浏览器上能够正常运行。

提供独特移动端特色：开发适用于移动设备的独特功能或特色，增加用户在移动端的体验价值。

通过这些移动端优化措施，纺织服装电子商务平台可以提供更好的移动购物体验，吸引更多移动用户，提高购买转化率，增加销售额。

(4) 社交媒体整合

结合社交媒体平台,通过社交广告、微信小程序等方式推广产品,吸引更多用户关注和购买。社交媒体整合是一种强大的推广和营销策略,可以帮助纺织服装电子商务平台吸引更多目标用户,提高品牌曝光和购买转化率。以下是整合社交媒体的一些关键步骤和策略:

制定社交媒体战略:确定目标受众、品牌定位、内容策略和营销目标,以及如何通过社交媒体实现这些目标。

选择适合的社交平台:根据目标受众的特征选择合适的社交媒体平台,如Facebook、Instagram、Twitter、微信、微博等。

内容优化和创意设计:创作吸引人的内容,包括图片、视频、文章等,以展示产品特色和吸引用户关注。

社交广告投放:利用社交广告平台(如Facebook、Instagram、微信等),精准投放广告,以提高品牌知名度和销售。

利用微信小程序:开发微信小程序,提供简便、直观的购物体验,引导用户直接购买产品。

社交媒体分享和互动:鼓励用户分享产品链接、评价,增加用户参与和品牌曝光。

与意见领袖合作:与有影响力的社交媒体意见领袖合作,让他们评价产品,吸引更多用户。

时机把握和定时发布:分析用户活跃时间,选择在用户活跃时段发布内容,提高曝光率。

持续更新和维护:定期更新社交媒体内容,与用户保持互动,保持品牌活跃度。

分析和优化:使用社交媒体分析工具,分析数据,了解用户行为,优化社交媒体策略。

社交媒体整合营销活动:设计整合营销活动,结合多个社交媒体平台,形成营销合力,提高推广效果。

通过社交媒体整合,企业可以将品牌推广、产品销售、用户互动等方面整合在一起,以吸引更多用户,提高品牌曝光,推动销售增长。

(5) 虚拟试衣间和 AR 技术应用

开发虚拟试衣间应用结合增强现实(AR)技术是一种创新的方式,可以极大地提升用户购物体验,增强其对产品的信心,从而提高购买转化率。以下是实现这一目标的关键步骤和策略:

选用适当的 AR 技术:选择合适的 AR 技术,如基于标记的 AR、基于位置的 AR 或基于深度的 AR,根据项目需求确定适用的技术。

开发虚拟试衣间应用:开发具有虚拟试衣间功能的应用,允许用户在移动设备上选择和试穿不同款式、颜色的服装。

整合实时摄像头和 AR 模型:利用移动设备的实时摄像头捕捉用户身体轮廓,将选定的服装以 AR 模型的形式叠加在用户身上,实现虚拟试穿效果。

提供多样化的服装选项:提供丰富多样的服装选项,包括不同款式、颜色、尺码等,以满足不同用户的试穿需求。

优化 AR 模型与用户交互:优化 AR 模型与用户身体的对齐和交互,确保服装模型贴合用户的身形，并能够实时调整、旋转和变换。

用户体验优化：确保虚拟试衣间应用界面友好、直观，简化用户操作流程，提高试衣体验的便捷性。

融合社交分享功能：添加社交分享功能，允许用户将试衣照片或视频分享到社交媒体平台，增加产品曝光。

数据分析和反馈收集：收集用户使用虚拟试衣间的数据，分析用户行为，了解用户偏好，以便优化应用体验。

不断改进和更新：根据用户反馈和数据分析，不断改进虚拟试衣间应用，提升用户满意度。

虚拟试衣间应用结合 AR 技术能够让用户更直观、实时地体验穿着感觉，帮助用户在网上购物时更好地选择适合自己的服装，从而提升购物体验和用户满意度。

(6) 个性化推荐系统

个性化推荐系统可以根据用户的购买行为、历史数据、喜好和兴趣，精准地推荐适合用户的产品，从而提高购买率和用户满意度。利用算法对客户的购买行为和历史数据进行分析，实现个性化产品推荐，提高购买率。以下是实现个性化推荐系统的关键步骤和策略：

数据收集和处理：收集用户的购买历史、浏览记录、喜好等数据，并对数据进行清洗、整理、归纳和分析，建立用户画像。

特征工程和数据建模：对用户数据进行特征提取和工程处理，选用适当的算法(如协同过滤、内容推荐、深度学习模型等)建立个性化推荐模型。

协同过滤算法：使用基于用户的协同过滤或基于物品的协同过滤算法，通过用户行为和偏好寻找与当前用户相似的用户或物品进行推荐。

内容推荐算法：基于产品的属性、标签、描述等内容信息，利用内容推荐算法推荐具有相似特征的产品给用户。

深度学习模型：使用深度学习模型如神经网络，利用用户行为和产品特征进行训练，预测用户的购买意向并推荐相应产品。

实时推荐和动态调整：实时更新推荐结果，根据用户最新的购买行为和浏览行为动态调整推荐列表，确保推荐的时效性和准确性。

A/B 测试和优化：使用 A/B 测试验证不同推荐算法和策略的效果，通过实验优化推荐系统，提高推荐的准确率和用户响应率。

个性化推荐界面：在网站或应用中设计个性化推荐的用户界面，清晰展示推荐的产品，增加用户点击和购买的可能性。

用户反馈和评价收集：收集用户对推荐产品的反馈和评价，分析用户满意度和购买行为，优化推荐算法和模型。

个性化推荐系统通过分析用户的行为和兴趣，提供个性化的产品推荐，可以大幅提高用户购买率，带来更好的购物体验，增加用户黏性，促进销售增长。

(7) 数据分析与市场调研

数据分析和市场调研是制定精准营销策略的关键步骤，可以帮助企业深入了解市场需求、消费者行为和偏好，以及竞争情况。以下是如何利用数据分析工具和市场调研制定精准营销策略的一般步骤和方法：

目标明确：确定研究的目标，明确要了解的问题，例如产品市场适应度、目标受众、价格敏感度、产品特征偏好等。

数据收集与整理：收集市场调研数据，可以通过问卷调查、访谈、观察、互联网调查等多种方式获取数据。整理和清洗数据，确保数据的准确性和一致性。

数据分析工具的选择：根据数据类型和分析需求选择合适的数据分析工具，如 Excel、SPSS、R、Python 中的 Pandas、Matplotlib 等。

市场调研数据分析：进行市场调研数据的统计分析，包括描述性统计、频率分析、相关分析、回归分析等，以获取市场需求、消费者偏好等信息。

消费者行为分析：分析消费者购买行为，包括购买频率、购买渠道、购买动机等，以了解他们的决策过程和行为模式。

产品特征与定位分析：分析产品特征与市场需求的契合程度，确定产品的差异化定位和市场定位策略。

竞争分析：分析竞争对手的产品特征、价格策略、推广方式等，了解竞争格局，制定相应的市场策略。

制定营销策略：基于数据分析和市场调研结果制定精准的营销策略，包括定价策略、推广策略、产品改进策略等，以满足市场需求。

A/B 测试和优化：在实施营销策略后，进行 A/B 测试，分析不同策略的效果，并根据测试结果优化营销策略，提高效果。

定期更新策略：根据市场变化和消费者反馈，定期更新和调整营销策略，以适应市场动态。

通过数据分析和市场调研，企业可以更准确地了解市场和消费者，制定出符合市场需求的营销策略，提高产品的市场竞争力和销售效率。

(8) 快速响应和实时库存管理

实现实时库存监控和快速响应是提高库存管理效率和避免断货情况的关键。以下是实现这一目标的关键步骤和策略：

自动化库存系统：实施自动化的库存管理系统，能够实时追踪和更新库存信息，确保数据准确性。

实时库存监控：设置实时监控系统，能够随时监视库存数量、销售速度和订单情况，及时感知库存变动。

库存预警设定：设定库存预警阈值，一旦库存低于设定值，系统自动发出警报，通知相关责任人进行补货或调货。

自动化补货系统：结合销售数据和库存预警，建立自动化的补货系统，及时触发订单或通知供应链管理，以避免断货情况。

供应链集成：将库存管理系统与供应链系统进行集成，以实现库存信息和订单信息的无缝传递，确保库存信息的准确性和即时更新。

实时库存更新：在每一次销售、进货、退货等库存变动事件后，立即更新库存信息，保持实时的库存数据。

企业资源计划 (ERP) 系统整合：将库存管理系统与 ERP 系统整合，实现对库存数据的全面掌控和分析。

定期库存盘点：定期进行库存盘点，确保实际库存与系统记录一致，及时发现并解决数据偏差。

快速补货流程：设计快速、高效的补货流程，确保及时将补货产品送至仓库，减少产品售罄或断货时间。

客户通知机制：若出现缺货情况，及时通知客户，提供预计补货时间，保持客户信息透明和满意度。

通过实时库存监控和快速响应机制，企业能够更灵活地调整库存，避免产品售罄或断货情况，提高顾客满意度，优化库存管理效率。

(9) 在线客户服务

提供高效的在线客户服务是优化购物体验和增强客户满意度的重要手段。以下是实现这一目标的关键步骤和策略：

多渠道在线客服：提供多渠道的在线客服支持，包括网站在线聊天、社交媒体、电子邮件、电话等，以满足不同客户的沟通习惯。

响应速度和效率：提高在线客服响应速度，确保快速、及时地解答客户的疑问和问题，减少等待时间，提升效率。

专业培训和知识库：对客服团队进行专业培训，使其具备产品知识、解决问题的能力，并建立完善的知识库，方便客服快速获取信息。

个性化服务：根据客户的历史购买记录和行为，提供个性化的服务和建议，以增强客户的满意度和忠诚度。

自助服务选项：提供自助服务选项，如常见问题解答、在线帮助中心等，让客户自行解决常见问题，提高客户自主性。

用户反馈和改进：收集用户对在线客服的反馈意见，及时改进服务质量，优化客服流程和策略。

多语言支持：如果面向国际市场，提供多语言的在线客服支持，以满足不同语言用户的需求。

跨部门协作：强调在线客服与销售、产品开发等部门的协作，共同解决复杂问题，提供全面的客户支持。

通过高效的在线客服支持，企业可以积极解决客户问题，提升购物体验，增强客户满意度，进而促进业务增长和客户口碑的积累。

通过这些实施策略，纺织服装企业能够充分利用电子商务和数字化销售渠道，拓展销售网络，提高销售效率，增强品牌影响力，适应数字化时代的潮流，实现更好的市场拓展和销售业绩。

这些实施策略可以使纺织服装企业充分利用电子商务和数字化销售渠道，以适应数字化时代的潮流，提高销售效率并增强品牌影响力。透过电子商务和数字化销售渠道，企业可以实现以下优势：

全球市场覆盖：通过电子商务，企业可以覆盖全球范围内的潜在客户，拓展国际市场，实现全球销售，提高品牌的国际影响力。

24/7 销售：通过在线销售渠道，企业可以实现全天候 24/7 销售，顾客可以随时购买产品，增强了销售效率。

降低运营成本：电子商务可以降低传统实体店面的运营成本，包括人力成本、租金、装修等，提高销售利润率。

市场洞察和数据分析：通过数字化销售渠道，企业可以实时获取市场洞察和客户反馈，利用数据分析优化产品和销售策略。

提升品牌形象：通过专业的电子商务平台，企业可以塑造良好的品牌形象，提高品牌认知度和美誉度。

快速上线新品：电子商务使得企业可以快速上线新产品，推广新款式，实现及时的产品更新和销售。

社交媒体整合：结合社交媒体和数字化销售，企业可以通过广告、推广等方式吸引潜在客户，增加销售机会。

通过充分利用电子商务和数字化销售渠道，纺织服装企业可以实现更好的市场拓展、提高销售业绩，适应数字化时代的趋势，为企业的可持续发展奠定基础。

社交媒体和数字化营销策略

7.2.1 纺织服装产品社交媒体和数字化营销策略

纺织服装产品的社交媒体和数字化营销策略旨在通过社交媒体平台和数字化手段提升品牌知名度、吸引目标客户、推广产品以及促进销售。以下是实现这一目标的关键方面和策略：

(1) 社交媒体平台选择

选择适合纺织服装品牌的社交媒体平台取决于品牌定位、目标受众和营销策略。以下是几个常用的社交媒体平台以及适合它们的纺织服装品牌特点：

Instagram：适合具有视觉吸引力的纺织服装品牌，可以通过图片和视频展示产品、时尚潮流、设计风格等，吸引年轻、时尚的目标受众。

Facebook：适合广泛覆盖多个年龄段和人群的纺织服装品牌，可以在 Facebook 上创建品牌页面，发布产品信息、活动、新闻等内容，与受众进行互动。

Pinterest：适合以视觉为重的品牌，可以在 Pinterest 上分享产品图片、创意设计、搭配灵感等，吸引喜爱时尚、设计的目标受众。

LinkedIn：适合面向专业和企业市场的纺织服装品牌，可以在 LinkedIn 上展示品牌专业性、企业文化，吸引专业人士、合作伙伴和 B2B 客户。

Twitter：适合追求快速信息传播的品牌，可以在 Twitter 上分享产品促销、最新动态、品牌观点等，吸引关注时事和新品的目标受众。

YouTube：适合通过视频展示品牌故事、产品展示、时尚走秀等，吸引视频观众，并进行品牌宣传和产品介绍。

TikTok：适合寻求年轻受众的纺织服装品牌，可以通过短视频展示时尚潮流、产品特色，吸引年轻用户的关注。

品牌可以根据目标受众、产品特性和营销策略选择合适的社交媒体平台，也可以考虑跨平台运用，以最大程度地覆盖不同受众群体。

(2) 内容营销

创作吸引人的内容，包括时尚趋势、搭配建议、品牌故事、用户体验分享等，以吸引潜在客户。以下是一些创作吸引人内容的策略和主题：

时尚趋势和走向：分享最新的时尚趋势、季节搭配、颜色潮流等，让受众了解时尚前沿，激发购买欲望。

搭配建议和穿搭示范：提供搭配建议、穿搭示范，展示品牌产品的多样化搭配方式，为受众提供灵感和指导。

品牌故事和背后故事：分享品牌的创立故事、设计理念、品牌使命等，让受众更了解品牌的文化和价值观。

用户体验分享和见证：邀请用户分享他们的购买体验、产品评价、照片或视频，增强信任和展示品牌口碑。

行业专业知识分享：分享关于纺织、面料、设计等领域的专业知识，展示品牌的专业性和品质。

视频内容和教程：制作时尚相关的视频内容，如产品展示、穿搭教程、独家花絮等，吸引视觉型用户。

主题活动和挑战：开展与时尚相关的主题活动或挑战，鼓励用户参与互动，增强品牌互动性。

合作与赞助活动：与时尚博主、潮流人士等合作，进行产品展示、评测、合作活动等，提高品牌曝光度。

季节性内容：根据不同季节、节日或假期，创作相应的季节性内容，吸引受众关注。

独家优惠和促销：定期分享独家优惠、促销活动、折扣信息等，激发购买欲望。

通过多样化、有趣且具有吸引力的内容创作，品牌可以吸引更多潜在客户，提高用户参与度，扩展品牌影响力，并最终转化为实质性的销售和业绩增长。

(3) 视觉化内容和视频营销

视觉化内容和视频营销是吸引受众注意和创造品牌吸引力的强大工具。发布高质量、吸引人的图片、视频和短视频，展示产品特色、穿搭效果和生产过程，吸引视觉关注。以下是针对纺织服装品牌的视觉化内容和视频营销的建议：

产品展示与特色突出：制作高质量的图片和视频展示品牌的产品特色、设计风格、面料质感等，突出产品的独特之处，吸引潜在客户的关注。

穿搭效果展示：制作时尚搭配视频或图片，展示产品在不同场合的穿搭效果，激发购买欲望，为客户提供搭配灵感。

生产过程和制作花絮：分享纺织服装的生产过程、制作花絮或幕后故事，让受众了解产品的制作工艺和品质保证。

用户故事和用户生成内容(UGC)：鼓励用户分享他们与品牌产品相关的图片、视频，展示用户体验和产品在现实生活中的应用。

短视频平台营销：利用短视频平台(如 TikTok、快手)制作短视频内容，突出品牌特色，吸引年轻受众。

直播销售活动：在社交媒体平台进行直播销售活动，展示产品、解答观众疑问，增强互动性，提高销售转化率。

品牌合作视频：与时尚博主、关键意见领袖或其他品牌合作制作专属视频，扩大品牌影响力和曝光度。

品牌故事视频：制作品牌故事视频，讲述品牌的创立、使命、理念，打造品牌情感连接，提升品牌认知度。

教程和指南视频：制作产品使用、护理、搭配等方面的教程视频，为受众提供实用价值，增强品牌信任感。

视频广告推广：利用社交媒体平台的广告功能，推送具有吸引力的视频广告，定向受众，增加品牌曝光和转化率。

通过视觉化内容和视频营销，品牌可以生动地展示产品特色、吸引目标受众的注意力，激发购买欲望，同时加强品牌形象和认知度。

(4) 社交广告投放

社交广告投放是在社交媒体平台上利用广告功能，有针对性地将广告展示给特定受众群体的策略。以下是一些制定社交广告投放策略的步骤和建议：

明确广告目标和受众定位：确定广告的目标，即提高品牌知名度、增加销售、推广新产品等。然后，明确定位目标受众，包括年龄、地理位置、兴趣爱好、行为特征等。

选择适合的社交媒体平台：根据目标受众的特征选择适合的社交媒体平台，如 Facebook、Instagram、Twitter、LinkedIn 等。不同平台的受众特征不同，需选择最符合目标受众的平台。

制作吸引人的广告内容：制作高质量、吸引人的广告内容，包括图片、视频、文字等。内容应突出产品特色、品牌故事或促销信息，吸引目标受众的眼球。

设定广告预算和投放时段：设定广告投放的预算，根据预算选择投放时段和频率。合理分配预算，确保广告能在适当时间达到最多潜在客户。

选择定向广告选项：根据受众定位信息，选择适当的广告定向选项，如地理位置、年龄、性别、兴趣、行为等，确保广告仅展示给符合条件的目标受众。

测试和优化广告效果：定期分析广告效果，包括点击率、转化率、成本效益等。根据分析结果进行调整和优化，改进广告内容、定向选项或投放策略。

使用广告管理工具：利用广告管理工具提高广告投放效率，自动化广告投放、定时发布广告、分析广告表现等。

监测和反馈：持续监测广告投放效果，及时收集用户反馈。根据反馈信息，对广告进行调整和优化，提高广告的效果和回报率。

通过精准的社交广告投放，品牌可以有效地将广告展示给潜在客户群体，提高品牌知名度、吸引潜在客户，并最终转化为实质性的销售和业绩增长。

(5) 博主合作和影响营销

与时尚博主、意见领袖或社交媒体上的影响者合作，进行产品推广和品牌曝光。

定合作方案和合同：确定合作内容、推广方式、时间安排等，并制定合同规定双方的权利、义务和报酬。合同应明确推广期限、费用、内容要求等。

创作吸引人的内容：协助或要求博主创作吸引人的内容，如产品试穿、穿搭搭配、产品评测等。确保内容能够吸引目标受众。

推广产品和品牌：博主通过他们的社交媒体平台、博客或视频频道推广品牌和产品。他们可以分享产品特色、穿搭效果、使用体验等。

举办合作活动或赛事：与博主合作举办有奖活动、赛事或合作推广活动，吸引更多关注和参与，增加品牌曝光度。

跟踪和分析效果：跟踪合作后的效果，包括关注增长、转化率、销售增长等。根据数据分析效果，评估合作的投资回报率。

建立长期合作关系：如果合作获得成功，考虑建立长期合作关系，与博主建立稳定的合作伙伴关系，实现持续的品牌推广。

博主合作和影响营销可以帮助品牌快速扩展影响力，吸引更多目标受众，增加品牌认知度和用户信任度，推动产品销售。

(6) 促销活动和折扣信息发布

定期发布促销信息、折扣活动、限时优惠等，吸引消费者并刺激购买欲望。以下是一些推广促销活动和折扣信息的关键步骤和建议：

制定吸引人的促销活动：设计具有吸引力的促销活动，如限时折扣、买赠优惠、满减、特价促销等，确保活动对消费者具有明显的吸引力。

明确促销期限和条件：明确促销活动的开始和结束时间，以及消费者参与的条件。例如，购买金额达到一定数额才能享受折扣。

多渠道发布促销信息：在公司官网、社交媒体、电子邮件通信、线下店铺等多个渠道发布促销信息，确保信息传播广泛。

吸引标题和内容：使用吸引人的标题和内容，突出促销的独特优势和价值，吸引消费者点击和了解更多信息。

清晰的折扣说明：清晰、明了地说明折扣信息，包括优惠幅度、参与条件、适用产品范围等，避免消费者的疑惑。

利用倒计时和紧迫感：利用倒计时、限量销售或库存告急等手法创造紧迫感，鼓励消费者尽快购买。

客户分层和定向推送：根据客户分层，向特定群体推送相关促销信息，确保信息的针对性和有效性。

用户生成内容 (UGC)：鼓励消费者分享他们的购买体验和促销产品的图片或视频，增加用户互动和信任度。

跟踪活动效果并优化：利用分析工具追踪促销活动的效果，包括转化率、销售增长等。根据数据优化促销策略。

通过定期发布吸引人的促销活动和折扣信息，品牌可以刺激消费者的购买欲望，增加销售量，同时提高品牌曝光和客户忠诚度。

(7) 参与用户互动

积极回应用户评论、问题和反馈，建立良好的互动关系，提高品牌信任度。以下是一些提高用户互动并积极回应用户的建议：

及时回复用户评论和问题：尽量在用户发表评论或提出问题后的最短时间内给予回应。及时回复显示出对用户的重视和关注。

展示友好、专业的态度：在回应用户时保持友好和专业的态度。尽量解决用户的问题或疑虑，提供有价值的信息。

个性化回复：尽量个性化回复，使用用户的名字，并针对他们的具体问题或评论进行回应，让用户感到受到重视。

鼓励用户互动和讨论：在社交媒体平台上提出问题，鼓励用户发表意见、分享经验，引导用户间的讨论和互动。

回应用户的正面和负面评论：对于正面评论，感谢用户，并鼓励他们继续支持。对于负面评论，礼貌地回应并承诺解决问题，不要对抱怨进行争论。

开展问答环节或直播活动：定期开展问答环节或直播活动，让用户直接参与，提出问题并得到实时解答。

分享用户生成内容 (UGC)：鼓励用户分享使用产品的照片、视频或评价，将他们的 UGC 分享到品牌的社交媒体平台上。

建立忠诚客户俱乐部或社区：创建忠诚客户俱乐部或线上社区，为忠诚粉丝提供特殊优惠、独家活动和资讯，增强用户黏性。

定期进行用户调研：定期邀请用户参与调研，了解用户需求和意见，倾听用户声音并作出相应改进。

持续改进并学习用户需求：将用户反馈作为改进产品和服务的重要依据，持续优化品牌的产品和用户体验。

通过积极参与用户互动、回应用户评论和建立良好的关系，品牌可以增强用户信任度、提高品牌忠诚度，进而促进销售和品牌口碑的提升。

7.2.2 电子商务整合

将社交媒体与电子商务平台整合，实现直接购买、商品导向链接等功能，简化购买过程。将社交媒体与电子商务平台整合是提高购买便捷性、促进销售的有效途径。以下是一些整合社交媒体和电子商务平台的关键步骤和建议：

(1) 整合购买功能

在社交媒体平台上直接整合购买功能，允许用户在社交媒体上浏览产品并实现直接购买。

商品导向链接和购买按钮：在社交媒体上分享商品导向链接或添加购买按钮，引导用户直接跳转到电子商务平台进行购买。

社交媒体广告和购买功能结合：结合社交媒体广告和购买功能，通过社交媒体广告吸引用户并引导他们直接购买产品。

整合购物车和结账流程：确保购物车和结账流程能够无缝地在社交媒体平台和电子商务平台间切换，提高购买效率。

优化移动端购买体验：确保购买功能在移动端的顺畅运行，优化移动端购买体验，提高移动设备用户的购买便捷性。

推送促销信息和特价商品：在社交媒体上推送促销信息、特价商品和限时折扣，刺激用户在社交媒体平台上直接购买。

分析购买转化路径：使用分析工具追踪购买转化路径，了解通过社交媒体引流的用户在电子商务平台上的购买行为。

用户购买历史和推荐产品：根据用户的购买历史和兴趣推荐相关产品，提高社交媒体上的购买转化率。

提供安全支付选项：在社交媒体整合的购买流程中提供安全的支付选项，增强用户信任和购买的安全感。

通过整合社交媒体和电子商务平台，使购买过程更加简化和直观，提高购买效率，同时促进销售和提升用户购物体验。

(2) 数据分析和优化

运用数据分析工具分析社交媒体的效果，了解受众反应，优化营销策略。以下是一些在社交媒体营销中应用数据分析和优化策略的关键步骤和建议：

设定明确的目标和指标：明确社交媒体营销的目标，如增加品牌曝光、提高转化率、增加销售等，并设定相应的关键指标用于衡量效果。

选择合适的数据分析工具：选择适用于社交媒体分析的工具，如Google Analytics、Facebook Insights、Twitter Analytics等。

分析受众特征和行为：通过数据分析工具分析受众的特征、兴趣、行为等信息，了解受众群体的特点，以便针对性地调整营销策略。

监测社交媒体活动效果：跟踪社交媒体活动的效果，包括浏览量、互动率、点击率、转化率等，评估活动的成功与否。

分析广告投放效果：对广告投放情况进行分析，包括广告曝光、点击、转化等，优化广告投放的方式和目标受众。

挖掘用户反馈和评论：分析用户在社交媒体上的评论、反馈和互动，了解用户的意见和需求，及时调整营销策略和产品服务。

优化内容发布时机和频率：分析不同时间段受众的活跃度，确定最佳的内容发布时机和发布频率，以提高内容的可见性和影响力。

持续优化营销策略：根据数据分析的结果，不断优化社交媒体营销策略，调整目标、内容、推广方式等，以达到最佳效果。

通过利用数据分析工具进行深入的社交媒体数据分析，企业可以更精准地了解受众反应和行为，从而优化营销策略，提高社交媒体营销的效果和 ROI。

(3) 用户生成内容

鼓励用户分享他们使用产品的照片、评论和体验，增强品牌口碑和信誉。鼓励用户生成内容 (User-Generated Content,UGC) 是增强品牌口碑和信誉的有效策略。以下是一些推动用户生成内容的建议：

明确鼓励和奖励机制：设计明确的奖励机制，例如赠品、折扣券、优惠码等，以鼓励用户分享他们的照片、评论和体验。

创造吸引人的话题和挑战：提出创意独特的话题或挑战，激发用户创作内容，如"最喜爱的产品照片"或"我的购物体验分享"。

分享 UGC：定期在品牌社交媒体平台上分享 UGC，以展示用户的正面体验，并鼓励更多用户参与分享。

建立 UGC 社区或板块：在品牌网站或 APP 上建立专门的 UGC 社区或板块，供用户自由分享他们的体验、照片和评价。

提供易用的分享工具：简化用户分享的步骤，提供易用的分享工具，使用户能够轻松分享他们的 UGC 到社交媒体。

回应和互动：积极回应和互动用户的 UGC，例如点赞、评论、分享，让用户感到他们的贡献受到重视。

展示多样性和创意：鼓励用户分享多样化和创意的内容，包括照片、视频、故事、教程等，展示产品的多方面特性。

利用品牌标签和 Hashtag：提供品牌标签和 Hashtag，引导用户在分享 UGC 时使用，以便集中展示和搜索相关内容。

组织 UGC 活动和比赛：定期组织 UGC 活动或比赛，奖励最优秀的 UGC 创作者，激发更多用户参与 UGC 的创作。

尊重用户隐私和版权：在鼓励 UGC 的过程中尊重用户的隐私和版权，明确使用和分享 UGC 的规则和权限。

通过鼓励用户生成内容并积极互动，品牌可以增强与用户的互动，提升口碑和信誉，加强用户对品牌的认知和忠诚度。通过这些策略，纺织服装品牌能够有效利用社交媒体和数字化手段，扩大品牌影响力，吸引目标受众，提升产品销售和市场份额。同时，这也能增强品牌与客户的互动和沟通，促进长期的品牌忠诚度。

有效利用社交媒体和数字化手段，结合适当的营销策略，可以为纺织服装品牌带来诸多好处，包括扩大品牌影响力、吸引目标受众、提升产品销售和市场份额等。这也有助于建立更加紧密的品牌与客户关系，促进长期的品牌忠诚度和持续的业务增长。不断优化和创新营销策略，与时俱进，是企业在数字化时代取得成功的重要因素之一。

海关总署 2023 年 6 月发布的《中国跨境电商贸易年度报告》显示，2022 年，中国跨境电商进出口规模首次突破 2 万亿元人民币，达到 2.1 万亿元，比 2021 年增长 7.1%。服装作为我国跨境电商出口重点类目，占全国跨境电商出口额 10% 以上，发展潜力空间巨大。中国纺织服装企业依托自有电商平台、第三方电商平台、社交媒体平台以及向北开放发展总部等跨境服务平台，促进跨境电商与市场采购贸易方式实质性融合，培育壮大跨国贸易新市场、新业态、新模式。

7.2.3 服装产品元宇宙营销技术

"元宇宙"通常指的是虚拟世界的概念，其中人们可以交互、创建和分享内容，仿佛是一个与现实世界并行的数字化空间。在服装产品营销中，元宇宙技术可以通过虚拟现实(VR)、增强现实(AR)、三维建模和虚拟试衣间等技术来提供更丰富、更个性化的购物体验。

(1) 元宇宙营销技术的应用

虚拟试衣间：消费者可以在虚拟空间中尝试不同的服装款式、颜色和搭配，以更直观、更真实的方式体验购物。

AR 与互动体验：利用 AR 技术，消费者可以通过手机或专门的设备将虚拟服装置于真实场景中，观察服装搭配效果。

个性化定制：元宇宙技术可以帮助顾客更精准地定制服装，从面料、款式到尺寸，提供更个性化的购物体验。

虚拟社交与品牌互动：品牌可以通过元宇宙创建自己的虚拟体验空间，与消费者互动，展示新品、举办活动或与用户交流。

数字化商品展示：在元宇宙中展示产品，提供更生动、立体的展示效果，增强消费者对产品的了解和体验。

(2) 元宇宙营销技术的优势

个性化体验：为消费者提供定制化和个性化的购物体验，增强购物的互动性和乐趣。

扩展市场覆盖：打破地域限制，让消费者随时随地都能体验品牌产品，扩大潜在市场。

品牌塑造和体验营销：创造更直观、更深入的品牌体验，增强品牌忠诚度和认知度。

虽然元宇宙营销技术提供了诸多优势，但其发展仍需克服技术成本、技术标准和用户参与度等方面的挑战。这些技术的成功应用需要兼顾技术创新与用户需求的平衡。

7.3 客户关系管理系统的应用

客户关系管理(Customer Relationship Management, CRM)系统是一种通过集成技术、流程和人员来管理企业与客户之间关系的工具，它旨在改善客户服务、提高客户满意度、增强客户忠诚度，并最终增强企业的盈利能力。

7.3.1 CRM 系统的应用

(1) 客户数据集中管理

将客户的基本信息、交易历史、服务记录等集中存储，实现一视同仁、综合了解客户的目标可以通过建立 CRM 系统来实现。下面是实现客户数据集中管理的关键步骤和建议：

选择适当的 CRM 系统：选择适合企业规模和需求的 CRM 系统，确保其能够集中存储并综合展示客户数据。

建立客户数据库：建立一个完整的客户数据库，包含客户的基本信息、交易历史、服务记录、互动信息等关键数据。

定义数据标准和字段：定义统一的数据标准和字段，以确保不同部门或系统中的数据能够统一理解和使用。

建立客户档案：为每个客户建立详细的客户档案，包括个人信息、购买历史、服务记录、投诉处理等，便于全面了解客户。

实时更新客户数据：确保客户数据的实时更新，特别是交易和服务记录，以保持数据的最新和准确。

权限管理和数据安全：设定合适的权限，确保只有授权人员能够访问和修改客户数据，并采取安全措施保护客户数据的安全性。

建立客户交互记录：记录客户与企业的所有交互，包括电话、邮件、社交媒体互动等，以完整记录客户与企业的互动历史。

分析客户数据：利用 CRM 系统提供的分析工具，分析客户数据，了解客户行为、偏好、购买习惯等，为制定营销策略提供依据。

个性化客户服务和营销：根据客户数据，提供个性化服务和营销推广，以满足不同客户群体的需求和期望。

通过集中存储、整合和分析客户数据，企业可以更好地了解客户、个性化服务、优化营销策略，从而提升客户满意度、增强忠诚度，实现业务增长和可持续发展。

(2) 客户分类和分析

客户分类和分析是制定有效营销策略的重要基础。通过深入分析客户数据，可以识别高价值客户、潜在客户等，并针对不同类别的客户制定相应的营销策略。以下是实施客户分类和分析的关键步骤和建议：

收集客户数据：收集客户的基本信息、交易历史、互动记录、购买频率、消费金额、产品偏好等相关数据。

特征选择和分析：分析客户数据，选取关键特征进行分析，例如购买频率、购买金额、交易时间等，以及客户的行为特征。

客户分群（分段）：基于特征选择的结果，采用合适的分析方法如聚类分析、客户价值分析（Recency Frequency monetary，RFM）模型（最近一次购买时间、购买频率、购买金额）等，将客户分成不同的群组（或称段）。

确定客户分类：根据分析结果，确定客户分类，例如高价值客户、普通客户、潜在客户、流失客户等。

分析客户群体特征：分析每个客户群体的特征，包括购买习惯、偏好、地域分布、购买时间等，了解不同群体的特点。

制定营销策略：针对不同分类的客户群体，制定相应的营销策略，如高价值客户提供专属优惠、潜在客户进行推广活动等。

监测和调整策略：定期监测营销策略的效果，根据反馈结果调整策略，确保策略的有效性和适应性。

个性化营销：基于客户分类结果，实施个性化营销，通过定制化的产品、定向广告、个性化推荐等方式满足不同群体客户的需求。

客户反馈分析：分析客户对不同营销策略的反馈，了解客户的感受和意见，进一步优化营销策略。

客户分类和分析有助于企业更加精准地了解客户群体，从而制定针对性的营销策略，提高营销效率、增加销售额，促进企业持续增长。

(3) 客户互动和沟通管理

客户互动和沟通管理是建立良好客户关系的重要一环。通过记录客户互动、通话记录、电子邮件、社交媒体交流等，企业可以确保及时、一致的客户沟通，提升客户满意度。以下是实施客户互动和沟通管理的关键步骤和建议：

建立客户互动记录系统：部署CRM系统或类似工具，用于记录所有与客户的互动和沟通。

整合不同渠道的信息：整合不同渠道的信息，确保客户的所有互动记录能够在一个集中的系统中查看。

建立客户通信历史：为每个客户建立通信历史，包括沟通的时间、方式、内容等，以便全面了解客户的互动情况。

标准化沟通流程：设定标准化的沟通流程，包括客户响应时间、回访频率、信息回复准则等，确保沟通及时和规范。

分配沟通任务和责任：分配沟通任务给相应的团队成员，明确每个团队成员的责任，确保客户沟通不出现遗漏。

实时更新客户信息：在每次互动后，及时更新客户信息，包括备注、客户意见、问题和建议等，以便下次沟通时参考。

个性化沟通和服务：根据客户的互动记录，进行个性化沟通，提供个性化的服务和建议，增强客户满意度。

客户反馈和改进：收集客户的反馈意见，倾听客户的声音，根据反馈不断改进沟通流程和服务质量。

培训和提升团队能力：定期培训团队成员，提升他们的沟通和客户服务能力，确保高效的客户互动。

通过建立完善的客户互动和沟通管理系统，企业能够保持与客户的良好沟通，建立长期稳定的客户关系，提高客户满意度，进而促进业务增长。

(4) 销售机会和线索管理

跟踪和管理销售机会，协助销售团队有效推进销售过程，提高销售转化率。以下是实施销售机会和线索管理的关键步骤和建议：

建立销售机会和线索管理系统：部署销售管理软件或CRM系统，用于跟踪和管理销售机会和线索。

收集线索信息：收集潜在客户（线索）的信息，包括联系方式、需求、购买意向等，并将其记录在系统中。

分配销售机会：根据线索的质量和销售团队负荷，合理分配销售机会给不同的销售代表。

跟踪销售机会进度：持续跟踪销售机会的进度，包括沟通历史、谈判状态、预计成交时间等。

设定销售阶段和目标：定义销售过程中的不同阶段，并为每个阶段设定明确的销售目标和关键活动。

分析销售数据：分析销售数据，了解销售机会来源、转化率、丢失原因等，为销售策略提供依据。

优先处理高潜力机会：根据客户需求、购买意向和预算等，优先处理高潜力的销售机会，提高销售转化率。

个性化跟进策略：基于客户特征和需求，制定个性化的跟进策略，满足客户需求，推动销售进程。

定期销售会议和评估：定期召开销售会议，评估销售机会的状态、进度，共同解决销售过程中的问题。

及时更新销售信息：在每次互动后，及时更新销售信息，包括交谈内容、客户反馈、后续行动等。

提供销售工具和培训：提供销售代表所需的销售工具和培训，提升销售团队的销售技能和效率。

通过建立科学的销售机会和线索管理体系，企业可以更好地利用潜在客户资源，提高销售转化率，推动销售团队的业绩增长。

(5) 客户服务和支持

提供客户支持系统，跟踪客户问题、服务请求，提供高效的客户支持和解决方案。以下是实施客户服务和支持的关键步骤和建议：

建立客户服务和支持系统：部署客户服务和支持管理系统，用于跟踪客户问题、服务请求和解决方案。

设立客户服务团队：组建专门的客户服务团队，负责处理客户的问题、投诉、建议和需求。

提供多渠道支持：提供多种联系方式，如电话、电子邮件、在线聊天、社交媒体等，以便客户能够选择适合他们的联系方式。

培训客服人员：对客服人员进行专业的培训，使其具备良好的沟通技能、问题解决能力和产品知识。

建立常见问题解答库：建立常见问题解答库，供客服人员和客户自助查询，提高服务效率。

设定服务级别协议：设定客户服务响应时间、解决问题的时间等服务级别协议，确保及时响应客户需求。

跟踪服务请求和处理过程：跟踪客户的服务请求和处理过程，确保服务过程的透明和高效。

建立客户反馈机制：提供客户反馈渠道，鼓励客户提供意见和反馈，以改进服务质量。

个性化服务和关怀：基于客户的购买历史、偏好等信息，提供个性化的服务和关怀。

持续改进服务流程：定期评估服务流程和客户反馈，持续改进服务流程，提升客户体验。

危机管理和客户满意度调查：在危机时及时响应，采取措施避免负面影响。定期进行客户满意度调查，了解客户对服务的满意度和改进建议。

通过建立高效的客户服务和支持系统，企业可以及时响应客户需求，解决客户问题，提升客户满意度，加强客户关系，从而实现业务增长和长期稳定发展。

7.3.2 营销活动管理

管理市场营销活动、广告宣传、促销活动，分析其效果并优化市场策略。

管理营销活动是确保市场策略顺利执行、实现营销目标的重要环节。以下是实施营销活动管理的关键步骤和建议：

(1) 制定营销活动计划

根据市场策略和目标，制定年度、季度或月度的营销活动计划，明确活动类型、时间、地点、预算等。

指定活动负责人和团队：指定活动负责人，并组建相应的团队，明确各自职责和目标，确保活动执行顺利。

制定预算和资源分配：根据活动计划制定预算，包括活动费用、人力资源、推广费用等，并合理分配资源。

活动策划和设计：详细策划活动内容、推广方式、目标受众、活动亮点等，设计吸引人的活动方案。

推广和宣传活动：利用多种渠道进行活动宣传，包括社交媒体、电子邮件、传统媒体等，吸引目标受众的关注。

执行活动并监控进展：按照计划执行活动，同时定期监控活动进展，确保活动按时、按质完成。

数据分析和效果评估：收集活动数据，分析活动效果，评估活动的影响、转化率和投资回报率。

优化和改进市场策略：基于活动效果分析，优化市场策略，调整下一阶段的营销活动计划，提高市场推广效果。

定期复盘和总结：在活动结束后，召开会议进行复盘，总结成功经验和改进点，为未来活动提供指导。

客户反馈和调研：收集客户对活动的反馈意见，进行客户调研，了解客户需求和对产品的认知。

与合作伙伴合作：与合适的合作伙伴合作，共同推动营销活动，扩大活动影响范围。

通过有效的营销活动管理,企业可以充分发挥市场推广的效果,提高品牌曝光度,吸引潜在客户,推动销售增长。同时,不断优化活动策略,适应市场变化,提高市场竞争力。

(2) 制定调查目标和计划

确定调查目标,明确欲了解的信息,制定调查计划,包括调查时间、样本规模、调查方式等。

选择调查方法:根据目标和情境选择适当的调查方法,如在线调查、电话调查、邮件调查、面对面调查等。

设计调查问卷或访谈指南:设计客户满意度调查问卷或访谈指南,确保问题清晰、具体、客观,覆盖关键方面。

采集样本和数据:根据调查计划采集样本,并通过调查问卷或访谈收集客户反馈和意见。

分析和解读数据:对收集到的数据进行分析,得出客户满意度和关键问题的结论,识别改进点。

整理调查结果报告:编制客户满意度调查报告,包括分析结果、结论、建议改进措施等,以便与团队分享。

客户反馈沟通和解决问题:及时回应客户的反馈,解决客户遇到的问题,传递企业对客户意见的重视。

改进产品和服务:基于调查结果,制定改进计划,优化产品和服务,提升客户满意度。

定期进行满意度调查:建立定期的满意度调查机制,持续跟踪客户满意度的变化趋势,及时调整经营策略。

关注客户体验:关注客户在购买、使用、售后等全流程的体验,通过改进流程提升客户满意度。

激励员工关注客户满意度:鼓励员工关注客户满意度,将其作为员工绩效考核的重要指标之一。

通过客户满意度调查和反馈,企业可以更好地了解客户需求、改善产品和服务,增强客户忠诚度,提高客户满意度,实现持续的业务增长。

(3) 报告和分析

生成各类报告和分析,包括客户生命周期分析、销售预测、客户流失分析等,为决策提供依据。以下是常见的报告和分析类型以及实施的步骤和建议:

①客户生命周期分析

步骤:根据客户的不同阶段(获取、发展、留存、流失),分析客户的行为、购买频率、价值等。

建议:基于客户生命周期分析,制定相应的营销策略,提高客户的转化率和留存率。

②销售预测分析

步骤:基于历史销售数据、市场趋势和其他相关因素,预测未来的销售趋势和需求。

建议:利用预测结果调整库存、生产计划、营销策略,以适应未来的市场需求。

③客户流失分析

步骤：分析客户流失的原因、时机和模式，了解流失客户的特征和行为。

建议：基于流失分析制定挽留策略，努力减少客户流失，提高客户忠诚度。

④市场细分和定位分析

步骤：将市场划分为不同的细分市场，并确定最有利的定位策略。

建议：根据细分市场和定位策略，制定针对性的产品、价格、促销和沟通策略。

⑤产品分析和优化

步骤：分析产品的市场表现、用户反馈、成本结构等，寻找优化点。

建议：基于产品分析结果，进行产品改进、创新和定价优化，以提高市场竞争力。

⑥渠道效能分析

步骤：评估各销售渠道的效果，包括线上、线下、代理商等渠道。

建议：根据效能分析结果，优化资源分配，加强高效渠道的发展，降低低效渠道成本。

⑦品牌声誉和口碑分析

步骤：监测社交媒体、评价网站等，分析品牌在公众心目中的声誉和口碑。

建议：根据分析结果，制定品牌管理策略，提高品牌形象和公众认知。

⑧成本效益分析

步骤：分析投资、运营、营销等方面的成本与收益，评估项目或活动的效益。

建议：根据成本效益分析，调整资源分配，优化成本结构，提高投资回报率。

通过这些分析和报告，企业可以更好地了解自身的业务情况、市场状况和客户需求，以此为基础做出明智的战略和决策。

(4) 整合其他系统

与企业的其他系统(如 ERP 系统、电子商务平台等)进行集成，实现数据共享和信息流畅，对于提高工作效率、优化业务流程和支持决策制定至关重要。以下是整合其他系统的关键步骤和建议：

需求分析和系统选择：分析企业需求，明确需要整合的系统、数据流和信息交互的需求，选择适合的整合方案。

制定整合计划和目标：制定系统整合的计划，包括整合时间表、目标、负责人、资源分配等。

系统接口设计和开发：设计系统间的接口，确保数据能够在系统间顺畅传递，进行接口开发和测试。

数据映射和清洗：映射不同系统的数据字段，确保数据在整合过程中的准确性和一致性，进行数据清洗和转换。

系统集成和测试：进行系统集成，测试接口的稳定性、数据准确性、信息传递的实时性等。

用户培训和意见收集：为相关员工提供培训，确保他们能够熟练使用整合后的系统，收集用户的意见和建议。

上线运行和监控：将整合后的系统投入使用，监控系统运行情况，及时发现和解决问题。

优化和改进：定期评估系统整合的效果，收集反馈，进行系统的优化和改进。

安全和隐私保护：确保整合过程中数据的安全和隐私保护，采取相应的安全措施，遵守相关法律法规。

沟通和协作：保持跨部门、跨团队的沟通和协作，确保整合过程的顺利进行。

整合不同系统有助于企业实现更高效的业务流程和数据管理，提高企业的整体运营效率和决策的准确性。

(5) 移动端应用

提供移动端应用，让销售团队可以随时随地访问和更新客户信息，处理客户事务。开发移动端应用是为销售团队提供灵活性和便利性，使其能随时随地访问和更新客户信息，处理客户事务。以下是开发移动端应用的关键步骤和建议：

需求分析和定义功能：与销售团队合作，了解他们的需求和期望，明确需要的功能和特性。

选择开发平台和技术栈：根据需求选择适合的开发平台(iOS、Android、跨平台)和技术栈(如 React Native、Flutter、Swift、Kotlin 等)。

界面设计和用户体验优化：设计用户友好的界面，优化用户体验，确保应用易于使用且功能清晰。

开发和测试：进行应用的开发和测试,包括功能开发、UI/UX 设计、后端集成、测试、性能优化等。

数据安全和隐私保护：确保用户的数据在移动应用中的安全存储和传输，遵守隐私保护法律和规定。

用户培训和意见收集：为销售团队提供培训，确保他们能够充分利用移动应用。收集用户反馈，做出改进。

部署和上线：将应用部署到相应的应用商店(如 App Store、Google Play)，确保应用的上线和更新。

运营和维护：监控应用的运行情况,定期更新应用以修复漏洞、增加新功能、优化性能。

整合其他系统：整合移动应用与企业其他系统，确保数据共享和信息同步。

反馈和改进：收集用户的反馈和建议，不断改进移动应用，提高用户满意度。

通过开发移动端应用，销售团队可以更高效地管理客户信息、处理事务，提高工作效率，增强客户服务体验。同时，也能提供实时数据和洞察，帮助销售团队做出更明智的决策。通过 CRM 系统的应用，企业能够更好地了解、管理和服务客户，提高客户满意度，增强客户忠诚度，实现可持续发展和业务增长。

 直播电商

7.4.1 直播电商的概念

直播电商是一种融合了直播和电子商务的销售模式，通过实时直播视频展示产品、服务或者活动，与观众进行互动，促进销售和交易。这种模式结合了直播、社交媒体和电子

商务的特点，为消费者提供实时的购物体验，使购物过程更具社交性和娱乐性。

在直播电商中，通常有主播(也称为直播达人或卖家)通过直播视频向观众展示产品、解释产品特性、回答观众问题，并提供实时的促销、优惠等信息。观众可以通过直播实时评论、提问、提出购买意向，并直接在直播中完成购买交易。这种直播购物的模式可以增强消费者的购买决策和购买乐趣，也能够提高销售转化率。

直播电商的优点包括实时互动、直观展示、社交性、即时促销和快速交易。近年来，直播电商得到了快速发展，尤其是在一些市场成熟的国家和地区。社交媒体平台也开始加入直播电商的行列，为品牌和商家提供直播电商的平台，进一步推动了这种销售模式的普及和发展。

(1) 发展历程与背景

直播电商的发展可以追溯到早期的网络直播和电子商务的融合，但其真正爆发和成为独立的商业模式可以追溯到近年来。以下是直播电商的发展历程与背景：

起源(早期阶段)：早期，一些电商平台和个体商家开始尝试利用网络直播平台，如YouTube、Twitch等，通过直播向观众展示产品、提供购物链接，进行产品销售。这种模式融合了娱乐性和购物的体验，但规模和影响相对较小。

中国模式的崛起：直播电商在中国得到了特别快速的发展。中国的直播电商模式突显了社交、娱乐和购物的完美结合。以中国为代表的直播电商平台(如淘宝直播、京东直播、快手直播等)开始崭露头角，成为了该模式的领先者。这些平台通过打造网红主播、提供丰富多样的商品，以及实时互动等方式，吸引了大量用户参与购买。

快速普及和国际影响：直播电商的成功在全球范围内引起了广泛关注。不仅中国，其他国家也开始探索和推广直播电商模式。社交媒体平台和电商巨头也积极加入这一领域，进一步推动了直播电商的普及。

技术支持和创新：随着技术的不断发展，直播电商得到了更多技术支持，如智能推荐系统、数据分析、支付技术的创新等，进一步提升了直播电商的效率和体验。

COVID-19疫情的推动：COVID-19大流行期间，线上购物需求急剧增加，直播电商受益于这一趋势。人们因疫情隔离而增加了对线上购物和娱乐的需求，直播电商成为了受欢迎的购物方式。

直播电商的背景可以总结为社交媒体和电子商务的融合，通过直播视频吸引用户，实时互动并推动销售。这种模式具有强烈的社交、娱乐和购物体验特征，逐渐成为电子商务的重要组成部分，影响了消费者购物习惯和品牌营销策略。

(2) 直播电商的意义与前景

直播电商的意义和前景在当前和未来电商发展中非常重要，它已经成为了电商领域的一个热门发展方向，具有以下重要意义和前景：

提升销售效率和转化率：直播电商通过实时直播展示产品、解答观众疑问、即时促销等，能够吸引更多观众参与，提高销售转化率。观众可以实时了解产品特点、使用方法等，这种直观的展示有助于消费者更快做出购买决定。

创新购物体验：直播电商为购物体验增添了社交性、娱乐性和互动性，观众可以与主播实时互动、评论、提问，使购物过程更加有趣和有参与感，从而激发购买欲望。

推动新产品推广：新产品往往需要更多的推广和介绍，直播电商提供了一个直接展示新产品的平台，通过直播演示、讲解产品特点，能够更迅速有效地推广新产品，吸引更多消费者关注和购买。

打造网红经济：直播电商促进了网红经济的发展。受欢迎的主播通过直播吸引粉丝和观众，成为品牌代言人，通过直播推广产品，产生更多的销售额。这对于网红和品牌之间的合作具有双赢效应。

促进产业升级和创新：直播电商的崛起推动了电商模式的升级和创新，为传统零售业、品牌商家等带来了新的商业模式和盈利机会。创新的技术和商业模式将不断涌现，推动整个产业向前发展。

国际化发展机遇：直播电商具有较强的国际化发展潜力，尤其在全球范围内推广特色产品和吸引国际观众。跨境直播销售也成为新的国际贸易模式，为不同国家的品牌和产品提供了更多机会。

直播电商有着广阔的前景，随着技术的发展和市场的成熟，它将继续创新和演进，为电子商务领域带来更多的机遇和挑战。

7.4.2 直播电商类型

直播电商是一种结合了直播和电子商务的商业模式，通过在线直播平台展示商品和服务，与观众互动，进行销售和推广。根据不同的特点、目标受众和运营方式，直播电商可以分为多种类型，以下是一些常见的类型：

(1) 兴趣电商

"兴趣电商"通常指的是根据消费者的兴趣和喜好来进行定位和推荐商品的电子商务模式。这种模式依赖于个性化推荐算法和数据分析，以了解消费者的兴趣、购买历史、浏览习惯等，从而向他们推荐符合其兴趣的产品或服务。兴趣电商的特点和优点包括：

个性化推荐：根据消费者的兴趣和行为数据，定制个性化的推荐商品，提高购买转化率。

精准定位：分析消费者的喜好，精准定位目标受众，有针对性地推送产品，降低营销成本。

提升用户体验：通过个性化推荐，使消费者更容易找到符合自己兴趣的商品，提升了购物体验和满意度。

增强客户忠诚度：通过准确了解消费者兴趣并为其推荐感兴趣的产品，可以增强客户忠诚度，使客户更愿意重复购买。

数据驱动决策：兴趣电商依赖大数据分析和智能算法，能够通过对数据的深入分析做出更明智的商业决策。

多渠道推广：通过社交媒体、搜索引擎、邮件营销等多种渠道进行推广，扩大兴趣用户的覆盖面。

兴趣电商在当前电子商务行业中受到越来越多的关注，因为它能够提高购物的个性化和定制程度，满足消费者的特定需求，促进了电商业务的发展和创新。兴趣电商是一种以特定兴趣或垂直领域为依托，针对特定目标用户群体的电商模式。

(2) 内容电商

"内容电商"是指在电子商务领域中，将内容和商品销售相结合，通过提供有价值的内容吸引消费者，从而推动商品的销售。这种模式将内容创意、信息传播和销售策略有机结合，以提高产品或服务的曝光度、吸引力和销售效果。内容电商的关键特点和优点包括：

内容驱动销售：利用高质量、有吸引力的内容吸引潜在客户，引导其对商品或服务产生兴趣，从而增加销售机会。

品牌塑造和故事讲述：通过内容讲述品牌故事、产品特点、用户体验等，加强品牌形象，建立情感连接，吸引消费者购买。

增强用户参与度：通过有趣、教育性或启发性的内容，增强用户参与感和互动，促使用户更深入了解产品或服务。

搜索引擎优化：优质内容有助于提高搜索引擎排名，增加网站流量，提升品牌知名度和可见性。

提高转化率：良好的内容可以减少购买决策的不确定性，提高购买转化率，增加销售量。

社交传播和口碑影响：用户通过分享有价值的内容，扩大了品牌的社交影响力，增强了产品的口碑效应。

内容电商不仅涵盖了文字内容，还可以包括图片、视频、音频等多种形式的内容。社交媒体平台和博客也是内容电商的重要渠道，通过这些渠道可以向大量受众传播内容，吸引目标客户群体。

(3) 货架电商

货架电商是指以虚拟或实体货架为基础，通过线上平台展示和销售商品的一种电子商务模式。这种模式将传统的实体货架与电子商务相结合，为消费者提供线上购物便利的同时保留了实体店的购物体验。主要特点和要点如下：

虚拟或实体货架展示商品：货架电商可以是虚拟的，通过线上平台展示商品，也可以是实体的，就像传统超市里的货架，但其销售渠道是通过线上平台进行。

线上购物体验：消费者可以通过手机、电脑等设备在线上平台浏览和选购商品，享受在线购物的便利和舒适性。

整合线上线下购物体验：货架电商通过整合线上线下资源，提供线上选购、线下取货或配送服务，为消费者创造更多购物选择和便利。

丰富的商品选择：货架电商通常提供多种商品类别，涵盖食品、日用品、家电、服装等多个领域，以满足消费者不同需求。

数智化技术支持：货架电商依赖数智化技术，包括(智能销售时点信息系统)、数据分析、支付系统等，以提高运营效率、客户体验和管理精度。

快捷的支付和配送系统：提供快速、安全、方便的支付和配送系统，以满足现代消费者对高效服务的需求。

数据分析与个性化推荐：基于消费者购买行为和喜好分析，向消费者推荐个性化的商品，提高购买转化率。

供应链管理优化：通过智能化的供应链管理，实现库存的精准控制和高效配送，降低库存成本，提高库存周转率。

货架电商模式以其融合线上线下的优势，提供丰富的商品选择、便捷的购物体验和高效的供应链管理，受到越来越多消费者的青睐。

(4) 产品销售型直播电商

这种类型的直播电商以商品销售为主要目的。主播通过直播展示产品特点、功能、用途等信息，吸引观众购买商品。观众可以通过直播间内的链接、二维码等方式直接购买商品。

(5) 品牌推广型直播电商

这种类型的直播电商侧重于推广品牌和产品，以提高品牌知名度和美誉度为目标。主播会介绍品牌故事、产品特色，并与观众分享购买体验，促使观众对品牌产生信任和兴趣。

(6) 服务推广型直播电商

这类直播电商主要推广各种服务，如旅游、美妆、健康等服务。主播通过直播介绍服务内容、优惠、体验分享等方式，吸引观众购买相关服务。

(7) 直播拍卖型直播电商

在直播过程中，主播通过竞拍或拍卖的形式进行销售。观众可以通过竞拍方式购买商品，这种方式常常带有一定的互动性和娱乐性。

(8) 知识分享型直播电商

这类直播电商主要以教育、培训、知识分享为主要目的。主播会通过直播向观众传授特定领域的知识，搭配产品销售，实现教育和销售的双赢。

(9) 合作品牌联合直播

多个品牌或商家共同参与的直播活动，主播为不同品牌进行推广和销售，实现多方合作的互利共赢。

(10) 游戏直播电商

结合游戏直播平台和电商的形式，通过直播游戏过程展示、销售游戏相关产品、周边、虚拟物品等，吸引玩家购买。

(11) 农产品直播电商

以农产品销售为主要内容，通过直播展示农产品的质量、产地、种植过程等信息，直接销售给消费者。

这些类型可能会有交叉和混合，根据不同的目标和市场需求，直播电商可以采取不同的形式和策略。

7.4.3 直播电商的基本运营模式

直播电商的基本运营模式是通过实时直播视频展示产品或服务，结合在线购物功能，吸引观众观看直播、了解产品信息，并在直播过程中进行购买交易。这种模式集合了直播、社交和电商的特点，为消费者提供了互动、购物和娱乐的一体化体验。

(1) 直播电商的基本运营模式的步骤和要点

选择直播平台：选择适合自己产品和受众的直播平台，例如淘宝直播、京东直播、快手、抖音、B 站等。

产品策划和准备：确定要展示和销售的产品或服务，制定相应的销售策略和定价策略。

制定直播计划和内容：确定直播时间、频率和内容，包括产品介绍、特点、使用方法等，吸引观众的兴趣。

招募合适的主播或销售员：招募具有影响力或销售能力的主播，或者配备销售人员负责直播销售。

直播：在规定时间进行直播，展示产品，介绍特点，回答观众的问题，推动销售。

促销和优惠：提供促销活动，如限时优惠、满减、赠品等，刺激购买欲望。

购买链接和支付方式：提供购买链接或二维码，使观众能够方便快速地购买产品，选择合适的支付方式。

互动和用户参与：与观众互动，回答观众的问题，进行互动游戏，提高观众的参与度。

售后服务：提供完善的售后服务，包括退换货政策、客服支持等，增强顾客信任感。

分析和优化：分析直播过程中的数据，包括观看人数、转化率等，优化销售策略，改进直播内容。

社交推广：利用社交媒体等渠道进行直播前、直播中和直播后的推广，扩大直播的影响力。

这种基本运营模式通过直播形式增加了购物体验的趣味性和互动性，能够更好地吸引消费者并推动销售。

(2) 主播与商品的匹配策略

主播与商品的匹配策略是直播电商中至关重要的一环，合理的匹配能够提高直播销售的转化率和效果。以下是一些主播与商品匹配的策略：

主播专业背景匹配：根据主播的专业背景、技能和知识，选择与其领域相关的商品，能够让主播更专业、自信地推销产品。

目标受众定位匹配：确定目标受众群体，选择能够吸引该群体的主播，然后匹配适合该群体的商品。

品牌形象一致匹配：主播的个人品牌形象应与推销商品的品牌形象一致，以保持整体的一致性和信任度。

兴趣爱好匹配：根据主播的兴趣爱好和喜好，选择符合其口味的商品，主播会更有热情地推荐这些商品。

流行趋势匹配：跟随当前的时尚潮流和流行趋势，选择与热门话题或事件相关的商品，吸引更多目标受众。

用户反馈匹配：结合观众的反馈和偏好，调整主播和商品的匹配，以满足观众的需求。

销售经验匹配：根据主播的销售经验和过往推销成功的商品，选择类似类型或有类似优势的商品进行推销。

情感共鸣匹配：主播应与推销的商品产生情感共鸣，对产品有真实的喜爱或认同感，让观众感受到真诚推荐。

地域文化匹配：考虑主播所在地域的文化、习惯，选择符合当地受众口味的商品。

直播场景匹配：根据直播的场景和主题，选择与场景相匹配的商品，增强直播的连贯性和吸引力。

定期更新匹配：定期评估主播与商品的匹配度，根据市场变化和主播情况调整匹配策略，保持新鲜感。

综合运用这些匹配策略，可以更好地选择适合的主播推销相应商品，提高直播销售的效率和成功率。

(3) 社交化直播电商成功的案例

社交化直播电商是直播电商领域的重要发展方向，结合社交元素可以增强用户互动、建立社区感和提高购买意愿。以下是一些成功的社交化直播电商案例：

淘宝直播：淘宝直播是中国电商巨头阿里巴巴旗下的直播电商平台，它整合了直播、购物、社交等功能，通过直播展示商品并和观众实时互动，成功促成了大量商品销售。

抖音带货：抖音是中国流行的短视频分享平台，通过直播形式进行带货。许多网红或明星利用抖音直播功能，向粉丝推销产品，吸引大量观众购买。

小红书直播：小红书是中国的购物分享社区，也提供直播功能。在直播中，网红或意见领袖可以向观众展示产品、分享购物经验，直接引导用户进行购买。

拼多多社交电商：拼多多以社交为特色，通过社交分享、拼团等形式，让用户参与购物，形成了独特的社交电商模式，吸引了大量用户。

这些案例展示了社交化直播电商的成功实践，通过将社交与购物有机结合，提高了用户的参与度、购买决策速度和购物体验。社交化直播电商的成功促使了更多企业在此领域尝试创新，成为电商行业的重要发展方向。

(4) 国外案例研究

欧美国家的纺织服装行业在数字化转型方面取得了许多成功的案例，这些案例展示了如何借助数字技术和创新来提升销售效率、增强市场竞争力和改善客户体验。以下是一些值得关注的优秀案例：

① Nike-NikePlus Membership Program

Nike 是全球知名的运动服装和鞋类品牌，通过推出 NikePlus 会员计划，利用移动应用和在线平台，与客户建立更紧密的联系。该会员计划提供个性化的产品推荐、健康指导、线上线下购物一体化等服务，以增强客户忠诚度。

② Adidas-Adidas App and Runtastic

Adidas 通过推出多款手机应用，如 Adidas APP 和 Runtastic，为运动爱好者提供了个性化的运动体验。这些应用不仅可以监测运动数据，还可以与社交媒体整合，促进用户交流和产品推广。

③ ASOS-Mobile Shopping App

ASOS 是一家在线时尚零售商，他们通过优秀的移动购物应用，提供轻松、个性化的购物体验。该应用结合了社交媒体、个性化推荐和直播视频等功能,吸引了大量年轻消费者。

④ Farfetch-Online Luxury Fashion Marketplace

Farfetch 是一家奢侈品时尚在线市场,通过数字化平台整合了全球各地的奢侈品牌。他们利用先进的技术提供个性化推荐、虚拟试衣间等功能,为用户创造独特的购物体验。

⑤ Zara-Fast Fashion and Data Analytics

Zara 是一家快时尚品牌,通过实施先进的数据分析和供应链管理,能够快速了解市场趋势,实现迅速设计、生产和推出新款服装,以满足消费者需求。

⑥ Stitch Fix-Personalized Online Styling

Stitch Fix 是一家个性化在线搭配和购物平台,其利用算法和个人化定制,为用户推荐符合其品味和需求的服装,提高了购物的个性化体验。

这些案例展示了数字化转型对于提高销售效率、优化客户体验和拓展市场的重要作用。企业可以借鉴这些成功案例的经验,根据自身特点制定适合的数字化战略,以实现业务增长和市场竞争优势。

7.5 跨境电商

近年来,中国跨境电商迎来爆发式发展。海关数据统计,中国跨境电商进出口 5 年(2016~2021 年)增长近 10 倍。我国设立了 165 个跨境电商综试区,覆盖全国 31 个省区市,通过先行先试,复制先进经验,如今我国跨境电商主体已经超过 10 万家,跨境电商货物进出口规模大幅增长。跨境电商不仅是跨境网络买卖交易行为,而是形成了完整的跨境合作的服务生态体系。2023 年是全球跨境电商爆发式增长的年份。跨境电商已经成为国际贸易新常态。市场细分、竞争加剧、品牌和产品创新、服务生态化、模式创新,以及法规环境的不确定,都是跨境电商发展值得关注的方向。跨境电商生态化发展形成了一个服务体系,意味着给更多企业和消费者带来更多参与全球贸易的机会,也意味着更多的跨境国际合作机会。跨境电商已经不再是简单地通过全球网络把产品直接卖给最终的消费者。

跨境电商已经成为推动传统外贸企业转型升级的重要方向。跨境电商成为外贸新业态,已经形成了新的全球市场国际贸易生态环境和生态体系。跨境电商不仅是 BtoC,也包括 BtoB。跨境电商不仅是货物贸易,而且是与互联网相关的服务的提供。跨境电商涉及从厂商到消费端的全球供应链新的服务体系。跨境电商也不仅是贸易领域的创新,而且是中国制造产业的创新。跨境电商是全球贸易服务产业链全方位的数字化升级。传统外贸企业更应该考虑如何适应全球市场转型的新趋势。

7.5.1 跨境电商的基本原理

跨境电商的基本原理涉及到整个贸易过程中的多个关键环节,包括商家选择、支付、物流、关税和清关等。以下是跨境电商的基本原理:

电商平台选择：商家选择一个适合的跨境电商平台，这可能是国际知名的平台如亚马逊、阿里巴巴、eBay 等，或者一些专注于特定地区或领域的平台。

产品选择和定价：商家选择在跨境电商平台上销售的产品，并确定产品的定价策略。考虑到不同国家的市场需求和价格敏感度，商家可能需要进行市场研究来优化产品选择和定价。

网站本地化：商家可能需要对其在线商城进行本地化，包括提供本地语言支持、使用本地货币结算、符合目标市场的法规和标准等。

支付：提供跨境支付解决方案，以支持不同国家和地区的货币，考虑到汇率和支付手续费。同时，确保支付安全，采用加密技术等手段防范欺诈。

物流和运输：安排可靠的国际物流和运输服务，确保商品能够安全、及时地运送到目标国家。商家需要选择合适的物流伙伴，解决运输过程中的问题，并提供物流追踪服务。

关税和税收：商家需要了解目标国家的关税和税收政策，确保商品能够合法地进入目标市场。这可能涉及清关手续和缴纳相应的关税。

跨文化沟通：商家需要适应目标市场的文化差异，包括语言、习惯和法规。提供良好的客户服务和沟通方式，以建立信任和满足当地消费者的需求。

售后服务：提供跨境售后服务，包括退换货政策、客户支持等，以提升用户体验，增强品牌信誉。

数据合规：遵守目标国家的数据隐私和保护法规，确保用户的个人信息得到妥善处理。

跨境电商的基本原理涉及多个方面，商家需要综合考虑并在每个环节上进行有效的策略和操作，以确保跨境交易的顺利进行。此外，及时了解和适应目标市场的变化也是成功开展跨境电商的关键。

7.5.2 跨境电商平台

跨境电商平台是指允许商家在不同国家或地区之间进行电子商务交易的在线平台。这些平台提供了一个数字化的市场，使得商家能够销售商品给全球的消费者，同时消费者也能够在全球范围内购物。以下是一些知名的跨境电商平台：

亚马逊(Amazon)：亚马逊是全球最大的在线零售商之一，提供了一个强大的跨境电商平台。卖家可以在亚马逊上注册并销售商品给全球的消费者。

阿里巴巴国际站(Alibaba.com)：阿里巴巴是中国最大的电商公司之一，其国际站 Alibaba.com 专注于跨境贸易，为全球买家和卖家提供在线贸易平台。

eBay：eBay 是一家美国的在线拍卖和购物网站，允许卖家在全球范围内销售商品。它也提供直接购买选项，而不仅仅局限于拍卖模式。

速卖通(AliExpress)：速卖通是阿里巴巴旗下的平台，主要面向国际市场，提供小额批发和零售服务。它通常由中国的小型制造商和批发商使用。

京东全球购(JD Worldwide)：京东是中国的一家电商巨头，其全球购平台允许国际卖家将商品销售给中国的消费者。

Wish：Wish 是一家总部位于美国的跨境电商平台，以低价商品和折扣吸引用户。

它在全球范围内有大量用户。

Walmart Global Marketplace：沃尔玛是美国最大的零售商之一，其全球市场平台允许卖家将商品推向全球市场。

Rakuten：来自日本的 Rakuten 是一家综合性的电商平台，提供全球范围的购物和服务。

Lazada：Lazada 集团是东南亚旗舰电商平台，被称为东南亚最大的网上购物中心，Rocket Internet 成立该平台的初衷是打造"东南亚版亚马逊"。销售类目包括电子产品、服装、餐具、书籍、化妆品等，市场范围涵盖印度尼西亚、马来西亚、菲律宾、新加坡、泰国和越南等。

Shopee：Shopee 后来者居上，凭借着母公司 Sea 深耕东南亚市场多年，以及自己独有的"本土化"策略，迅速收获海量用户，已成为目前东南亚最受欢迎的电商平台。Shopee 凭借有效的运营和成熟的营销模型迅速在东南亚崛起，常年霸榜购物类 APP 下载量第一。

Mercado Libre：拉丁美洲最大的电子商务平台之一，被称为"南美版的 eBay"。目前其电商业务范围已覆盖巴西、阿根廷、墨西哥、智利、哥伦比亚等 18 个拉丁美洲国家，品类已涵盖电子、手机及配件、潮流服饰、家居生活、美容健康以及玩具等。

Souq：中东市场上最大的电商平台，于 2017 年被亚马逊公司收购。Souq 总部设立在迪拜，目前主要有四个站点市场，即迪拜、沙特、埃及和科威特。平台拥有 600 万用户，超过 31 个产品类目，主要销售电子产品、数码 3c、家居厨具、婴儿用品、潮流服饰等。

Jumia：非洲第一大电子零售商，隶属于欧洲的互联网孵化器公司 Rocket Internet，具有"非洲亚马逊"之称。最受欢迎的商品包括智能手机、洗衣机、流行饰物、女性护发产品、彩电等。除自营产品，Jumia 也允许非洲的第三方商家在平台售货，有着超过 8 万个活跃卖家。

OZON：俄罗斯最大的电商平台，目前占据 20% 的俄罗斯电商市场份额，覆盖俄罗斯 130 个城市的 2 100 个地点。成立时间较早，最开始仅卖书籍，之后平台类目才逐渐发展完善，目前涵盖书籍、电子、服装、家庭、儿童、美妆、食物、运动等商品类目。

Coupang：Coupang 是一个以折扣和低价商品为主打的韩国电商平台，主要经营时尚、美妆、家居等多个领域的商品。该平台通过独特的商品策略、市场定位以及大量的本土广告投放吸引了大量的用户，已经成为韩国最受欢迎的电商平台之一。

Trade Me：新西兰最大的网上交易市场，拥有超过 310 万会员，热销的品类包括玩具、家具产品、电子产品、品牌服装、汽车、摩托车和船配件等。Trade Me 类似于中国淘宝和闲鱼的结合，既销售新产品，也支持拍卖。

TESCO：英国最大的食品和日用杂货零售商，拥有 4300 万俱乐部会员。TESCO 的商业模式最早为传统的实体店铺，后来逐渐扩展到包括电子商务在内的多种销售渠道，产品包括食品杂货、服饰、电子产品、家具用品等，业务包括客户财经服务、电信服务等。

OTTO：来自德国领先的电子商务平台，其网店出售的商品种类多达百万余种，涵盖男女服饰、家用电器、家居用品、运动器材、电脑、电玩等。OTTO 集团近日宣布将继续限量开放 2024 年中国卖家入驻名额，这一战略将继续为中国卖家进军国际市场注入动力，同时也将为 OTTO 集团带来更多商业合作机会和竞争优势。

在选择跨境电商平台时，卖家和消费者需要考虑平台的可信度、服务质量、费用结构、支付和物流支持等因素。同时，了解目标市场的文化和法规也是成功开展跨境电商的关键。

总体来看，这些跨境电商平台各具不同优势，或是在某个国家或地区具有重要的影响力。未来，随着跨境电商市场的发展，这些电商平台还需与时俱进，不断创新，在竞争中寻求立足之道，为消费者带去更为优质的购物体验，为全球经贸发展注入更多活力。

7.5.3 "内容 + 货架"新型电商模式

"内容 + 货架"是一种新型的电商模式，强调通过提供优质内容，激发用户兴趣，并将其引导到相关商品的"货架"上进行购物。这种模式致力于在用户获取信息和购买商品的过程中创造更加沉浸式、有趣和个性化的体验。

这种"内容 + 货架"模式融合了内容营销和电商的元素，通过提供有趣、有深度的内容来吸引用户，并将其引导到商品的"货架"上进行购物。这一模式注重用户体验、品牌塑造和社交互动，有望为电商行业带来更加创新和个性化的发展。

【案例 1】

如何进入跨境电商？亚马逊、独立站、Temu(海外拼多多) 等平台繁多，该如何选择？

(原创 跨境七七 跨境七七 2023-12-26 14:58 发表于广东)

随着互联网的发展，国内外的商业贸易越来越流畅，直播电商的火爆也带动着一大批相关的产业链发展。跨境电商算是近年来发展迅猛的领域之一，与传统电商相比，其市场规模更大、发展潜力更大、竞争压力更小。因此，越来越多的人开始涉足跨境电商，希望在这个领域中获得成功。但对于想入门的小白来说，如何进入跨境电商可能是一个比较棘手的问题。本文将为新手小白提供一些有用的建议。

第一，需要了解跨境电商的基本知识。

我们所说的跨境电商是指消费者通过网络购买海外商品，商品从其他国家发货，最终送达消费者手中。因此，了解跨境电商的相关政策、法规和流程等基本知识非常重要。可以通过各类培训课程、专业书籍、行业协会等途径学习相关知识。

第二，需要选择适合自己的跨境电商平台。

目前我国市场上有许多跨境电商平台模式可供选择，如亚马逊、独立站、Temu(海外拼多多)、SHEIN (快时尚品牌希音)、Tiktok(海外抖音)、Shopee(虾皮)、速卖通等等。不同的平台有不同的特点和优缺点，需要根据自己的情况进行选择。

例如亚马逊，跨境的老大哥，可以说是运营起来最复杂，监管最正规，相对来说利润最丰厚的平台了，前提是你能活下来，所以这个并不是很推荐新手去做。

而独立站相对来说就比较自由，没有平台那么多的条条框框，可以做自己的品牌，缺点就是没有自然流量，需通过各种社交搜索平台投放广告引流，这对新手来讲稍稍有点挑战。反正根据自己的情况去选择合适的平台就对了，然后就是确定市场，你将专注于哪个市场？你的目标客户是谁？目前，欧美市场已经逐渐饱和。各类电商平台之间的竞争非常激烈，中小型卖家可能无法生存。因此，你可以专注于东南亚和日本的市场，总人口分别约为5.8亿、1.3亿，这也是一个非常广阔的电子商务市场。

还有最重要的，跨境电商入门最重要的就是运营，这需要你有营销思维，挖掘产品卖点，并具备数据分析、整体控制和营销策略的能力。

第三，准备开店资料，对目标人群进行人群画像。

确定好平台之后按照规定准备好入驻资料，比如营业执照等，申请开店。同时了解各个国家的风俗习惯以及需求，还有法律政策等等。记住一点，如果是同时多开几个店铺一定要做好防关联工作，首先就从平台注册资料开始，要不一样的资料。

第四，需要找到可靠的供应商。

在跨境电商中，供应商是非常重要的一环。一般来说，可以通过以下几种途径找到供应商：参加行业展会、通过跨境电商平台找到供应商、通过代理商找到供应商等。无论哪种途径，都需要进行严格的筛选和考察，确保供应商的质量和信誉。

第五，选品。

在商品的选择上，产品上新必须有准确的定位和明确的目标。海外电商平台与国内电商平台最大的区别在于，海外电商平台专注于产品。

①所选的产品类别里不要有巨头品牌：这个不用过多借势，毕竟跟巨头竞争，很难出头。

②选择流量大、需求高的类型：有需求才会有市场，可以从 Google Trends 看流量趋势，或用 SellerMotor 查看流量指数，确保选择产品的前三名的主要关键词每月的流量指数 > 10。

③选择利润空间大的产品：新手不一定非要追求跨境电商选品爆款，只要产品利润大，市场尚可，就可以选择。

④注意产品专利与版权：有些产品已经有品牌申请了专利，那么你就不能随便上架销售，否则可能会被投诉，导致店铺倒闭。

第六，物流。

要选择合适的物流公司，作为买家，买完商品后肯定希望购买的商品能第一时间到达自己手中，毕竟拆快递是每个人都期待的事情，但是鉴于国际贸易的特殊性，快递所需时间较长，所以我们需要选择靠谱的国际物流公司，能保证产品可以以最快的速度送到客户手中。这是新手小白做跨境电商很重要的一步，也是关系到客户能否给你好评的关键。

第七，需要注重市场营销。

在跨境电商中，市场营销是非常重要的一环。可以通过各种渠道进行市场推广，如社交媒体、搜索引擎、电子邮件等。同时，需要注重品牌建设，提高品牌知名度和美誉度。

总结：总之，进入跨境电商需要了解相关知识、选择适合自己的平台、准备开店资料、找到可靠的供应商，选择合适的物流，注重选品和市场营销和品牌建设。希望本文对小白新手有所帮助，能够在跨境电商领域中获得成功。

【案例2】

如何做 TikTok？

(1) 开店的事项

目前国内卖家开店的类型分两种：其一是全托管店铺，适合供应链强的，只供货，其他由 TikTok 平台负责；其二是本土发货自运营店铺。

3 个要求：

①需要有美国本土发货，支持卖家自己的海外仓或者亚马逊 FBA 多渠道配送。国内小包发货不支持，虚拟海外仓也不行。卖家从国内发小包到海外仓，海外仓换标后直接发给顾客。

②具有货架电商运营能力，有亚马逊或者 ebay 等电商平台操作的经验。

③具有达人建联能力：简单说就是在 TikTok 平台邀约达人帮你带货，设置好相应佣金；商家要会拍摄短视频进行引流和搭建直播间进行直播引流，可以先从短视频着手，直播的流程不可控因素过多。

(2) 开店后用什么方式出单

①快速邀约达人：先搞清楚什么是达人，一般来说美国满 5 000 粉的账号就有开橱窗带货的权限；新店铺要快速出单预热就可以批量的去发送邀请邮件，达人可以拍视频或者直播出单，商家开出相应的出单佣金给达人和负责后端即可。

②商家学会视频引流：个人可以做 200~300 个美国账号，可以拥有粉丝量 1 500 万左右。视频拍摄引流的核心点，是做视频吸粉把握好两个方向"有用"和"有趣"，任意一条视频内容满足其中一个点都会爆。另外，商家为了出单，拍的视频和吸粉又有所区别，这种视频转化目的更强。首先视频展示痛点足够痛；其次使用商品解决问题过程足够爽；最后使用效果很明显。

③做好产品链接的搜索引擎优化：所有上架的产品文案做好关键词。TikTok 用户一定会有一批人会在搜索框里搜产品关键词。

④直播间的搭建：直播间的布置、主播的选定、直播间话术等。

(3) TikTok 如何选品

①不要用平台电商的思维来选品：亚马逊平台上卖得好的商品不一定适合做 TikTok。因为很多商品并没有社交属性，拍摄出的视频内容很无趣，即便看到视频种草也不能打动你。体会一下消费者什么时候会在抖音买商品，什么时候会选淘宝买商品。

②参考平台数据：选择主流电商平台卖得好的品类或者产品，从热销类目里面筛选出比较容易出视频类容的产品，让本身体量不错的品类加上社交容易传播的。

③不要过于看中 TikTok 热销榜单：现如今美国小店还是红利期很多热销产品有可能还没完全覆盖，所以不要看了不热销就不选择。还是回到前面两点，即主流平台销量还不错且容易产生视频的产品就值得尝试

(4) 发布什么样的视频更容易出单

卖家老不是想着视频越爆越好，而忽略带货本身。比较泛流量的视频，例如段子搞笑，鸡汤类的，这些流量好但是挂车后转化不好。目前据实际数据而言，视频内容最好是直接跟产品有关，把产品完美地展现出来，体现它的吸引力。目前来看，视频可以是营销性很强的内容，也容易爆流量。

总结来看，产品需要跟视频紧密配合，很多产品自带流量属性，例如服装款式选得好，视频也容易爆。还有一个有意思的地方，视频只有几十个播放也出单了，这是不是释放了一个信号，现在美国当地人对于这种购物方式还觉得比较新奇，下单果断。要知道国内抖音播放量一万也不一定出单。

【案例3】

俄罗斯电商OZON、Wildberries、Yandex Market集体向中国卖家开放！

（原创 魔法AI小课堂 2024-01-26 08:01 发表于浙江）

2024年，全球跨境电商行业将迎来崭新的篇章，电商平台托管时代的崛起将带来颠覆性的变革。面对即将到来的洗牌与全球电商平台座次的重塑，是福是祸尚未可知，但可以预见的是，在托管模式盛行下，不具备供应链优势的小型卖家生存空间将日渐逼仄。

然而，机遇总是在挑战中显现。若能在接下来5~10年内精准把握市场脉搏，中国卖家完全有机会在俄罗斯电商市场占据一席之地。那么，这片蓝海的突破口究竟在哪里？得益于互联网普及率的提高和数字服务的日趋成熟，俄罗斯电商市场规模正在经历前所未有的黄金发展期。据统计数据显示，自2010年以来，俄罗斯电商市场规模迅速膨胀，至2022年已达近6万亿卢布，年增长率高达40%，预计至2027年市场规模有望翻倍至15万亿卢布。

俄罗斯电商市场不仅有速卖通等外国电商平台早早入驻，本土的OZON、Wildberries等更是凭借对本地市场的深刻了解和消费者喜爱，占据了头部地位。据Data Insight报告，2023年6—7月，OZON和Wildberries两大巨头共同贡献了线上销售额的77%，预测年底市场份额将达到53%。

为了进一步提升竞争力，OZON和Wildberries已经对中国卖家敞开了大门，为有志于扩展业务版图的中国卖家提供了绝佳舞台。因此，瞄准俄罗斯市场的中国卖家们应密切关注这些平台动向，利用好OZON、Wildberries等平台的强大支撑，趁势在俄罗斯电商市场上大展拳脚，实现商业目标。

自2020年起，俄罗斯主流电商平台OZON便开始在中国市场排兵布阵；而至2023年，Wildberries和Yandex Market也相继加入中国市场争夺战，并且Wildberries创始人兼所有者Tatiana Bakalchuk亲自确认了这一战略部署。对于曾在中国市场享受到OZON红利的卖家而言，进军Wildberries和Yandex Market无疑更具经验优势，而新入局者亦可通过自身实力和布局后来居上。

值得注意的是，Wildberries与Yandex Market的实力均不容小觑。被誉为"俄罗斯电商第一平台"的Wildberries，其2023年上半年财务报表揭示出惊人的增长势头：订单总量超过13亿笔，同比增长+119%，商品和服务销售营业额飙升94%，达到1.221万亿卢布。

另一边，稳居俄罗斯电商平台前三甲的 Yandex Market，则以其广泛的地域覆盖、全年龄段客户群体及强劲的增长数据吸引眼球。根据其发布的 2023 年第三季度财报，营收同比增长 54%，达到 2 048 亿卢布，电子商务服务营业额比去年同期劲增 67%。活跃买家数量同比增长 40%，突破 176 万大关；活跃卖家数量则同比激增 95%，增至 6.84 万。

随着俄罗斯电商平台的发展壮大，它们已不再局限于内部竞争，而是携手并进，以开放的姿态寻求全球市场的拓展。Wildberries、OZON、Yandex Market、SberMarket 以及 Avito 五家巨头联手创建数字平台协会，致力于共同发展。巴卡尔丘克女士表示，这五家公司今年已建立起深厚的友谊，并对未来有着共同的宏大愿景："这是一个成长进化的过程……我们已经到了需要团结一致，共谋大事的阶段。"

当俄罗斯电商市场进一步向国际市场敞开怀抱，尤其在俄罗斯平行进口机制延长至 2024 年，并逐步放宽对进口产品限制的情况下，几乎所有品类的商品都能通过平行进口进入俄罗斯，这对于有意进军俄罗斯市场的卖家来说无疑是如虎添翼。面对如此炙手可热的掘金时代，怎不叫人心潮澎湃！

值得强调的是，跨境电商并非短暂风口，它已在业界深耕多年，而在 2024 年，它将更加凸显其投资价值，成为众多行业中极具吸引力的选择之一。当前趋势清晰显示，俄罗斯电商市场正是产品出海的最佳落脚点之一。

结语： 在纺织服装生产过程数智化管理的讨论中，我们深入研究了数智化技术对生产过程的革新和管理优化。数智化管理不仅仅是生产效率的提升，更是对整个产业链的重新构想和再造。

本章重点探讨了数智化技术在纺织服装生产中的应用以及直播电商技术与营销方法。从智能机器人到自动化生产线再到大数据分析，这些技术的引入大幅提升了生产效率和产品质量，同时也为企业带来了更多创新和竞争优势。

然而，数智化管理也带来了新的挑战。技术投入、员工培训、数据隐私等问题需要企业持续关注和解决。在数字化转型的过程中，企业需要找到平衡点，确保技术应用与管理实践的有机结合。

本章的研究旨在为纺织服装企业提供了数智化技术在生产过程中的应用指南。只有在充分理解数智化技术的潜力，并在实践中灵活应用，企业才能在生产过程中实现效率和质量的双重提升，保持行业竞争力。

思考题：
1. 数字化时代下的纺织服装产品营销管理：挑战与机遇是什么？
2. 智能技术如何塑造纺织服装产品营销策略？
3. 数据驱动的营销决策：纺织服装行业的应用探究。
4. 数字化营销对纺织服装产品品牌影响的研究。
5. 纺织服装行业中的智能营销技术与实践。
6. 数字化时代下纺织服装产品的市场推广策略有哪些？
7. AI 和大数据在纺织服装产品销售中的应用与前景有哪些？
8. 提升纺织服装产品销售效率的数字化策略探究。

第8章 数智化供应链管理

纺织服装制造产业的数字化智能化供应链管理涉及利用现代信息技术来协调、优化和智能化整个供应链的运作和管理过程,以满足快速变化的市场需求、提高效率、降低成本、加强可持续性,并提高整个供应链的透明度和可控性。数字化智能化已经深刻改变了纺织服装行业的供应链管理方式。随着技术的迅速发展,传统的供应链模式正经历着革命性的转变。在这个充满挑战和机遇的时代,企业必须借助数字化和智能化技术来提高效率、优化流程、降低成本,并更好地满足消费者需求。本章将深入探讨数字化智能化对纺织服装企业供应链管理的影响,探讨其带来的机遇和挑战,以及成功实施这些技术的关键因素。从供应商关系到生产管理,再到物流和销售,本章将全面剖析数字化智能化对纺织服装企业供应链管理的革新和重塑,助力企业在竞争激烈的市场中立于不败之地。

8.1 数智化供应链管理的基本概念和原理

数智化供应链管理涉及使用数字技术和信息系统来优化和改善供应链的运作和管理。

8.1.1 基本概念和原理

(1) 数据驱动的决策

信息整合与共享:数智化供应链依赖于信息的高效整合和共享,确保各环节之间实时、准确地传递和共享数据。

数据分析和预测:利用大数据分析、预测模型等技术,实现对供应链各环节的数据分析,以便做出更准确的决策,优化库存管理、需求预测等。

(2) 技术集成与互联互通

物联网应用:使用物联网技术将设备、机器和传感器连接到互联网,以监控和追踪货物、优化物流和生产流程。

区块链技术:提供去中心化、安全的数据交换和交易记录,有助于提高供应链透明度、追溯能力和防篡改性。

(3) 实时可视化和跟踪

实时监控与反馈：利用实时数据监控和反馈系统，管理库存、物流、生产和交付等环节，以便迅速调整和优化。

供应链可视化：通过仪表板、数据可视化工具等方式，实现对整个供应链各环节的可视化监控和管理。

(4) 供应链网络协同与合作

供应商协同：通过数字平台和工具，加强与供应商的合作，实现供应链中不同参与方的协同作业。

合作伙伴关系管理：利用数字技术加强与合作伙伴(供应商、物流公司等)的沟通和协作，促进合作关系的持续优化。

数智化供应链管理的基本概念和关键原理旨在通过数字技术和信息系统的应用，实现供应链的高效运作、优化决策和响应速度、降低成本，并增强供应链的透明度与灵活性。

8.1.2 数智化供应链管理的特点和技术应用

(1) 关键特点

端到端可见性：实现整个供应链的端到端可见性，包括原材料采购、生产、仓储、物流、分销等环节，以便实时监控。

智能预测与规划：运用大数据分析、机器学习等技术对市场需求、销售趋势进行智能预测，辅助生产规划、库存管理等决策。

即时反应与灵活性：快速响应市场变化，能够调整生产计划、库存水平和供应链流程，以适应需求的急剧变化。

自动化流程与执行：实现供应链流程的自动化，包括订单处理、库存管理、生产调度等，以提高执行效率和降低人为错误。

智能库存管理：运用智能算法优化库存水平，确保库存最佳化，同时避免过多的库存和缺货情况。

合作伙伴协同：实现与供应商、合作伙伴的紧密协作，通过信息共享和协同规划提高整个供应链的效率和透明度。

(2) 技术应用

物联网：利用传感器和物联网技术监控设备状态、运输状况、库存情况等，实现实时信息的收集和分析。

大数据分析：运用大数据分析技术处理供应链中大量的数据，挖掘信息、预测需求、优化资源分配等。

人工智能与机器学习：使用机器学习算法进行需求预测、生产优化、供应链调整等，提高决策的智能化和准确性。

区块链技术：应用区块链技术实现供应链的安全溯源，确保产品质量和信息安全。

云计算与边缘计算：利用云计算技术存储和分析大量数据，边缘计算技术实现更快速的数据处理和决策。

智能仓储系统：使用自动化和智能化技术优化仓库运营，提高仓库效率和准确度，降低成本。

数字化智能化供应链管理在纺织服装制造产业中有着巨大的潜力，可以提升生产效率、改善产品质量、降低成本、提高客户满意度，从而增强企业的市场竞争力。

8.1.3 供应链数字化的优势

将供应链数字化带来了诸多优势，对企业的运营效率、客户满意度、决策制定等方面产生了积极影响。以下是数智化供应链的主要优势：

数智化供应链的实时监控和响应能力是其关键优势之一。通过数智化技术，企业可以实时跟踪、监控和分析供应链的各个环节，包括生产、库存、物流等，以做出快速、准确的决策和响应。这对于适应市场需求的动态变化、降低库存成本、提高交付效率和客户满意度等方面至关重要。

(1) 实时监控

生产环节：监控生产线的运行状态、生产速度、产量等，及时发现并解决生产过程中的问题。

库存状态：实时了解库存情况，包括库存量、品种、存放位置等，确保库存信息准确可靠。

物流跟踪：通过物流信息系统，实时跟踪货物运输状态、位置，提高物流效率和准确性。

(2) 实时响应

需求变化：根据实时监控的市场需求情况，快速调整生产计划、订单量，以满足市场的实时需求。

库存优化：通过实时库存信息，及时调整库存策略，避免库存积压或库存不足。

物流调整：根据实时物流信息，调整物流路线、配送计划，确保货物按时准确送达。

实时监控和响应能力使企业能够更加敏捷地应对市场波动和客户需求变化，降低了风险，提高了供应链的效率和灵活性。这对于现代企业在激烈的市场竞争中保持竞争优势至关重要。

(3) 降低成本

通过自动化、优化流程和资源分配，数智化供应链可以降低生产、库存、物流等方面的成本，提高整体效率。

生产自动化：利用数智化技术自动监测、控制和优化生产流程，降低生产过程中的人工和时间成本。

库存自动化：通过数字化系统自动跟踪、管理库存，避免人为错误，降低库存成本。

物流自动化：利用自动化系统优化物流流程，减少人力、时间和能源的浪费，降低物流成本。

生产流程优化：通过数据分析和模拟，优化生产流程，消除不必要的环节，提高生产效率，降低生产成本。

库存流程优化：通过数字化系统，优化库存管理流程，降低库存积压和滞销产品的成本。

物流流程优化：通过数据分析和智能算法，优化物流路线、配送方案，降低运输成本，提高物流效率。

精准资源分配：通过数据分析和智能系统，精准分配人力、物力、财力等资源，避免资源浪费，降低成本。

成本分析与控制：借助数字化工具分析各个环节的成本，制定有效的成本控制措施，降低整体运营成本。

数智化供应链的自动化和优化能力，不仅提高了效率，也大幅降低了成本，这对企业的盈利能力和市场竞争力具有显著影响。

(4) 准确的需求预测

数智化供应链的优势之一是能够通过数据分析和机器学习等先进技术，实现准确的需求预测。这种准确的预测有助于企业更好地规划生产、库存和物流，避免库存过剩或缺货的情况，降低成本并提高客户满意度。

①数据分析和机器学习应用

需求模式分析：通过对历史销售数据的分析，识别出销售的周期、季节性等需求模式，为未来的预测提供依据。

市场趋势预测：利用数据分析和机器学习算法，分析市场趋势，预测未来的市场需求变化，以便企业调整生产和库存。

个性化需求预测：根据个别客户的购买历史和行为数据，定制个性化的需求预测模型，为客户提供更贴切的产品和服务。

②针对性调整生产和库存

精准生产计划：基于准确的需求预测，制定更精准的生产计划，避免因生产过剩或不足而造成的浪费或损失。

库存优化：根据需求预测结果，优化库存管理策略，确保库存水平符合需求，降低库存成本。

快速调整供应链：根据需求预测的变化，及时调整整个供应链的布局和流程，以适应变化的市场需求。

数智化供应链的准确需求预测不仅有助于降低成本，还可以提高企业的敏捷性和客户满意度，增强企业在市场上的竞争优势。

(5) 库存优化

通过实时数据和预测分析，数智化供应链可以帮助企业优化库存管理，降低库存成本，同时确保产品及时交付。

①实时数据分析

库存状态实时监控：通过数字化系统，实时监控库存情况，包括库存量、存放位置、商品状态等，为及时调整提供数据支持。

销售情况实时跟踪：实时追踪销售情况，了解产品的销售速度和趋势，为库存管理提供数据基础。

②预测分析

需求预测：利用历史销售数据、市场趋势等信息，应用预测分析算法，预测未来的需求量，为库存规划提供预测依据。

季节性调整：根据季节性或周期性需求的特点，调整库存策略，避免因季节性变化而导致的库存积压或缺货。

③库存成本控制

减少库存积压成本：通过精准库存规划，避免库存积压，降低库存占用资金，减少库存积压成本。

避免滞销库存成本：通过需求预测和及时调整库存，避免产品滞销，降低滞销库存的损失和处理成本。

④及时交付

快速响应订单：通过库存优化，确保有足够的库存满足客户订单，保证产品及时交付，提高客户满意度。

及时补货机制：根据需求预测，建立及时补货机制，确保库存充足，随时满足市场需求。

数智化供应链的库存优化不仅能够降低成本，还能确保产品的及时交付，为企业提供了更加灵活高效的库存管理方式。

(6) 协同合作与伙伴关系

数智化供应链可以促进内外部伙伴间的合作与信息共享，加强合作伙伴间的协同，提高整体供应链的效率和透明度。

①内外部伙伴协同合作

实时沟通与协调：数智化供应链可以通过在线协作平台和实时通信工具，促进内外部伙伴之间的实时沟通和协调，提高反应速度。

共享信息和数据：数智化供应链可以实现信息的共享，将供应链上下游的信息整合，使得各环节能够更好地了解整体情况，做出更明智的决策。

协同决策和规划：数字化平台可以帮助各合作伙伴共同制定计划、规划和目标，提高决策的准确性和整体配合度。

②效率和透明度提升

流程透明度：数智化供应链使得供应链流程更加透明，各合作伙伴能够清晰了解整个供应链的运作过程，降低信息不对称。

效率提升：协同合作和信息共享使得整个供应链运作更高效，避免了不必要的延误和重复工作，提高了生产和物流的效率。

风险管理：共享信息和协同合作有助于对风险进行及时监测和管理，降低供应链面临的风险。

数智化供应链不仅强化了合作伙伴之间的关系，也提升了供应链整体的效率和透明度，使得企业在竞争激烈的市场中更具竞争力。

(7) 更快的决策制定

数智化供应链通过实时数据和智能分析技术，使企业能够更快速、准确地做出决策，从而优化运营、处理问题，并灵活应对市场的变化。

①实时数据分析

快速数据获取：数字化系统能够实时采集各个环节的数据，为决策提供及时的数据支持。

数据实时监控：实时监控运营数据，迅速识别问题或异常情况，以便及时处理。

②智能分析与决策

快速分析和预测：利用智能分析技术，对大量数据进行迅速分析，预测市场走向、需求趋势等，为决策提供参考。

即时决策制定：基于快速分析的结果，快速制定决策和应对措施，以最小的时间响应市场变化。

③问题处理与改进

快速问题定位：通过实时监控和分析，快速定位生产、物流等环节的问题，有针对性地制定改进方案。

快速反馈和调整：及时反馈问题和改进方案，快速调整生产计划、库存策略等，以避免问题扩大化。

数智化供应链的实时数据和智能分析能力，不仅能够使企业在决策制定方面更迅速，也能够提高决策的准确性，使企业能够更好地应对市场动态和问题挑战。

(8) 客户满意度提升

数智化供应链的实时监控、快速响应和高度适应性，确实有助于提升客户满意度和保持竞争力，具体体现在两个方面：

①提升客户满意度和忠诚度

快速响应客户需求：实时监控客户的需求和反馈，能够迅速响应客户的定制需求、投诉或问题，提高客户满意度。

定制化服务：通过数字化系统，了解客户的购买历史、偏好和行为模式，为客户提供更个性化、符合其需求的产品和服务，增强客户满意度和忠诚度。

②强大的适应性，保持竞争力

快速调整生产和库存：通过数智化供应链，企业能够快速调整生产计划、库存策略，以适应市场需求的变化，保持竞争力。

市场敏捷性：数字化系统能够快速获取市场信息和趋势，帮助企业迅速调整营销策略、产品定价等，以满足不断变化的市场需求，保持竞争力。

数智化供应链使企业能够更加敏捷地适应市场的动态变化和客户的需求变化，从而不断优化产品、服务和运营，提高客户满意度，并保持竞争力。

(9) 质量控制的提高

实施数字化监控和数据分析有助于实现更精准的质量控制，减少产品缺陷，提高产品质量。数智化供应链对质量控制和环保方面的影响是十分积极的，它为企业带来了更精准的质量控制和更环保的运营方式。

①质量控制的提高

实时数字化监控：数字化系统可以实时监控生产过程中的参数和指标，及时发现异常，有助于预防质量问题，降低产品缺陷率。

数据分析优化：通过对大量生产数据的分析，可以识别质量控制的瓶颈和问题，采取精准的改进措施，提高产品质量。

②环保和可持续发展

优化运输和库存：数字化系统可以优化物流和库存管理，减少库存积压和物流拥堵，降低运输过程中的能源消耗和碳排放。

减少纸质文件：数字化系统能减少对纸质文件的需求，降低了对树木的消耗，有利于减少环境负担。

节约资源：通过数字化管理，可以更精准地进行资源分配，避免不必要的资源浪费，实现资源的合理利用。

数智化供应链对质量控制和环保方面的改进，不仅有助于企业的可持续发展，也符合社会对企业社会责任的期待，为未来的可持续发展奠定基础。

综合来说，数智化供应链能够使企业更加敏捷、高效、智能，以适应现代商业环境的需求，提高企业的竞争力和可持续性。

8.2 供应链智能化技术

供应链智能化技术是指运用先进的信息技术和人工智能技术来提升供应链的效率、可见性、灵活性和智能化程度。这些技术能够自动化、优化和智能化供应链的各个环节，包括需求预测、库存管理、物流运输、生产计划、合作伙伴协同等。

8.2.1 常用的供应链智能化技术

(1) 物联网

物联网技术通过连接和传感器监测整个供应链的实时数据，例如产品在运输中的位置、温湿度、状态等。这种实时数据有助于提高运输效率、降低成本和减少风险。物联网技术的应用在供应链中能够带来革命性的变化，通过连接各种设备、传感器和系统，实现实时数据的收集、分析和利用，以优化运输和提高供应链的效率、成本效益和风险管理。

①实时监测与数据采集

位置追踪：物联网传感器可以实时追踪产品在运输过程中的位置，让企业了解货物的实时位置和运输进度。

环境监测：传感器可以监测运输过程中的温度、湿度等环境因素，保证产品在适宜的条件下运输，特别对于易受环境影响的商品非常重要。

状态监测：物联网传感器可以监测产品的状态，例如货物是否受损、是否被打开等，确保产品的完整性和安全。

②优化运输和降低成本

路线优化：基于实时数据分析，物联网可以优化运输路线，避免拥堵，降低运输时间和成本。

节能减排：实时监测能源消耗和运输效率，通过优化能源使用和运输方式，降低能源消耗，减少环境影响。

③减少风险

预警系统：基于物联网实时数据，建立预警系统，及时预测和响应潜在的运输风险，减少损失。

追溯能力：物联网技术可以实现对产品生命周期的追溯，有助于快速定位和处理问题，降低风险。

物联网技术在供应链中的应用，不仅提高了运输效率和降低了成本，也增强了供应链的可见性和灵活性，为企业提供了更加智能化的供应链管理方式。

(2) 大数据分析

大数据分析技术能够处理和分析海量的供应链数据，识别模式、预测需求、优化库存、改进运输路线等，为制定智能决策提供数据支持。

①需求预测和优化库存

需求分析：基于历史销售数据和市场趋势，进行需求预测，帮助企业制定生产和库存策略，避免库存过剩或缺货。

库存优化：通过大数据分析库存数据，优化库存水平，降低库存成本，确保库存能够满足需求，同时避免资金被过多占用。

②运输和物流优化

运输路线优化：通过分析交通、天气等数据，优化运输路线和方式，降低运输时间和成本，提高运输效率。

物流效率提升：通过大数据分析，优化物流流程，提高物流效率，降低整体物流成本。

③质量控制和供应链可视化

质量监控：利用大数据分析技术对质量数据进行分析，实现实时质量监控，及时发现和处理质量问题。

供应链可视化：通过大数据分析，将整个供应链的数据可视化，帮助管理者更直观地了解供应链运作状况，做出及时决策。

④成本控制与效率提升

成本分析：通过大数据分析各个环节的成本数据，找出成本高昂的环节，并进行针对性的成本控制。

效率提升：通过对生产、物流等各环节数据的分析，找到效率低下的原因，并进行改进，提高整体供应链效率。

大数据分析技术不仅能够为供应链决策提供数据支持，还能够帮助企业发现潜在的机遇和挑战，从而制定更加智能、高效的供应链策略。

(3) 人工智能 (AI) 和机器学习

AI和机器学习可以应用于需求预测、生产规划、质量控制、智能决策等方面，通过学习数据模式和趋势，提高供应链的智能化程度。

①需求预测和生产规划

需求预测：AI和机器学习可以分析历史销售数据、市场趋势、促销活动等多维数据，预测产品需求，帮助企业制定更精准的生产计划。

生产规划优化：基于需求预测，AI可以优化生产规划，确保生产与需求相匹配，避免产品过剩或缺货情况。

②质量控制和缺陷识别

质量控制：AI可分析生产过程中的质量数据，实时监控产品质量，自动检测异常，预防质量问题。

缺陷识别：通过机器学习，建立缺陷识别模型，自动识别产品中的缺陷，提高质量检查效率。

③智能决策制定

数据驱动决策：AI可以分析大量供应链数据，辅助管理者制定智能决策，优化运营策略、库存管理、供应商选择等方面。

预测性维护：通过机器学习预测设备的故障和维护时机，实现设备维护的智能化和预防性。

④自动化流程和效率提升

自动化流程：AI可自动化处理订单、调度物流、库存管理等流程，提高运作效率。

资源优化分配：AI可优化资源分配，包括人力、时间、资金等，以实现最优化的利用。

人工智能和机器学习的应用使供应链管理更智能、高效，能够自动适应变化、优化决策，进而提升整个供应链的效率和质量。

(4) 自动化和机器人技术

自动化技术可以应用于仓库管理、生产线、订单处理等环节，提高效率和准确度，降低人工成本。

利用自动化系统和机器人技术，实现仓库内货物的自动分拣、存储和搬运，提高仓库运作效率。通过自动化技术实时监控库存情况，自动调整库存量，避免库存过剩或缺货。

机器人和自动化设备可自动执行生产任务，提高生产线的效率和稳定性，减少生产周期。机器人可以实时监测产品质量，自动发现和标记缺陷，保障产品质量。

自动化系统能够自动处理订单、生成发货清单、安排物流等，提高订单处理的速度和准确度。机器人可以实时分析订单情况和物流信息，制定最优物流路线，减少运输时间和成本。自动化和机器人技术能够取代一些重复性高、劳动强度大的工作，降低人工成本。

通过自动化技术，可以将人力资源集中用于更高级、创意性的任务，提高人力资源的价值和效率。自动化和机器人技术的应用使供应链更具竞争力，提高了生产效率，降低了成本，并提升了质量与准确度。

(5) 区块链技术

区块链技术可用于确保交易和信息的安全性、透明度、可追溯性，特别在供应链的原材料追溯、合同执行等方面发挥作用。以下是区块链技术在供应链中的应用方面：

①原材料追溯

透明的供应链：区块链可以记录和追溯产品的整个生产过程，包括原材料的来源、生产、加工和配送过程，确保产品的质量和安全。

真实性验证：通过区块链技术，消费者可以验证产品的真实性，了解产品的生产地、生产条件和质量信息。

②合同执行和供应链金融

智能合同：区块链可以用于创建智能合同，自动执行合同条款，确保各方遵守协议，简化合作流程。

供应链金融：区块链技术可以改进供应链金融的流程，提高融资效率，降低金融风险。

③防止欺诈和安全威胁

安全的交易：区块链提供安全的交易环境，交易一旦记录，不可篡改，防止数据造假和欺诈行为。

身份验证：通过区块链技术，可以确保参与方的身份，防止未经授权的访问和交易。

区块链技术的透明、安全、不可篡改的特性使其成为供应链管理的理想工具，有助于提高供应链的效率、信任度和安全性。

(6) 智能合同

智能合同是基于区块链技术的自动化合约，可以自动执行、管理合同条件，并确保各方遵守协议。它们以代码形式存储在区块链上，自动执行预先设定的规则和条件。

①智能合同的特点和作用

自动执行：一旦满足合同条件，智能合同会自动执行相应的操作，无需人工干预。

信任与透明：由于智能合同运行在区块链上，合同内容和执行过程是公开、透明、不可篡改的，增强了信任。

简化流程：智能合同消除了传统合同的繁琐步骤，简化了合作流程，提高了效率。

安全性：智能合同的执行基于密码学和区块链技术，保障了合同的安全性和防篡改性。

多方参与：智能合同可以涉及多方参与，每个参与方都能看到合同的所有条款和执行情况。

②应用场景

供应链管理：智能合同可以用于自动化供应链中的订单、交付、付款等流程，简化整个供应链的管理。

物流和运输：智能合同可以自动安排货物运输，根据物流节点的信息自动更新订单状态和支付。

合作伙伴关系：用于管理合作伙伴之间的奖励、分配、合作条件等，确保各方权益。

智能合同通过自动化、透明、可靠的特性，为供应链和合作伙伴关系的管理提供了创新性的解决方案。

区块链技术和智能合同在供应链管理中的应用可以带来革命性的改变，增强了交易安全性、透明度和合同执行的效率。

(7) 无人机和自动驾驶技术

无人机和自动驾驶技术是现代物流和配送领域的重要创新，可以极大地提高交付效率、减少成本并改善服务质量。

①无人机在物流中的应用

快速配送：无人机可以快速、直接地将货物从仓库配送到目的地，缩短交付时间，尤其适用于紧急和小批量交付。

降低配送成本：无人机可以降低最后一公里配送成本，特别在偏远或交通拥堵的地区效果显著。

灵活性和覆盖范围：无人机可以覆盖普通交通无法到达的区域，为更广泛的地区提供服务。

②自动驾驶技术在配送中的应用

自动驾驶送货车：配备自动驾驶技术的送货车可以自动执行交付任务，减少人力成本和运营成本。

优化路线和交通：自动驾驶技术可以智能规划最优路线，避免交通拥堵，提高配送效率。

24/7 服务：自动驾驶技术允许全天候运营，无需考虑驾驶员的工作时间限制，提高了服务的可用性。

这些技术的应用使得物流和配送更高效、更灵活，并且能够降低运营成本，为现代供应链管理带来了新的机遇。

(8) 云计算技术

云计算可以提供供应链数据的存储、处理和分析，为企业提供灵活、可扩展的基础设施，支持智能化应用的实施。云计算技术具有以下关键优点：

①数据存储与管理

大规模数据存储：云计算提供大规模、安全、可靠的数据存储，满足供应链海量数据的需求。

实时数据访问：能够实时访问、更新和共享存储在云上的供应链数据，促进实时决策。

②数据处理与分析

高性能计算：利用云计算的高性能计算资源，能够快速处理供应链数据，进行复杂的数据分析和预测。

数据挖掘与洞察：通过云计算平台的数据分析工具，挖掘数据中的模式和趋势，为优化供应链提供洞察。

③灵活性和可扩展性

弹性计算资源：云计算允许根据需求快速扩展或缩减计算资源，适应不同阶段的供应链规模。

按需付费：企业可以根据使用量付费，避免了不必要的固定成本，提高了成本效益。

④智能化应用支持

机器学习和人工智能：通过云计算平台提供的机器学习和人工智能服务，实现智能化的供应链管理，例如需求预测、智能路线规划等。

物联网集成：云计算可以整合物联网数据，实现实时监测和远程控制，为智能物流提供支持。

云计算技术为供应链管理提供了强大的计算和存储能力，支持智能化决策和创新的应用，成为现代供应链管理的重要支柱。

(9) 可视化技术

利用可视化技术如仪表板、实时报表等展示供应链数据，帮助管理者迅速了解运营情况并做出决策。这些智能化技术可以单独应用或结合使用，以实现智能化的供应链管理，提高运营效率、降低成本、改善客户服务和提升市场竞争力。

8.3 供应链可见性和跟踪

供应链可见性和跟踪是指通过技术手段实现对整个供应链过程的实时、透明、全面的监控、跟踪和信息展示，以实现对供应链的即时了解、问题识别和迅速应对。这对于提高供应链的效率、降低成本、提高客户满意度等方面非常关键。

8.3.1 供应链可见性和跟踪的关键特点和实现方法

(1) 实时监控

实时收集、更新和监控整个供应链过程中的数据，确保信息的及时性和准确性。实时监控是智能合同的关键特点之一，尤其在供应链管理中扮演重要角色。

①关键特点

自动执行：智能合同可以自动执行合同中预设的规则和条件，无需中介方介入，确保合同的可靠执行。

不可篡改性：一旦智能合同被部署在区块链上，其代码和执行过程成为不可篡改，确保合同的安全和信任度。

透明可验证：智能合同的执行和结果是公开可验证的，参与方可以随时查看合同代码和执行状态，增强了透明度和信任。

条件触发：智能合同的执行可以由特定的条件触发，例如特定时间、特定事件的发生等，使合同更具灵活性。

实时监控：智能合同可以实时监控整个供应链过程中的数据，确保信息的及时性、准确性和可靠性。

②实时监控的重要性

即时响应：通过实时监控，智能合同可以立即响应变化，自动执行相关操作，保障合同条件的实时符合。

快速问题解决：实时监控有助于及时发现问题和异常情况，可以迅速采取纠正措施，降低潜在风险。

数据准确性：及时更新和监控数据确保合同基于最新和准确的信息执行，避免基于过时数据做出错误决策。

实时监控使得智能合同更加敏捷、可靠,能够实时适应供应链的变化,确保合同条件的准确执行。

(2) 端到端可见性

①端到端可见性

智能合同确保整个供应链过程的端到端可见,包括原材料采购、生产、配送到客户端,保障供应链的透明度。

②端到端可见性的重要性

全面了解供应链:通过端到端可见性,可以全面了解供应链的每个环节,从而更好地优化流程和决策。

问题追溯和解决:端到端可见性使得问题的定位、追溯和解决更加高效,有助于快速响应和改进。

合作伙伴信任:透明的供应链过程建立了合作伙伴间的信任,共享信息,共同优化合作。

端到端可见性使得智能合同更具实效性和可信度,能够提高供应链管理的效率、透明度和信任度,为各参与方带来更多的价值。

(3) 全球性跟踪

全球性跟踪:智能合同确保全球范围内的供应链跟踪,包括国际物流、海关清关、运输等环节。

全球供应链可见性:全球性跟踪使得企业能够实时了解产品和货物的国际运输状态和位置,提高了全球供应链的可见性。

国际物流优化:通过实时跟踪,可以对国际物流过程进行监控和优化,提高国际物流的效率和准确性。

海关流程监控:可以监控海关清关过程,确保遵守各国海关规定,避免延误和纠纷。

全球性跟踪是智能合同的重要特点之一,能够为企业提供全球范围内供应链的实时监控和透明度,为全球供应链管理提供重要的数据支持和决策基础。

(4) 事件触发机制

针对关键事件(如订单状态变更、库存不足等)建立触发机制,自动通知相关人员或系统,以便及时处理。

事件触发机制:智能合同建立针对关键事件的触发机制,自动通知相关人员或系统,以便及时处理。

及时响应关键事件:通过事件触发机制,可以实时监测供应链中的关键事件,例如订单状态变更、库存不足等,及时采取相应措施,保障供应链的顺畅运作。

自动化流程:事件触发机制可以自动启动预设流程,自动通知相关人员或系统,实现供应链流程的自动化和高效运作。

提高管理效率:通过自动化的事件触发机制,可以减少人工干预和处理时间,提高供应链管理的效率。

事件触发机制为智能合同注入了更强的实时、自动化的特性,能够确保关键事件的及时处理和全面优化供应链的运作。

(5) 多维度信息展示

多维度信息展示:智能合同提供多维度、多层次的信息展示,包括地图、报表、图表等,使信息更加直观、易于理解。

直观理解数据:多维度信息展示通过可视化手段,使复杂的供应链数据变得更加直观,易于理解。

快速决策:通过图表、报表等展示,可以快速了解供应链状态,支持管理层快速做出决策。

全面评估供应链:多维度信息展示能够从多个角度评估供应链的表现,有助于全面优化供应链策略和流程。

多维度信息展示为智能合同的运作和供应链管理提供了更全面、直观的数据展示,能够帮助企业更好地理解和优化供应链运作。

8.4 财务管理与供应链金融

8.4.1 数智化条件下的纺织服装企业的财务管理

数字化和智能化对纺织服装企业的财务管理带来了许多变革和机遇。

(1) 数据管理和分析

数字化使得企业可以更好地收集、存储和分析数据,这对财务管理至关重要,因为它允许企业更好地了解成本结构、销售趋势和供应链效率,从而做出更明智的财务决策。数据管理和分析在数字化条件下对财务管理至关重要。以下是为纺织服装企业带来深远影响的关键方面:

成本结构了解:数字化数据分析可以帮助企业更详细地了解其成本结构。通过跟踪和分析各个环节的成本,企业可以识别成本高的领域,并采取措施降低成本,提高盈利能力。

销售趋势分析:数据分析可以提供对销售趋势和客户行为的深入了解。这可以帮助企业预测产品需求,制定更好的定价策略,并在市场上更好地定位产品。

供应链效率优化:通过数字化数据的监控和分析,企业可以更好地管理供应链。这包括准确预测需求、优化库存管理、降低库存积压和提高交付效率。

预测性分析:借助数据分析工具,企业可以进行预测性分析,预测未来的趋势和情景。这有助于更有效地进行财务规划和风险管理。

实时决策支持:数字化数据分析使得财务团队可以获取实时数据,从而能够更迅速地做出决策。这对于应对市场变化或者制定应急计划至关重要。

客户和市场洞察:通过分析客户数据和市场趋势,企业可以更深入地了解客户需求和市场动态,有助于制定更具针对性的销售和营销策略。

综上所述,数据管理和分析对纺织服装企业的财务管理至关重要,能够为企业提供更准确的信息和更深入的洞察，帮助企业做出更明智的财务决策。

(2) 智能化工具与软件

智能化工具和财务管理软件在纺织服装企业的财务管理中扮演着至关重要的角色，可以提高企业的财务效率。这些工具可以帮助自动化核算、财务报告、风险管理等任务，减少错误和提高工作效率。以下是它们的一些主要优势：

自动化核算和财务报告：财务管理软件可以自动化核算过程，包括账务处理、发票管理和报表生成。这有助于减少人为错误，并且节省了大量的时间和人力资源。

实时数据分析：智能化工具提供了对实时数据的访问和分析能力，从而使得企业能够更快速地做出财务决策。实时数据的可用性有助于及时发现问题并进行调整。

风险管理和合规性：智能化工具通常包括风险管理功能，可以帮助企业监控潜在的风险，并确保遵守法规和合规要求。

预测分析和规划：财务管理软件通常具有预测性分析功能，能够帮助企业预测未来的财务趋势，支持更好的财务规划和预算制定。

提高工作效率：自动化和智能化工具可以大大提高工作效率，减少重复性任务，使财务团队能够专注于更战略性的工作。

用户友好性与易用性：多数财务管理软件设计用户友好，易于使用。这使得员工更容易接受和利用这些工具，从而提高整体效率。

在数字化智能化的环境下，这些智能化工具和软件为纺织服装企业提供了更高效、更准确的财务管理方式，从而有助于企业更好地应对挑战并提高竞争力。

(3) 供应链和库存管理

数智化技术可以改善供应链的可见性和透明度。通过实时数据和预测分析，企业可以更好地管理库存，减少库存积压并优化供应链流程，从而降低成本。数智化技术对企业供应链和库存管理的改善带来了以下许多益处。

实时数据和可见性：数智化技术提供了更实时的数据，帮助企业了解供应链中各个环节的情况。这种实时性增强了对库存和订单状态的可见性和透明度。

需求预测和优化库存：借助预测分析，企业能够更准确地预测需求，避免库存积压或物料短缺的情况。这有助于优化库存水平，降低库存成本。

供应链效率提升：数智化技术可以帮助企业更好地管理供应链流程。通过自动化订购和库存管理，企业可以优化供应链，减少订单滞留和交付时间，提高整体效率。

降低成本：通过减少库存积压和优化供应链流程，企业能够降低库存成本和运营成本。这有助于提高利润率并增强竞争优势。

实时调整和反应能力：数智化技术使企业能够更快速地调整供应链策略以应对市场变化。当出现需求变化或供应问题时，能够更敏捷地做出反应。

合作伙伴关系优化：数智化技术也可以改善企业与供应商之间的合作关系。实时数据和更好的沟通途径可以促进更紧密、更有效的合作，进而提高供应链的整体效率。

因此，数智化技术在供应链和库存管理方面的应用可以帮助纺织服装企业更好地管理资源、降低成本、提高效率，并更好地适应市场需求的变化。

(4) 风险管理

数字化智能化条件下的财务管理也涉及更有效的风险管理。通过数据分析和预测模型，企业可以更好地识别和应对财务风险，包括货币风险、市场波动等。数字化智能化条件下的财务管理使企业能够更全面地管理和应对各种财务风险。以下是关于风险管理的重点：

数据驱动的风险识别：数智化技术允许企业收集和分析大量数据，以识别和了解不同类型的财务风险。这包括市场风险、信用风险、汇率风险等。

预测分析和模型建立：借助预测分析和建模技术，企业可以更好地预测潜在风险的发生概率和影响程度。这有助于制定更有效的风险管理策略。

实时监控和反应能力：数智化技术提供了实时监控财务数据的能力，使企业能够更快速地察觉风险并作出相应调整，降低风险对业务的影响。

多样化风险管理策略：通过数智化技术，企业可以开发多种风险管理策略，包括风险转移、风险规避、对冲策略等，以减轻潜在风险带来的影响。

合规性和监管要求：数字化工具可以帮助企业更好地符合监管要求和合规性标准，降低由于违规而产生的风险。

敏捷性和应变能力：数字化智能化条件下，企业能够更敏捷地应对风险变化。迅速调整策略和业务流程有助于降低财务风险的损失。

因此，数字化智能化的财务管理使得企业能够更加全面地识别、量化和管理各种财务风险，从而降低风险带来的不确定性，并更好地保护企业的财务稳健性。

(5) 业务决策支持

数智化技术提供了更多数据支持业务决策的依据。财务团队可以利用数据分析提供洞察力，帮助企业制定更明智的战略和财务计划。数智化技术为财务团队提供了更多数据支持业务决策的依据，这对纺织服装企业的战略规划和财务计划至关重要。以下是它支持业务决策的具体方面：

数据驱动的决策：数智化技术提供了更多的数据和信息，财务团队可以利用数据分析来提供关键的洞察力。这使得决策更加基于事实和数据，降低了主观性和风险。

预测性分析和趋势识别：借助数据分析工具，财务团队可以进行趋势分析和预测性分析，识别市场趋势并预测未来发展方向，从而为战略决策提供更准确的指导。

绩效评估和指标监控：数智化技术可以帮助财务团队制定关键绩效指标，并对这些指标进行监控和评估。这有助于评估业务绩效并及时调整战略。

成本效益分析：数智化技术使得对成本和效益的分析更加准确和全面。这有助于企业更好地管理资源，优化成本结构，提高利润能力。

支持战略规划：数据分析为战略规划提供了重要支持。财务团队可以利用数据洞察力来评估不同战略选择的财务影响，从而制定更明智的战略方案。

灵活应变和快速决策：数智化技术使得数据更易于获取和分析，从而提高了决策的速度和灵活性。财务团队能够更快速地做出反应，应对市场变化。

因此，数智化技术为财务团队提供了更多数据支持，帮助其提供准确的洞察力，支持企业制定更明智的战略和财务计划，从而增强企业的竞争力和适应能力。

(6) 网络安全与隐私保护

数字化带来了信息安全和隐私保护的挑战。企业需要投入资源来保护财务数据，防止数据泄露和黑客攻击。数字化带来了信息安全和隐私保护的挑战，这对于纺织服装企业尤其重要，因为财务数据和客户信息需要得到保护。以下是保护网络安全和隐私的重要考虑因素：

数据加密和安全措施：企业需要使用数据加密技术保护敏感信息。此外，采取适当的安全措施，如防火墙、安全软件和访问控制，以确保未经授权的访问被阻止。

定期安全审计和更新：定期进行安全审计和更新系统补丁是至关重要的。这有助于发现潜在的漏洞并及时加以修复，从而提高系统的安全性。

员工培训与意识提升：企业应该进行员工培训，教育他们识别和防范网络安全威胁。员工的安全意识提升对于防止社交工程和内部威胁至关重要。

备份和恢复计划：实施定期的数据备份和灾难恢复计划是应对数据泄露或黑客攻击的重要手段。这样可以确保即使发生安全事件，也能够迅速恢复业务运作。

遵守法规和合规性标准：纺织服装企业必须遵守相关的法规和合规性标准，确保财务数据和个人信息的合法处理和保护，以免遭到罚款或法律责任。

安全合作伙伴和供应商：企业需要确保与安全可靠的合作伙伴和供应商合作，因为这些关系也可能成为安全漏洞的来源。

数字化条件下的信息安全和隐私保护是企业不容忽视的重要领域，投入资源和采取适当的措施来保护财务数据和客户隐私对于企业的长期成功至关重要。

(7) 人才储备和培训

数字化智能化条件下，财务团队需要具备数字技能和数据分析能力。企业需要投资于员工的培训，以适应新技术和工具的使用。数字化智能化条件下的财务团队需要不断提升数字技能和数据分析能力以适应不断变化的技术环境。以下是关于人才储备和培训的重要性方面：

数字技能和工具应用：财务团队需要掌握使用财务管理软件和智能化工具的能力。这包括财务分析软件、数据可视化工具等，以提高工作效率和准确性。

数据分析和解释能力：数据在数字化时代是关键资源，财务团队需要具备分析数据的能力，并能从数据中提炼出有意义的洞察力，为决策提供支持。

持续的技能更新：技术环境不断演变，因此员工需要持续接受培训和学习，以跟上新技术、新工具和最佳实践的变化。

战略思维和问题解决能力：数字化条件下的财务团队需要具备更广阔的战略视野，能够利用数据支持决策并解决复杂的业务问题。

跨团队合作能力：数字化条件下，跨部门合作和沟通变得更为重要。财务团队需要与其他部门紧密合作，共同实现业务目标。

领导力和变革管理：对于管理层和团队领导者来说，需要具备领导数字化转型和变革的能力，推动团队适应新技术和新流程。

因此，企业需要投资于员工的培训和发展，确保财务团队具备数字技能、数据分析能力以及适应变化的能力，以应对数字化智能化条件下的挑战，并促进企业的创新和竞争力。

纺织服装企业在数字化智能化条件下的财务管理需要平衡利用技术和人才，以更好地应对市场变化、提高效率，并更准确地预测和应对风险。

8.4.2 供应链金融

供应链金融是指通过金融手段和工具，为供应链上的不同环节的企业提供融资、支付、结算、风险管理等服务，以优化整个供应链的资金流动和运作效率。它是将金融服务与供应链管理紧密结合，以满足企业在供应链中的资金需求，促进供应链各方的合作与协调，提高整体效率和降低运营成本。以下是供应链金融的主要形式和作用：

(1) 供应链融资

供应链融资是指金融机构或供应链金融服务提供商向供应链上游的企业提供短期资金支持，以确保其能够及时采购原材料、生产产品，并满足订单需求。这种融资形式通过解决资金周转困难，加速现金流动，支持生产和供应链运作，帮助企业应对季节性、市场波动或特定项目的资金需求。主要的供应链融资方式包括：

应收账款融资：将企业未来的应收账款转化为即时资金，提前回笼资金用于采购原材料或其他经营需求。

订单融资：根据企业获得的订单，向企业提供融资，确保企业能够及时生产和交付订单。

库存融资：基于企业的存货库存价值，向企业提供融资，降低库存资金占用成本。

预付款融资：在交易中向供应商提供预付款，确保供应链的稳定和持续供应。

信用融资：基于企业信用和信誉，向企业提供融资，以满足临时性的资金需求。

供应链债务融资：通过发行债券或贷款等方式，从资本市场融资以满足供应链的资金需求。

共同账款融资：多家企业共同参与的融资方式，共同承担账款融资风险。

这些融资方式能够帮助供应链上游企业解决资金短缺问题，确保供应链的顺畅运转，满足市场需求，提高企业的竞争力。

(2) 应收账款融资

应收账款融资是一种融资方式，基于企业已经获得但尚未收取的应收账款，向企业提供短期资金支持。这种融资方式的主要目的是加速企业的资金回笼，提高现金流，以满足企业的运营资金需求和业务发展。

①主要特点和优势

加速现金流：通过将应收账款转化为即时现金，提高企业的现金流，确保及时满足支付、采购等短期财务需求。

降低经营风险：减少企业因应收账款回笼慢或不确定性而导致的经营风险，保障企业正常运营。

灵活性和便利性：应收账款融资具有灵活、便捷的特点，手续相对简单，可以根据企业的具体需要随时调整融资规模。

无需抵押：应收账款融资通常无需提供抵押物，以应收账款作为融资的基础，降低了融资的门槛。

资金使用自由度高：企业可以根据实际情况自由支配获得的资金，用于购买原材料、支付员工工资、扩大业务等多个方面。

提高资金使用效率：可以将资金用于推动新项目、扩大生产、提高供应能力等，增强企业的市场竞争力。

②运作流程

融资申请：企业向融资机构提交应收账款融资申请，提供相关的财务、业务和应收账款信息。

融资审批：融资机构对企业的资信状况、应收账款质量等进行评估，决定是否同意融资申请。

融资确定：融资机构确定融资额度、融资利率、融资期限等条件，与企业签订融资协议。

融资发放：企业将符合条件的应收账款转让给融资机构，获得相应的融资款项。

应收账款回收：融资机构在应收账款到期时向客户收回应收账款，实现融资的清偿。

应收账款融资能够帮助企业解决资金周转问题，提高现金流，支持企业的业务发展和稳定经营。

(3) 库存融资

库存融资是指企业基于其存货库存情况，向金融机构或供应链金融服务提供商申请融资，以存货作为抵押或担保，获取短期资金支持。这种融资方式可以降低库存资金占用成本，提高现金流，同时有效利用存货价值来满足企业的资金需求。

①主要特点和优势

降低库存成本：通过融资支持，减少存货持有时间和库存成本，降低企业的库存资金占用成本。

提高现金流：将存货转化为现金，提高企业的现金流，以满足企业日常经营和发展的资金需求。

优化资金运用：将原本用于存货的资金用于更具价值的用途，如扩大生产、发展新产品等，提高资金的使用效率。

灵活的融资额度：融资额度可以根据企业存货价值和融资机构的评估确定，具有一定的灵活性。

提高企业运营效率：通过获得融资支持，企业可以更快速、更灵活地满足市场需求，提高运营效率。

无需抵押其他资产：融资以存货作为抵押，不需要提供其他资产作为担保，降低了融资的门槛。

②运作流程

库存评估：融资机构对企业存货进行评估，确定可融资的存货价值。

融资申请：企业向融资机构申请融资，提交相关财务、业务和存货信息。

融资审批：融资机构评估企业的信用和存货情况，决定是否同意融资申请，确定融资额度和条件。

融资发放：企业将存货作为抵押，获得相应的融资款项。

融资清偿：企业在约定的期限内按照协议条件偿还融资款项，包括利息和本金。

库存融资为企业提供了一种有效的资金筹集方式，特别适用于库存周转快、存货价值较高的行业，有助于企业优化资金运用和提高资金使用效率。

(4) 订单融资

订单融资是指企业基于已获得的订单或合同，向金融机构或供应链金融服务提供商申请融资，以订单作为抵押或担保，获取短期资金支持。这种融资方式可以帮助企业在未收到订单款项前获得资金，以满足生产和交付所需的资金需求。

①主要特点和优势

满足生产资金需求：企业可以根据未完成订单或合同提前获得资金，保证生产所需的资金充足。

缩短资金周转周期：可以缩短企业的资金周转周期，加快订单执行速度，提高企业生产效率。

降低融资成本：相对于传统融资方式，订单融资通常有较低的融资成本，能够降低企业的融资成本负担。

提高企业信誉：可通过及时交付订单，提高企业信誉度，有助于长期合作关系的建立。

灵活的融资额度：融资额度可以根据订单的规模和信誉等因素确定，具有一定的灵活性。

无需抵押其他资产：融资以订单作为抵押，不需要提供其他资产作为担保，降低了融资的门槛。

②运作流程

订单验证：确认订单的真实性和可执行性，评估订单的信用风险和资金需求。

融资申请：企业向融资机构提交订单融资申请，提供相关的财务、业务和订单信息。

融资审批：融资机构评估企业的信用、订单情况等，决定是否同意融资申请，确定融资额度和条件。

融资发放：企业将订单作为抵押，获得相应的融资款项。

订单履约：企业按照订单要求履约，完成订单生产并交付客户。

融资清偿：企业在约定的期限内按照协议条件偿还融资款项，包括利息和本金。

订单融资为企业提供了一种灵活、快捷的资金筹集方式，能够帮助企业有效应对订单导致的资金紧张，保障订单的顺利执行。

(5) 物流金融

物流金融是指针对物流运输、仓储、配送等环节，通过金融机构或供应链金融服务提供商，提供融资、保险、支付以及其他金融服务，以优化物流效率、降低物流成本、提高资金使用效率。

①主要服务和作用

融资服务：提供给物流公司或相关企业的融资支持，用于购买运输设备、改善物流设施、应对短期经营资金需求等，以确保物流业务的顺畅运行。

保险服务：提供货物运输保险，覆盖货物在运输过程中的意外损失或损坏，降低物流风险。

支付服务：提供便捷、安全的支付系统，简化物流交易中的支付流程，确保款项及时到账。

结算服务：提供物流交易的结算服务，简化结算流程，降低交易成本，确保交易资金安全。

仓储融资：针对仓储环节，提供融资支持，以仓储的货物作为抵押，解决仓储资金需求问题。

供应链金融：通过对整个供应链的融资支持，协调整个供应链上的资金流动，提高整体物流效率。

②优势和益处

优化资金流动：通过融资服务，优化物流企业的资金流动，确保运营资金的充足，保障物流业务的正常运行。

降低风险：通过提供保险服务，降低物流环节的风险，保障货物安全运输，减少经营风险。

提高效率：简化支付和结算流程，提高物流交易的效率，加速货物流转，降低物流成本。

支持物流业务发展：通过融资支持，帮助物流企业扩大规模、提升服务水平，推动物流业务的健康发展。

物流金融通过整合金融服务与物流业务，为物流企业提供多样化的金融产品和服务，助力优化整个物流供应链，降低成本，提高效率，推动物流行业的可持续发展。

(6) 跨境供应链金融

跨境供应链金融是指为涉及跨国界的供应链和贸易活动提供全方位金融服务的体系。这些服务包括融资、汇兑、支付和风险管理等，旨在降低跨境交易中的金融风险、提高效率和可靠性。

①主要服务和作用

融资服务：为参与跨境供应链的企业提供融资支持，满足贸易活动中的资金需求，包括进口、出口和支付关联方的费用等。

汇兑服务：提供汇率管理、外汇交易和汇款等服务，帮助企业在跨境交易中合理把握汇率波动，降低汇兑风险。

支付服务：提供多种支付方式和工具，包括信用证、电汇、托收等，确保跨境交易的支付安全、及时和便捷。

风险管理服务：提供贸易信用保险、外汇风险管理等服务，帮助企业降低贸易风险和汇率波动带来的影响。

税务和关务支持：提供跨境贸易税务咨询、报关、报检等服务，确保企业遵守各国贸易法规，减少税务和关务方面的风险。

②优势和益处

降低贸易风险：通过提供多种风险管理工具，降低跨境贸易的支付和信用风险，保障贸易安全进行。

提高资金流动性：通过提供融资和支付服务，增强企业的资金流动性，确保及时完成跨境贸易交易。

提高效率和可靠性：通过提供汇兑、支付和关务支持等服务，提高跨境交易的效率和可靠性。

支持全球化战略：为企业在全球范围内的业务提供财务支持和保障，支持企业的全球化战略。

③作用

优化资金流动：提供及时的融资支持，优化资金流动，确保供应链各环节的正常运转。

降低财务风险：通过分散风险、合理配置资金，降低供应链中的财务风险。

④优化资金流动

跨境供应链金融通过提供及时的融资支持，有助于优化资金流动，确保供应链各环节的正常运转。具体方式包括：

及时融资支持：为跨境贸易和供应链参与方提供及时的融资，确保交易顺利进行。这种融资可以用于支付供应商、运输费用、关税等，保障了供应链的顺畅运作。

降低资金周转周期：通过融资支持，加速企业的资金周转，降低现金周转周期，确保企业能够按时支付成本、提供服务和履行合同。

提高供应链效率：通过保障各个环节的资金流动，提高供应链的运作效率，加速货物流通，降低库存占用资金，提升整体运营效率。

《2023国内品牌出海发展报告》指出，2018—2021年，中国品牌在海外市场的品牌认知度和购买意愿分别增长4.9%和1.4%。越来越多的中国品牌在国外市场开设线下店铺，展示全渠道布局能力和品牌实力。据统计，46家列入工信部"重点培育纺织服装百家品牌"名单的消费品牌企业中，32.6%在国外开设线下店铺，21.7%通过跨境电商拓展国际市场。如鸿星尔克形成以专卖店为主体终端形象，融合多品牌专柜、店中店、电商等不同业态的海外全渠道覆盖；URBAN REVIVO上线海外独立站、入驻速卖通，实现线下店＋线上店＋电商平台多渠道布局；NEIWAI在Facebook、Instagram及YouTube平台上进行营销，并借由意见领袖、意见消费者、品牌大使等传递品牌价值观和产品特性。

⑤降低财务风险

跨境供应链金融通过分散风险、合理配置资金，降低供应链中的财务风险，具体方式包括：

分散风险：通过多样化的金融产品和服务，分散财务风险，避免过于集中化的金融风险。

合理配置资金：根据供应链的特点和企业的财务需求，合理配置资金，降低资金过度紧张或浪费的风险。

风险管理工具：提供多种风险管理工具，如贸易信用保险、汇率锁定等，帮助企业有效管理和降低财务风险。

跨境供应链金融通过这些作用，为国际贸易和全球供应链的参与方提供了稳定的财务支持和保障，有助于推动全球贸易的发展和经济的繁荣。

8.5 纺织原料的期货与期权

纺织原料如棉花和棉纱，以及外汇，都是纺织服装业中至关重要的因素。期货和期权在这些领域都有着不同的应用。

8.5.1 纺织短纤维原料期货与期权

短纤维是指长度在 6~12 mm 的短纤维，主要来源于再生纤维、棉花、亚麻以及羊毛等原材料。目前，短纤维主要用于纺织印染、无纺布、生活用纸、过滤材料等领域。涤纶短纤的消费结构较为集中，约 67% 用于纺纱。近几年，棉花、涤纶短纤和黏胶短纤 3 种棉纺原料的消费量逐年提升，其中，棉花的消费量占比出现下降，而涤纶短纤的消费量占比增加至 50% 以上，黏胶短纤的消费量占比则稳定在 15% 左右。从应用看，涤纶短纤主要用于纺纱，如纯涤纶纱、涤棉和涤黏等混纺纱，其余部分用于非织造布和填充材料。

期现结合思路已融入产业。短纤期货于 2020 年 10 月在郑商所上市。几年来，短纤期货在为产业提供价格发现、套期保值方案等方面发挥了积极作用，期现结合思路已逐渐融入涤纶短纤企业的日常经营中。目前，涤纶短纤的期现相关系数高达 0.92。短纤企业可以在远期市场上购买对苯二甲酸(PTA) 原料，但这些货不需要被送到工厂，从而形成虚拟的 PTA 库存。通过建立虚拟库存，可以节省企业的资金。同时，运用聚酯产业链多个期货工具，短纤企业还可以进行"虚拟工厂套利"，形成原料跟聚酯成品之间的价格差套利。

棉花期货：棉花期货是以国内和国际市场上标准的棉花作为交割品种的期货合约。棉花期货交易主要以美国、印度和中国的棉花为主。

棉纱期货：棉纱期货是以经过纺纱加工的棉花纱线作为交割品种的期货合约。棉纱期货交易主要以中国的纺纱企业为主。

聚酯纤维期货：聚酯纤维期货是以聚酯纤维产品作为交割品种的期货合约。聚酯纤维期货交易主要以中国的聚酯纤维企业为主。

目前我国短纤维的产量、消费量分别约占全球的 60%。短纤维期货上市后，产业链上下游企业充分运用短纤期货工具开展套期保值、基差贸易和加工费套保等业务，有效防范现货市场风险，提升了行业的定价效率和风险管理水平。

聚酰氨纤维期货：聚酰氨纤维期货是以聚酰氨纤维产品作为交割品种的期货合约。聚酰氨纤维期货交易主要以中国的聚酰氨纤维企业为主。

黏胶短纤维期货：短纤维期货交易代码为 PF，交易单位为 5 t/手，最小波动价为 2 元/t，波动一下是盈亏 10 元。短纤因其用途广泛、价格较低的特点，市场规模迅速发展，至今已成为纺织、服装、家纺等行业的重要原材料。

这些期货品种主要用于对农产品和化纤产品的价格进行风险管理和套期保值。投资者可以通过期货市场参与这些品种的交易，以期获得价格波动的利润或进行风险管理。需要注意的是，期货交易具有风险，投资者应该充分了解市场规则和风险，并谨慎操作。

短纤维期货的优势。首先，短纤维期货为投资者提供了价差交易的机会，有利于投资者规避市场风险。其次，短纤维期货的上市能够提高市场的透明度，让市场更加公平和有效。最后，短纤维期货的上市能够提高国内纺织服装企业的竞争力，推动行业的技术创新和升级。

短纤维期货的意义。短纤维期货的上市对于纺织服装业具有非常重要的意义。首先，短纤维期货的上市能够提升纺织服装企业的采购能力。由于短纤维期货的价格是由市场供需关系决定的，而非由某个公司的定价，因此，采购短纤维的成本也会有所降低。其次，短纤维期货的上市能够提高纺织服装企业的风险抵御能力。如果纺织服装企业拥有短纤维期货，那么当市场价格波动较大时，企业可以通过期货交易来规避风险，同时又能保障原材料的采购。最后，短纤维期货的上市可以促进国内纺织服装企业之间的竞争和技术创新。通过参与短纤维期货交易，纺织服装企业可以更加准确地了解市场需求趋势，调整自身生产布局，并增强技术创新的动力。

总之，通过参与短纤维期货的买卖，企业可以规避原材料价格风险，提升采购能力和竞争力。而对于投资者来说，短纤维期货也是一个可以获得差价收益的有吸引力的投资品种。

(1) 棉花期货和期权

棉花期货允许买方或卖方在未来的特定日期以特定价格买入或卖出一定数量的棉花。这种期货合约可以帮助棉花生产商和使用者锁定价格，规避价格波动风险。棉花期权则给予买方权利，但不强制在未来特定日期以约定价格购买或出售一定数量的棉花。

(2) 棉纱期货与期权

对于棉纱，期货和期权的运作方式与棉花类似。棉纱期货允许生产商或购买者锁定未来交易价格，规避市场价格波动风险。棉纱期权则提供权利但不强制进行交易。

(3) 短纤维期权

短纤维期权的合约乘数、涨跌停幅度和活跃月份，与短纤维期货保持一致，最后交易日、行权间距和代码规则都与郑商所已上市期权相同。由于短纤维期货市场发展较为成熟，在期权上市初期，期权主力合约的平值隐含波动率预计会快速向期货历史波动率靠拢，日均成交量约占期货的4%以上。长期来看，期权隐含波动率均值将维持在25%左右，日均成交量将达到期货的10%以上。期权流动性充足，能够助力期货和现货市场合理定价，为市场提供规避价格风险的有效手段。

同时，期权的套保优势明显。期权套期保值的基本策略，包括保护性（买入期权）、抵补性（卖出期权）和双限（同时买卖期权）三类，不同企业可以根据自身的保值需求及风险偏好，灵活选择合适的策略。

凭借非线性损益结构，期权的套期保值优势体现在低成本、精准和灵活三个方面。一是期权买方的资金使用效率更高。买入一手近月虚值期权合约支出的权利金，通常不超过期货开仓资金的10%，并且无需追加保证金。二是期权策略可以应对所有行情，通过将买入和卖出、看涨和看跌，以及不同行权价格进行组合，能够精准呈现企业对于期货价格变化方向和程度的综合判断。三是期权不仅可以对冲现货的风险，还能够在特定行情中增加收益。此外，期权可以保护和替代原有的期货头寸，例如在基差走强时，可以买入看涨期权，而不是做多期货以规避基差风险。

涤纶短纤维处于产业链中游位置，定价权弱于下游和上游。涤纶短纤维与原料PTA的相关系数为0.86，与替代品棉花的相关系数为0.55。短纤维现货基准品(1.56D原生纺纱用短纤)的价格运行区间为5 000~12 000元/t，单边趋势性行情通常持续2~2.5年。短纤维期货自上市至今，价格维持在6 000~9 000元/t，均值为7 214元/t，标准差为535元/t。也就是说，在95%的情况下，短纤期货价格处于6 144~8 284元/t。

近年来，聚酯产业链产品的价格波动较大。未来几年，短纤维市场供应宽松的格局仍将延续，需求端有望逐步改善。面对原油价格和纺织服装行业景气度的双重拐点，涤纶短纤的价格波动预计将加剧。在这样的背景下，聚酯产业链企业亟需衍生品工具进行风险管理。短纤维期权与郑商所已上市的PX、PTA期货和期权一起，共同构成完整的聚酯产业链避险工具体系，助力实体企业稳健经营。

8.5.2 郑商所短纤品种分析

(1) 涤纶短纤基础

涤纶短纤(以下简称短纤)是将PTA和乙二醇聚合后生成的聚酯(PET)在熔融状态下，通过纺丝、拉伸并切断后得到的短纤维。

根据不同的分类标准，短纤可以分为不同的类别。按原料可分为原生短纤和再生短纤。原生短纤是PTA和乙二醇为原料，经聚合反应、纺丝、切断后制得，俗称"大化纤"；再生短纤主要以回收的PET瓶等为原料，经干燥、熔融、纺丝、切断后制得，俗称"小化纤"。

原生短纤按纺丝生产工艺的不同分为熔体直纺和间歇纺两种。熔体直纺短纤是以PTA和乙二醇为原料，生成聚酯熔体后，不经生产聚酯切片的工序而直接纺丝、切断生成短纤。目前国内短纤常规品种的生产基本上采用熔体直纺技术。间歇纺又称为切片纺，是以PET切片为原料生产纤维的工艺。与熔体直纺工艺相比，间歇纺减少了聚酯装置，增加了切片的干燥和熔融装置，后续流程基本一致。

(2) 下游应用

短纤按用途不同主要分为纺纱制线用、填充用、非织造用三大类。纺纱制线是短纤最主要的用途，包括棉纺和毛纺两方面。棉纺和毛纺分别指棉型和毛型纤维纺纱。棉纺用量较大，主要包括涤纶纯纺、涤棉混纺、涤黏混纺和生产涤纶短纤缝纫线。毛纺主要包括涤纶纯纺、涤毛混纺和制作毛纱等。

填充主要是短纤以填充物的形式，作为家装填充料和服装保暖材料，如床上用品、棉服、沙发家具、毛绒玩具等的填充，此类短纤多为中空涤纶短纤。非织造是短纤用途的延伸，近年来发展较快。非织造布的应用较为广泛，如水刺无纺布主要应用在湿巾、医疗等领域，土工布、革基布、油毡基布等工程领域。

目前市场上规模占比最大的为原生纺纱用涤纶短纤产品。

(3) 涤纶短纤供需格局

我国的短纤以出口为主，随着短纤产能逐年增加，国内市场整体供大于求，生产企业积极寻求国外市场以消化自身产量。

近几年，东南亚地区凭借廉价的劳动力优势，正在积极发展纺织行业，对短纤等纺织材料的需求不断增长，成为国内短纤扩大出口的重要市场。然而短纤的出口面临较大的反倾销压力，2015年以后短纤出口增速放缓，2019年我国短纤出口量为100万t，出口依存度约为14.5%，出口量持稳，出口依存度下降。

短纤的进口方面，进口依存度比例一直较低，近两年因禁塑令影响，进口量小幅抬高，2019年，我国短纤进口量为22万t，进口依存度为3%左右。

①供应

截止2019年，短纤产能为759万t，产量为610万t，表观消费为688万t，消费量稳步增长。2019年国内产量增速为13.6%，产能增速为7.6%，产量增速高于产能增速，主要原因有二：一方面，由于前期投产产能达产；另一方面，得益于低库存下短纤开工率提高。

从产能集中度角度来看，产能相对集中，前四大供应商主要产能占了50%以上。目前国内产能最大的为中石化（包含天津石化、上海石化、洛阳石化和仪征化纤等），产能达到131万t，其次是恒逸（逸达、恒鸣、高新和逸锦）111万t，第三是三房巷，第四为华宏。

②需求

从下游需求来看聚酯短纤下游需求主要应用在纺纱制线，占比达到76%以上，还有一部分应用于无纺布和填充料，近两年填充料的需求有所增加。纺织行业的淡旺季分布主要与服装面料的生产和消费节奏相关。传统服装消费需求上，短纤的消费在一年内有两个旺季，分别为3—5月和8—10月，其他时间为淡季。

(4) 涤纶短纤价格影响因素

国内涤纶短纤价格的影响因素主要包括：宏观经济形势及资金面的影响、来自成本端的影响、自身产业供求关系变化及产业政策等。

从宏观经济方面来说，涤纶短纤作为一种大宗商品，其价格整体会受外围宏观环境的影响。中国是涤纶短纤生产大国，出口依存度偏高，因此进出口政策、关税政策等都会影响短纤的价格。近年来，随着我国涤纶短纤出口的增长和产品竞争力的提升，企业在出口领域也不断遭遇反倾销调查。美国是我国涤纶短纤出口的首要市场，近几年由于贸易摩擦以及反倾销制裁对国内涤纶短纤的价格造成了一定的影响。

从成本端来说，原油作为聚酯产业链的源头，其变化直接影响石油的价格，继而影响聚酯上游产品对二甲苯(PX)、PTA、乙二醇(MEG)的价格，从而对涤纶短纤的市场价格造成影响。

从涤纶短纤产业自身供求来看：供应方面，主要受涤纶短纤产能、产量、负荷、库存以及进口量影响，开工率往往受到短纤行业效益影响；需求方面，要看下游纯涤纱和混纺纱的需求以及涤纶短纤出口量。另外，也要关注国内纺织终端需求影响，如家纺、服装等产业的投产销售以及出口情况。

另外，短纤也受化纤工业、纺织服装等相关领域的产业政策等影响。由于纺织、印染行业涉污严重，而江浙地区作为纺织大省，2018年环保整治力度较大，老装置淘汰、纺织工业外迁、新纺织工业基地的规划等一系列动作，对纺织行业造成了较大影响。

8.5.3 外汇期货与期权

(1) 外汇期货

外汇期货合约允许买方或卖方在未来特定日期以特定价格买入或卖出一定数量的外汇。这些合约通常用于对冲货币波动风险，尤其对于跨国纺织服装企业而言，能够规避外汇波动对盈利的影响。

外汇期货合约的特点和应用：

①锁定未来汇率

外汇期货合约允许企业以约定的价格锁定未来交易的汇率。这有助于企业规避因货币波动而带来的不确定性，确保能够以稳定的价格进行交易。

②对冲货币波动风险

对于跨国纺织服装企业而言，货币波动风险可能对其盈利和成本产生直接影响。使用外汇期货合约可以帮助企业对冲这种风险，确保在不同国家的交易中能够维持稳定的成本和利润。

③风险管理工具

外汇期货合约被视为一种风险管理工具，可用于保护企业免受不利的货币波动对利润和成本的影响。

稳定性和预测性：使用外汇期货合约可以给企业提供更稳定和可预测的成本和收入，因为它们能够锁定未来的汇率。

跨国贸易的利润保护：对于跨国纺织服装企业来说，使用外汇期货合约能够保护其在不同国家贸易中的盈利，规避汇率波动带来的不利影响。

总的来说，外汇期货合约对于跨国纺织服装企业来说是一种重要的金融工具，帮助它们规避外汇波动风险，保护利润，同时也为企业提供了更可控和稳定的国际贸易环境。

(2) 外汇期权

外汇期权是另一种金融工具，与外汇期货不同，它赋予了买方在未来特定日期以约定价格买入或卖出一定数量的外汇的权利，但并不强制执行买卖行为。这种特性使得外汇期权成为规避汇率波动风险的有力工具。

①外汇期权的特点和应用

购买期权与出售期权：外汇期权有购买期权(看涨期权)和出售期权(看跌期权)两种。购买期权赋予买方权利购买外汇，而出售期权赋予买方权利出售外汇。

灵活性和选择权：买方可以选择是否在期权到期日行使权利。这种灵活性使得企业在汇率变动不确定的情况下能够灵活应对，选择最有利于自己的时机行使权利。

规避不确定性的汇率波动风险：企业可以利用外汇期权规避因汇率波动所带来的不确定性。尤其是对于企业在特定时期需要进行外汇交易但面临汇率波动风险时，外汇期权提供了一种保护机制。

②优势和应用场景

灵活性和保护性：外汇期权为企业提供了灵活的选择权，能够在不确定的汇率环境中保护企业的利益。

风险管理工具：外汇期权被视为一种有效的风险管理工具，能够帮助企业规避汇率波动可能带来的不利影响。

总体而言，外汇期权的灵活性和选择性使其成为跨国纺织服装企业在汇率波动不确定的环境中有效规避风险的工具。企业可以根据自身需求和预期来灵活运用外汇期权，保护自己的利润和交易稳定性。

(3) 应用场景

纺织行业面临着来自原材料价格波动和外汇风险的挑战，这些波动可能对企业的成本和盈利能力产生重大影响。期货和期权是常用的金融工具，纺织行业利用它们来进行风险管理，保护企业的利润。

①规避原材料价格波动风险

(a) 使用原材料期货合约

锁定价格：企业可以利用原材料期货合约，如棉花或棉纱期货，锁定未来的购买价格。这有助于企业规避因原材料价格波动而导致的不确定性，确保能够以稳定的价格获得所需原材料。

(b) 使用原材料期权合约

权衡风险和成本：期权合约提供了选择权，允许企业在合同到期前作出购买或出售决定。这种选择权可以在价格不利变化时不执行，减少可能的损失。

②应对外汇风险

(a) 外汇期货合约的使用

锁定汇率：纺织服装企业可利用外汇期货合约锁定未来的汇率。这有助于规避不同国家货币之间汇率波动可能带来的损失，尤其对于涉足跨国贸易的企业而言尤为重要。

(b) 外汇期权合约的应用

汇率波动的灵活性：外汇期权给予企业在未来特定日期以特定价格买入或卖出外汇的权利。这有助于企业在不确定性的外汇市场中灵活应对汇率波动，降低损失风险。

这些金融工具提供了一定的保护机制，帮助企业规避原材料价格波动和外汇风险所带来的不确定性，保护企业的利润和稳定性。然而，其使用需要谨慎考虑，企业需要全面评估风险和成本，以制定最佳的风险管理策略。

跨国纺织服装企业利用外汇工具来规避不同国家货币之间的汇率波动，确保交易的稳定性和盈利。对于纺织进出口企业来说，汇率波动可能对其国际贸易业务造成重大影响。这些企业通常涉及多个国家，因此不同国家货币之间的汇率波动可能会直接影响到其盈利能力和交易的稳定性。为了规避这种汇率风险，跨国纺织服装企业使用外汇工具来保护其国际贸易。

如何利用外汇工具应对汇率波动：

①外汇远期合约的使用

锁定未来汇率：跨国纺织服装企业可以使用外汇远期合约，以一定价格锁定未来某个特定时间点的货币兑换率。这有助于确保未来交易的稳定性和可预见性，规避汇率波动可能带来的风险。

②货币互换交易

互换不同货币：企业可以通过货币互换交易来在特定时期内互换不同货币。这种交易允许企业规避汇率波动，同时获得所需的货币流动性。

③外汇期权的应用

权衡风险与收益：外汇期权给予企业在未来特定时间内以约定价格买入或卖出外汇的权利，但不强制。这使得企业在汇率不利变化时可以选择不行使权利，减少可能的损失。

(a) 目的和优势

降低交易风险：使用外汇工具可以帮助跨国纺织服装企业降低在国际贸易中由汇率波动带来的风险，确保交易的稳定性和可预见性。

保护利润：通过锁定或规避汇率波动，企业能够更好地保护其盈利能力，避免因汇率波动而导致的盈利下降。

这些外汇工具为跨国纺织服装企业提供了保护机制，使其能够更好地管理在国际贸易中可能面临的汇率波动风险，确保交易的稳定性和利润。然而，这些金融工具可以在一定程度上帮助纺织服装业者规避市场风险，但企业在使用时需要谨慎，需要充分了解市场情况和金融产品的特性。使用时需要全面评估风险和成本，以制定最佳的汇率风险管理策略。

(b) 外汇期权操作案例

林辉实操干货：汇率套期保值原理、方法、案例。

▶ 套期保值规避汇率风险的原理

(1) 外汇套期保值的概念

外汇套期保值 (hedging，又称对冲交易) 的基本做法是买进或卖出与现货市场交易数量相当，但交易方向相反的相同或相近月份同种外汇期货合约，以期在未来某一时间通过卖出或买进相同的期货合约对冲平仓，结清期货交易带来的盈利或亏损，以补偿或抵销现货市场价格变动所带来的实际价格风险或利益，使交易者的经济收益 (或成本) 锁定在某一水平。

(2) 套期保值的原理

套期保值是通过现货和期货两个市场进行数量相等方向相反的操作来规避现货市场价格波动的风险。套期保值能否防范价格风险，在于套期保值的可能性，即套期保值功能的实现需要具备以下一定的条件：

①标准化合约与相关现货商品有可替代性。

②期货价格和现货价格的变动趋势基本一致。

③随着期货合约到期日的临近，现货价格与期货价格趋向一致。

总而言之，套期之所以能够保值是因为同一种特定商品的期货和现货的主要差异在于交货日期前后不一，而它们的价格则受相同的经济因素和非经济因素的影响和制约。而且，期货合约到期必须进行实物交割，这使得现货价格与期货价格趋向一致。因而期货和现货价格具有高度的正相关性。在具有高度正相关性的两个市场中进行反向操作，必须能够达到对冲的效果。正是上述经济原理的作用，才使企业能利用期货市场进行外汇套期保值，进而达到规避风险的目的。外汇市场本质上是期货市场的一种，只是它交易的是货币，因此利用外汇套期保值同样能够达到规避汇率风险的目的。

➡ 外汇套期保值如何操作

(1) 外汇套期保值的操作原则

①交易方向相反原则。

②种类相同原则。

③数量相当原则。

④月份相同或相近原则。

企业在进行外汇套期保值时应遵守以上基本原则，任何忽略、违背这四大原则的操作都不能降低风险，在相当大程度上反而是扩大风险。同时在不违背以上基本原则的大前提下，也应审时度势，根据实际情况灵活运用。

(2) 两种操作方法的选择

在进行外汇套期保值操作时有两种方法可以选择：

①期货交易合同法

期货交易合同法是指期货交易者在固定场所内根据规定的交易币种、合约金额、交割时间等标准化的原则买进或卖出远期外汇，再在约定时间，按约定的币种、价格、数量等进行交割或对冲的一种外汇交易。

②期权合同法

期权也称选择权，是交易的买方或卖方签定买卖远期外汇合约。期权合约的买方在支付一定保险费后，可以获得在约定的时间内按规定的价格买卖约定数量的某种货币的权利或放弃这种买卖权利的一种交易。进出口商利用期权合同法的具体做法是：进口商应买进看涨期权，而出口商应买进看跌期权。

期权合同法与期货交易合同法在买卖双方权利、交易内容以及保证金等等方面存在区别，其中最重要的是期货交易合同法届时必须按约定的汇率履约，而期权合同法则可以根据市场汇率变动做选择，即既可以履约，也可以不履约，最多损失期权费。两种方法各有各的适应情况，如果在套期保值操作中能将两种方法有机结合起来使用的话，无疑会增加盈利的机会。

(3) 套期保值操作流程

①风险量化

在进行外汇套期保值前，需要对外汇汇率变化可能产生的风险进行量化，以确定对风险进行管理的目标，以甄选最佳保值策略。

②保值策略制定

针对不同的风险程度，制定对应的保值策略。

③保值方案优化

保值成本、基差等因素的存在使得完美保值很难实现，因此应尽可能优化套期保值方案。

④保值跟踪及风险控制

在套期保值操作过程中应随时跟踪保值效果，第一时间发现保值中的风险和问题以便及时调整保值策略。

⑤保值效果评估

建立完善的保值效果评估体系，以确定保值是否达到预期的效果，便于对保值思路和策略进行完善。

【套保实例】

保值实例：美进口商从德国进口机器价100万马克，6个月后付款，即期汇率1马克=0.533美元，折合53.3万美元，如付款时1马克=0.6美元，美进口商付100万马需60万美元，多付67 000美元。为安全，买入6个月远期汇票，假如马克兑美元汇率为0.535，到期时以53.5万美元购入100万马克以支付，即以2 000美元的代价避免了67 000美元的损失，假若远期汇率小于0.533，不但避免了损失而且还赚了一笔。

【投机实例】

多头投机：美A公司购买一个月马克远期100万美元，远期价1美元=2.55马克，而即期价1美元=2.6马克，远期马克升值。

一个月后支付100万美元得255万马克。一个月后现汇市场1美元=2.5马克(马克升值较大)，售255万马克得102万美元，赚2万美元，如汇率变动与预计相反则会出现亏损。

空头投机：A公司如预测马克贬值，即期美元兑马克汇率为2.6，远期价为2.65，预测价会达到2.7，卖出100万美元。

一个月后到期支付265万马克得美元100万。

一个月后现汇市场卖出100万美元得270万马克(按预料一样)，可赚5万马克。

如果半个月后美元升值就达到2.7或更高，也可以在现汇市场上先补进，即买入现汇即防范了风险(轧补)，当然这要有足够的资金。

【利用远期外汇交易来规避汇率风险的实例】

▶ 新疆棉花企业轧花厂企业案例：

针对2023—2024年棉花市场行情趋势，新疆棉花企业轧花厂将与纺织服装企业建立长期战略联营合作关系，形成全年度联合采购棉花、纺织订单联营合作模式，将增加纺织用棉品质数量分批次逐月现货期货期权综合销售棉花模式价格流程：

①棉花企业选择确定纺织服装企业签定本年度联营合作协议及执行合同细则，以纺织服装企业名义，各期货交割月逢低买入交割期货仓单棉、期转现、期货移仓、现货处置。

②纺织服装企业采购新疆棉花企业轧花厂优质棉数量：双29棉、高指标专用棉、漂

白级无三丝棉、期货仓单棉、328B级普通棉等纺织专用棉花数量。

③新疆棉花企业将与纺织服装企业操作60%-80%-100%/2-5批次期货期权数量保值。新疆棉花纺织贸易企业积极参与棉花期货期权高端高效市场套保为主优化经营盈利风控模式做法，借鉴跨国公司100%期货套保模式经验，在12—2月逢低逢高期货期权套保，利用2401、2403、2405郑棉期价与纺织服装企业联营合作逢低买入逢高卖出期货期权双向循环全覆盖操作。

④新疆大中型棉花企业分别为纺织服装企业提供1~3万t信用额度/2-5批次，利用各交割月期价低于现货1 000~2 000元，进行30%-30%-40%/2-3-5批次建仓。

⑤江浙、广东地区现有150~180万t棉纱棉布累库，建议纺织服装企业随行就市，逢高现价15 600~15 000元期货卖出和期权买权买入看跌套保，强力压制期价顺势下跌至14 500-14 000-13 500元，再筑底回升上涨逢低进行棉花棉纱棉布期货期权买入看涨套保，待期价上涨至15 500~16 000元时，纺织服装企业将集中逢高卖出全年度棉花棉纱棉布现货期货数量，至新一轮低价期采购现货棉花数量低价基差点价或交易平台择优操作。1—2月纺织服装企业低价采购新疆棉花200~300万t/占比80%~90%；同步纺织服装企业将低价销售江浙、广东150~180万t累库棉纱棉布、进口棉花低价采购，争取国际品牌大数量采购订单，迎接新疆内地棉花低价采购棉纱棉布、纺织品服装出货销售旺季，使用新疆棉500余万t，与200-300-400万t棉纱棉布及纺织品服装年度生产购销进口数量，提高全年度综合收益10%~20%以上。

2023年新疆政府领导提出"建设新疆棉花纺织服装产业集群，推动建设国家优质棉花棉纱基地和国家级棉花棉纱交易中心；将加快调整棉纺产业结构，大力发展化纤产业，补齐印染等短板，做大做强纺织服装等终端产业"。全国政协委员、新疆政府副秘书长梁勇向大会提交"关于推动西部地区纺织产业集群现代化建设促进产业升级和区域发展的提案"。新湖期货公司张闻民为新疆政府主管部门制定"新疆棉花纺织两大产业战略规划及棉花棉纱纺织品服装经营执行方案"，提出了8大产销经营板块模式以及经营目标，2023—2027年度新疆棉花生产量逐年稳定至600万t、新疆棉花纺织产业总产值达到5 000亿~9 000亿元、金融经营总产值15 000亿~20 000亿元。推动新疆企业数字网络集群，棉花棉纱棉布化纤纺织服装高端高效产销经营，实现新疆棉花纺织产业市场持续稳定高效发展布局目标，新湖期货股份公司还重点推出了"在新疆设立国家级棉花棉纱期现联动交易中心"经营方案细则，在新疆健全棉花集中采购、购买棉纱或委托代工、棉纱现货期货期权多渠道销售完整产业链委托代理加工棉纱的模式体系，形成新疆棉花纺织经营企业棉花棉纱产销经营完整贯通产业链，全面实行棉花棉纱现货期货期权套期保值领先高效低险经营盈利风控模式做法，逐步制定完善实施2023—2027年度全国新疆棉花纺织经营企业集团体系战略规划、全面布局、落地措施，持续降低成本价格、融资资金、付款结算。①年均分批次集中低价期集中采购新疆轧花厂兵团棉、地方棉、内地棉、机采棉、手摘棉、期货仓单棉等多种高性价比纺织自用棉80%及经营调剂棉花货源；②年均逐年扩展多家相关纺织服装企业购买棉纱或委托代理代工棉纱品种质量数量，保持占有新疆棉纱产销经营操作数量比例；③年均销售纺织服装企业或委托加工棉纱数量，以销定产、以纱定棉，通过河南、山东、江苏、浙江、广东纱布市场、棉纱现货期货销售平台出售，纺织服装企业直销、棉纱期货仓单期转现、期货厂库交割、上下游企业对接融合销售形式；④充分发挥棉花棉纱现货期货期权组合融资经营盈利风控三大模式，重点开展棉花棉纱现货期货期权逢低买入逢高卖出封闭环双向循环高端高效经营盈利风控模式，将减少降低融资经营成本 20%~30%、增加棉花棉纱产销经营数量 10%~20%，提高各年度综合利润收益 10%~30%。

◎ **阅读材料 1**

Temu 狂奔一年，要如何在供应链上与 SHEIN 掰手腕？
（原创 以太 供应链范式 2023-12-26 16:54 发表于北京）

"高度内卷"仍是今年国内电商市场的主旋律，商家们"叫苦连天"，平台也在卯足了劲地投入，强行用低价维系住自身的流量。

在互联网红利已经见顶的当下，国内电商行业随之也正式步入存量市场的下半场，想要在这个阶段找到新的增长爆发点并不是一件容易的事。

然而就在今年的 11 月底，拼多多的第三季度业绩报表给所有人指明了一条新的出路——电商的未来就在"出海"！

从财报来看，拼多多期内营收同比增长了 93.9%，做到了 688.4 亿元，远远高于市场预期的 537.7 亿元，同时归母净利润也做到了 155.4 亿元，净利润率高达 22.6%。

另外在整个三季度，拼多多交易服务收入达到了 291.5 亿元，同比大增 315%。各项数据指标之所以能够带来如此巨大的增长，完完全全是拼多多的"出海"业务发挥了引擎作用。

依靠着旗下的出海电商平台 Temu，拼多多不仅翻身，市值超越了"电商一哥"阿里，成为中概股龙头，同时也让一众陷入迷茫的中小商家们找到了新的方向，国内新的一轮出海浪潮也即将随之开启，而跨境电商背后的供应链体系也将随之发生新的迭代变化。

Temu 平台是如何完成逆袭的？

与 SHEIN 的供应链相比，Temu 供应链体系有什么优势？

目前其他跨境电商平台的供应链玩法是什么？

本文试图从以上 3 个方面，探讨跨境电商背后的供应链体系。

Temu 并非横空出世。

拼多多在 Temu 身上所花的资金，向来并不吝啬，特别是在海外广告营销方面更是从创立初始，就不计成本地投入。

像在今年 2 月的第 57 届"超级碗"上，Temu 一口气砸下了 1 400 万美元，在这场有着"美国春晚"之称的年度盛典上，轮回两段播放了长达 30 s 的广告，平均算下来每秒钟的广告费大约在 23 万美元左右。

Temu 这次的投放不仅创下了"超级碗"广告的历史最高单价纪录，同时还成为了"超级碗"投放广告史上最年轻的品牌。

据财联社新闻报道，已经有业内人士透露，Temu 在 2024 年 2 月还会继续大手笔投入"超级碗"广告，届时超级碗广告最高单价可能又会被 Temu 自己再度刷新。

除了大型体育赛事，Temu 在海外视频网站的身影也并不少见。凭借着洗脑式的轰炸营销，Temu 在北美地区早已风生水起。据移动洞察咨询公司 GWS 数据显示，2023 年 1 月份以来，Temu 每天新增用户近 1 000 万，这种增速目前还没有放缓的迹象。

市场分析机构 Insider Intelligence 的最新报告也显示：Temu 目前是美国访问量仅次于亚马逊、沃尔玛、eBay 的电商平台，位列第四；但在用户使用时长方面，Temu 却排在了第二，领先于沃尔玛和 eBay 等。

对于这么一个成绩，大部分的电商同行都分外惊讶，要知道 Temu 是拼多多于 2022 年 9 月 1 日才正式推出的跨境电商平台，发展至今不过 15 个月。

而据花旗分析师估算，Temu 在三季度处理了 42 亿美元的交易，占到拼多多总收入的 13% 左右，成为当之无愧的第二增长曲线。

创下如此成绩，光靠一味的广告营销肯定是不够，Temu 制胜的还有一个法宝就是"真金白银"补贴用户，让北美消费者也享受到本土拼多多版的低价福利。

而这低价背后，需要强大的供应链体系支撑，这正是深耕多年供应链的拼多多的拿手好戏。

截至 2023 年三季度末，Temu 已经深入到广东、浙江、山东、安徽等地的百余个制造业产业带，成功将源头厂商的产品推动优质制造产品进入了北美、澳洲、欧洲、亚洲等 40 多个国家和地区。

而 Temu 自己也在大力推动海外仓的建设，增强平台收货、供货能力的同时，帮助商家们节约海外物流成本。

除此之外，Temu 还针对中小外贸厂商推出了一种叫"全托管"模式的创新举措，通过平台为他们打通一条"全链路"的跨境通道，大幅降低厂商们的成本，从而推动商品单价的持续降低，继而促进消费的增长。

北京日报在报道中透露，目前 Temu 每天出口包裹量就超过 40 万个，日均货重高达 600 t，其中有一半以上都是发往美国市场。

供应链范式获悉，Temu 平台在美国市场上线的商品 SKU (Stock Keeping Unit) 数，已经做到了 200 多万个，并且按照计划，明年将会直接扩展到 400 万，供美国消费者选择。而这些都是 Temu 将跨境电商与产业带完美融合，打造出跨境"全链路"供应链体系的结果。

可以说，相比于广告营销上的大规模投入，Temu 在背后供应链下真功夫，才是真正打败过去一众老牌出海电商的关键。

Temu 深知中国供应链的潜力，只要能够提升整个传统厂商渠道的效率，降低商品到客户手上的交付成本，即便是对接上竞争更激烈的欧美市场，商家们依旧可以从中收获利润，拼多多如今的市值就是最好的一个证明。

与 SHEIN 直接竞争？

对于当前的 Temu 而言，最大的竞争对手并不来自于海外，而是同样从国内出海的 SHEIN。

值得一提的是,就在近期,Temu 和 SHEIN 双方之间还发生了一场大规模的商业冲突,Temu 向美国哥伦比亚地区法院递交了一份长达 100 页的文件,一时间轰动全美电商界。

从起诉内容看,本次争端再起的主要原因是双方供应商之争。

由于 Temu 开始进军北美服装市场,而 SHEIN 也从女装平台转型为全品类电商,双方各自腹地开始被对方"侵占",爆发直接冲突。

按照 Temu 方面的说法,率先采取不当反击措施的是 SHEIN,他们利用其市场支配地位,强迫服装制造商与其签订独家协议,阻碍了 Temu 平台的正常发展。

诉讼文件显示,Temu 不仅要指控 SHEIN 用"黑手党式恐吓"的手段强迫供应商签订具有"排他性"的协议;甚至采取特别手段,将供应商关在办公室里,要求他们交出在该平台的商家账户等信息。

虽然 Temu 这一面之词有些夸张,但也不难看出,双方真正争夺的还是供应链体系以及供应商的选择。

与 Temu 跨境"全链路"供应链体系打法不同,SHEIN 采用的是"柔性供应链"。原因是 SHEIN 平台的商品品类主要以女装为主,特点就是市场需求变化快,同时每个季度不同款式的需求量波动大。

而 SHEIN 搭建的柔性供应链正好可以应对以上这些问题。由于 SHEIN 平台直接对接上游服装厂家,这样不仅可以根据市场热度变化,及时改进产品款式;同时又能够根据后台数据的直观反映,合理调整厂家们的生产计划,将库存风险保持在限定范围内。

如此一来,SHEIN 既能够保障产品质量稳定,又能将长期成本持续降低,并且还能高效地捕捉到海外服装市场的热点需求,第一时间将相应的产品款式生产供给投放到平台。

可以说,SHEIN 的崛起,与这套柔性供应链体系分不开关系,不过最先把柔性供应链发挥到极致的,还是西班牙女装品牌 ZARA。

ZARA 的柔性供应链,目前已经可以做到以日为单位进行产品线的更新。ZARA 上游每条生产线普遍以小规模为主,从而保障平台上架服装的迭代速度。

在传统快时尚品牌眼里,大批量生产的方式可以创造规模效应,带来成本端的下降。但在柔性供应链下,ZARA 拥有大量的试销机会,全年每个时间段都可以先投放不同款式在市场上进行试探,最后根据市场反映的数据,再重新调整生产计划和生产量,如此一来库存压力大幅度减小,长期成本远低于同行。

不过柔性供应链也需要一定的门槛与时间投入。ZARA 和 SHEIN 的共同点就是拥有自主电商平台,所以可以在第一时间拿到数据反馈进行柔性调整,

ZARA 目前的 POS (Point of Sale) 系统直接将客户的购买信息,对接到了设计和生产团队手上,整个供应链都能够实时了解市场给出的反馈。

并且 ZARA 还采用了 ERP 系统和 RFID 技术,以确保物流和库存管理的高效性和准确性。而这些数字化的基础,是大部分快时尚品牌都无法拥有的条件。

另外,SHEIN 这条完善的柔性供应链,从其创始人许仰天开办公司的第一天起,就已经开始进行打造了。

2012 年,当淘宝、京东等电商平台把目光放在互联网上的流量争夺时,许仰天却带

着自己的创业团队，亲自前往广州番禺，用两年时间组建了一支八百人的设计打板团队，一步一步将广州服饰供应链的半壁江山"收入囊中"。

目前 SHEIN 在广州番禺和东莞虎门等地的合作供应商早已遍地开花，经过多年的合作与投入，这些工厂的技术工具也完成了相应的升级，各个环节的数字化改造也基本到位，其他平台与快时尚品牌再想介入合作已经是无处落脚。

不过这种柔性供应链，前期承担的风险以及投入是非常大的，最开始时很多供货厂家都面临产品出海的侵权与库存问题，而这些成本在前期都是 SHEIN 在承担。

另外柔性供应链当前只适用于专注少量品类的平台，这也意味着 SHEIN 与 Temu 这种全品类平台相比局限性更大，发展空间更加有限，除女装外其他品类的竞争力很容易出现不足。

据浙商证券方面发布的相关研报显示，Temu 在某些品类上的价格，能做到 SHEIN 的 53%~80%，价格优势决定了用户的选择。

据分析消费者银行卡交易数据的 Second Measure 表示，Temu 今年 5 月份的销售额在美国就已经超过了 SHEIN，并且还高出约 20%，现在这个领先优势每个月都在扩大，在 9 月份的时候，Temu 在美国的销售额已经是 SHEIN 的两倍多。

照着这个局势发展，SHEIN 在女装界的一亩三分地，很快就要被 Temu 彻底攻陷。

其他玩家如何跟上这波供应链之争？

今年，同为中国出海四小龙之一的 TikTok 也在供应链上动作频频，持续加码。

据光子星球独家获悉，早前 TikTok 在广州已经成立了一家名为 GS 的供应链管理公司，试图通过自建仓库缓解跨境的履约问题。

自建仓一向是个高成本的投入，可一旦完成搭建，后续带来的收益又是立竿见影。目前 TikTok 已知的自建仓已经有了两处，对商品出库、入库，包括供应链管理都起到了承接作用，特别是保障了海外市场"黑色星期五"促销节的商品供应。

在今年 11 月份，市场也传闻，TikTok 与 ShipBob 和 Newegg 等物流提供商达成了合作协议，以存储库存以及挑选、包装和运送在线订单。

按照协议来看，TikTok 将会把自己的物流业务外包出去，从而提升当前平台跨境物流的速度时效，并留出时间精力慢慢完善自建的物流体系。

而四小龙里的老玩家"速卖通"虽然今年增长并没有其他三家亮眼，但它却拥有 Temu、SHEIN 和 TikTok 都没有的自建物流体系。

凭借着强大的物流网络基础，速卖通 6 月升级了山东专门面向韩国市场的仓库后，保证 3 日可达的类本地物流时效；9 月联合菜鸟又上线全球 5 日达国际快线产品，欧洲进入"5 日包邮区"。

并且速卖通作为跨境电商老牌玩家，在同行纷纷崛起时并没有继续守旧，而是果断学习新玩家们的新模式。

在 2023 年一季度，速卖通也开始学着面向消费者，推出基于全托管的 Choice 服务，Choice 商品可以享受免运费、免费退货和配送质量保证等服务。

正是由于及时地将全托管模式放在了业务运营中，速卖通才得以没有掉队出四小龙。今年3月，速卖通订单同比增长超50%，整体用户规模同比增长达45%，创下了历史新高。

在明年，出海四小龙之间的竞争毫无疑问还会继续升级，并且随着亚马逊等海外平台"自救"措施的进行，跨境电商背后供应链能力的比拼，也将被进一步放大。

结语：在探索数智化供应链管理的讨论中，我们深入研究了数智化技术对供应链的革新和优化。数智化供应链管理不仅是提高效率的手段，更是推动整个供应链协同和透明度的关键。

本章重点讨论了数智化技术在供应链管理中的应用。从物联网到大数据分析再到区块链技术，这些技术的引入改变了供应链的传统模式，提高了供应链的可视化、实时性和灵活性，进而优化了库存管理、交付效率以及响应客户需求的能力。

然而，数智化技术也为供应链管理带来了新的挑战。安全风险、数据隐私、技术标准的整合等问题需要企业不断探索解决之道。在数字化转型的过程中，企业需要考虑如何平衡技术投入与管理实践，以及如何保证供应链各环节的协同性和高效性。

本章的研究旨在为纺织服装企业提供了数智化技术在供应链管理中的应用指导。只有通过充分理解并灵活应用数智化技术，企业才能实现供应链的优化和升级，从而在市场竞争中保持领先地位。

思考题：

1. 描述数智化供应链管理的基本概念和关键原理。说明数智化技术在供应链管理中的作用，并讨论其对供应链效率和灵活性的影响。

2. 选择一个纺织服装企业，分析其数字化智能化在供应链管理中的应用案例。着重讨论采用的技术、应用方式以及对企业业务带来的影响。

3. 探讨数字化智能化对提高纺织服装行业供应链的可持续性的影响。分析其在资源利用、生产方式、环境保护方面的作用。

4. 讨论数字化智能化在纺织服装供应链中可能面临的挑战，如数据安全、技术整合等。提出相应的解决方案和策略。

5. 针对数智化供应链管理，展望未来趋势。探讨可能出现的新技术、发展方向，并对纺织服装企业未来如何应对进行展望和建议。

第 9 章 数智化质量控制与品质管理

纺织服装行业一直是技术创新和质量管理的前沿领域之一。随着数字化和智能化技术的迅速发展，这个行业正处于一场深刻的变革之中。本章将深入探讨纺织服装行业在数字化智能化背景下的质量控制与品质管理。在过去的几十年里，纺织服装行业一直在追求创新、效率和可持续发展。然而，如今这个行业正面临着数字化革命所带来的全新挑战和机遇，从设计和生产到销售和供应链管理，数字化智能化正深刻地改变着整个行业的面貌。

本章将聚焦于数字化智能化对纺织服装行业质量控制与品质管理的影响。我们将探讨数智化技术在生产流程中的应用，例如智能化制造、自动化检测和质量追溯系统。这些技术的应用不仅提高了生产效率，更确保了产品质量和一致性。此外，我们将研究数据驱动的质量管理方法，探讨大数据分析、人工智能和机器学习在纺织服装行业中的应用。这些技术不仅能够识别潜在的质量问题，还能预测和防范可能的生产缺陷，从而实现持续改进和优化。

9.1 数字化质量控制方法

9.1.1 质量控制和品质管理的概念

质量控制和品质管理是企业和组织中关键的概念，用于确保产品、服务或流程的质量达到特定的标准和客户的要求。这两者有着共同点，但也存在一些区别。

(1) 质量控制

质量控制是一种确保产品或服务达到特定质量标准的过程。它是通过监视、检查和测试产品或服务来实现的。质量控制的主要目标是识别并纠正产品或服务中的缺陷，以确保其符合预定的质量标准。

主要特点和方法：

检验和测试：通过对产品或服务进行检验、测试和测量，确定其质量是否符合预定标准。

纠正措施：如果产品或服务不符合标准，采取必要的纠正措施，确保达到预期质量水平。

反应性：质量控制通常是一种针对已经生产的产品或提供的服务的反应性控制过程。

(2) 品质管理 (Quality Management)

品质管理是一种系统性、综合性的方法，旨在持续改进组织的绩效、过程和能力，以满足客户的需求和期望。品质管理强调预防问题而不是仅仅修复问题。

主要特点和方法：

全员参与：强调所有员工的参与和责任，以达到持续改进和质量保证。

过程导向：着重于管理和优化组织内的各个过程，以实现更高效的运作和质量提升。

持续改进：通过不断分析和改进过程，寻求持续的、渐进的质量改善。

客户满意：以客户的需求、期望和满意度为中心，确保产品或服务能够满足客户要求。

在实践中，企业通常将质量控制作为品质管理的一部分，通过质量控制来监控和确保产品或服务的质量，同时品质管理涵盖了更广泛的方面，包括战略制定、质量目标的设定、员工培训和持续改进等，以确保质量达到最高水平并保持持续改进。

9.1.2 数字化质量控制方法

借助先进的数字技术和数据处理能力来提高质量控制效率、准确性和实时性。这些方法利用计算机、传感器、数据分析、人工智能等技术，帮助企业实时监测和管理产品质量，识别和预防质量问题，以及持续改进质量管理。

常用的数字化质量控制方法：

(1) 传感器技术

传感器监测与采集数据：利用传感器实时监测生产过程中的参数和指标，例如温度、压力、湿度等。

传感器技术在数字化质量控制中起着至关重要的作用。通过利用传感器实时监测生产过程中的参数和指标，可以快速、准确地采集大量数据，从而实现对生产过程的精细控制、分析和优化。以下是传感器技术在质量控制中的应用和优点：

应用及优点：

实时监测生产过程参数：通过传感器监测温度、压力、湿度、流量等关键参数，实时了解生产过程中的状况。

实时检测设备状态：通过传感器监测设备的运行状态，及时发现设备故障或异常，避免因设备问题导致的质量问题。

自动控制和调整：基于传感器采集的数据，实现对生产过程的自动控制和调整，确保参数在预定范围内。

提高生产效率：通过实时监测参数，可以精准控制生产过程，减少生产中的浪费和时间成本，提高生产效率。

预测和避免质量问题：传感器监测数据可以用于建立模型，预测潜在的质量问题，采取预防措施避免质量缺陷。

质量追溯：传感器采集的数据可以用于建立质量追溯系统，追溯产品的生产过程，快速定位问题源头。

支持决策制定：通过传感器采集数据的分析，为决策制定提供依据，优化生产过程和质量控制策略。

可降低人为误差：传感器技术可以取代部分人工测量，降低了人为误差，提高了数据采集的准确性。

通过充分利用传感器技术，企业可以实现智能化的质量控制，促使生产过程更加精密、高效和可靠，最终提高产品质量和客户满意度。

(2) 视觉传感器

视觉传感器是一种使用光学技术进行产品外观检查和缺陷检测的传感器。它可以捕捉、分析和识别产品的图像或视频，以判断产品的质量、外观特征和缺陷。这种技术被广泛应用于制造业，特别是在自动化生产线上，以确保产品符合质量标准并避免不良品的产生。应用及优点有以下几点：

自动化检测：视觉传感器可以自动进行产品外观检查，实时、高效地识别产品的缺陷，避免了手动检查可能引入的人为错误。

高精度和高速度：视觉传感器具有高精度的图像处理能力，可以在极短的时间内对大量产品进行检查，提高了检测的速度和准确性。

多种缺陷识别：可以识别多种不同类型的缺陷，如裂纹、瑕疵、变形、颜色不一致等，覆盖了产品质量的多个方面。

适应性强：视觉传感器可以通过调整算法和参数适应不同类型的产品和不同的质量标准，具有较强的灵活性。

质量保证：通过自动识别缺陷和不良品，可以及时剔除不合格品，保证产品的质量达到标准要求。

降低成本：自动化的视觉检测系统可以降低人力成本，并减少不良品的产生，降低了制造企业的损失和成本。

质量追溯：视觉传感器采集的图像数据可以用于建立质量追溯系统，对产品生产过程进行跟踪和记录。

持续改进：视觉传感器可以提供大量的质量数据，有助于分析生产过程，进行持续改进和优化。

视觉传感器技术的发展和应用推动了现代制造业的数字化和智能化转型，为质量控制提供了强有力的工具，有助于确保产品质量和客户满意度。

(3) 统计过程控制

统计过程控制 (Statistical Process Control，SPC) 是一种利用统计方法实时监测生产过程的质量和稳定性，从而及时发现过程变化或异常的质量控制方法。它的目标是确保生产过程处于稳定状态，并在出现异常时能够及时识别并采取纠正措施，以保持生产过程处于可接受的质量水平。应用及优点有几个几个方面：

实时监测过程参数：通过实时数据采集，监测生产过程中的关键参数，例如温度、压力、速度等，以确保过程参数处于可控制的状态。

统计分析过程数据：运用统计学原理和方法对采集到的数据进行分析，以了解过程的稳定性、变异程度和潜在问题。

控制图的应用：利用控制图（如 X-bar 图、R 图、P 图、C 图）可视化过程数据，辅助判断过程是否处于稳定状态或存在特殊原因引起的变化。

及时发现过程变化和异常：通过对控制图的监视，可以快速识别过程中的变化、异常或偏离标准的情况，提前预警并及时纠正。

预防问题和降低变异：通过分析过程数据，可以预测潜在问题，采取预防性措施，减少过程的变异，提高生产稳定性。

持续改进：运用 SPC 数据的分析结果，进行持续改进，优化生产过程，降低不良品率，提高产品质量。

质量目标的设定：基于统计分析的结果，设定合适的质量目标和标准，确保产品或服务的质量符合要求。

支持决策制定：SPC 提供的数据和分析结果为决策制定提供依据，帮助管理层进行有效决策和资源分配。

通过实时采集、分析和运用统计学方法，SPC 有助于企业保持生产过程的稳定性，及时发现问题并采取纠正措施，从而提高产品质量、降低成本、增强客户满意度。

(4) 六西格玛

六西格玛 (Six Sigma) 是一种质量管理方法和体系，旨在通过数据分析和改进方法，最小化质量缺陷和过程变异，以实现极高的质量水平。这种方法强调了业务流程的稳定性、可靠性和一致性，以满足和超越客户的期望。应用及优点有以下几个方面：

数据驱动决策：六西格玛强调以数据为基础进行决策和改进，通过数据分析确定问题根本原因。

DMAIC 方法：六西格玛采用 DMAIC(Define,Measure,Analyze,Improve,Control) 方法论，即界定、测量、分析、改进和控制，用于系统性地解决问题和实现改进。

减少变异性：通过数据分析和改进，六西格玛致力于降低过程变异性，以确保产品和服务质量的一致性和稳定性。

质量缺陷最小化：六西格玛的目标是将质量缺陷减少到每百万个机会中不超过 6 个，从而实现极高的质量水平。

客户导向：六西格玛强调了对客户需求的理解和关注，确保产品或服务的质量能够满足客户的期望。

员工参与和培训：鼓励全员参与六西格玛项目，提供培训，使员工能够有效地应用六西格玛工具和方法。

成本降低：通过降低质量缺陷和变异，六西格玛可以降低成本，提高效率，增强企业竞争力。

持续改进：六西格玛是一种迭代循环过程，持续寻求改进，不断优化业务流程，实现质量的持续提高。

六西格玛方法是一种综合性的管理系统，可以广泛应用于制造业、服务业以及其他行业，以提高产品质量、降低成本、增强客户满意度和企业竞争力。

(5) 人工智能与机器学习

人工智能 (Artificial Intelligence, AI) 和机器学习 (Machine Learning) 在质量控制和品质管理中发挥着重要作用。机器学习可以应用于建立预测模型，以预测质量问题或生产过程中可能出现的异常。这些模型可以基于历史数据，分析关键特征，并预测未来可能的质量问题。利用这些预测，企业可以提前干预和纠正问题，从而避免不良影响。下面详细介绍它们在质量控制方面的应用：

预测质量问题：通过分析历史质量数据，建立模型预测产品质量问题的可能性，以便提前采取纠正措施。

预测设备故障：利用机器学习模型预测生产设备的可能故障，提前进行维护，确保生产过程的连续性。

缺陷识别：AI 和机器学习可以通过图像识别、深度学习等技术自动识别产品的缺陷。这种自动化的缺陷识别方法可以大大提高质检效率和准确性。

人工智能和机器学习的不断进步使得这些应用更加准确和高效，能够帮助企业在质量控制方面实现更高水平的自动化和智能化。

(6) 物联网

物联网 (Internet of Things, IoT) 在质量控制和品质管理方面的应用已经变得越来越普遍，为企业提供了实时监测、远程控制和智能决策的能力。

连接设备：物联网技术可以用于连接各种生产设备和产品，形成一个相互连接的网络。生产设备和产品可以通过传感器、RFID 标签等装置与互联网相连，实现实时数据的采集、传输和共享。

设备监测：将生产设备连接到物联网，实时监测设备的运行状态、能耗情况、维护需求等。

产品追踪：通过为产品附加传感器或 RFID 标签，实现产品生命周期的实时追踪，包括制造、配送、销售等环节。

远程监控：物联网技术允许远程监控生产过程，不受地理位置限制，通过云端系统可以实时监测生产线的状态、产品质量等信息。

物联网技术的应用使得企业能够实现生产过程的实时监控、数据分析和远程控制，提高了生产效率、降低了生产成本，有助于实现更高水平的质量控制。

(7) 自动化控制系统

自动化控制系统是通过采用数字化控制系统，实现对生产过程的自动化控制，以保证产品质量的一致性和稳定性。这种系统利用计算机、传感器、执行器等先进技术，实时监控生产过程的参数和状态，自动调整生产设备，以确保产品达到预定的质量标准。

应用及优点：

实时监控和调整：自动化控制系统能够实时监控生产过程中的关键参数，如温度、压力、流量等，并自动调整设备参数，确保处于最优状态。

降低人为干预：减少了人为干预的需求，降低了人为误差，提高了生产过程的稳定性和可靠性。

一致性和稳定性：通过自动化控制，可以确保产品的一致性和稳定性，避免因人为因素导致的产品质量波动。

高效生产：自动化控制系统可以根据实时需求自动调整生产速度和产量，以确保高效的生产。

即时响应异常：自动化系统能够即时检测到生产异常，采取自动化纠正措施，降低了不合格品的产生。

减少能源消耗：通过自动控制，可以优化生产过程，减少能源的浪费，降低了能源成本。

数据记录和分析：自动化控制系统能够记录和分析大量生产数据，为优化生产过程提供数据支持。

自动化控制系统的应用可使生产过程更加高效、稳定、可控，从而提高产品质量，降低生产成本，增强企业的竞争力。

(8) 质量信息系统

质量信息系统是指为了有效管理和控制质量方面的信息而设计和运用的系统。该系统集成了质量管理的各个方面，包括质量数据的收集、存储、分析、报告等，以提供决策者所需的信息，从而实现质量管理的目标。

应用及优点：

集中管理质量数据：质量信息系统能够集中管理所有与质量有关的数据，包括生产过程数据、产品检测数据、质量评估数据等。

实时监控和分析：通过实时收集和分析质量数据，可以及时发现潜在的问题，迅速做出决策和调整。

支持决策制定：提供丰富的质量数据和分析报告，为管理层决策提供依据，以优化质量管理策略和流程。

追溯和溯源：可以追溯产品的生产过程，追踪产品的质量状况，为质量问题的溯源提供数据支持。

质量绩效评估：通过对质量数据的分析和比较，可以对质量绩效进行评估，识别出改进和优化的机会。

标准化报告：可以生成标准化的质量报告，方便不同层级的管理人员了解质量状况，推动持续改进。

协同合作：促进不同部门之间的信息共享和协同合作，形成整体质量管理的合力。

降低人为错误：自动化和集成的质量信息系统降低了人为数据处理错误的可能性。

建立和运用质量信息系统有助于企业建立高效的质量管理体系，使质量数据得到充分利用，为质量决策提供科学依据，全面提升质量管理水平。

(9) 可视化技术

通过实时更新的仪表盘展示质量数据，可以实时监控质量状况，及时采取纠正措施。

应用及优点如下：

提高决策效率：通过直观展示数据，决策者能够更快速、准确地做出决策，有助于提高决策效率。

发现模式和趋势：可视化技术有助于发现数据中的模式、趋势和关联，为改进质量提供线索。

多维分析：仪表盘和报表可以展示多维度的质量数据，帮助深入分析和了解问题的根本原因。

共享和传播信息：可视化报表可以轻松分享和传播质量数据，确保团队和利益相关方了解质量状况。

自定义展示：可根据需要自定义展示内容，将关键质量指标以图形化方式展示，以满足特定业务需求。

通过充分利用可视化技术，质量数据可以以更直观、更具吸引力的方式展示，帮助企业及时发现问题、优化决策，并不断改进质量管理，以提高产品质量和客户满意度。

综合运用这些数字化质量控制方法，企业可以实现质量控制的实时性、准确性和高效性，进而提高产品质量，降低成本，增强客户满意度。

9.1.3 智能化纺织生产的质量管理概念的定义与内涵

智能化纺织生产的质量管理概念是一种在纺织制造领域应用智能化技术和数字化工具的方法，旨在确保纺织产品的高质量标准，包括纱线、织物、服装等。这一概念涵盖了一系列策略、方法和流程，以提高产品质量、降低制造缺陷、提高生产效率，并确保产品符合质量标准和客户需求。以下是智能化纺织生产的质量管理概念的定义与内涵：

(1) 定义

智能化纺织生产的质量管理是一种基于数字化和智能化技术的方法，旨在实现以下目标：通过实时监控和数据收集，确保生产过程中各个环节的质量参数处于可控状态。利用自动化控制系统，对生产设备进行智能化调整，以确保产品的一致性和符合质量标准。使用自动化质量检测和检验工具，快速检测和识别产品缺陷和质量问题。基于数据分析和统计过程控制，实施质量改进措施，以降低次品率和提高产品质量。采用预测性维护技术，预测设备故障，以减少停机时间和生产中断对质量的影响。与供应链中的其他环节协同工作，以确保原材料质量和及时供应，从而维护产品质量的一致性。不断培训员工，提高他们的质量意识和质量管理技能。建立一种企业文化，鼓励员工提出改进建议，实施持续改进，以提高产品质量和生产效率。遵循国际质量标准和认证，以确保质量管理体系的有效性和合规性。

(2) 内涵

智能化纺织生产的质量管理内涵包括以下关键要点：

实时监控和数据分析：通过传感器和监控系统实时监测生产过程，收集数据，并使用数据分析技术来识别潜在的质量问题。

自动化控制：使用自动化控制系统来调整生产参数，以确保产品一致性，减少操作员的人为干预。

质量检测和检验：采用自动化的质量检测设备来识别和报告产品的缺陷，以及减少人为判定的误差。

数据驱动决策：依靠数据和分析来支持决策，包括质量改进措施和预测性维护。

供应链协同：与供应链伙伴协同工作，确保原材料的质量和及时供应，以确保产品质量的一致性。

员工培训和参与：培训员工，使其具备质量管理技能，并鼓励他们积极参与质量改进过程。

持续改进：建立一种企业文化，鼓励员工不断提出改进建议，持续改进生产过程和产品质量。

质量标准和认证：符合国际和行业相关的质量标准和认证，以确保质量管理体系的合规性和有效性。

智能化纺织生产的质量管理概念旨在通过数字化和智能化技术的应用，提高生产效率、降低成本、增强竞争力，并确保最终产品的一致高质量。这一概念强调数据驱动决策和持续改进，以满足不断变化的市场需求和客户期望。

9.1.4 智能化纺织生产质量管理体系

智能化纺织生产的质量管理体系是一个完整的框架和方法，旨在确保纺织产品的高质量标准。这个体系涵盖了一系列策略、流程、工具和标准，以实现质量管理的最佳实践。以下是智能化纺织生产质量管理体系的主要要素：

质量政策和目标：确定和传达工厂的质量政策，包括明确的质量目标和承诺，以确保全体员工了解质量的重要性。

质量组织和责任：建立质量管理团队，并明确定义质量职责和责任，包括质量经理、质量工程师和质量控制员等。

质量培训和教育：提供员工培训，使他们了解质量标准、流程和工具，以及如何执行质量控制和改进任务。

流程和程序：建立明确的流程和程序，以确保生产过程中的质量管理标准得到遵守。这包括原材料接收、生产过程控制、质量检测、缺陷处理和产品交付等。

自动化控制系统：使用自动化控制系统来监测和调整生产过程，以确保产品一致性和符合质量标准。

质量检测和检验：采用自动化的质量检测设备和工具，以快速检测和识别产品的缺陷和质量问题。

数据分析和统计过程控制：使用数据分析和统计过程控制来监测质量参数、识别异常情况，并采取纠正措施以维护质量标准。

质量记录和文档：建立记录和文档管理系统，以跟踪质量数据、报告质量问题和管理质量改进措施。

预防性维护：实施预防性维护计划，以确保设备的可靠性和性能，减少突发故障对质量的影响。

持续改进：建立一种企业文化，鼓励员工提出改进建议，参与问题解决和持续改进的活动，采用 Kaizen 等方法。

质量认证和标准：符合国际和行业相关的质量标准和认证，如 ISO 9002，以确保质量管理体系的合规性和有效性。

欧盟对纺织服装的质量认证标准通常包括以下一些：

Oeko-Tex 标准：这是一个全球性的纺织品生态标准，针对纺织品的各种化学物质残留、对人体的有害影响进行限制和检测。

REACH 标准：这是欧盟的化学品注册、评估、许可和限制制度，用于保护人类健康和环境免受化学品危害，包括纺织品中使用的化学品。

CE 标志：针对纺织品特定用途或材料的合规性认证，确保其符合欧盟的安全、健康和环保要求。

ISO 质量管理体系认证：如 ISO 9001，这些标准强调组织内部的质量管理和产品质量控制。

这些认证标准旨在确保纺织品在生产和使用过程中符合一系列的安全、健康、环保和质量标准，以提高产品质量并保护消费者和环境。

美国对服装的质量认证主要涉及以下几个方面的标准：

ASTM 国际标准：美国材料和试验协会 (ASTM International) 发布了许多涵盖纺织品和服装测试方法的标准，涉及颜色色牢度、尺寸稳定性、耐磨性等方面。

CPSC 合规性：美国消费产品安全委员会 (CPSC) 制定了一系列关于服装的安全标准，特别是儿童服装的安全要求，确保服装对儿童不构成安全风险。

Flammability 标准：针对服装的易燃性，有一系列的测试标准，确保服装不易燃或具备一定的防火性能。

AATCC 标准：美国纺织化学家和染整师协会 (AATCC) 制定了一系列的测试方法和评估标准，涵盖了纺织品和服装的色牢度、吸湿性等性能。

这些标准涵盖了服装的各个方面，从材料的质量到安全性能，以确保产品符合美国市场的要求和标准。

美国针对纺织面料的质量认证标准涵盖多个方面，包括：

ASTM 国际标准：ASTM 发布了许多涵盖纺织面料测试方法的标准，涉及颜色色牢度、耐磨性、尺寸稳定性等方面。

AATCC 标准：AATCC 的测试方法和标准也适用于纺织面料，包括色牢度、吸湿性等性能的测试。

Oeko-Tex Standard 100：虽然是由欧洲的机构制定，但全球范围内广泛认可，其生态标准着重检测面料中的有害物质残留。

CPSC 合规性：美国消费产品安全委员会 (CPSC) 对纺织面料的安全性也有一系列的要求和测试标准，确保产品在美国市场上销售时符合安全要求。

这些认证标准涵盖了纺织面料的各个方面，从质量到安全性能，确保产品在美国市场上的合规性和质量可靠性。

供应链协同：与供应链的其他环节进行协同工作，以确保原材料的质量和及时供应，从而维护产品质量的一致性。

质量度量和绩效评估：建立质量度量指标，并定期评估质量绩效，以确保质量管理体系的有效性和持续改进。

智能化纺织生产的质量管理体系是一个综合的、系统性的方法，旨在通过数字化和智能化技术的应用，提高产品质量、降低成本、增强竞争力，并确保最终产品满足客户的需求和期望。这个体系需要不断更新和改进，以适应市场的变化和新技术的发展。

9.2 数字化、智能化纺织服装生产质量标准化建设

数字化和智能化纺织生产的质量标准化建设是确保在现代化制造环境中生产出高质量产品的关键因素之一。标准化有助于确保产品和生产过程的一致性，提高效率，降低成本，同时满足客户需求。

9.2.1 数字化和智能化纺织服装生产质量标准化建设的主要方面和步骤

首先，制定明确的质量标准，涵盖产品规格、性能要求、工艺参数、检测方法和验收标准等。这些标准应该与纺织产品的类型和市场需求相一致。

其次，将数字化工具整合到生产和质量管理中，以确保产品符合标准。这包括使用传感器、监控系统、自动化控制系统和数据分析工具等。

(1) 整合数字化工具

以下是一些常用的数字化工具以及它们在纺织生产中的应用：

传感器：用于实时监测生产过程中的各种参数，如温度、湿度、压力、速度等。在纺织生产中，传感器可以用于监测纺织机械的运行状态、原材料质量和生产环境条件。

监控系统：用于收集、记录和分析生产数据。这些系统可以提供实时的生产状态信息，帮助管理团队及时发现问题并采取纠正措施。

自动化控制系统：可用于控制生产设备，确保其按照预定的参数和标准运行。例如，自动化控制系统可以调整纺织机械的速度、张力和温度，以确保产品质量。

机器视觉系统：使用相机和图像处理技术来检测和识别产品表面的缺陷和问题。在纺织生产中，它可以用于检测织物上的瑕疵、颜色差异和纱线断裂等。

数据分析工具：可用于处理和分析从传感器和监控系统收集的数据。这些工具可以帮助管理团队识别生产趋势、异常情况和质量问题，从而支持决策制定。

云平台和大数据分析：将数据整合到云平台中，以实现远程监控和数据分析。大数据分析技术可用于挖掘生产数据中的模式和见解，以支持质量管理和生产优化。

预测性维护工具：使用机器学习和大数据分析来预测设备故障，并建议最佳的维护时机，以减少停机时间。

自动化仓储和物流系统：在生产之外，数字化工具也可以用于自动化仓储和物流管理，以确保原材料和成品的及时供应和交付。

将这些数字化工具整合到纺织生产中可以帮助工厂实现以下好处：

实时监测和控制生产过程，减少质量问题的发生。

提高生产效率和设备利用率。

减少生产停机时间和维修成本。

支持数据驱动决策，优化生产计划和资源分配。

提高产品质量和一致性。

增加质量问题的检测和解决速度。

提高生产过程的可持续性。

通过整合这些数字化工具，纺织生产工厂能够更好地满足市场需求、降低成本、提高质量，并实现更智能和高效的生产流程。

(2) 建立自动化检测和检验流程

建立自动化检测和检验流程是数字化和智能化纺织生产的关键组成部分，有助于提高产品质量、降低次品率，并确保质量问题能够及时识别和解决。以下是建立自动化检测和检验流程的关键步骤和要点：

明确质量标准和要求：首先，确定产品的质量标准和要求，包括外观、尺寸、缺陷等方面的规格。这些标准将作为自动化检测系统的依据。

选择合适的检测设备：根据产品类型和质量要求，选择适当的自动化检测设备。这可以包括机器视觉系统、X 射线检测、红外线检测、超声波检测等。

安装和配置设备：将选定的检测设备安装在生产线上，并进行适当的配置，以满足产品的检测需求。确保设备能够准确识别和测量质量参数。

校准和验证：对检测设备进行校准和验证，以确保其准确性和可靠性。定期进行校准以保持设备的性能。

集成到生产线：将自动化检测设备集成到生产线中，以实现实时检测和检验。确保检测设备与生产设备和控制系统协同工作。

制定检测程序：为每个产品类型制定适当的检测程序，包括检测的时间点、参数和方法。这些程序应与质量标准相一致。

实施自动化检测：在生产过程中实施自动化检测，确保每个产品都按照标准进行检测。检测结果应自动记录并与质量标准进行比对。

质量问题处理：如果检测设备发现产品存在质量问题，应立即触发警报，并将问题报告给相关人员以采取纠正措施。同时，将问题产品从生产流程中隔离。

数据分析和反馈：定期分析自动化检测系统收集的数据，以识别质量趋势和异常情况。这些数据可以用于改进生产过程。

持续改进：建立一种企业文化，鼓励员工提出改进建议，以改善自动化检测和检验流程，提高准确性和效率。

培训和技能发展：培训员工，使其了解自动化检测设备的操作和维护，以确保设备的有效运行。

自动化检测和检验流程的建立有助于提高生产效率、减少次品率、降低质量问题的成本，并确保产品符合质量标准。通过数字化和智能化技术的应用，纺织生产工厂可以实现更高水平的质量控制和生产效率。

(3) 采用统计过程控制

采用统计过程控制(SPC)用于监测和维护生产过程的质量一致性。SPC利用统计方法来分析过程中的数据，以识别潜在的问题并采取纠正措施，以确保产品符合质量标准。以下是在数字化和智能化纺织生产中采用SPC的关键步骤和要点：

选择关键质量参数：确定影响产品质量的关键质量参数，这些参数可能包括温度、湿度、张力、速度、颜色和尺寸等。

数据收集和监控：安装传感器和监控系统来实时收集与关键质量参数相关的数据。这些数据应该是连续的，并在整个生产过程中持续记录。

建立控制图：使用统计工具，如控制图(例如X-Bar和R图、P图、NP图等)，来可视化和分析数据。控制图可以帮助识别过程中的变化和趋势。

确定过程的稳定性：通过分析控制图，确定生产过程是否稳定。稳定的过程是一个在统计上可预测的过程，不会出现大的波动或异常。

识别异常情况：控制图可以帮助识别过程中的异常情况，如偏离控制限的数据点或连续的趋势。这些异常情况可能表明质量问题的存在。

采取纠正措施：一旦发现异常情况，必须采取纠正措施来恢复过程的稳定性。这可以包括调整生产参数、检查设备或更换原材料等。

预防性维护：利用SPC数据来预测设备可能的故障，并采取预防性维护措施，以减少停机时间。

持续改进：通过不断分析SPC数据和改进生产过程，提高过程的稳定性和质量一致性。持续改进是SPC的关键目标之一。

培训和技能发展：培训员工，使他们了解SPC方法的原理和应用，以确保正确的数据收集和分析。

SPC方法的应用有助于确保生产过程的稳定性和一致性，从而提高产品质量、降低次品率，以及减少不必要的生产中断。数字化和智能化纺织生产的优势在于它们可以实时收集和分析数据，使SPC更加有效和高效。

(4) 建立数据管理系统

建立数据管理系统是在数字化和智能化纺织生产中确保高质量标准的重要步骤之一。这种系统可以帮助管理团队有效地收集、存储、分析和报告与质量相关的数据，从而提供洞察生产过程、识别问题和支持决策的能力。以下是建立数据管理系统的关键要点和步骤：

数据收集：确定需要收集的质量相关数据，包括关键质量参数、生产过程数据、设备状态信息等。确保数据的准确性、完整性和一致性。

数据存储：选择适当的数据存储解决方案，可以是本地数据库、云存储或混合存储，以便安全地保存大量数据。

数据整合：将来自不同源头的数据整合到一个统一的数据管理系统中，以便综合分析和报告。这可能涉及到数据集成和ETL(Extract-Transform-Load)过程。

数据分析工具：使用数据分析工具来处理和分析数据。这可以包括统计软件、数据挖掘工具、机器学习模型等，以提取有用的信息和见解。

可视化和报告：创建可视化报表和仪表板，以直观地呈现质量数据和趋势。这有助于管理团队迅速识别问题和机会。

实时监控：建立实时监控系统，以实时跟踪生产过程中的数据。这使管理团队能够迅速响应异常情况。

预警系统：设置自动化的预警系统，以便在发生问题或趋势异常时及时通知相关人员。

数据安全和合规性：确保质量数据的安全存储和访问，并遵守相关法规和合规性要求，如数据隐私法规。

集成其他系统：将数据管理系统集成到其他数字化系统中，如自动化控制系统、质量管理系统和生产计划系统，以实现数据的全面集成和流动。

通过建立数据管理系统，管理团队能够更好地理解生产过程、识别质量问题、采取及时的纠正措施，并持续改进生产流程。这有助于确保产品符合质量标准，提高生产效率，降低成本，并增强竞争力。

(5) 实施质量改进计划

实施质量改进计划是确保数字化和智能化纺织生产持续提高质量的重要步骤。这个计划基于数据分析和监控结果，旨在识别并解决质量问题，以及优化生产过程。以下是实施质量改进计划的一般步骤和要点：

问题识别和分析：基于数据分析、控制图、监控系统和其他质量监测工具的结果，确定质量问题和趋势。分析数据以了解问题的根本原因。

目标设定：明确质量改进计划的目标和期望的结果。这些目标应与产品质量标准和客户需求相一致。

团队组建：建立一个跨职能团队，包括生产人员、质量工程师、数据分析师和管理人员，共同制定和执行改进计划。

原因分析：使用工具如根本原因分析来识别问题的根本原因。这有助于确保不仅解决了表面问题，还解决了潜在的根本原因。

制定改进方案：基于原因分析的结果，制定具体的改进方案。这可能包括调整生产参数、改进设备维护、培训员工等。

实施改进：将改进方案付诸实施，并确保其在生产过程中得到执行。监督和管理改进计划的进度。

数据追踪：继续收集和分析质量数据，以评估改进计划的效果。确保数据与之前的基线进行比较，以量化改进的程度。

持续监控：建立持续监控机制，以确保质量问题未来不再出现。这可能涉及到实施统计过程控制、自动化检测和预防性维护等方法。

反馈和沟通：定期向员工和利益相关者提供改进计划的进展和结果的反馈。建立沟通机制，以确保信息的流通。

定期审查和评估：定期审查和评估质量改进计划的效果，根据需要对计划进行调整和优化。

实施质量改进计划是一个迭代的过程，需要不断的监控和调整。通过持续改进，数字化和智能化纺织生产企业可以不断提高产品质量、降低成本、增强竞争力，并确保产品符合客户的期望。这也有助于建立一个注重质量和效率的企业文化。

(6) 培训和意识提高

培训和提高员工对质量管理的意识是实施数字化和智能化纺织生产中的关键要素。员工的知识和意识对于确保质量标准的遵守以及使用数字化工具的有效性至关重要。以下是一些关于培训和意识提高的关键步骤和方法：

制定培训计划：根据员工的职责和角色，制定详细的培训计划。这可以包括基础培训、专业培训和持续培训。

培训内容：培训内容应包括质量标准、工艺规程、产品规格、质量工具（如 SPC、根本原因分析、控制图等）以及数字化系统的使用方法。

交互式培训：采用交互式培训方法，例如模拟演练、案例分析、工作坊等，以提高员工的参与度和理解程度。

数字化工具培训：针对使用数字化工具和系统的员工，提供详细的培训，包括传感器操作、监控系统使用、数据分析工具等。

定期更新培训内容：由于技术和工艺的不断发展，保持培训内容的更新和与时俱进非常重要。

沟通和意识提高：定期组织会议、工作坊和培训班，以提高员工对质量管理的意识。分享成功案例和质量改进的经验。

示范和实践：允许员工亲自参与质量改进活动，并在实际工作中应用所学的知识和技能。

认证培训：鼓励员工参加与质量管理相关的认证培训，如 Six Sigma、ISO 认证等，以提高他们的专业素质。

反馈和评估：定期收集员工的反馈，了解培训效果，并根据需要进行改进。

文化建设：建立一种质量文化，使每个员工都认识到他们对产品质量的影响，并为质量管理贡献力量。

奖励和认可：表彰和奖励员工的卓越表现，以鼓励他们积极参与质量管理和改进活动。

培训和意识提高是建立高质量标准和有效数字化纺织生产的基础。通过确保员工了解质量要求、工具和系统的使用，可以提高产品质量、降低质量问题的发生率，并为数智化工厂的成功运营提供坚实的基础。

(7) 供应链协同

与供应链的其他环节进行协同工作，确保原材料的质量和及时供应，以维护产品质量的一致性。

寻求适用的质量管理体系认证，如 ISO 9001，是为数字化和智能化纺织生产建立高质量标准的重要步骤之一。ISO 9001 是国际上广泛接受的质量管理体系标准，通过获得该认证，可以证明企业具备符合国际质量标准的能力。

了解 ISO 9001 标准：需要详细了解 ISO 9001 标准的要求。这包括了解标准的结构、原则、要求和适用性,以确保企业能够满足这些要求。

评估现有质量管理体系:如果企业已经有一个质量管理体系,进行评估以确定它是否符合 ISO 9001 标准的要求。如不符合,需要对其改进以满足质量管理体系要求。

制定实施计划:制定实施 ISO 9001 认证的计划,包括确定负责人、时间表、资源需求和培训计划。

文件化管理体系:建立文件化的质量管理体系,包括质量手册、程序文件、工作指导书和记录。确保这些文件符合 ISO 9001 标准的要求。

培训员工:培训员工,使他们了解 ISO 9001 标准的要求和质量管理体系的操作。员工需要了解他们在认证过程中的角色和责任。

实施质量管理体系:按照计划实施质量管理体系,并确保其在生产过程中得到执行。确保文件化的过程得到贯彻执行。

内部审核:进行内部审核,以评估质量管理体系的运行情况。内部审核有助于识别问题和改进机会。

管理审查:由高层管理层领导定期进行管理审查,以确保质量管理体系的有效性和持续改进。

选择认证机构:选择一家合格的认证机构对质量管理体系进行审核和认证。确保认证机构是经过认可的。

外部审核:由认证机构进行外部审核,以验证企业的质量管理体系是否符合 ISO 9001 标准的要求。根据审核结果,认证机构将决定是否颁发 ISO 9001 认证证书。

维护和持续改进:一旦获得 ISO 9001 认证,确保质量管理体系得到维护和持续改进。定期进行内部审核和管理审查,以确保体系的有效性和一致性。

ISO 9001 认证是对质量管理体系的国际认可,有助于提高客户信任、降低质量风险、提高产品质量,并增强竞争力。它还可以为数智化企业提供更多的商业机会,因为许多客户在选择供应商时会考虑 ISO 9001 认证。

(8) 风险管理

风险管理在数字化和智能化纺织生产中是至关重要的,因为它有助于识别潜在的质量问题和生产中断,并采取措施来降低这些风险的影响。以下是一些关于如何进行风险管理的关键步骤和方法:

识别潜在风险:对生产过程和质量管理进行全面的风险评估,识别可能影响产品质量的潜在风险。这些风险可以包括设备故障、原材料问题、人为错误、供应链中断等。

风险评估:对每个潜在风险进行评估,确定其可能性和影响程度。这可以使用风险矩阵或其他评估方法来完成。

制定风险应对策略:基于风险评估的结果,制定应对策略。这可能包括采取预防性措施来降低风险的发生概率,以及制定应急计划来处理潜在的问题。

建立风险监控系统:建立监控系统来实时跟踪潜在风险的情况。这可以包括使用传感器和监控系统来监测设备状态、原材料质量、生产参数等。

应急计划:制定详细的应急计划,包括行动方案、责任分配和联系人信息。确保员工了解应急计划并进行定期的演练。

供应链风险管理：与供应链合作伙伴建立紧密的合作关系，以确保及时供应原材料，并识别潜在的供应链风险。这包括多样化供应源、建立备用供应链和定期审查供应链合作伙伴的绩效。

员工培训：培训员工，使他们了解潜在的质量风险和应对策略。员工应该知道如何在风险事件发生时采取适当的行动。

数据分析：使用数据分析工具来监测和分析潜在风险的趋势。这可以帮助识别风险的早期迹象，并采取适当的措施。

沟通：建立有效的内部和外部沟通渠道，以确保团队成员、供应商和客户了解潜在风险和应对策略。

风险管理是数智化企业的核心要素之一，可以帮助保护生产过程、降低不必要的生产中断和质量问题，并确保产品的可靠性和一致性。通过预测和管理风险，数智化企业可以更好地应对不确定性，并提高其竞争力。

(9) 客户反馈和改进建议

积极收集客户反馈并将其视为改进的重要信息源是确保数字化和智能化纺织生产持续提高质量的关键步骤。客户反馈可以帮助企业了解客户的需求和期望，识别问题，并采取适当的措施来提高产品和服务的质量。以下是一些关于如何有效收集客户反馈和利用它来改进的方法：

建立反馈渠道：确保为客户提供多种反馈渠道，包括在线反馈表格、客户服务热线、电子邮件、社交媒体等。使客户能够方便地与企业联系并分享他们的意见和建议。

主动沟通：不仅仅等待客户的反馈，还要主动与客户进行沟通。可以通过电话、问卷调查或定期的客户满意度调查来获取客户意见。

分析反馈：收集的客户反馈应经过仔细分析，以识别重要的问题和趋势。使用数据分析工具来帮助整理和分析大量的反馈信息。

建立反馈追踪系统：建立一个系统来跟踪和记录客户反馈，并确保每一份反馈都得到适当的处理和回应。

回应及时：对客户的反馈要及时回应，以展现对客户关切的认真态度。如果问题无法立即解决，也要告知客户，说明后续的处理计划。

根本原因分析：针对客户反馈的问题，进行根本原因分析，找出问题产生的根本原因，以便采取长期解决方案。

改进计划：基于客户反馈和根本原因分析，制定改进计划，并确保这些计划得到实施。这可以包括修改生产工艺、加强质量控制、提供更好的客户服务等。

回馈客户：向客户反馈改进计划的进展和结果。客户会感到被重视，并能够看到他们的反馈确实产生了影响。

客户反馈是改进的宝贵信息源，可以帮助企业迅速识别并解决问题，提高产品质量，增强客户满意度，并提升竞争力。将客户反馈纳入质量管理体系的一部分，并将其与数字化工具和数据分析相结合，可以更加精细地了解客户需求并改进生产过程。

通过数字化和智能化纺织生产的质量标准化建设，纺织企业能够更好地管理质量，提高产品的一致性，降低生产成本，增强市场竞争力，并确保产品符合客户的期望。这有助于实现持续改进和业务成功。

9.3 数字化、智能化纺织服装生产过程中的质量分析控制方法

在数字化和智能化纺织生产过程中，质量分析和控制方法是确保产品质量的关键。以下是一些常见的质量分析和控制方法，可以在纺织生产过程中使用：

(1) 统计过程控制

统计过程控制 (SPC) 是一种监控生产过程的方法，通过实时收集和分析过程数据，以检测和控制潜在的质量问题。它包括控制图的使用，以识别过程中的变化和异常，以便及时采取纠正措施。

SPC 的主要组成部分和原理：

数据收集：SPC 开始于数据的收集，通常是通过传感器、监测设备或人工记录来获取数据。这些数据包括关键的生产参数，如温度、压力、尺寸、湿度等。

控制图：收集的数据被用来绘制控制图，也称为过程控制图。控制图通常包括一个中心线 (表示过程的平均值) 和上下限规格线 (表示过程的控制限)。通过观察数据点是否在控制限内，可以判断过程是否处于稳定状态。

统计分析：SPC 使用统计分析方法来确定过程的稳定性。常用的统计指标包括均值、标准差、范围等，这些指标用于计算过程的控制限。

规则检验：控制图上常常标有一些规则，用于检测异常情况。这些规则包括连续点、趋势、振荡、超出控制限等。如果出现异常情况，可能表明过程出现问题。

纠正措施：当控制图显示出现异常情况时，SPC 会触发纠正措施。这可以包括立即停机、调整生产参数、执行根本原因分析等，以便纠正问题并防止进一步的不合格品。

SPC 的优点：

实时监控：SPC 允许在生产过程中实时监控质量，而不仅仅是在产品制造后进行检查。

早期问题识别：SPC 可以帮助识别潜在的问题和趋势，使得问题可以在变得严重之前得以纠正。

减少浪费：通过控制过程的稳定性，SPC 有助于减少不合格品的产生，降低生产成本。

持续改进：SPC 鼓励持续改进生产过程，以提高产品质量和生产效率。

客户满意度：稳定的生产过程和一致的产品质量有助于提高客户满意度，增强竞争力。

总的来说，SPC 是一种强大的工具，可用于监控和提高生产过程的质量，确保产品符合质量标准，并帮助组织实现持续改进。这对于数字化和智能化纺织生产非常重要，因为它可以更好地利用数据和自动化技术来提高质量控制的效率。

(2) 光学检测和机器视觉

光学检测和机器视觉是在数字化和智能化纺织生产中广泛应用的技术，用于检测织物表面的缺陷和质量问题。这些技术结合了光学和计算机视觉，能够以高速和高精度进

行检测。

①应用领域

缺陷检测：这是最常见的应用之一。机器视觉系统可以检测织物表面的缺陷，如污渍、疵点、撕裂、断裂、线头等。这有助于减少次品率，提高产品质量。

尺寸和形状测量：机器视觉系统可以精确测量织物的尺寸、长度、宽度和形状，确保符合规格要求。

印花和图案识别：用于检测印花和图案的正确性和位置。这对于纺织品的印花和定位非常关键。

色彩检测：机器视觉可以识别颜色差异，确保产品颜色的一致性。

纹理分析：用于检测和分析织物的纹理，以确保纹理的一致性和质量。

②工作原理

摄像头和传感器：机器视觉系统通常使用高分辨率摄像头和传感器来捕获图像和数据。

图像处理：捕获的图像经过图像处理算法，用于增强图像质量、分割感兴趣的区域和减少噪声。

特征提取：机器视觉系统会从图像中提取关键特征，如颜色、纹理、形状等，以便进行分析。

比对和检测：提取的特征与预先定义的标准进行比对和检测。如果发现不匹配或异常，系统将报告问题。

反馈和控制：机器视觉系统可以提供反馈信息，以便及时调整生产过程或触发纠正措施。

③优点

高精度和一致性：提供高精度的检测和测量，避免了人为误差。

高速检测：可以在高速生产线上进行实时检测，不会拖慢生产速度。

持续监控：可以 24/7 连续监控生产过程，确保质量一致性。

减少人工成本：减少了需要人工干预的需求，降低了人力成本。

提高竞争力：通过提高产品质量、降低次品率和增加生产效率，有助于提高企业的竞争力。

总之，光学检测和机器视觉是数字化和智能化纺织生产中的关键技术，可以有效提高产品质量、生产效率和客户满意度。它们适用于各种纺织品制造过程，从纺纱和织造到印染和整理等。

(3) 传感器技术

传感器技术在数字化和智能化纺织生产中发挥了重要作用，它们用于监测和控制生产过程中的关键参数，提供实时数据以确保产品质量和生产效率。以下是有关传感器技术在纺织生产中的应用和优点：

①应用领域

温度监测：温度传感器用于监测生产过程中的温度，确保在特定的温度范围内操作。

这对于染色、整理和烘干等过程非常重要。

湿度控制：湿度传感器用于监测和控制湿度水平，特别是在染色和整理过程中，以确保纺织品质量。

压力监测：压力传感器可用于监测压力变化，如在织造和染色过程中。这有助于确保设备正常运行并减少损坏风险。

速度控制：速度传感器用于监测设备和机器的运行速度，确保生产过程在预定速度下进行。

液位监测：在染色和化学处理过程中，液位传感器用于监测液体的水平，以确保足够的液体覆盖纺织品。

张力控制：张力传感器用于监测纺织品在运输和处理过程中的张力，确保不会产生损坏或破损。

光学传感器：光学传感器用于检测织物表面的缺陷、颜色差异和图案定位。

② 优点

实时监测：传感器提供实时数据，允许立即识别和响应潜在问题，以减少不合格品的产生。

精度和一致性：传感器提供高度精确的测量，减少了人为误差的风险，确保产品质量的一致性。

自动化控制：传感器可以与自动化系统集成，实现自动化控制，使生产过程更加高效和稳定。

数据记录：传感器可用于记录历史数据，以便分析和改进生产过程。

减少人工干预：传感器减少了需要人工干预的需求，降低了生产成本。

安全性：监测关键参数有助于确保设备和工作环境的安全。

总的来说，传感器技术在数字化和智能化纺织生产中扮演着关键角色，有助于提高产品质量、生产效率和安全性。通过实时监测和控制关键参数，纺织制造商可以更好地满足客户需求，减少不合格品的产生，并提高生产流程的可靠性。

(4) 数据分析

数据分析在数字化和智能化纺织生产中扮演了关键角色，它有助于从大量的生产数据中提取有价值的信息，识别趋势、异常以及潜在的根本原因。以下是有关数据分析在纺织生产中的应用：

质量分析：通过分析产品质量数据，可以识别缺陷和不合格品的模式，帮助改进生产过程并减少次品率。

生产效率：监测生产速度、设备利用率和停机时间等参数。

设备维护：利用数据分析来预测设备故障，建立预测性维护模型，以减少计划外停机时间和维修成本。

供应链管理：分析供应链数据，以优化原材料供应、库存管理和交付时间。

生产计划：通过数据分析来制定和调整生产计划，以满足客户需求并确保资源的有效利用。

能源管理：监测能源消耗数据，以识别节能机会并降低生产过程的能源成本。

(5) 质量控制图

使用控制图来监测关键参数的变化。控制图可用于识别过程中的异常，包括均值偏移、离群值等。质量控制图是一种常用的统计工具，用于监测关键参数的变化，以便识别过程中的异常和改进质量控制。质量控制图通常用于以下方面：

监测过程稳定性：质量控制图可以帮助确定生产过程是否处于稳定状态。通过监测关键参数，如尺寸、重量、温度等，可以检测是否存在异常或变异。

识别特殊原因变异：质量控制图可以帮助识别特殊原因引起的变异，如设备故障、操作错误或材料问题。这有助于及时采取纠正措施。

改进过程：质量控制图提供了改进生产过程的线索。如果控制图显示出现规律性的变异或趋势，可以采取措施来纠正问题并防止再次发生。

①质量控制图的主要元素

中心线(Center Line, CL)：表示过程的平均值，通常是根据历史数据计算得出的。

上控制限(Upper Control Limit, UCL)和下控制限(Lower Control Limit, LCL)：用于表示过程的控制限，它们通常是根据过程的稳定性和性能要求计算得出的。

样本数据点：代表每个时间段(例如，每小时或每天)的关键参数的测量值。

控制图线：通常包括 CL、UCL 和 LCL，以便于视觉识别过程是否处于控制状态。

时间轴：表示样本数据点的时间顺序，使得可以跟踪过程的演变。

②质量控制图的类型

X-Bar 和 R 图：用于监测连续数据的均值和范围。X-Bar 图显示平均值，R 图显示范围。

P 图：用于监测二项分布数据的比例，如合格品的比例。

NP 图：用于监测二项分布数据的总数，如每个样本中的合格品数量。

C 图：用于监测计数数据的数量，如每个样本中的缺陷数量。

U 图：用于监测计数数据的比例，如每个样本中的缺陷率。

③使用质量控制图的优点

及时识别异常和问题。

确保一致的产品质量。

提供数据支持以改进决策。

降低不合格品和成本。

帮助改进生产过程的稳定性。

总的来说，质量控制图是数字化和智能化制造中的关键工具，有助于确保产品质量的一致性，并通过持续监测和改进来提高生产效率。

(6) 自动化和调节

自动化和调节是数字化和智能化纺织生产中的重要组成部分，它们有助于确保生产过程的稳定性和产品质量的一致性。以下是有关自动化和调节在纺织生产中的应用和优点：

①应用领域

生产参数调节：自动化系统可以监测关键生产参数，如温度、湿度、压力、速度等，并根据预定的标准自动调整这些参数。例如，在染色过程中，自动化系统可以调整染色槽的温度和染料添加量，以确保每批织物的颜色一致。

设备自动控制：自动化系统可以用于控制生产设备的运行，包括织机、纺纱机、整理机等。这有助于提高生产效率，并确保设备在安全的操作范围内运行。

反馈控制：自动化系统可以接收传感器数据并根据这些数据提供反馈控制。如果监测到数据异常，系统可以自动采取纠正措施，例如停机或调整参数。

质量控制：自动化系统可以与质量控制工具（如质量控制图）集成，以监测和维护产品质量的稳定性。

②优点

一致性：自动化调节确保了产品质量的一致性，无论在何时生产。

减少人为误差：自动化系统减少了人为误差的风险，提高了产品的质量和可靠性。

高效率：通过自动调整生产参数，可以提高生产效率，减少生产停机时间。

实时反馈：自动化系统提供实时反馈，使问题可以迅速识别和解决。

降低成本：减少了人工干预的需求，降低了生产成本，并提高了资源的利用效率。

改进决策：自动化系统生成大量数据，可以用于数据分析和改进决策，以优化生产过程。

自动化和调节在纺织生产中是关键的，特别是在要求高度一致性和质量的应用中。它们与数据监控和分析等技术结合使用，可以实现数字化和智能化的生产，提高产品质量并降低生产成本。

(7) 供应链合作

供应链合作在数字化和智能化纺织生产中至关重要，其中原材料的质量和及时交付对最终产品的质量和生产效率有着重要影响。以下是有关供应链合作在纺织服装业中的应用和优点：

①应用领域

原材料供应：与原材料供应商建立紧密的合作关系，确保及时供应所需的纺织原材料，如纤维、染料和化学品。

质量控制：与供应商合作，确保原材料的质量符合规格和标准，减少不合格品的风险。

库存管理：合作可以帮助优化库存管理，减少库存成本，同时确保所需的原材料始终可用。

交付时间：确保供应商能够按时交付原材料，以避免生产停机和交付延误。

信息共享：建立供应链合作可以促进信息共享，包括订单状态、库存水平和生产计划等。

②优点

质量保证：紧密的供应链合作可以确保原材料的质量，有助于避免生产过程中的质量问题。

生产效率：及时交付原材料和库存管理的优化可以提高生产效率，减少生产停机时间。

降低风险：与供应商建立长期合作关系可以降低供应链风险，如原材料供应中断或质量问题。

成本控制：优化库存管理和供应链流程可以降低库存成本和采购成本。

客户满意度：及时交付和与预期一致的产品质量有助于提高客户满意度，建立良好的声誉。

创新合作：供应链合作可以促进创新，共同开发新材料和工艺，提高产品竞争力。

总之，供应链合作对于确保纺织服装业的生产流程高效运行和产品质量一致性至关重要。建立稳固的合作伙伴关系，并采用数字化工具和系统来管理供应链，有助于降低风险，提高效率，并在市场中取得竞争优势。

这些方法可以单独或结合使用，根据具体的生产过程和质量要求来制定适当的质量分析和控制策略。数字化和智能化技术使这些方法更加高效和准确，有助于提高产品质量、降低成本并提高竞争力。

9.4 智能化检验与品质保证

智能化检验与品质保证是利用先进的技术如人工智能(AI)、机器学习、物联网(IoT)、可视化技术等来提高检验效率、准确性和品质保障的方法。这些技术可以自动化、智能化地进行产品检验、监控、分析和预测，以确保产品符合质量标准和客户需求。

9.4.1 智能化检验

智能检测系统：结合图像识别、传感器技术、深度学习等，实现对产品外观和内部特征的智能检测，自动识别缺陷和不良品。

智能质量分析：利用机器学习和数据分析技术对生产数据进行智能分析，识别质量问题的根本原因，并提供改进建议。

自动化质量控制：建立自动化控制系统，通过物联网技术实时监测生产过程，自动调整参数，确保产品质量的稳定和一致。

智能化质量追溯：基于区块链等技术建立智能质量追溯系统，实现对产品生产、运输、销售等环节的全面追溯。

预测性维护：利用数据分析和预测模型，实现设备运行状态的实时监测，预测设备故障，采取预防性维护措施。

可视化质量数据：利用可视化技术展示质量数据，通过仪表盘、报表等直观呈现方式，帮助决策者了解质量状况。

智能决策支持：结合数据分析和机器学习，提供智能决策支持系统，帮助管理层做出基于数据的决策，优化品质保障策略。

智能化检验与品质保证通过整合先进技术，能够提高产品质量、降低成本、增强客户满意度，并为企业持续改进提供数据支持，是现代制造业不可或缺的重要环节。

9.5 案例研究：国外数字化智能化质量管理的成功实践

讨论纺织服装企业数字化智能化质量管理的成功案例时，以下企业展现了在这方面的创新实践：

- Adidas

Adidas 采用了数字化质量管理系统，通过供应链中的传感器、数据分析和物联网技术，实时监测生产环境，追踪产品生产过程中的质量数据。这让他们能够快速识别问题，预测质量风险并采取针对性的措施。这种系统帮助 Adidas 在产品开发和生产过程中更有效地管理质量，并提高了产品质量和供应链透明度。

- ZARA (Inditex 集团)

ZARA 利用射频识别(RFID)技术进行智能化的库存管理，这也间接影响了质量管理。通过 RFID 标签，他们能够追踪产品的流向和库存情况，及时了解产品的状态和位置。这种实时信息的获取让他们更加灵活地控制产品的质量，及时发现和处理可能存在的问题。

- Hugo Boss

Hugo Boss 采用了 3D 建模技术，利用虚拟样板进行产品设计和制作，从而减少了实际生产中的错误和浪费。通过数字化的设计和样板，他们可以更快速、更准确地预览和评估产品设计，从而提高了产品的质量和效率。

- Patagonia

Patagonia 作为一家注重可持续性的服装公司，致力于提高产品的品质和可持续性。他们利用数智化技术追踪原材料来源、生产过程中的环节，并采用区块链技术确保供应链的透明度，这有助于确保产品的质量和可追溯性，同时与其品牌价值相契合。

- Levi Strauss & Co.

Levi's 采用了数字化质量管理系统，利用数据分析和物联网技术监控生产过程中的关键指标。他们利用传感器追踪生产线上的数据，并利用这些数据实现实时的质量监控。这样的系统帮助 Levi's 快速识别问题，并允许他们采取及时的措施来提高产品质量。

- Burberry

Burberry 使用数智化技术来改进其供应链管理和质量控制。他们利用数据分析和物联网设备来监测原材料的来源和质量，确保产品在制造过程中符合标准。Burberry 也尝试着利用虚拟现实(VR)技术来进行产品设计和样品制作，从而提前发现和解决潜在的质量问题。

- Ralph Lauren

Ralph Lauren 采用了 RFID 技术来提高库存管理和产品追踪能力。他们在产品上使用 RFID 标签，以便追踪产品的流向和状态，从而更好地管理产品的质量，并在需要时进行及时处理。

- H&M

H&M 积极利用数智化技术来提升供应链透明度和质量管理水平。他们利用数据分析来监测生产过程中的各个环节，并与供应商合作，确保原材料的质量和生产环境的合规性。

H&M 也在数字化设计和生产方面投入了一定的资源，以提高产品的质量和生产效率。

这些欧美国家的纺织服装品牌公司利用数字化智能化技术，从供应链管理到产品设计和质量控制都做出了不同程度的创新和实践，以提高产品质量、提升生产效率和满足消费者需求。

这些欧美国家的纺织服装品牌公司实施数字化智能化质量管理方案特点：

自动化生产线：升级生产线设备，引入自动化机器人和传感器，实现智能化的生产过程控制。

实时数据采集和分析：部署传感器和监测设备，实时采集生产过程中的数据，包括温度、湿度、压力等关键参数，利用大数据分析技术处理这些数据。

质量控制与预测模型：基于历史质量数据，建立质量控制模型和预测模型，利用机器学习算法预测可能出现的质量问题，并自动进行调整以防止质量偏差。

智能决策支持系统：开发智能决策支持系统，集成了实时数据、质量模型和生产调度，为管理层提供智能决策支持，优化生产过程和质量管控。

产品质量溯源系统：建立产品质量溯源系统，使用区块链技术实现对产品原材料、生产过程、分销等全生命周期的追溯。

成果与收益：提高了产品质量，减少了不良品率，增强了品牌声誉和客户满意度。降低了生产成本，提高了生产效率，加速了产品上市速度。强化了决策能力，使管理层能够更准确地做出智能决策，适应市场变化。

这些案例展示了数字化智能化质量管理在欧美纺织服装品牌行业的潜在应用和益处。

◎ **阅读材料：**

减少纱线疵点，提高产品质量，这三点很重要

（棉纺织技术新传媒 2023-12-26 17:15 发表于陕西）

织物质量包括织物的内在质量和外观质量。随着服装企业国际化及品牌化意识的增强，追求无疵点纱、无疵点布的市场需求促使纺织服装企业对棉布外观纱疵长短、大小的要求越来越严。为此，在棉纱的生产过程中，十万米纱疵测试、数据分析及控制越来越得到广泛重视和关注，尤其是随着自动络筒机电子清纱技术的发展，捻接质量的提高为棉纱纱疵的降低提供了有效的保证。

(1) 加强设备检修和参数设置

从产生的根源看，A2 纱疵属于原料性纱疵，它在布面上表现为短、小、多的分布状态。这种纱疵通常是由原料的短绒率高、成熟度低、疵点含量高等原因造成。要降低棉纱的细小纱疵，就需要对原料制定严格的混配棉标准，不断对络筒工序的清纱器参数 N 和 S 值进行修正。

在纺纱过程中，不成熟的棉纤维容易形成大量弯钩而产生许多细小纱疵，因此，对原棉质量进行控制很有必要。在制定原棉质量控制标准时，不仅要考虑不同的棉纱号数在细小纱疵数量控制方面的质量要求，而且还要考虑织布、染色产品对棉纱的质量要求。配棉要好，不仅要控制配棉等级、长度、线密度，还要适当控制不成熟纤维含量和短纤维含量。

由于棉花中短纤维的存在，纺纱设备的高速运转会使大量短纤维成为飞花和尘埃，这些飞花、尘埃附着在纺纱器材或纱线通道上，导致所生产的棉纱产生许多纱疵。因此，要减少飞花竹节类纱疵，必须加强运转操作清洁制度标准化、设备检修揩擦制度化、专件把关检查制度化，并逐项落实，加强记录检查，保证各工序机械不积花、不挂花、不绕花、不黏花、不破坏纱条结构。

络筒工序是纺纱最后一道质量控制工序，同时也是织造最先一道质量控制工序，而电子清纱器是控制纱疵疵点的重要手段。纱线疵点检测器除了完成清除纱疵的任务外，还有很重要的一点就是控制自动络筒机的运转效率。电子清纱器清纱工艺的设定要根据织物要求来确定是放宽还是收严。对于高档织物，电子清纱器的主要作用是去除部分棉结 N 和短粗节 S，相对而言，其清疵负荷相对较重。在生产实践中应不断修正清纱器参数 N 和 S，可通过回倒筒子的方法来验证工艺是否适宜。通过这些措施，可以明显降低 A2 纱疵。

(2) 合理设置电清工艺，降低纱疵数量

随着电子技术的不断发展，电子清纱器的功能越来越强大，但在使用中盲目追求纱疵最小化而忽略生产效率，会造成过多的剪切。密集剪切会带来较高的误切率，小纱疵虽减少但有害大纱疵却难以清除，结头增加；且络筒效率明显下降，成本增加。因此，合理的电清工艺参数要兼顾质量与效率。

在设定电清工艺参数时，企业可根据细纱十万米纱疵检验结果来设定初始电清工艺，然后根据筒纱十万米纱疵来优化电清工艺参数。当然也可以先设定电清工艺参数，然后做百管纱疵检测。将 200 个细纱管纱络好的筒纱均分成两份，在同机台同锭位先后放松和收紧电清工艺参数进行倒纱，同时计算空切率进行了试验。若初定的工艺参数空切多，切出小纱疵多，而放松后反可切出较多大纱疵，则说明原工艺参数偏紧；若初定工艺参数空切少，切出大纱疵多、小纱疵少，收紧后小纱疵明显增多，如果符合客户要求（质量要求不高）则可维持原工艺，否则要考虑过两次电清。

总之，电清工艺参数的设置要与纱线内在质量及用户要求相适应，过犹不及，重点是分析纱疵的种类及形成原因，从工艺、设备、操作、温湿度等方面采取有效措施，降低纱疵数量，提高纱线质量。利用电子清纱器的统计数据并结合实物指导前工序的质量控制，过度依靠电清提高质量的方法则不可取。

(3) 加强细纱机械状态维护，减少锭带滑落捻度纱疵

为了降低机械捻度纱疵，对锭子、锭带、张力盘和滚盘进行了不良状态下的成纱捻度测试，根据影响程度筛选出 5 个重点控制项目进行原因分析。

①锭带挂落锭带张力盘轴或护钩。主要原因：一是落纱工清洁锭带张力盘时将锭带挂落；二是张力盘缺油抖动或轴承磨坏停转，使锭带滑出锭带盘。

②锭带严重跑偏，即锭带跑出锭盘之外。主要原因是落纱工用毛刷清洁锭盘时将锭带拉挂带出。锭带跑偏位置的直径小于锭盘直径，产生强捻纱，反之，为弱捻纱。

③加压失效。JWF 1516 型细纱机的锭带张力加压臂设计为杠杆分档、开放式吊挂重锤结构，与老机用螺钉锁定重锤结构相比，调压操作简单、维修方便，但增加了重锤脱落和吊挂错档的机会。

④滚盘锁紧失效。JWF 1516 型细纱机的滚盘和固定滚盘的锁紧套均为塑料件,易变形、老化硬脆而影响锁紧弹性,造成螺母松扣机会增加,螺母完全松脱使得滚盘锁紧失效。

⑤锭子下沉。锭子支撑轴承损坏或锭尖磨损引起锭子下沉,使锭子运行不稳和摆动,影响锭速,从而引起捻度降低。

根据原因分析,采取以下措施:加强新工上岗培训,强化责任意识,正确执行操作法;加强维修,保证机械状态;加强检测追踪;适当扩大捻度测试范围和数量;对试验检测出的低强力纱、自动络筒机剔除的报警管纱进行捻度测试,发现捻度纱疵则组织追踪,消除不良机械状态;加强对夜班检修工、落纱工的工作质量检查;发现不良机械状态进行记录、纠正。以上措施收效明显。经统计,机械不良状态项次月平均减少 61.11%,纠正率由原来的 77.81% 提高到了 100%,捻度纱疵大幅度降低。

结语: 在讨论数智化质量控制与品质管理的章节中,我们深入研究了数智化技术对质量管理的革新和优化。数智化质量控制不仅是提高产品质量的手段,更是为企业带来更高效的生产流程和更优质的产品。

本章聚焦于数智化技术在质量控制和品质管理中的应用。从物联网传感器到人工智能再到大数据分析,这些技术的运用加强了生产过程的监控和分析,为产品质量提供了更准确的预测和管理。通过实时数据和智能算法,企业可以更快速地发现问题并进行及时调整,提高产品的合格率和客户满意度。

然而,数智化技术也带来了新的挑战。信息安全、数据隐私、技术标准的整合等问题需要企业不断探索解决之道。在数字化转型的过程中,企业需要平衡技术的应用与传统的质量管理方法,确保数字化工具的有效使用并与员工技能相结合。

本章的研究旨在为纺织服装企业提供了数智化技术在质量控制与品质管理中的应用指南。只有通过充分理解并灵活应用数智化技术,企业才能在提高产品质量的同时提升生产效率,实现更高水平的品质管理,从而赢得市场竞争中的优势。

思考题:

1. 通过比较传统质量控制和数字化智能化质量控制,分析后者对纺织服装行业的影响与优势。

2. 探讨物联网、大数据分析和人工智能在纺织服装行业的应用,以提高产品质量和生产效率。

3. 研究智能制造对纺织服装行业的影响,重点讨论智能工厂如何提升品质管理。

4. 以一个纺织或服装企业为案例,探究其数字化智能化质量控制和品质管理实施的挑战和收益。

5. 讨论智能质量控制系统如何预防缺陷,提高纺织服装产品的品质和一致性。

6. 分析数字化智能化质量控制对纺织服装行业可持续发展的影响和关键因素。

7. 讨论纺织服装行业数字化转型中人才培养的挑战和必备技能。

第 10 章 人力资源管理的数智化

人力资源管理的数字化与智能化是当今企业界和组织中日益引起关注的重要议题。随着科技的飞速发展，数字化和智能化正在改变着我们对人力资源管理的看法和实践方式。传统的人力资源管理范式正在向更加数字化、智能化的模式转变，这种转变不仅仅是工具和技术的变革，更是一种战略性的变革，影响着组织内部的文化、流程和战略决策。

数字化和智能化技术的应用为人力资源管理带来了诸多机遇和挑战。例如，人工智能、大数据分析和机器学习等技术的不断发展，为人力资源决策提供了更为精准和全面的数据支持，有助于预测员工需求、优化招聘流程、提升员工绩效等。然而，随之而来的是对隐私保护、数据安全和人类与技术合作等方面的新挑战，需要我们审慎思考和解决。本章旨在探讨人力资源管理数字化与智能化的前沿趋势、最佳实践以及应对挑战的策略。我们将深入剖析数字化和智能化技术在招聘、培训、绩效管理等方面的应用，探讨其对组织和员工的影响，并提供可行的建议，帮助组织更好地利用这些技术来优化人力资源管理，实现业务目标和员工发展的双赢局面。

10.1 人力资源数字化的重要性

人力资源数字化对于现代企业的成功和可持续发展至关重要。它不仅可以提高人力资源管理的效率和质量，还能为企业提供数据支持，使决策更具洞察力和智慧。

10.1.1 人力资源数字化的重要性

(1) 提高工作效率和流程优化

自动化流程：数字化可以自动化许多繁琐的人力资源任务，如考勤管理、薪资计算、员工福利管理等，提高了工作效率和精确度。

实时信息流：数字化平台能够实时传递信息，使沟通更快速、高效，减少信息传递的延迟。

(2) 减少人力资源管理成本

降低纸质文档和印刷成本：数字化减少了对纸质文件和文档的依赖，节约了印刷、存储和管理的成本。

节约时间成本：自动化人力资源流程节省了大量时间，让人力资源团队能够更专注于战略规划和员工发展。

(3) 增强数据驱动决策能力

数据分析支持：数字化产生大量数据，通过数据分析可了解员工行为、绩效、流动情况等，从而做出更明智的决策，优化员工配置。

预测和规划：基于历史数据和趋势分析，数字化系统能够预测未来的人力需求，支持企业制定更精准的战略和招聘计划。

(4) 提升员工体验和满意度

自助服务：数字化系统能够为员工提供自助服务，使他们能够快速解决问题、查询信息，提升了员工的满意度和体验。

个性化服务：数字化平台能根据员工的个性化需求提供定制化的服务，增强员工的参与感和满意度。

(5) 支持远程和分布式团队管理

远程办公支持：数字化系统可以支持远程工作，让远程员工能够访问和处理人力资源相关事务，保持工作的连贯性和高效性。

(6) 加强合规性和安全性

数据安全和隐私保护：数字化人力资源系统可以通过权限控制确保数据安全，并遵守法规要求，保护员工隐私。

总的来说，数字化人力资源管理不仅可以优化内部流程、提升效率，还能为企业提供更准确的数据分析和预测，促进员工发展和提高员工满意度，是现代企业不可或缺的战略性工具。

10.1.2 数字化人力资源管理

数字化人力资源管理涵盖了将人力资源管理过程转化为数字格式、电子化并进行自动化处理的方法。数字化在人力资源管理中的应用方面：

电子化档案管理：将员工档案、合同、培训记录等纸质文件转化为数字格式，便于存储、查找和共享，降低了纸质文档的使用和管理成本。

招聘与招聘系统：使用招聘平台、招聘网站和应聘者追踪系统，实现招聘流程的自动化，包括发布招聘信息、筛选简历、安排面试等。

薪酬与福利管理：采用薪酬管理系统进行薪资计算、社保公积金缴纳、福利发放等，确保工资计算的准确性和透明度。

绩效管理：利用数字化工具进行员工绩效评估、目标设定、反馈和绩效报告的生成，帮助企业了解员工绩效并做出相应的决策。

学习与发展：通过数字学习平台实现员工培训与发展，提供在线课程、学习计划和评估，促进员工能力的提升。

10.1.3 智能化人力资源管理

智能化人力资源管理利用人工智能、机器学习和大数据分析等技术，为人力资源决策提供智能化支持，以优化决策、提高预测准确度和效率。以下是智能化在人力资源管理中的应用方面：

数据分析与预测：利用大数据分析和机器学习技术分析员工数据，预测人才流失、员工满意度和绩效趋势，为人力资源规划提供数据驱动的决策支持。

智能招聘：通过人工智能算法自动分析和匹配候选人的简历，提高招聘效率和招聘质量。

智能助理和聊天机器人：使用智能助理和聊天机器人协助员工解答常见问题、提供培训建议，降低人力资源部门的工作负担。

自动化流程与机器人流程自动化：采用自动化工作流程和机器人流程自动化技术，自动化人力资源流程，提高工作效率和精确度。

智能决策支持：利用智能算法和数据分析为人力资源决策提供支持，包括薪资制定、绩效评估、人才发展规划等。

综合来说，数字化和智能化的人力资源管理可以提高效率、降低成本，为企业提供更精准、智能的人力资源决策，有助于企业实现更好的人才管理和业务发展。

 智能招聘和培训

智能招聘和培训是利用人工智能和相关技术来优化招聘和培训流程，提高效率和质量的方法。这些技术能够自动化和智能化招聘过程，以及为员工提供个性化、高效的培训方案。

10.2.1 智能招聘和培训的重要性和应用

(1) 智能招聘

智能招聘利用人工智能和大数据分析来改进招聘流程，以更好地匹配候选人和职位，提高招聘效率和质量。

候选人匹配和筛选：使用自然语言处理和机器学习技术分析求职者的简历，将其与职位要求进行智能匹配，快速筛选出最匹配的候选人。

虚拟面试：利用视频分析和语言识别技术进行虚拟面试，评估候选人的沟通能力、情绪智能和专业知识，节省时间和成本。

候选人体验：提供智能化的招聘流程，提高候选人的招聘体验，包括智能预约面试、实时反馈等，增强候选人对公司的印象。

数据驱动决策：收集和分析招聘过程中的数据，提供智能洞察，帮助企业优化招聘策略，提高招聘效果。

(2) 智能培训

智能培训利用技术和数据分析为员工提供个性化、智能化的培训方案，以提高学习效率和成效。

个性化学习路径：基于员工的职务、技能水平和学习历史，设计个性化的学习路径，满足不同员工的学习需求。

智能推荐课程：根据员工的学习偏好、兴趣和学习效果，推荐适合的课程，增强学习动力和效果。

实时反馈和评估：利用智能系统实时监测学习进度，提供及时反馈和评估，帮助员工了解学习效果，及时调整学习计划。

远程培训支持：提供基于云平台的远程培训解决方案，让员工可以随时随地参与培训，适应分布式工作环境。

技能评估和认证：使用智能评估工具，定期评估员工的技能水平，为员工提供认证和晋升的机会。

智能招聘和培训不仅可以提高招聘和培训的效率和质量，还能满足员工个性化的需求，促进员工的持续学习和发展，有助于建设高效的人力资源管理体系。

10.2.2 欧洲和美国的纺织服装行业专业人才招聘方式

(1) 招聘渠道

在线招聘平台是当今企业广泛使用的招聘资源之一。这些平台提供了一个方便的渠道，让企业可以发布职位、寻找人才，并进行招聘流程的管理。以下是一些常见的在线招聘平台以及它们的特点：

① LinkedIn

专业社交平台：主要用于专业人士的职业发展和网络建立。

个人资料丰富：用户可以展示自己的工作经历、技能和教育背景。

招聘工具：企业可以发布职位、搜索候选人、与候选人互动，并查看他们的个人资料。

② Indeed

职位聚合：汇集了来自各种来源的职位，让求职者能够在同一个平台上浏览多个职位。

免费发布基本职位：提供免费的基本职位发布服务，同时也有付费选项来提升职位的曝光度。

③ Monster

全球覆盖：提供全球范围的招聘服务。

个性化推荐：使用算法根据用户的简历和偏好推荐相匹配的职位。

④ 招聘流程管理工具

除了以上平台外，也有一些招聘流程管理工具，如：

Jobvite: 提供全面的招聘解决方案，包括招聘营销、人才管理和招聘流程的自动化。

Greenhouse: 专注于优化招聘流程，提供数据驱动的招聘决策支持。

这些平台和工具为企业提供了便捷的招聘解决方案，可以更有效地管理招聘流程，寻找到符合需求的纺织服装专业人才。

⑤ 行业特定网站

纺织服装行业也有专门的招聘网站，这些网站通常针对该行业的专业人才提供了更为特定和专业化的招聘服务。一些常见的纺织服装行业特定招聘网站包括：

Textile Jobs：提供各种在纺织领域的工作机会，包括设计、生产、销售等职位。

StyleCareers：提供各种与时尚、服装设计和销售相关的职位信息，可以根据用户的技能和兴趣提供定制化的职位推荐。

FashionUnited：提供全球时尚行业的职位信息、行业新闻和趋势，涵盖了时尚、纺织、零售和相关产业的招聘信息。

这些专门面向纺织和服装行业的招聘网站提供了更为精准和专业的招聘服务，企业可以在这些平台上发布职位、筛选候选人，并找到符合其需求的专业人才。

(2) 职位要求和描述

①技能和经验

要求特定的设计、制造、市场营销或管理技能，具体要求根据不同职位而异。不同的纺织服装职位通常都会有特定的技能和经验要求。以下是针对不同职位可能需要的技能和经验：

(a) 纺织设计师或时装设计师

创意能力：良好的审美眼光和创造力，能够提出独特的设计概念。

设计软件技能：熟练运用设计软件如 Adobe Photoshop、Illustrator 等。

材料知识：对不同纺织品质地、颜色和纹理有深入了解。

趋势意识：对时尚和设计趋势有敏锐的感知能力。

(b) 制造工程师或生产经理

生产流程了解：对纺织和服装制造流程有深入了解，包括原材料采购、生产计划和工厂运营等。

技术知识：了解生产设备、工艺和质量控制标准。

团队管理：良好的团队领导和管理能力，能够有效组织生产流程。

(c) 市场营销专家

市场分析能力：能够分析时尚市场和消费者趋势，制定市场营销策略。

数字营销技能：对社交媒体营销、电子商务等有一定了解和经验。

品牌推广：能够制定并执行品牌推广计划，提高品牌知名度。

(d) 管理人员（生产管理、项目管理等）

项目管理技能：能够有效管理项目进度、资源和团队，确保生产流程高效运转。

沟通能力：良好的沟通技巧，能够与团队、供应商和客户有效交流。

问题解决能力：解决问题的能力，善于应对生产过程中的挑战和突发情况。

这些技能和经验会根据不同的职位需求而有所不同。企业在招聘时会根据具体职位的要求来筛选和评估候选人的能力和经验。

②教育背景

可能会要求特定的学位或证书，如纺织设计、时尚设计、制造工程等相关专业的学士或硕士学位。对于纺织服装行业的许多职位，特定的教育背景和学位是一个重要的考量因素。以下是一些常见的教育背景要求：

(a) 纺织设计师或时装设计师

纺织设计学位：学士或硕士学位，专注于纺织品设计和材料科学。

时尚设计学位：专业的时装设计学士或硕士学位。

创意艺术类学位：包括艺术设计、时尚设计、纺织设计等相关学科的学士或硕士学位。

(b) 制造工程师或生产经理

纺织工程学位：学习纺织品的生产和工程方面的知识。

工业工程学位：专注于生产流程和制造优化的工程学科。

管理学位：工商管理硕士(MBA)或管理学士学位，强调生产和供应链管理。

(c) 市场营销专家

市场营销学位：专业的市场营销学士或硕士学位。

时尚营销学位：侧重于时尚产业的市场营销知识。

(d) 其他管理职位

管理学位：MBA、项目管理或供应链管理学士学位。

这些学位通常提供了与纺织服装行业相关的专业知识和技能，使求职者能够更好地理解行业内的需求和运作。但有时候，实际经验和技能也同样重要，特别是对于一些更注重实践的职位。

(3) 招聘流程

①面试和评估

通过面试和可能的测试来评估候选人的技能、适应性和专业知识。面试和评估是招聘过程中至关重要的环节，通过这些环节企业可以更全面地了解候选人的能力、适应性和专业知识。以下是一些常见的面试和评估方式：

(a) 结构化面试

行为面试：聚焦候选人过去的行为和经验，以预测他们未来的表现。

情景面试：要求候选人描述或解决特定场景或问题，以评估其应对能力和解决问题的方法。

(b) 技能测试

专业技能测试：要求候选人完成与职位相关的任务或问题，以展示其具体技能和知识水平。

技术性测试：针对特定领域的技术进行测试，例如设计软件操作、生产流程了解等。

(c) 职业背景调查

联系参考人：与候选人过去的雇主或同事联系，了解其工作表现和能力。

学历和经验验证：确认候选人提供的教育背景和工作经历的真实性。

(d) 考察日／试用期

试用期安排：有些公司会安排一段时间的试用期，以便更全面地评估候选人的工作表现和适应性。

参观公司环境：候选人可能会被邀请参观公司，以更深入地了解企业文化和工作环境。

这些评估方式有助于公司全面了解候选人的能力、适应性和专业知识，从而更好地决定是否与其合作。每个公司的评估流程可能会有所不同，但通常会结合多种方式以获得更全面的评估结果。

②实习转正

许多公司会通过实习项目来发掘并选拔有潜力的人才。实习项目为公司和实习生提供了相互了解和合作的机会。在实习期间，公司通常会评估实习生的工作表现、专业技能和适应性，如果表现出色，公司可能会考虑将其转正为正式员工。

(a) 实习项目的优势

双方了解：实习期间，实习生可以了解公司文化、工作环境和业务流程，同时公司也能够评估实习生在实际工作中的表现。

技能培养：实习生有机会将学到的理论知识应用到实际工作中，获得宝贵的工作经验和专业技能。

员工潜力：表现优秀的实习生可能展示出良好的团队合作能力、学习能力和适应性，使公司更愿意将其留用。

(b) 实习转正的过程

评估和反馈：公司通常会定期对实习生进行评估，并提供反馈，以便实习生了解自己在公司的表现。

转正决定：如果实习生在实习期间表现出色，公司可能会考虑将其转为正式员工。

正式录用：如果公司决定录用实习生，可能会提供正式的工作合同，并安排相关培训和薪酬待遇。

实习转正是一种对于公司和实习生都有利的情况。对公司而言，能够在实习期间充分了解实习生的能力和潜力；对实习生来说，这是一个获得正式就业机会的途径。

(4) 行业联系和网络

①专业组织和协会

行业协会、专业组织或社团是企业与潜在人才建立联系的重要途径之一。这些组织通常聚集了同一领域的专业人士、从业者和利益相关者，为企业提供与人才建立联系的平台。

(a) 与专业组织建立联系的方式

会员活动和会议：参与行业协会或组织举办的会员活动、研讨会或会议，这是企业和专业人士进行交流和建立联系的良好机会。

行业展览和展示会：公司可以参与行业展览或展示会，这是一个展示产品、交流经验并发展业务关系的平台。

专业论坛和社交媒体：参与专业论坛或在社交媒体上关注和参与行业话题讨论，这有助于扩大企业在行业内的知名度和影响力。

赞助活动：支持行业协会或组织的活动，如赞助会议、讲座或研讨会，提高企业在行业内的认可度。

(b) 与专业组织建立联系的目的与优势

建立业务关系：与专业组织建立联系有助于企业与行业内其他相关企业、专业人士以及潜在人才建立更紧密的业务关系。

获取行业信息：参与行业组织活动可以了解行业最新动态、趋势和未来发展方向。

寻找人才：通过行业协会、专业组织或社团，企业可以更轻松地发现并吸引有才华的专业人才。

这些组织和协会通常对行业内的企业和个人都非常有吸引力，因此成为了企业获取优秀人才的重要渠道之一。

②员工推荐

员工推荐是许多公司非常重视的招聘渠道之一。现有员工推荐适合的候选人优势以及其他事项：

(a) 内部推荐的优势

内部了解：现有员工对公司文化和价值观非常了解，因此他们更有能力推荐适合公司的候选人。

信任度高：员工推荐的候选人通常能够更快地融入团队，因为已经有现有员工的背书。

减少招聘成本：内部推荐通常具有较低的招聘成本，相对于其他招聘方式，这种方式更经济高效。

(b) 公司鼓励和奖励的措施

奖励计划：公司可能设立奖金或其他奖励计划鼓励员工推荐合适的候选人。

认可制度：对于成功推荐的员工进行公开或私下的认可，以激励其他员工参与推荐。

(c) 注意事项

公平性和透明度：公司需要确保内部推荐过程公平、透明，避免任何形式的偏袒或不公正。

内部推荐是一种有效的招聘方式，因为员工通常倾向于推荐与公司文化和团队氛围相匹配的候选人，从而为公司带来更高的员工保留率和团队协作效率。

(5) 多样化的职位

纺织服装行业涵盖了许多不同类型的职位，每个职位都需要不同的技能和专业知识。因此，针对不同职位的招聘流程会有所区别，重点考虑与该职位相关的技能和经验。

①设计师

技能要求：创意能力、设计软件熟练（如 Adobe Suite)、材料和时尚趋势的了解。

招聘流程：面试可能会着重于作品展示和设计能力的评估，以及对时尚趋势的了解程度。

②工程师／生产经理

技能要求：生产流程了解、技术知识、团队管理能力。

招聘流程：面试可能会涉及生产流程的问题、技术能力和团队管理能力的评估。

③市场营销专家

技能要求：市场分析、数字营销、品牌推广。

招聘流程：面试可能会关注市场营销策略、数字营销经验和对消费者趋势的理解。

④管理人员

技能要求：项目管理、沟通能力、问题解决能力。

招聘流程：面试可能会着重于项目管理经验、团队领导能力和解决问题的能力。

招聘流程针对不同职位的需求有所差异，重点关注职位所需的核心技能和经验。通过针对特定职位的面试和评估，企业可以更精准地选拔适合的人才。

无论是通过在线招聘、校园招聘，还是与行业内部建立联系，企业通常会根据自己的需求和行业标准来招聘合适的纺织服装专业人才。

人力资源数据分析

人力资源数据分析是指利用各种数据分析方法和工具来解析、评估和利用人力资源数据，以支持人力资源决策、优化人才管理和提高组织绩效。这种分析可以基于内部和外部数据，包括员工信息、招聘数据、绩效评估、离职率、员工满意度等，以及市场趋势、行业薪酬水平等。

10.3.1 人力资源数据分析的应用和步骤

预测人才需求是人力资源管理中的关键任务之一，通过分析历史和当前的员工数据，以及业务发展趋势，可以预测未来的人才需求，从而帮助企业制定相应的人才招聘、培训和发展策略。以下是预测人才需求的一般步骤和方法：

收集和整理数据：收集并整理历史和当前的员工数据，包括员工数量、职位、技能、流动情况等，也可以包括业务发展、市场变化等相关数据。

分析业务发展趋势：分析企业业务发展趋势，包括市场增长率、新项目、扩张计划等。这可以通过市场调研、行业分析等方式获得。

分析员工流动情况：分析员工的流动情况，包括离职率、晋升率、内部晋升情况等。这可以揭示出人才的流动趋势和员工的职业发展路径。

分析技能和能力要求：根据业务发展趋势和目标，分析未来所需的技能、知识和能力。与部门负责人、业务发展人员等进行沟通和讨论，明确未来人才的要求。

建立模型和预测：基于收集到的数据和分析结果，可以利用数据分析模型（如回归分析、时间序列分析等）进行预测，以得出未来的人才需求量和类型。

制定人才招聘策略：根据预测的人才需求，制定相应的招聘策略，包括招聘人数、职位要求、招聘渠道等。确保能够满足未来的业务需求。

制定员工培训和发展计划：基于预测结果，制定员工培训和发展计划，以提高现有员工的技能和能力，以适应未来业务的发展需求。

监测和调整：定期监测实际招聘情况和业务发展，与预测进行比较。根据实际情况调整招聘策略、培训计划等，确保与业务发展保持一致。

预测人才需求能够使企业更加灵活、高效地应对市场变化，确保在关键时刻有足够的人才支持业务的快速发展。

10.3.2 分析招聘数据和员工体验数据

这种数据驱动的方法能够帮助企业更好地了解其招聘流程的效率、员工体验的质量，并据此制定切实可行的改进措施。

(1) 优化招聘流程

招聘流程的优化可以通过分析招聘数据来实现，主要包括以下步骤：

数据收集和整理：收集招聘数据，包括招聘周期、候选人来源、面试通过率、招聘渠道效果等信息，并对数据进行整理和清洗。

数据分析：利用数据分析工具和技术，分析招聘数据，识别招聘流程中的瓶颈和问题，例如招聘周期过长、候选人流失率高等。

识别瓶颈和问题：基于数据分析结果，识别招聘流程中的瓶颈和存在的问题，确定影响招聘效率和质量的关键因素。

制定改进策略：基于识别出的瓶颈和问题，制定相应的改进策略，例如优化招聘流程、改善面试安排、提升候选人体验等。

实施改进措施：根据制定的改进策略，对招聘流程进行相应的调整和优化，确保改进措施得以落实。

监测效果：监测改进措施的效果，分析优化后的招聘数据，以确保改进措施的有效性，并随时调整策略。

(2) 改善员工体验

改善员工体验需要深入了解员工的感受和意见，通过分析员工满意度、反馈、参与度等数据来实现，主要包括以下步骤：

员工调查和反馈收集：通过员工调查和定期反馈，收集员工的意见、建议和不满意的地方，也可以借助员工参与度、离职原因等数据。

数据分析和识别问题：利用员工调查和反馈数据进行分析，识别员工的痛点、满意度低的方面和问题所在。

制定改善措施：基于分析结果，制定相应的改善措施和行动计划，以提高员工满意度和参与度。

实施改善措施：根据制定的改善措施，逐步实施并监督执行，确保改善措施得到贯彻。

10.3.3 分析员工离职数据和薪酬数据

(1) 降低人员流失率

降低人员流失率是企业人力资源管理的重要目标之一，通过分析员工离职数据可以实现，主要步骤如下：

员工离职数据收集和整理：收集并整理员工离职的相关数据，包括离职原因、离职岗位、离职部门、离职时间等。

数据分析：利用数据分析工具和技术，分析员工离职数据，识别离职的原因和模式，例如晋升机会、薪酬、工作环境等。

识别离职原因：基于分析结果，识别造成员工离职的主要原因，确定影响员工离职的关键因素。

制定改进措施：根据识别出的离职原因，制定相应的改进措施，例如提供晋升机会、改善薪酬福利、优化工作环境等。

实施改进措施：根据制定的改进措施，逐步实施并监督执行，确保改进措施得到贯彻。

评估效果和持续优化：定期评估改进措施的效果，根据评估结果进行调整和优化，以持续降低人员流失率。

(2) 薪酬和福利优化

薪酬和福利的优化对于保持员工满意度、吸引和留住优秀人才至关重要，主要步骤如下：

薪酬数据收集和整理：收集并整理与薪酬相关的数据，包括市场薪酬水平、行业薪酬趋势等。

数据分析：利用数据分析工具和技术，分析薪酬数据，了解公司薪酬结构、薪酬福利对员工满意度的影响等。

市场比较：将公司的薪酬数据与市场薪酬水平进行比较，确保公司薪酬竞争力。

制定薪酬和福利策略：基于分析和市场比较结果，制定相应的薪酬和福利策略，以保持员工满意度并留住人才。

实施策略并监测效果：实施制定的薪酬和福利策略，并定期监测其效果，及时调整策略以确保达到预期目标。

通过这些步骤，企业可以更好地了解员工离职的原因，采取切实有效的措施降低人员流失率，并通过分析薪酬数据进行相应的优化，提高员工满意度和留住人才。

10.3.4 应用

分析招聘数据以优化招聘策略和分析绩效数据以提高绩效管理都是人力资源管理中非常关键的任务。

(1) 人才招聘优化

人才招聘是企业的基础，通过分析招聘数据可以不断优化招聘策略，主要步骤如下：

招聘渠道分析：收集并分析招聘渠道的数据，评估每个招聘渠道的效果和成本。识别哪些渠道为公司带来了高质量的候选人。

候选人来源分析：分析候选人来源的数据，了解不同来源的候选人质量和适应度。确定哪些来源提供了符合公司要求的候选人。

招聘周期分析：评估招聘流程中的每个阶段的时间消耗，识别招聘流程中的瓶颈，找出导致招聘周期长的原因。

招聘成本分析：分析招聘过程中的各项成本，包括广告费用、面试费用、员工时间成本等,以优化招聘的经济效益。

候选人体验分析:收集候选人的反馈和评价,了解他们对招聘过程的体验,以改进招聘流程,提高候选人满意度。

通过这些分析,企业可以优化招聘策略,选择更有效的招聘渠道,提高候选人质量,减少招聘时间和成本,提高招聘流程的效率。

(2) 绩效管理

绩效管理是确保员工个人目标与组织目标一致的重要工具,通过分析绩效数据可以实现,主要步骤如下:

绩效指标分析:分析各项绩效指标的数据,了解员工在不同方面的表现,找出绩效强项和改进空间。

高低绩效员工识别:通过对绩效数据的分析,识别出高绩效员工和低绩效员工,理解他们的特征和表现。

激励措施制定:针对高绩效和低绩效员工制定相应的激励措施,激励高绩效员工持续保持优秀表现,帮助低绩效员工提升绩效。

培训需求分析:通过绩效数据分析,确定员工的培训需求,为员工提供有针对性的培训,提高绩效水平。

目标设定优化:根据员工的实际表现和数据分析,优化目标设定过程,确保员工的目标与组织目标一致且具有挑战性。

反馈与改进:提供定期的绩效反馈,让员工了解自己的表现,并鼓励持续改进。同时,对绩效管理流程进行评估和改进。

通过绩效数据的分析,企业可以更好地管理员工绩效,通过激励和培训措施提高绩效水平,推动员工实现个人和组织目标的一致。

(3) 分析员工培训和发展、员工福利以及人员流失

通过分析可以帮助企业制定更有效的员工培训计划、优化福利方案,以及降低员工流失率。

①员工培训和发展分析

培训成效评估:评估过去的培训项目,分析员工参与培训后的能力提升情况,了解培训的实际效果。

需求分析:通过调查员工,了解员工的培训需求和意愿,分析不同岗位和部门的培训需求的差异。

发展路径分析:分析员工的职业发展路径,了解晋升和发展的机会,为员工制定个性化的发展规划。

制定个性化培训计划:结合培训成效评估和需求分析的结果,为员工制定个性化的培训计划,以满足其成长和发展的需求。

②员工福利优化分析

员工需求调查:通过员工调查或定期反馈,了解员工对福利的需求、期望和满意度。

福利方案比较：分析不同福利方案的优缺点，与其他公司的福利进行比较，以制定更具竞争力的福利方案。

福利成本效益分析：分析福利项目的成本与效益，确保福利方案的经济合理性和财务可行性。

制定优化方案：根据分析结果，制定调整福利方案的具体措施，以提高员工满意度和福利的实质性价值。

③人员流失分析

离职原因分析：分析员工离职的原因，包括职业发展、薪酬、工作环境、领导力等，以找出共性的离职原因。

流失率和趋势分析：分析流失率的变化趋势，识别是否存在流失率异常上升的特定时期或岗位。

制定减少流失措施：根据分析结果，制定减少员工流失的措施，如改善工作条件、加强沟通、提高晋升机会等。

通过这些分析，企业可以更好地设计培训计划、调整福利方案和采取措施，以留住优秀员工，提高员工满意度和整体组织绩效。

10.3.5 数据探索性分析

探索数据的基本特征、分布、相关性等，以了解数据的特点。数据收集以及数据探索性分析是数据驱动的决策过程中的重要步骤。

(1) 数据收集

数据收集和清洗是为了确保数据质量，以便后续分析和决策能够基于高质量的数据进行。主要步骤如下：

数据收集：确定需要收集的人力资源数据类型，如员工信息、绩效数据、招聘数据、离职数据等。收集数据可以来自内部系统、调查问卷、员工数据库等。

数据整合：将收集到的数据整合成一个可管理和分析的数据集。确保数据结构一致，字段清晰明了，便于后续的分析和使用。

数据检查：检查数据中的异常值、重复记录、缺失值等，进行清洗和处理。修正或删除不符合规范的数据，填补缺失值，确保数据的准确性和完整性。

数据标准化：标准化数据格式，确保不同数据来源的一致性，便于后续的数据分析和整合。

(2) 数据探索性分析

数据探索性分析是为了初步了解数据的特征、分布、关系等，为后续深入分析做准备。主要步骤如下：

数据摘要：对数据进行描述性统计，包括平均值、中位数、标准差、最大最小值等，以快速了解数据的基本特征。

数据可视化：利用图表、图形等方式呈现数据，如直方图、箱线图、散点图等，以展示数据的分布、趋势和异常情况。

相关性分析：分析不同变量之间的相关性，可以通过相关系数、热图等方式呈现，以了解变量间的关联程度。

分布分析：分析不同变量的分布情况，包括正态性检验、分布图等，以了解数据分布的特点。

群组分析：根据特定的标准对数据进行分组，然后对不同组的数据进行比较和分析，以识别群组间的差异和规律。

通过数据探索性分析，可以为后续的深入分析提供基础，同时也可以帮助发现数据中的潜在问题和趋势，为数据驱动的决策提供指导。

(3) 数据建模和分析

数据建模和分析是利用统计学、机器学习或其他分析方法对数据进行深入研究，以识别关键模式、趋势和洞见的过程。主要步骤如下：

数据预处理：在建模前，对数据做进一步的清洗、变换、归一化或标准化等预处理操作，以确保数据的质量和适用性。

模型选择：选择适当的建模方法，如线性回归、决策树、聚类、预测模型等，根据分析的目标来选择合适的模型。

模型训练：使用已选择的模型对数据进行训练，以学习模式和关系，并得到模型的参数。

模型评估：对模型进行评估，通常分为训练集和测试集，以评估模型的预测性能和准确度。

模型调优：根据评估结果对模型进行调整和优化，以提高模型的预测准确度和泛化能力。

(4) 结果解释和报告

结果解释和报告是将分析结果可视化和解释，向决策者传达洞见和建议的关键步骤。主要步骤如下：

结果可视化：将分析结果通过图表、图形等形式进行可视化，使决策者能够直观理解数据的模式和趋势。

结果解释：解释模型的输出、模式、关系和洞见，以确保决策者理解分析的含义和重要性。

报告撰写：撰写报告，总结分析过程、结果和洞见，以清晰、简洁的方式呈现分析的内容和建议。

(5) 决策和实施

决策和实施是将分析结果转化为实际行动和策略的过程，以实现预定的业务目标。主要步骤如下：

制定决策和行动计划：基于分析结果制定决策和行动计划，明确实现目标所需的具体步骤和策略。

实施策略和措施：根据制定的计划，开始实施相应的策略、措施和行动，以达成目标。

监测和调整：监测实施过程，评估策略的有效性，并根据需要进行调整，以确保取得预期的效果。

这个数据驱动决策的闭环过程确保了数据从收集到分析再到实际实施的完整流程，将数据转化为具体的行动和决策，推动企业向预定目标前进。

通过人力资源数据分析，企业可以更好地了解员工、招聘、绩效和离职等方面的情况，从而做出更明智、有效的战略决策，以提高组织的绩效和竞争力。

10.4 人力资源信息系统

人力资源信息系统(Human Resource Information System，HRIS)是指利用信息技术来管理、存储、分析和处理组织内的人力资源相关信息的集成系统。HRIS整合了人力资源管理和信息技术，以简化和优化人力资源管理流程，提高效率、准确性和决策质量。

10.4.1 人力资源信息系统的特点、功能和重要性

(1) 特点

集成性、实时性和自动化是现代HRIS的关键特征，它们可以极大地提升人力资源管理的效率和效力。以下是对这3个特征的详细解释：

①集成性是指HRIS整合了多个人力资源管理功能，将招聘、员工信息、薪资、绩效管理、培训等多个模块整合到一个系统中，使管理更高效。这种集成性带来的好处包括：

数据一致性和准确性：集成系统避免了数据重复输入或不一致的问题，确保各个模块的数据始终保持一致和准确。

流程优化：集成系统可以优化整个人力资源管理流程，减少冗余步骤和手工操作，提高工作效率。

综合分析：集成系统能够从多个模块中汇总数据，进行综合分析，为综合决策提供更多信息。

②实时性是指HRIS能够提供实时或准实时的数据和信息，使决策基于最新的数据。这种特性的优点包括：

即时决策：决策者可以基于最新的数据迅速做出决策，适应变化的环境。

快速响应：人力资源团队可以快速响应员工的需求，因为他们可以随时获取最新员工的信息。

时效性报告：能够生成及时的报告和分析，帮助管理者了解当前情况并做出相应调整。

③自动化是指HRIS能够自动处理日常的人力资源管理任务，减少手工操作和时间成本。这种自动化带来的益处包括：

时间节省：自动化可以节省大量时间，使人力资源专业人员能够将更多时间投入战略规划和战略执行。

减少错误：自动化减少了手动干预的机会，降低了出错的可能性，提高了数据准确性。

流程优化：自动化可以优化人力资源流程，使其更高效、更可靠。

这3个特性共同推动了现代HRIS的发展，使其成为人力资源管理的强大工具，能够更好地支持组织的战略目标。

(2) 功能

员工信息管理：管理员工的基本信息、联系信息、工作经历等。

招聘管理：发布职位、管理应聘者信息、安排面试等。

薪酬和福利管理：管理薪资、奖金、福利、社保和公积金等信息。

绩效管理：设定绩效指标、进行绩效评估、制定绩效计划。

培训和发展：规划、管理和跟踪员工的培训计划和发展历程。

假期和出勤管理：追踪员工的出勤情况、请假、加班等信息。

员工关系管理：跟踪员工的意见、投诉、反馈等，保持良好的员工关系。

(3) 重要性

提高效率和准确性：自动化处理人力资源流程，降低了繁琐的手工操作，减少了错误和延误。

优化决策支持：提供实时数据和分析，支持管理层做出更明智、数据驱动的决策。

增强员工体验：员工可以自主访问和管理自己的信息，提高了员工对人力资源流程的满意度。

实现合规性：确保组织的人力资源流程和数据管理符合法规和标准。

支持战略规划：通过数据分析，支持企业制定人力资源战略和业务发展规划。

HRIS 是现代企业管理人力资源的重要工具，有助于企业更高效地管理人力资源、优化流程，从而为组织的长期成功和发展奠定基础。

10.4.2 可定制性和数据安全

可定制性是指 HRIS 可以根据组织的特定需求进行定制，以适应不同组织的业务模式和管理流程。这种特性的优势包括：

适应性强：系统可以根据组织的业务需求进行调整和适应，满足不同行业、规模和特点的组织要求。

个性化定制：能够根据特定需求定制功能、界面、报表等，以满足组织内部各部门的个性化需求。

持续优化：能够根据组织的发展和变化不断优化和定制，保持与组织的同步发展。

数据安全是指 HRIS 确保敏感人力资源数据的安全和保密，通过权限控制保护数据隐私。这种特性的优点包括：

保护隐私：通过严格的权限控制和加密技术，确保只有授权人员能够访问和处理敏感人力资源数据。

遵守法规：保障人力资源数据的安全性，确保企业符合法律法规和数据隐私的要求，避免法律风险。

应急响应：具备紧急情况下的数据备份和恢复能力，确保数据在意外情况下不丢失。

这两个特性共同确保了 HRIS 系统在满足组织个性化需求的同时，保障了数据的隐私和安全。这对于现代组织来说是极为关键的，尤其在信息安全高度重视的时代。

10.5 员工绩效管理工具

员工绩效管理工具是用于评估、跟踪和提高员工绩效的软件或系统，它们帮助组织确保员工的目标与组织目标一致，同时为员工提供持续反馈和发展机会。这些工具可以涵盖多个方面，包括目标设定、绩效评估、反馈、发展规划等。

10.5.1 目标设定系统

(1) 目标设定系统描述

目标设定系统通常是一个基于数字化平台的工具，用于设定、分配和跟踪员工的目标。它可以帮助管理层和员工一起制定具体、可衡量、可达成、相关和时限的目标。系统能够将组织目标与员工个人、团队的目标相连接，确保各级目标的一致性和对齐。

(2) 目标设定系统的重要性

明确方向和职责：目标设定系统帮助员工明确自己的工作方向和职责。清晰的目标能够阐明期望，员工更容易理解自己的职责范围。

提高员工工作效率：明确的目标使员工知道他们需要达成什么，有助于集中精力、优先处理任务，并提高工作效率。

激励和奖励机制：通过目标设定系统，员工可以看到他们的进展和成就。达到或超越目标可以激发员工的动力，激励奖励机制可以加强员工的参与和努力。

评估和反馈：目标设定系统可以用作绩效评估的依据。定期的评估和反馈可以帮助员工了解自己的表现，及时做出调整并改进。

团队协作和对齐：通过系统的目标设定，能够确保团队和整个组织朝着共同的目标努力。促进团队协作和协同工作，加强整体业务运作的协调。

透明和沟通：目标设定系统可以使目标和进展透明可见。员工和管理层之间的沟通更加清晰，能够迅速识别问题并进行干预。

综合来说，目标设定系统是推动员工和组织朝着共同目标前进的重要工具，有助于实现目标的清晰、透明、达成，提高整体组织的绩效和成就。

10.5.2 绩效评估系统

绩效评估系统是人力资源管理中的重要工具，用于评估员工的工作表现、成就和发展。绩效评估系统是一种结构化、周期性的评估流程，通过明确的评估标准和方法对员工的工作表现进行评估。该系统通常包括目标设定、定期评估、反馈、绩效谈话和结果记录等环节，以全面了解员工在工作中的表现。

(1) 绩效评估系统的重要性

明确绩效期望：通过绩效评估系统，能够明确员工的职责、目标和期望，确保员工清楚了解其在组织中的角色。

识别绩效强项和改进方向：通过定期评估，可以识别员工的绩效强项和改进方向。这有助于为员工提供进一步发展和改进的机会。

绩效奖励和晋升依据：评估结果为绩效奖励、晋升和发展提供依据。高绩效员工可能获得奖励或晋升，鼓励其持续优秀表现。

员工发展和培训计划：基于评估结果，制定个性化的员工发展计划和培训计划，帮助员工提高工作能力和职业素质。

沟通和反馈机制：绩效评估系统提供了定期的沟通和反馈机制，促进员工和管理者之间的有效沟通，加强互动和理解。

建立绩效文化：通过建立绩效评估系统，可以树立绩效导向的文化，鼓励员工不断提高绩效，为组织的整体发展做出贡献。

绩效评估系统是组织管理中不可或缺的工具，能够激励员工，提高工作效率，帮助组织实现长期战略目标。

(2) 结构化评估流程

结构化评估流程是指在绩效评估系统中，通过预先设计、明确步骤的方式对员工的绩效进行评估。该流程通常包括以下环节：

目标制定：确定员工的个人、团队或部门目标，确保这些目标与组织的战略目标相一致。

自评：员工对自己的工作表现进行自我评估，对完成的目标和任务进行回顾和评价。

主管评定：直接主管或上级对员工的绩效进行评估，给予评价和反馈，涵盖工作质量、工作效率、目标达成等方面。

同事评价：同事对员工的表现和协作能力进行评价，以多角度、多维度的方式了解员工在团队中的影响和贡献。

客户评价：如果适用，可以包括来自客户或外部合作伙伴的评价，了解员工在客户交往方面的表现。

综合评估和讨论：评估结果汇总，进行综合评估和讨论，考虑各方评价，并就评估结果进行总结和整理。

反馈和改进：向员工提供绩效评估结果的反馈，共同讨论发现的问题、优点和改进机会，制定改进计划。

这种结构化评估流程有助于确保评估过程的公正、客观、一致，通过多方评价的方式全面了解员工的绩效，为绩效评估提供了客观依据，有助于制定针对性的发展计划和绩效奖励。

(3) 周期性评估

周期性评估是指绩效评估系统中规定了评估的时间周期，通常为固定的周期，比如年度评估。这种周期性评估的重要性包括：

定期评估员工绩效：定期的评估能够确保每位员工在一定时间周期内接受全面的审视，促使员工定期回顾工作表现。

及时发现问题和提供反馈：定期评估有助于及时发现员工的问题、挑战或优点，以便及时提供反馈、奖励、表扬或改进意见。

奖励与激励：年度评估为绩效奖励提供了依据，表现优异的员工可得到相应的奖励和激励，增强了员工的工作动力。

职业发展规划：定期评估为员工的职业发展规划提供了重要依据，能够帮助员工设定下一阶段的发展目标和计划。

组织决策的基础：年度评估结果可作为组织决策的依据，包括晋升、奖励、培训等方面，有助于组织合理分配资源和制定战略。

周期性评估在绩效管理过程中扮演着重要的角色，通过定期的评估和反馈，能够使员工保持高度的工作责任心，促进组织的整体绩效提升。

(4) 绩效评估

① 绩效强项识别的重要性

激励员工保持良好表现：识别和强调员工的优势和突出表现可以增强员工的自信心，激励他们保持良好的工作态度和绩效水平。

资源优化分配：了解员工的绩效强项有助于将人员资源最优化分配到最适合的岗位，以最大程度发挥其能力和潜力。

提高工作满意度：员工在充分发挥个人强项的岗位上工作更容易获得成就感，提高工作满意度和员工忠诚度。

目标设定的指导作用：基于绩效强项，可以更明晰地为员工设定目标，使目标更具挑战性，同时也更符合员工的潜力和优势。

② 改进方向指引的重要性

个人发展规划：明确改进方向为员工制定个人发展计划提供了指导，帮助员工定位自己的发展方向，为个人职业规划奠定基础。

持续改进：指出改进方向鼓励员工不断自我反思和改进，实现持续个人和组织发展。

提高绩效水平：改进方向指引员工关注自身的薄弱环节，提高绩效水平，为个人的成长和晋升提供支持。

加强反馈和沟通：改进方向为管理者提供了向员工传达改进建议的机会，加强了员工和管理者之间的沟通和合作。

通过绩效评估系统，组织可以全面了解员工的能力、表现和发展潜力，为员工提供明确的方向和目标，从而推动员工和组织的共同发展。

(5) 绩效奖励、晋升

评估结果作为奖励、晋升和发展的重要依据，有助于公平、客观地确定员工的薪资、晋升、奖金、培训机会和职业发展路径。绩效评估不仅是对员工表现的评价，更是奖励、晋升和发展的重要依据，同时也提供了关键的反馈和沟通机制。

① 绩效奖励、晋升和发展依据的重要性

公平和客观性：评估结果作为奖励、晋升和发展的依据能够保证这些决定的公平性和客观性，避免主观因素的介入。

激励员工持续提高绩效：员工知道绩效评估结果将直接影响奖励、晋升和发展，会激励他们持续努力提高绩效水平。

提供明确的目标和方向：通过评估结果，为员工提供明确的目标和方向，使其了解如何获得奖励、晋升以及职业发展的机会。

合理薪酬分配：评估结果有助于企业在薪酬分配方面做出合理决策，向绩效优秀的员工提供更具竞争力的薪酬。

职业生涯规划：评估结果可以指导员工制定个人职业发展规划，明确晋升路径和培训需求。

②反馈和沟通的重要性

促进个人成长：通过评估系统的反馈，员工可以识别自身的优点和改进空间，推动个人成长和职业发展。

改进绩效：定期的反馈可以帮助员工了解自己的表现，及时调整工作方法，改进绩效。

团队合作和信任：共享评估反馈可以增进团队成员之间的信任和合作，促进良好的团队氛围。

提高工作满意度：反馈可以让员工感到他们的工作受到重视，增强对工作的满意度和参与度。

通过绩效评估系统提供的奖励、晋升、发展机会以及反馈和沟通，员工可以更好地了解自己的表现，为个人职业生涯的发展奠定基础，同时也有助于组织实现整体的绩效提升和目标达成。

10.5.3 业绩对齐

通过设定和衡量目标，绩效评估系统能够将员工的工作与组织的目标和战略对齐，确保员工的工作方向与公司的整体发展一致。

(1) 业绩对齐的重要性

目标一致性：通过设定和衡量目标，确保员工的工作方向与组织整体发展方向一致，使员工的努力服务于公司的战略目标。

提高工作效率：将员工的目标与组织目标对齐，能够避免资源和精力的浪费，提高工作的效率和效果。

员工参与感：业绩对齐让员工明确自己的工作如何贡献到整个组织的成功，激发员工的参与感和归属感。

①对员工的激励和发展指导

激发工作动力：透过奖励和晋升，能够激发员工的工作动力和积极性，促使他们为了目标而努力工作。

个性化发展计划：评估系统可以为员工制定个性化的发展计划，帮助员工发现强项和改进空间，指导他们朝着职业目标发展。

②提高员工满意度和组织绩效

员工满意度：透过透明、公正、基于业绩的评估，能够提高员工对于组织的信任和满意度。

组织绩效：通过业绩评估系统，可以对整个组织的绩效进行分析和评估，识别问题并采取改进措施以提高组织绩效。

综合来看，绩效评估系统是组织中非常重要的工具，能够实现目标对齐、激励员工、指导发展、提高员工满意度和整体组织绩效，对于持续的个人和组织发展起到至关重要的作用。

(2) 360°反馈工具

360°反馈工具是一种能够提供全面、多角度反馈的评估工具，允许员工收到来自多方面（上级、同事、下属）的匿名或非匿名反馈，用于全面评估员工的表现、角色和影响。

①主要特点

多方参与：包括上级、同事、下属等多方面参与，以获取更全面的反馈，从不同视角了解员工的表现。

多维度反馈：提供多种评价维度，如领导能力、团队合作、沟通能力、创新能力等，以多方面、多角度评估员工表现。

系统化评估：以结构化的方式进行评估，设定具体的评价标准和问题，使反馈具有一定的客观性和比较性。

定期反馈：周期性进行评估和反馈，允许员工在一定时间间隔内持续改进自己的表现。

②重要性

全面了解员工表现：360°反馈工具能够从多个角度和来源收集信息，帮助员工全面了解自己在工作中的表现，包括自身意识和他人对自己的评价。

多维度评估：通过多方参与和多维度评价，员工可以获得关于自己领导能力、沟通技巧、团队合作等方面的反馈，帮助他们在多方面持续改进。

促进个人成长：360°反馈鼓励员工接受不同视角的评价，这有助于个人认识自身优点和改进空间，从而促进个人的成长和发展。

增强团队协作：通过多方反馈，可以促进团队内部的协作和沟通，建立更加和谐、信任和高效的工作环境。

决策和规划依据：反馈工具提供数据支持，可以作为绩效评估、晋升、培训规划等决策的依据，有助于制定个性化的发展计划。

(3) 实时反馈应用

实时反馈应用是一种允许员工随时随地接收即时反馈的工具，通常以移动应用程序的形式提供。这种工具具有以下重要特点和作用：

①描述

随时反馈：员工可以随时通过移动应用程序接收反馈，不受时间和地点的限制，方便快捷。

即时通知：可以通过应用程序及时收到反馈，这可以是文字、图像、音频或视频等多种形式，以满足不同沟通需求。

多种沟通方式：应用程序可能提供多种沟通方式，包括即时聊天、评论、点赞、评分等，以便于员工与他人进行交流和互动。

②重要性

及时调整和改进：提供实时反馈使员工可以及时了解自己的表现，有助于他们即时调整行为、改进绩效，并做出必要的改变。

促进学习和成长：实时反馈鼓励员工持续学习和成长，帮助他们及时纠正错误，提高工作质量和效率。

加强团队沟通：实时反馈的应用促进团队成员之间的实时沟通，增强了团队的合作和协作能力，有助于解决问题并推动项目向前推进。

建立积极反馈文化：鼓励实时反馈有助于建立积极的反馈文化，使员工习惯于接受和提供反馈，进而改进自身表现。

增强员工满意度：及时、正向的反馈可以提高员工的满意度和幸福感，增强他们对组织的归属感和忠诚度。

实时反馈应用在现代工作环境中发挥着重要作用，不仅使员工可以更快速地适应、学习和提高，也有助于建设积极的、高效的团队和工作氛围。

(4) 绩效面谈系统

绩效面谈系统是一种提供绩效面谈所需框架和工具的系统，用于帮助管理人员与员工讨论绩效评估结果、目标达成情况和发展规划等关键议题。它具有以下重要特点和作用：

①描述

面谈框架：为绩效面谈提供结构和指导，确保面谈的有条不紊和目标明确。

反馈机制：允许管理人员向员工提供绩效评估反馈，包括肯定、建议改进等方面的反馈。

目标讨论：用于评估员工目标达成情况，以及制定新的目标和发展规划。

记录与跟踪：提供记录面谈结果、制定行动计划、跟踪进展等功能，以确保面谈产生实际改变和成果。

②重要性

沟通与合作：绩效面谈系统促进了员工与管理人员之间的有效沟通和合作。双方可以共同探讨工作表现、目标达成情况，并制定改进计划，增进理解和信任。

明确期望与目标：通过面谈，员工更清晰地了解组织期望及个人目标，有利于调整工作重心，确保个人目标与组织战略一致。

提高绩效水平：面谈可以激发员工的积极性和工作热情，推动他们努力实现目标，提高工作质量和绩效水平。

发现问题与挑战：通过面谈，管理人员可以识别员工可能面临的问题和挑战，及时提供支持和解决方案，避免问题扩大化而影响绩效。

制定改进计划：绩效面谈系统帮助制定明确的改进计划，让员工知道自己在哪些方面需要改进，从而实现个人、团队和组织的整体改进。

绩效面谈系统对于组织来说非常重要，它不仅是评估绩效的工具，更是促进员工成长和发展、改进工作绩效、建立健康的组织文化的重要途径。

(5) 员工发展规划工具

员工发展规划工具是用于支持制定员工发展目标和计划的系统或工具，旨在提高员工的职业发展和技能水平。这种工具具有以下特点和重要作用：

①描述

目标设定：帮助员工设定个人发展目标，包括职业目标、技能提升、职务晋升等，根据员工的现状和愿望制定合适的目标。

个性化计划：支持制定个性化的发展计划，根据员工的兴趣、能力、经验和组织需求，量身定制适合员工的发展方向和计划。

培训和学习机会：提供信息和建议，指导员工选择合适的培训、学习机会，包括内部培训、外部课程、在线学习等。

跟踪和评估：支持定期跟踪员工的发展进度，评估目标达成情况，对发展计划进行调整和优化。

②重要性

个性化发展：通过制定个性化的发展规划，员工能够明确自己的职业方向和发展路径，提高对职业目标的认知和追求。

激励员工参与发展活动：提供发展规划工具可以激励员工积极参与培训、学习和发展活动，因为他们可以看到这些活动与其个人的发展目标相关联。

提高技能水平和绩效：通过有针对性的培训和学习机会，员工可以提高自身技能水平，从而提高工作绩效和贡献。

增强员工满意度：员工感受到组织对他们职业发展的关注和支持，增强员工的满意度和忠诚度。

有利于组织发展：通过员工发展规划，组织可以培养和保留优秀人才，提高整体组织绩效，助力组织的可持续发展。

员工发展规划工具是为了实现员工个人发展和组织共同目标的一种重要机制，通过这种工具，员工可以更有目标地规划自己的职业发展，为组织发展贡献更多的价值。

结语： 在数字化和智能化浪潮的冲击下，人力资源管理面临着前所未有的变革和挑战。这一章我们深入探讨了数字化和智能化技术对人力资源管理的影响，从招聘到培训再到绩效管理等方面展开了讨论。

随着人工智能、大数据分析和机器学习等技术的快速发展，我们看到了数字化和智能化为人力资源管理带来的诸多机遇。这些技术赋予了人力资源专业人员更精准、更全面的数据支持，提高了招聘流程的效率，优化了员工培训计划，并促进了更客观、公正的绩效评估。然而，随之而来的是对数据隐私、信息安全以及技术与人类关系的思考和探讨。

数字化和智能化不仅仅是工具和技术的变革，更是一种战略性的变革。在迎接这一变革的过程中，我们需要审慎思考，并结合人性化管理，保证技术的应用能够真正服务于员工和组织的长远利益。技术是为了更好地服务人类，而不是取代人类。

未来，随着技术的不断进步，数字化和智能化将继续对人力资源管理产生深远影响。在这个变革不断加速的时代，持续的学习、创新和适应是保持竞争力的关键。只有不断更新知识和技能，不断探索新的可能性，我们才能更好地应对未来的挑战和机遇，实现人力资源管理的数字化与智能化的最佳实践。

思考题：

1. 论述数字化和智能化技术对招聘流程的影响，并讨论其对候选人筛选和招聘决策的优势与挑战。

2. 选择一家公司或组织，分析其如何利用人工智能和大数据分析优化员工培训和发展计划，并评估这些举措对员工绩效和组织效益的影响。

3. 比较传统的人力资源管理方法与数字化、智能化的人力资源管理模式，探讨其各自的优势和局限性，并提出适应数字化转型的建议。

4. 研究隐私保护和数据安全在数字化和智能化人力资源管理中的角色，讨论如何平衡技术创新和员工隐私保护之间的关系。

5. 探讨人工智能在员工绩效管理中的应用，分析其在提高绩效评估公平性和客观性方面的潜力，并讨论可能的道德和法律挑战。

6. 选择一种新兴的数字化或智能化技术，探讨其对人力资源管理的潜在应用，并评估其对员工体验和组织效能的影响。

第 11 章 纺织服装数字化产品设计与开发

纺织服装行业正处于数字化转型的前沿,数字化产品设计与开发成为该行业日益关注和探索的重要领域。随着科技的不断进步,数智化技术为纺织服装行业带来了前所未有的创新机遇。从初始的设计概念到最终产品的生产,数智化技术贯穿于整个价值链,改变着产品开发的方式和效率。

传统的纺织服装设计和开发过程面临着诸多挑战,如时间成本高昂、样板制作周期长、效率低下等。然而,数字化产品设计与开发技术的出现改变了这一格局。3D 设计技术、虚拟样板、计算机辅助设计 (CAD) 等工具的应用,使得设计师能够更快速、更精确地实现创意,并在虚拟环境中进行多次修改和验证,从而缩短了产品开发周期,降低了成本。本章旨在深入探讨纺织服装行业数字化产品设计与开发的现状、趋势和关键技术。我们将着重介绍数智化技术在设计创意、样板制作、材料选择、生产过程优化等方面的应用,分析其对传统流程的改变和优势。此外,我们也将探讨数智化技术对产品质量、创新能力和市场反应速度等方面的影响,并探讨其带来的新挑战和未来发展趋势。通过深入研究数字化产品设计与开发,我们希望为纺织服装行业的从业者提供启发,助力行业实现更高效、更创新的产品开发与生产。

11.1 纺织服装产品开发的方向

产品端,加速智能温控纺织品、形状记忆纺织品、变色纺织品、防水透湿纺织品、电子信息纺织品的培育与推广;消费端,捕捉体验型、交互型、品质型消费升级的需求,充分利用近眼显示、渲染处理、感知交互、网络传输、内容生产、压缩编码、安全可信等领域内核心关键技术的突破,依托线上图文、短视频、直播社媒等内容生态,与消费者之间建立精准触达、实时链接、互动体验的通道。

11.1.1 从产品端加速发展

①智能温控纺织品是一种创新性的产品,可以通过引入温控技术,实现智能调温的功能,以满足用户在不同环境下的舒适温感需求。

以下是一些关键技术和设计考虑：

温感传感器：在纺织品中嵌入温感传感器，能够感知周围环境温度和用户体感温度，为智能调温提供基础数据。

智能控制单元：配备智能控制单元，用于接收温感传感器的数据，并根据用户设定或环境变化调整纺织品的温度。

加热元件：引入柔软、安全的加热元件，可以在需要时加热纺织品，提供温暖的效果。

散热结构：考虑设计散热结构，确保在纺织品需要降温时能够快速散发热量，保持舒适感。

电源供应：集成可充电或可更换电池，提供足够的电源供应，以确保智能温控功能的稳定运行。

用户界面：设计直观易用的用户界面，可以是手机 App 或纺织品上的按钮，用于用户设置和调整温控参数。

舒适度调整算法：引入智能算法，根据用户的活动、环境温度等因素，自动调整纺织品的温度，提高舒适度。

安全性考虑：确保产品符合安全标准，使用防水、阻燃等安全材料，并采取适当的电气安全措施。

洗护方便性：考虑产品的可洗护性，确保温控元件在清洗过程中不受损，并提供清晰的洗涤说明。

时尚设计：在技术实现的基础上，注重产品的时尚设计，使智能温控纺织品能够融入日常穿着，提升用户的使用体验。

通过综合考虑这些技术和设计要素，可以打造出功能强大、安全可靠、舒适时尚的智能温控纺织品，满足用户在不同季节和环境中的个性化温感需求。

②形状记忆纺织品是一种创新性的纺织材料，它能够保持特定的形状并在受到外部影响后恢复原状。

以下是开发形状记忆纺织品的关键技术和设计考虑：

形状记忆材料：选择具有形状记忆特性的高性能材料，例如形状记忆合金或聚合物，以确保纺织品能够有效地保持和恢复形状。

纺织结构设计：在纺织品的设计中考虑合适的结构，以最大程度地利用形状记忆材料的特性，并确保纺织品在穿着时具有舒适性。

形状固定和恢复技术：引入形状固定和恢复技术，通过热敏感性或其他激活方式，使纺织品能够在需要时保持特定形状，并在不需要时恢复原状。

耐用性测试：进行形状记忆纺织品的耐久性测试，确保其在多次形状变化和恢复的过程中依然具有稳定的性能，增强纺织品的耐用性。

穿着舒适性：保持纺织品的柔软性和透气性，确保在穿着过程中提供舒适的感觉，同时不影响形状记忆的效果。

设计灵活性：考虑在设计中增加灵活性，以适应不同的服装款式和穿着场景，提高形状记忆纺织品的适用性。

激活方式：设计便于激活形状记忆特性的方式，可以是热激活、光激活等，确保用户能够方便地操控纺织品的形状变化。

可持续性考虑：在材料选择和生产过程中考虑可持续性，选择环保材料，并采取绿色生产技术，降低对环境的影响。

市场调研：在开发过程中进行市场调研，了解目标受众的需求和偏好，确保形状记忆纺织品的设计符合市场需求。

通过结合这些技术和设计原则，形状记忆纺织品可以在提高穿着舒适度和耐用性的同时，为用户提供更多穿着选择和体验。

③开发变色纺织品需要利用智能材料和技术，以实现根据环境、温度或用户需求变色的功能，为用户提供时尚的个性化效果。

以下是关键技术和设计考虑：

智能变色材料：选择能够实现变色效果的智能材料，如热敏感性染料、光敏感性材料等，以确保变色效果鲜明而持久。

温度感应技术：引入温度感应技术，使纺织品能够根据环境温度变色，创造出随温度变化而变幻的效果。

光敏感应技术：利用光敏感应技术，使纺织品对应于不同光照条件下变色，创造出独特的光影效果。

用户交互设计：考虑用户交互设计，可以通过手机 App 或其他设备，让用户主动控制纺织品的颜色，提供个性化的变色体验。

环境感应技术：引入环境感应技术，使纺织品能够感知周围环境的变化，如湿度、气压等，从而实现变色效果。

设计多变颜色：确保变色纺织品能够呈现多种颜色，以提供更多的穿着选择和时尚效果。

耐久性测试：进行变色纺织品的耐久性测试，确保变色效果在多次使用和清洗后依然稳定。

洗涤护理标识：提供清晰的洗涤护理标识，告知用户如何正确清洗和保养变色纺织品，以延长其使用寿命。

兼顾舒适性：在变色效果的同时，保持纺织品的舒适性，确保穿着者在变色纺织品中感到舒适自在。

可持续性考虑：在材料选择和生产过程中考虑可持续性，选择环保材料，并采取绿色生产技术，降低对环境的影响。

通过结合这些技术和设计原则，变色纺织品可以提供独特的时尚体验，满足用户对于个性化、创新的时尚品味的追求。

④研发防水透湿纺织品是为了提供舒适干燥的穿着体验，并使纺织品能够适应不同的天气条件。

以下是关键技术和设计要点：

防水涂层或膜：使用防水涂层或膜技术，覆盖在纺织品表面，有效防止水分渗透，保持穿着者干燥。

透湿膜技术：引入透湿膜技术，使纺织品能够透过水蒸气，实现透湿性能，提高透气性。

多层复合结构：设计具有多层复合结构的纺织品，既能实现防水效果，又能保持透湿性，提供全方位的保护。

微孔技术：利用微孔技术，使纺织品具有微小的孔洞，可以让水蒸气透过，而有效阻止液体的渗透。

耐久性测试：进行防水透湿纺织品的耐久性测试，确保其在多次使用和清洗后依然具有稳定的性能。

缝合和接缝处理：注意纺织品的缝合和接缝处理，确保接缝处也具有防水透湿性能，避免水分通过接缝渗透。

人体工学设计：结合人体工学设计，确保防水透湿纺织品舒适贴合身体曲线，提高穿着舒适度。

适应不同气候：考虑纺织品的适应性，使其能够在不同气候条件下发挥防水透湿功能，适应雨天或潮湿环境。

防水拉链和接口：使用防水拉链和接口设计，确保这些部分也能够有效地抵挡水分渗透。

可持续性考虑：在材料选择和生产过程中考虑可持续性，选择环保材料，并采取绿色生产技术，降低对环境的影响。

通过综合考虑这些技术和设计原则，可以研发出防水透湿纺织品，提供全面的防水保护同时保持透湿性，适应不同天气条件，为穿着者提供更舒适的穿着体验。

⑤电子信息纺织品是一种将电子元件嵌入纺织品中，实现可穿戴技术的创新产品。

以下是关键技术和设计考虑：

导电纤维和材料：选择导电纤维和材料，使纺织品能够传导电流，同时保持柔软和舒适的特性。

嵌入式传感器：集成各种嵌入式传感器，如温度传感器、心率传感器、加速度计等，以实现多功能的可穿戴健康监测。

导电线路设计：在纺织品中设计导电线路，连接各个电子元件，确保电子信息的流畅传输。

柔性电子元件：使用柔性电子元件，使纺织品保持柔软性，适应身体的曲线，提高穿着舒适度。

可充电电池：集成可充电电池，提供足够的电源支持，以确保电子信息纺织品的稳定运行。

无线通信技术：引入无线通信技术，如蓝牙、Wi-Fi，使电子信息纺织品能够与其他设备进行连接和数据传输。

穿戴舒适性：重视穿戴舒适性，确保电子元件的嵌入不影响纺织品的手感和穿着感觉。

数据安全和隐私：强调数据安全和隐私保护，采取加密技术和隐私模式，确保用户的个人信息得到妥善保护。

交互设计：设计用户友好的交互界面，可以是触摸感应、语音控制等方式，使用户能够方便地操作电子信息纺织品。

洗涤护理：考虑电子信息纺织品的洗涤护理，提供清晰的洗涤说明，确保在清洗过程中电子元件不受损。

可持续性考虑：在材料选择和生产过程中考虑可持续性，选择环保材料，并采取绿色生产技术，降低对环境的影响。

通过综合考虑这些技术和设计原则，电子信息纺织品可以成为实现可穿戴技术的创新产品，为用户提供智能、便捷的穿戴体验。

11.1.2 从消费端加速发展

在体验型消费升级方面，强调产品的体验价值是至关重要的。

(1) 智能纺织品

可以通过以下方式提供更优质、个性化的使用体验，吸引消费者。

个性化设置：提供个性化设置选项，允许用户根据自己的喜好和需求调整智能纺织品的功能，创造独特的穿着体验。

智能感应技术：引入智能感应技术，使智能纺织品能够感知用户的环境、活动等信息，从而自动调整相应的功能，提供更智能化的体验。

情境模式：设计情境模式，使智能纺织品能够根据不同场景切换功能，例如在户外运动时提供保暖功能，在室内办公时提供通风透气。

定制服务：提供定制化的服务，例如定制图案、颜色、尺寸等，使用户能够个性化定制智能纺织品，增加产品的独特性。

互动体验活动：举办互动体验活动，让消费者亲身体验智能纺织品的功能和优势，增强产品的吸引力。

用户反馈机制：建立用户反馈机制，收集用户对于智能纺织品的意见和建议，以持续优化产品体验。

品牌故事和文化：通过品牌故事和文化传达产品的理念，与消费者建立情感连接，提升产品的附加值。

社交媒体营销：利用社交媒体平台展示智能纺织品的使用场景和用户体验，吸引更多消费者的关注和参与。

售后服务：提供优质的售后服务，确保用户在使用过程中有问题能够得到及时解决，增强用户对产品的信任感。

通过在体验型消费升级方面不断创新和提升，智能纺织品可以更好地满足消费者对于个性化、智能化、舒适性的需求，从而吸引更多的消费者。

(2) 智能互动

在交互型消费升级方面，增加智能互动功能是关键之一。通过引入智能互动，用户

可以更主动地参与产品的使用和定制,提高产品的吸引力。以下是一些提高交互性的设计考虑:

手机 App 控制:开发专用的手机 App,允许用户通过手机控制智能纺织品的各种功能,如温度调节、颜色切换等。

远程控制:提供远程控制功能,让用户可以在不同地点远程操控智能纺织品,增加使用的灵活性。

语音控制:集成语音识别技术,允许用户通过语音指令控制纺织品,提供更便捷的操作方式。

手势识别:引入手势识别技术,使用户可以通过手势控制智能纺织品,提供更直观的交互体验。

情境触发:设计情境触发功能,使智能纺织品能够根据用户的活动情境自动调整功能,提升智能化程度。

定时设置:允许用户设定定时功能,例如定时启动加热或变色,增加产品的智能化和个性化。

云端同步:实现云端同步功能,让用户在多个设备之间同步智能纺织品的设置,提供一致的使用体验。

互动游戏: 开发互动游戏功能,使用户可以通过与智能纺织品互动参与游戏,增加趣味性。

用户反馈:设计用户反馈机制,通过手机 App 或其他方式收集用户对于智能纺织品使用体验的反馈,用于改进产品设计。

用户教育:提供用户教育内容,通过手机 App 向用户展示如何更好地使用和体验智能纺织品,增加用户参与感。

通过引入这些交互性的设计元素,智能纺织品可以更好地融入用户的生活,提高用户对产品的参与感和满意度。

(3) 高品质消费升级

在品质型消费升级方面,强调产品的品质是至关重要的。提高纺织品的性能和耐久性,满足追求高品质生活的消费者需求。

以下是一些关键的设计和制造方面的考虑:

优质材料选择:选择高品质的纺织原料,确保纺织品的柔软性、舒适性和耐用性。

工艺精湛:采用精湛的制造工艺,确保纺织品的每一个细节都达到高品质标准。

耐久性测试:进行耐久性测试,确保纺织品在多次使用和清洗后依然保持稳定的性能,延长产品寿命。

人体工学设计:结合人体工学设计,确保纺织品能够贴合身体曲线,提供更舒适的穿着体验。

抗皱防缩处理:进行抗皱和防缩处理,减少纺织品在使用过程中产生皱褶和变形的可能性。

环保材料：选择环保材料，符合可持续性和环保的标准，满足消费者对于品质和环保的双重需求。

精细缝制：进行精细的缝制工艺，确保纺织品的每一处接缝都牢固耐用，提高整体品质感。

色彩稳定性：采用不褪色的染色技术，确保纺织品的颜色长时间保持稳定，不受清洗影响。

防过敏处理：对纺织品进行防过敏处理，确保产品对肌肤无刺激，提高产品的安全性和舒适性。

品牌溯源：提供品牌溯源机制，让消费者能够了解纺织品的生产制造过程，增强产品的信任度。

售后保障：提供完善的售后保障，包括退换货政策、质量保证等，增强消费者对产品品质的信心。

通过注重这些品质方面的设计和制造考虑，智能纺织品可以满足追求高品质生活的消费者需求，建立起可靠的品牌形象。

(4) 智能纺织品的技术

利用近眼显示、渲染处理、感知交互、网络传输、内容生产、压缩编码、安全可信等核心关键技术，可以显著提升智能纺织品的技术水平。

以下是各个关键技术的应用方向：

近眼显示技术：将近眼显示技术应用于智能纺织品，可以实现信息的直观显示，例如在纺织品上嵌入微型显示屏，显示有关温度、健康数据等信息。

渲染处理：利用渲染处理技术提升智能纺织品的图像和色彩表现，使其能够呈现更生动、清晰的图案和效果，提升用户体验。

感知交互：引入感知交互技术，使智能纺织品能够感知用户的动作、环境等信息，实现更智能、个性化的交互体验，如根据用户的活动调整温度或颜色。

网络传输：借助网络传输技术，使智能纺织品能够连接云端服务，实现远程控制、数据同步等功能，提供更便捷的用户体验。

内容生产：利用内容生产技术，开发丰富多彩的纺织品设计和图案，满足不同用户的个性化需求，提高产品的吸引力。

压缩编码：应用压缩编码技术，优化传输和存储效率，确保智能纺织品在传递数据时能够更加高效和稳定。

安全可信：强调安全可信技术，保障智能纺织品中的数据隐私和安全，采用加密技术等手段，防范潜在的安全风险。

通过整合这些核心关键技术，智能纺织品可以在技术水平上实现多方面的突破，提供更先进、更智能、更安全可靠的产品体验。同时，不断关注技术创新和发展，保持与科技趋势的同步，有助于智能纺织品在市场上的竞争力和领导地位。

(5) 内容生态建设

内容生态建设是一个重要的营销策略，可以通过线上图文、短视频、直播社媒等方式展示智能纺织品的特性,提高消费者对产品的认知和兴趣。

以下是一些具体的内容生态建设方案:

线上图文:利用线上平台,如官方网站、社交媒体、电商平台等,发布富有创意和信息量的图文内容,可以包括产品介绍、技术特点、设计理念等。

短视频:制作生动有趣的短视频,展示智能纺织品的使用场景、功能操作,吸引用户关注。可以在视频中突出产品的创新性和实用性。

直播社媒:利用直播平台,进行产品的实时展示和解说。通过直播形式,与观众互动,回答问题,增强用户对产品的信任感和购买欲望。

用户体验分享:鼓励用户分享他们的使用体验和评价。可以通过用户故事、案例分享等形式,展示智能纺织品在实际生活中的应用效果。

行业合作活动:参与与纺织品、时尚、科技等相关行业的合作活动,展示产品在不同领域的应用,拓展受众群体。

专题报道:制作专题报道或文章,深入挖掘智能纺织品的设计背后的故事,突显产品的文化内涵,提升品牌形象。

社交媒体互动:通过社交媒体平台进行互动,回应用户评论,开展投票、调查等活动,提高用户参与感和忠诚度。

线上活动促销:举办线上活动,如限时促销、抽奖等,激发用户购买兴趣,增加产品曝光度。

定期更新:定期更新内容,保持线上平台的活跃度。发布新产品、新设计、技术升级等信息,保持用户对品牌的关注。

通过建立多样化、有趣、有深度的内容生态,可以有效地传递产品信息、塑造品牌形象,吸引更多的潜在消费者,并促使现有用户更深入地了解和认可智能纺织品。

(6) 精准触达与互动的策略

精准触达与互动体验是通过利用大数据分析,建立与消费者之间的个性化联系,以实现更有针对性的营销和提升品牌忠诚度。

以下是一些具体的策略:

大数据分析:利用大数据分析消费者行为、偏好、购买历史等信息,深入了解目标受众,为个性化营销提供数据支持。

个性化推荐:基于大数据分析结果,实现个性化产品推荐。通过推送相关产品、优惠信息,提高消费者对智能纺织品的兴趣和购买意愿。

定制化沟通:采用个性化的沟通方式,如定制化的电子邮件、短信推送等,直接传递与消费者相关的信息,增加品牌触达的精准性。

社交媒体定向广告:利用社交媒体平台的广告投放功能,通过定向广告展示智能纺织品的特性,吸引目标用户的关注。

互动式广告活动:设计互动式广告活动,鼓励用户参与互动,如投票、评论、分享,提高品牌的曝光度和用户互动体验。

虚拟试衣体验：利用技术实现虚拟试衣体验，让消费者在线上体验智能纺织品的效果，增加购买决策的信心。

线上体验活动：通过线上直播、线上展示会等形式，展示智能纺织品的使用场景，与消费者进行实时互动，建立更紧密的品牌连接。

快闪活动：在线上平台组织快闪活动，吸引用户参与，通过限时促销、独家优惠等方式刺激购买欲望。

用户调查与反馈：定期进行用户调查，收集用户反馈，了解用户需求，为产品升级和营销策略提供有针对性的改进建议。

会员专属服务：建立会员体系，为会员提供专属服务和优惠，增加品牌忠诚度，促使消费者长期与品牌保持联系。

通过结合大数据分析和互动体验，品牌可以更加精准地了解和满足消费者需求，提高品牌与消费者之间的互动频率和深度，从而提升品牌忠诚度。

通过在产品端不断创新，满足不同需求，同时从消费端建立精准、互动的通道，可以更好地推动智能纺织品的发展，满足消费者对于创新、体验和品质的不断升级的需求。

11.2 3D 设计和虚拟样板

纺织服装产品的 3D 设计和虚拟样板是现代数字化设计流程的重要组成部分。利用计算机辅助设计 (CAD) 和三维建模技术，使设计师能够以虚拟的方式创建、展示和验证服装设计，以及模拟穿着效果。以下是进行 3D 设计和制作虚拟样板的关键步骤和方法：

(1) 选择适当的 3D 设计软件

CLO 3D、Browzwear 和 Marvelous Designer 是主流的专业 3D 设计软件，特别适合纺织服装设计领域。它们都具有丰富的功能，能够模拟布料的质感、重力和运动，帮助设计师进行真实、逼真的三维服装设计。以下简要介绍这些软件：

CLO 3D：CLO 3D 是一款强大的 3D 服装设计软件，它能够模拟布料的特性，包括质地、重力、弹性等。设计师可以通过 CLO 3D 创建服装模型、设计图案、模拟布料的运动和穿着效果。该软件还提供了模拟不同体型、面料、颜色和剪裁等多种选项，使得设计师能够在虚拟环境中快速验证设计概念。

Browzwear：Browzwear 是另一款专业的 3D 服装设计软件，具有高度仿真的服装模拟功能。它允许设计师在虚拟模型上进行 3D 设计、拟合和调整，实时预览服装的外观和穿着效果。Browzwear 还提供了模拟不同面料、重力、运动和动态效果的功能，以及可视化设计与生产流程的工具。

Marvelous Designer：Marvelous Designer 是一款专注于模拟布料行为的软件，广泛用于服装、鞋类和配饰设计。设计师可以通过该软件创建 3D 服装模型，模拟布料的摆动、褶皱和贴合效果。它也支持多种布料材质的模拟，包括棉布、丝绸、皮革等，使设计更加真实。

这些软件都具有直观的界面和丰富的功能，可以极大地促进服装设计过程，提高效率和创意。选择适合团队和项目需求的软件，可以根据软件的特性、易用性以及团队的熟悉程度来做出决定。

(2) 创建服装模型

使用 3D 设计软件创建服装模型。设计师可以通过绘制图案、裁剪和调整布料模拟出服装的外观和剪裁，模型可以根据设计的想法进行调整和修改。在 3D 设计软件中创建的服装模型涉及模拟服装的外观、剪裁和贴合效果。在大多数 3D 设计软件中创建服装模型的一般步骤如下：

启动 3D 设计软件：启动选择的 3D 设计软件，创建一个新项目或打开现有项目以开始设计服装模型。

选择服装模型类型：选择要设计的服装类型，如衬衫、裙子、裤子等。根据设计目标选择合适的基本模型。

绘制基本图案：使用绘图工具在模型上绘制基本的设计图案，例如领口、袖口、腰部等。这可以通过绘制直线、曲线等来实现。

裁剪和调整布料：根据设计的要求裁剪和调整布料，使其符合设计的剪裁和样式。调整布料的长度、宽度、曲度等参数。

添加细节和特征：添加细节，如口袋、钮扣、拉链等，以及其他设计特征，以使服装更逼真和具有个性。

调整模型形状：根据设计要求调整模型的形状，包括模型的大小、曲线、褶皱等，以确保服装模型符合设计意图。

模拟布料的贴合效果：使用 3D 设计软件的模拟功能，模拟布料的贴合效果，确保服装模型在虚拟人体模型上的逼真穿着效果。

实时预览和调整：在设计过程中，不断进行实时预览，并根据需要对服装模型进行调整和修改，以满足设计要求。

保存和导出模型：保存设计的服装模型，并根据需要导出为可用于其他软件或制作虚拟样板的格式，如图像或动画。

这些步骤是通用的基本流程，具体操作可能会根据所选的 3D 设计软件而有所不同。设计师可以通过熟悉特定软件的操作和功能来更高效地创建服装模型。

(3) 选择和调整布料属性

通过软件设置不同类型的布料，调整其质地、弹性、重力等属性，以模拟不同材料的效果，如棉布、丝绸、皮革等。选择和调整布料属性是数字化服装设计中的关键步骤，它们模拟不同类型布料的特性，如质地、弹性、重力等，以确保服装模型在虚拟环境中表现出真实材料的效果。以下是一般的步骤：

选择布料类型：在 3D 设计软件中选择要模拟的布料类型，如棉布、丝绸、皮革、羊毛等。不同类型的布料具有不同的物理特性。

调整质地和纹理：设置布料的质地和纹理，如表面的光滑度、织纹、纹理图案等。这些质地和纹理会影响服装的外观和触感。

调整弹性属性：调整布料的弹性、伸缩性和形变特性，以模拟不同布料的弹性行为。不同布料具有不同的弹性属性。

调整重力效果：设置布料受重力影响的方式，以确保服装模型在虚拟环境中呈现逼真的重力效果，如褶皱和垂坠。

模拟运动效果：根据布料的特性，模拟布料在运动中的效果，如行走、转身等，以展示服装在不同动作下的外观。

调整摩擦和碰撞属性：设置布料与身体或其他物体之间的摩擦和碰撞属性，以模拟真实情况下布料的运动和互动。

实时预览和调整：进行实时预览，观察布料模拟的效果，并根据需要调整布料的属性，以获得符合设计要求的效果。

通过调整这些布料属性，设计师可以模拟出不同类型布料的特性，从而更好地展现设计概念，帮助设计过程更加真实和直观。

(4) 模拟穿着效果

模拟穿着效果是数字化服装设计过程中的重要步骤，它能够展示服装在虚拟人体模型上的真实穿着效果，考虑服装的贴合度、舒适度和外观。以下是实现这一目标的一般步骤：

导入虚拟人体模型：将设计好的服装模型导入 3D 设计软件中，同时导入虚拟人体模型，确保虚拟人体模型与服装模型相匹配。

调整服装模型的尺寸和位置：根据虚拟人体模型的尺寸和比例，调整服装模型的尺寸和位置，以确保服装能够贴合到虚拟人体上。

模拟穿着效果：将服装模型贴合到虚拟人体模型上，模拟穿着效果，考虑服装的贴合度、舒适度和外观。可以通过调整模型的形状、曲线和布料的属性来实现。

调整模型以适应不同体型和姿势：在虚拟人体模型上尝试不同的体型和姿势，如站立、坐下、走动等，调整服装模型以确保适应不同体型和姿势时的合适度。

模拟不同动作和姿势下的效果：模拟虚拟人体进行不同动作和姿势时服装的效果，如弯腰、抬手等，以确保服装在各种情况下都能展现自然的外观。

实时预览和调整：进行实时预览，观察穿着效果，并根据需要调整服装模型，以满足设计要求，保证服装的合适度和舒适度。

通过这些步骤，设计师可以在虚拟环境中模拟出服装在真实人体上的穿着效果，进一步完善设计，确保服装设计符合人体工程学，满足舒适性和美观度的要求。

(5) 图案设计和排版

图案设计和排版在数字化服装设计中起着至关重要的作用，能够通过虚拟展示为服装增添独特的特色。使用 3D 设计软件进行图案设计、排版和颜色选择。设计师可以在虚拟服装上直接绘制图案、选择颜色，以快速预览设计效果。以下是在 3D 设计软件中进行图案设计和排版的一般步骤：

导入服装模型：将服装模型导入 3D 设计软件，确保模型准备好接受图案设计和排版。

选择图案工具：使用3D设计软件中的图案工具，如绘制、贴图等功能，选择合适的工具开始图案设计。

绘制图案：在虚拟服装上直接绘制图案，可以绘制几何图案、图像、文字等，根据设计需求进行创意设计。

调整图案尺寸和位置：根据设计要求调整图案的尺寸、旋转、位置等，确保图案布局合理、吸引人且与服装相协调。

选择颜色：通过软件选择合适的颜色，可以根据调色板或者自定义色彩方案，为图案上色。

调整图案的透明度和混合模式：根据需要调整图案的透明度、混合模式等，以融合图案和服装，创造出独特的效果。

复制和重复图案：根据设计要求复制和重复图案，创建连续、规律的图案排列，以实现所需的视觉效果。

预览设计效果：实时预览设计效果，观察图案在虚拟服装上的外观，根据需要调整图案设计。

保存图案设计：将完成的图案设计保存为相应的文件格式，以备后续制作虚拟样板或进行进一步处理。

通过这些步骤，设计师可以直接在3D设计软件中进行图案设计、排版和颜色选择，快速预览设计效果，实现更具创意和个性化的服装设计。

(6) 渲染和光照效果

渲染和光照效果是数字化服装设计中关键的步骤，能够使虚拟样板看起来更加逼真和吸引人。这些技术模拟光照条件、阴影、反射和折射，以展示服装在不同环境和光照下的外观。以下是一般的步骤和方法：

设置光源：在3D设计软件中设置光源，如太阳光、环境光、点光源等，以模拟光照环境。

调整光照方向和强度：根据设计需求调整光源的方向、强度和颜色，以达到想要的光照效果。

设置材质属性：调整服装模型的材质属性，包括反射率、折射率、透明度等，以影响光线在物体表面的反射和折射效果。

调整阴影效果：启用和调整阴影效果，包括实时阴影、柔和阴影等，以模拟服装在不同光照条件下的阴影表现。

设定反射和折射效果：调整服装模型的反射和折射效果，模拟服装表面反射周围环境和折射光线的效果。

渲染场景：使用渲染器对整个场景进行渲染，将光照和材质属性应用到模型上，生成高质量的图像或动画。

调整渲染参数：根据渲染结果进行调整，如调整光线、阴影、反射等参数，以达到最佳的渲染效果。

多角度观察和保存：观察虚拟样板在不同角度和光照条件下的外观，选择最佳视角并保存渲染结果。

通过渲染和光照效果的优化，设计师可以展示服装在不同光照和环境条件下的真实效果，为客户和团队提供更直观、吸引人的展示。

(7) 导出和分享

将设计好的 3D 模型导出为图像或动画，并分享给相关方进行评审和反馈是数字化纺织服装产品设计的重要环节。以下是导出和分享的一般步骤和方法：

选择导出格式：在 3D 设计软件中选择适当的导出格式，常用的包括 PNG、JPEG、GIF 等图像格式，以及 MP4、AVI 等视频格式。

设置分辨率和质量：根据需要设置导出文件的分辨率和质量，确保输出图像或动画的清晰度和细节。

导出图像或动画：使用 3D 设计软件的导出功能，将设计好的 3D 模型导出为选定的图像或动画格式。

(8) 实时协作与反馈

实时协作与反馈是数字化纺织服装产品设计过程中的关键要素，它允许设计团队能够实时地共同参与虚拟设计过程，共同完成设计并及时进行交流和反馈。以下是实现实时协作与反馈的一般步骤和方法：

选择适合的协作平台：选择适合设计团队的协作平台，确保该平台提供实时协作和即时交流的功能。常用的工具包括 Google Workspace、Microsoft Teams、Slack 等。

创建协作项目或房间：在协作平台上创建专门的项目、房间或工作空间，用于特定设计任务的协作。确保团队成员都有权限加入和参与。

共享设计文件和模型：将设计文件和 3D 模型上传或共享到协作平台，以便团队成员能够即时查看、编辑和交流。

实时编辑和反馈：利用协作平台的实时编辑功能，设计团队可以同时编辑设计文件和模型，共同完成设计，并在实时交流中提供反馈。

讨论和解决问题：利用协作平台的聊天、讨论区或视频会议功能，设计团队可以即时讨论设计细节、问题和改进方案，以快速解决问题。

版本控制和历史记录：使用协作平台提供的版本控制功能，确保对设计文件的更改有记录，并能够回溯到不同时间点的版本。

实时评审会议：定期安排实时评审会议，利用视频会议等方式共同评审设计成果，讨论并提出改进建议。

整合反馈并更新设计：收集各方的反馈意见，整合各方的意见和建议，对设计进行相应的修改和改进。

11.3 数字化产品生命周期管理

纺织服装数字化产品生命周期管理是指利用数智化技术和相关软件系统来全面管理 x 纺织服装产品的整个生命周期,包括设计、开发、生产、销售、运营以及售后服务等各个阶段。这种管理方式有助于提高效率、降低成本、优化设计流程以及提高产品质量,从而使整个生产链更加智能化和可持续。

11.3.1 纺织服装数字化产品生命周期管理的关键方面和步骤

(1) 产品设计和开发阶段

在产品设计和开发阶段,利用 3D 设计软件、数字化工具和协作平台是至关重要的,这些工具和平台可以极大地促进创意产生、设计验证和团队协作。以下是这些工具和平台在该阶段的具体应用:

材料选择、颜色设计、图案设计:利用 3D 设计软件,模拟不同面料和颜色的效果,选择最适合设计的材料和颜色。图案设计可以直接在虚拟模型上绘制、排版图案,预览图案效果。

快速验证和调整:使用数字化工具可以快速验证不同设计方案的效果,包括颜色、剪裁、图案等,节省时间和成本。调整模型、材料、颜色等参数,即时查看设计变化,便于快速调整和优化设计。

实时协作:利用协作平台,设计团队可以实时共享设计模型、文件、灵感和想法。团队成员可以同时参与虚拟设计过程,实时交流、评审和提出反馈意见,加速设计迭代过程。

通过这些数字化工具和协作平台的应用,设计团队可以更高效地进行创意发掘、设计验证和团队协作,使产品设计和开发阶段更具创新性、精准度和协同效率。

(2) 生产阶段

利用数智化技术规划生产流程,包括面料采购、裁剪、缝制、整烫等工艺的优化和自动化。使用生产管理系统跟踪生产进度、质量控制和库存管理,确保生产效率和质量。以下是数智化技术在生产阶段的具体应用方面:

生产流程规划优化:使用数智化技术对生产流程进行优化和规划,确保每个生产阶段的协调和高效。利用模拟和数据分析确定最佳的面料采购、裁剪、缝制、整烫等工艺流程,降低制造成本和生产周期。

自动化生产:应用数智化技术实现生产自动化,如自动裁剪机、自动缝纫机等,提高生产效率、减少人力成本。自动化设备能够精准、快速地完成裁剪、缝制等生产过程,减少人为误差,保证产品质量。

生产管理系统应用:使用生产管理系统,跟踪生产进度,确保生产进程按时进行。通过系统监控,实时了解生产现场的状态,提前发现和解决可能的问题,确保生产效率。

质量控制和追溯:利用数智化技术实施质量控制,通过传感器、视觉系统等监测设备,实时监控生产质量,自动识别缺陷。应用追溯系统,对每个产品进行唯一标识和记录,实现产品生命周期的追溯,方便发现和解决质量问题。

库存管理优化：利用数智化技术优化库存管理，通过智能系统实时掌握库存情况，避免库存积压和短缺。基于预测算法和历史数据分析，优化原材料采购和库存量，降低库存成本。

数智化技术的应用在生产阶段可以提高生产效率、降低成本、提高产品质量和保证交货时间，使制造过程更为智能化和可控。

(3) 销售和市场推广阶段

在销售和市场推广阶段，数字化营销工具和数据分析对于推广产品、优化库存管理和制定销售策略至关重要。以下是数智化技术在这一阶段的具体应用方面：

数字化营销工具应用：利用电子商务平台（如电商网站、在线商城）、社交媒体（如Facebook、Instagram、LinkedIn等）等数字化营销工具推广产品。通过搜索引擎优化、搜索引擎营销、社交媒体广告等方式提高产品曝光和销售。

数据分析和销售策略调整：收集销售数据并进行深入分析，了解产品的受欢迎程度、销售趋势等信息。根据分析结果调整销售策略，如定价策略、促销活动、销售渠道等，以提高销售效率和盈利能力。

个性化营销：基于客户数据分析，实施个性化营销策略，推送定制化的产品推荐、促销信息，提高客户购买意向。利用电子邮件营销、个性化短信推送等方式与客户保持联系，提高客户忠诚度。

优化库存管理和生产计划：结合销售数据和市场需求，优化库存管理，避免库存积压和过多滞留。根据销售数据调整生产计划，确保生产与市场需求的适时匹配，降低生产和库存成本。

数字化营销工具和数据分析的应用可以提高销售效率、降低成本，同时更好地满足市场需求，使销售和市场推广更具智能化和个性化，从而为企业带来更好的销售业绩和客户体验。

(4) 运营和售后服务阶段

在运营和售后服务阶段，数字化客户关系管理系统和反馈数据的收集与分析是非常重要的，可以帮助企业更好地管理客户关系、提供个性化的售后服务以及持续优化产品和服务。以下是数智化技术在这一阶段的具体应用方面：

数字化客户关系管理系统应用：建立数字化客户关系管理系统，集中管理客户信息、订单历史、购买偏好、售后服务记录等客户数据。通过系统实时跟踪客户活动、交易记录等，为客户提供更个性化、针对性的服务。

个性化售后服务：基于数字化客户数据，实施个性化售后服务，包括定制化的产品推荐、售后保修、维修等。通过短信、电子邮件、在线聊天等方式与客户保持沟通，了解客户的满意度和需求，及时解决问题。

客户反馈数据收集与分析：收集客户的反馈和意见，包括产品质量、服务满意度、交付时间等方面的反馈数据。使用数据分析工具对收集到的反馈数据进行分析，识别问题、趋势和改进建议。

产品设计和生产流程优化：基于客户反馈数据，对产品设计和生产流程进行调整和优化，以满足客户需求和提高产品质量。反馈数据还可以用于持续改进企业的运营模式、售后服务策略，提高客户满意度和忠诚度。

数字化客户关系管理系统和客户反馈数据的应用可以帮助企业更好地了解客户、改进产品和服务，提高客户满意度、保持客户忠诚度，从而促进企业的可持续发展。

11.3.2 可持续发展和环保

数字化技术在可持续发展和环保方面发挥着重要作用，通过监测和管理产品生命周期的环境影响，可以推动企业实现可持续发展和环保目标。

生命周期评估和分析：应用数智化技术进行产品生命周期评估，分析产品从原材料采购到制造、使用和报废的环境影响。评估的内容包括能源消耗、排放、资源利用、废物产生等，以便更全面地了解产品对环境的影响。

环境友好设计：基于生命周期评估的结果，利用数字化设计工具进行环境友好设计，以减少产品对环境的负面影响。设计阶段可以优化产品结构、材料选择和生产工艺，降低能耗、减少废弃物，提高产品的可回收性。

资源和能源管理：利用数字化技术监测和管理企业资源和能源的使用情况，包括电力、水、原材料等。通过数据分析，找出资源和能源使用的瓶颈和优化空间，制定节能减排和资源高效利用的策略。

碳足迹和排放控制：通过数字化技术监测企业的碳足迹和碳排放情况，评估企业对气候变化的贡献。制定排放控制和减排策略，通过数字化平台实现碳排放的减少，促进企业的低碳发展。

环境合规和报告：利用数字化系统跟踪环保法规和标准的变化，确保企业的合规性。利用数字化技术生成环保报告，向利益相关方展示企业在环保方面的努力和成果。

数字化技术的应用可以使企业更加有效地管理和改善产品的环境影响，推动可持续发展和环保目标的实现，有助于构建更加环保、绿色和可持续的未来。

快速响应市场变化：数字化产品生命周期管理使企业能够更快速地适应市场需求和变化，快速开发、调整产品以满足市场的新趋势和客户需求。

生产效率提高：自动化和数字化的生产流程可以大幅提高生产效率，减少人工错误，降低了生产时间和成本。

降低生产成本：通过数字化技术优化生产流程、精准预测需求、管理库存等方式，企业可以显著降低生产和运营成本。

提高产品质量：数字化技术可以实时监测和控制生产过程，减少生产中的错误和缺陷，有利于保证产品质量的一致性和提高客户满意度。

推动可持续发展：数字化产品生命周期管理有助于企业实现可持续发展目标，包括资源高效利用、减少环境负担、推动绿色生产等，有益于环保和社会责任。

精细化数据分析：通过数字化平台收集的数据可以进行深度分析，洞察市场、客户、产品和生产的趋势，为决策提供更可靠的依据。

增强竞争力：通过数字化产品生命周期管理，企业能够更好地适应市场需求、提高效率和质量，增强了企业的竞争力。

综合来看，数字化产品生命周期管理为纺织服装制造企业带来了革命性的改变，使其能够更加灵活、创新和可持续地经营，适应不断变化的市场和消费者需求。

可穿戴技术与智能服装

可穿戴技术和智能服装是现代科技和纺织服装业融合的产物，它们将电子技术、传感技术和纺织品结合起来，为人们提供更智能、更便捷、更个性化的穿戴体验。

11.4.1 可穿戴技术

可穿戴技术是一种集成了计算、通信和传感功能的智能设备，可以穿戴在身体上，提供丰富的功能和服务。它们可以是手表、眼镜、耳机、手环、智能衣物等形式。可穿戴技术可以实时监测、收集和分析用户的生理指标、运动数据、行为模式等信息，为健康管理、运动监测、智能支付、社交互动等方面提供支持。

可穿戴技术的应用非常广泛，覆盖了健康、健身、社交、娱乐、工作等多个领域。它们通过内置的传感器、芯片和通信模块，能够实时监测用户的心率、步数、睡眠质量等生理指标，或者记录用户的运动轨迹、运动时长等运动数据。这些信息可以通过连接到智能手机或其他设备进行分析和显示，帮助用户更好地管理健康、改善生活方式。同时，可穿戴技术也为智能支付、智能家居、虚拟现实等应用提供了便捷的交互方式。通过可穿戴设备，用户可以进行支付、控制智能家居设备，甚至与虚拟世界进行交互，极大地丰富了用户体验。

总的来说，可穿戴技术是现代科技发展的一项重要成果，为我们的生活和健康提供了更多的便利和可能性。

(1) 智能服装

智能服装是集成了电子元件、传感器、导电线路等技术于传统纺织品中的创新产品。智能服装可以感知环境、感知身体状况、传输数据，甚至作出相应的反应。智能服装的功能包括但不限于智能健康监测、智能调温、智能通信、充电等。

智能服装可以感知、分析和响应外部环境和用户的身体状况，以实现多样化的功能。智能服装的主要特点和功能如下：

环境感知和适应：智能服装可以感知外部环境的温度、湿度、光线等参数，通过调节内部元件实现智能调温、通风和适应不同的气候条件。

生理参数监测：内置传感器可实时监测用户的生理指标，如心率、呼吸、体温等，为健康监测提供数据支持，有利于用户管理健康状况。

通信和连接性：智能服装内置通信模块，能够连接到智能手机或其他设备，实现智能通信、数据传输，甚至实时追踪和分享运动数据。

数据分析和反馈：收集到的数据可以通过内部的处理单元进行分析，从而提供个性化的建议、提醒或反馈，帮助用户调整生活方式和运动计划。

充电和电源管理：智能服装可以集成充电设备或柔性电池，实现自主供电或充电，以保障智能功能的持续使用。

智能服装的发展受益于纳米技术、柔性电子技术和智能材料的进步，它们为创新设计提供了更多可能性，使得服装不仅具备传统的保护和装饰功能，还可以成为智能化、个性化的工具，提高人们的生活质量和舒适度。

(2) 智能服装在健康和运动监测领域中的应用

"健康和运动监测"是智能服装的重要应用领域之一。智能服装内嵌有传感器和智能技术，能够实时监测用户的生理指标和运动数据，为健康管理和运动提供数据支持。以下是智能服装在健康和运动监测方面的主要应用和功能：

心率监测：智能服装内置心率传感器，可以实时监测用户的心率。监测心率有助于了解用户的运动强度、疲劳程度，从而调整运动强度和时间，避免运动过度。

步数和运动距离监测：通过内置的加速度计或陀螺仪等传感器，智能服装能够监测用户的步数和运动距离。可以记录用户每天的活动量，帮助制定适当的运动目标和计划。

消耗卡路里计算：基于运动量、心率等数据，智能服装可以估算用户消耗的卡路里。用户可以据此调整饮食和运动量，帮助达到减肥或保持健康的目标。

睡眠质量监测：智能服装可通过内置的传感器监测用户的睡眠情况，包括睡眠时长、深度睡眠、浅度睡眠等。通过分析睡眠数据，提供改善睡眠质量的建议，帮助用户获得更好的休息。

运动姿势矫正：利用传感器监测用户的运动姿势，提供实时反馈，帮助用户调整运动姿势，减少运动伤害。

智能服装在健康和运动监测方面的应用为用户提供了更直观、精准的数据，协助用户科学、有效地进行运动管理，改善健康状况。

(3) 智能支付和身份验证

智能支付和身份验证是可穿戴技术的另一个重要应用领域。通过集成支付和身份验证功能于可穿戴设备，用户可以更便捷、高效地进行支付交易和身份验证，同时增强安全性和便利性。以下是智能支付和身份验证在可穿戴技术中的主要应用和功能：

智能支付：可穿戴设备可以集成支付功能，如NFC(Near Field Communication)技术，允许用户通过可穿戴设备进行支付。用户可以在支持NFC支付的商家刷卡器附近用可穿戴设备轻松完成支付，提高支付效率和便利性。

门禁和身份验证：可穿戴设备可以充当门禁卡或身份验证工具，用于进入特定区域、大楼或办公室。用户可以通过将可穿戴设备靠近门禁读卡器，实现无接触式的进入认证，提高进出场所的安全性和便捷性。

交通卡功能：可穿戴设备可以集成交通卡功能，用于公共交通支付，如地铁、公交车等。用户可以通过可穿戴设备刷卡实现乘坐公共交通工具，提高乘车效率和便利性。

数字身份认证：可穿戴设备可以作为数字身份认证工具，用于验证用户的身份以获取特定服务或权限。

通过生物识别、密码等方式，可穿戴设备可以保护用户的数字身份信息，增强身份认证的安全性。智能支付和身份验证的应用使得用户无需携带额外的卡片或手机，通过可穿戴设备即可完成支付和身份验证，提高了支付速度、安全性和用户体验，展现了可穿戴技术在日常生活中的实用价值。

(4) 智能通信

智能通信是可穿戴技术的重要应用领域之一，它让用户可以通过智能眼镜、智能手表等可穿戴设备实现更智能、便捷的通信。以下是智能通信在可穿戴技术中的主要应用和功能：

接听电话和通话：智能手表、智能眼镜等可穿戴设备内置麦克风和扬声器，允许用户接听电话并进行通话。用户可以通过可穿戴设备进行语音通话，实现无需取出手机即可通信的便利。

消息通知和查看：可穿戴设备可以接收手机的消息通知，如短信、社交媒体通知等。用户可以在可穿戴设备上查看消息内容，以及选择回复或忽略消息，提高通信效率。

社交互动和应用支持：可穿戴设备可以与社交媒体应用连接，允许用户进行社交互动，如点赞、评论等。用户可以通过可穿戴设备使用特定应用，如微信、WhatsApp 等，实现更便捷的社交通信。

语音助手和控制功能：可穿戴设备内置语音助手，如 Siri、Google Assistant，用户可以通过语音控制设备和进行搜索等操作。语音助手可以执行特定命令，如设置提醒、导航、播放音乐等。

即时通信和会议功能：可穿戴设备可以连接即时通信应用，如 Skype、Zoom 等，用于实时音视频通信和在线会议。用户可以通过可穿戴设备参与在线会议，无需依赖电脑或手机。

智能通信的应用让用户能够更方便地进行通话、接收消息和社交互动，不再受限于手机，极大地提高了通信效率和便捷性。

(5) 军事和安全

智能服装在军事和安全领域的应用具有重要意义，它可以通过集成先进的传感器和技术，提供士兵生理数据监测、定位信息、环境感知等功能，以支持军事任务的执行和安全保障。以下是智能服装在军事和安全方面的主要应用和功能：

生理数据监测：智能服装内置生理参数传感器，如心率传感器、体温传感器等，可以实时监测士兵的生理状态。这些生理数据能够为士兵提供身体健康状况的实时反馈，有助于及时调整行动和任务，确保士兵在高强度任务下的安全。

定位和导航：智能服装可以集成 GPS 等定位技术，提供士兵的准确位置信息，支持战场定位和导航。通过智能服装的定位功能，指挥官可以精准了解每个士兵的位置，协调行动和部署资源。

环境感知：智能服装可以集成各种传感器，如气象传感器，用于感知环境参数，如温度、湿度、气压等。这些环境参数的感知有助于士兵适应不同战场环境，确保他们的舒适和安全。

通信与战术协同：智能服装可以与战术通信系统集成，实现智能通信、数据共享和指挥协同。这样可以实时传递指令、情报，协同作战，提高作战效率和战场响应速度。

伤员监测和急救反应：智能服装可以监测伤员的生理状况，及时发现并反应可能的急救需求。通过智能服装，可以向医疗人员传递伤员的生理数据，以便更快速、精准地进行急救。

智能服装在军事和安全领域的应用可以提高士兵的安全性、战场效率和任务完成能力，为现代战争和安全保障提供了新的技术手段。

(6) 娱乐和时尚

智能服装与娱乐、时尚和个性化的结合为时尚产业和娱乐体验带来了新的可能性和创意。以下是智能服装在娱乐和时尚领域的主要应用和功能：

时尚设计与展示：智能服装融合了创新设计和先进技术，可以呈现独特、时尚的外观和设计。LED 灯光、可变色材料、可变形结构等技术可以使服装展现出不同的样式和图案，吸引眼球。

智能照明和 LED 效果：智能服装可以集成 LED 灯光，实现服装颜色、图案的变化，增强时尚感。通过可编程 LED 灯光，智能服装可以呈现动态图案、流动的光效，吸引关注。

交互式娱乐体验：智能服装内置传感器，可以实现与娱乐应用的互动，如体感游戏、虚拟现实游戏等。用户穿戴智能服装参与娱乐活动，增强娱乐体验和互动性。

音乐和舞蹈体验：智能服装可以与音乐应用集成，根据音乐节拍或频率展现不同的光效或动态。在舞台表演或音乐会上穿戴智能服装，与音乐、舞蹈相协调，营造出更具吸引力的视觉效果。

社交媒体互动：智能服装可以与社交媒体应用连接，实现与粉丝的互动，例如展示粉丝留言、社交媒体图标等。通过智能服装呈现社交互动，增强用户与粉丝的连接和娱乐体验。

智能服装与娱乐、时尚的结合为创意、个性化和时尚设计提供了新的平台，为时尚产业和娱乐体验带来了更多可能性，满足了人们对创新和个性化的追求。

11.4.2 智能服装的技术特点之一

(1) 传感技术

心率传感器：用于监测用户的心率，实时了解心脏活动情况，适用于健康监测、运动管理等。

加速度计：用于测量物体的加速度，广泛应用于步数计数、运动轨迹记录、姿势监测等。

陀螺仪：用于测量设备的角速度，支持姿态识别、运动跟踪、虚拟现实等应用。

多传感器综合运用：智能服装通常会整合多种传感器，如心率传感器、加速度计、陀螺仪、温度传感器等，以实现更全面的数据采集和分析。综合利用多传感器数据，可以提供更准确、全面的用户生理、运动等信息。

数据采集与分析：传感器收集到的数据可以通过内置的处理单元进行分析和处理。数据分析可用于生理参数监测、运动模式识别、睡眠质量评估等，为用户提供个性化建议。

实时监测和反馈：传感技术可以实现实时监测，将用户的生理和运动数据反馈给设备或应用程序。实时监测和反馈有助于用户在运动、健康管理等方面做出及时的调整和决策。

智能服装通过传感技术的运用，实现了对用户生理状态、运动活动等信息的实时、准确、全面的监测和分析，为用户提供了智能化、个性化的服务和体验。

(2) 通信技术

智能服装的另一个重要技术特点是其集成了多种通信技术模块，通过这些模块实现与其他设备的互联，实现数据传输、远程控制、协同操作等功能。以下是智能服装的通信技术及其应用：

蓝牙技术：智能服装通常集成蓝牙模块，用于与智能手机、平板电脑等设备进行连接。通过蓝牙技术，智能服装可以与其他设备进行数据传输、命令传递，实现远程控制、数据同步等功能。

Wi-Fi 技术：智能服装可以集成 Wi-Fi 模块，实现高速的无线数据传输和互联。Wi-Fi 技术可以用于数据传输、固件升级、云端同步等，为用户提供更强大的互联功能。

NFC 技术：智能服装可以集成 NFC 芯片，用于近距离无线通信。NFC 技术可以用于智能支付、门禁卡、社交分享等。

移动网络技术：智能服装可以集成 SIM 卡或 eSIM 模块，实现移动网络连接，与互联网进行通信。移动网络技术可以用于实时数据传输、位置信息分享等。

数据同步与云服务：智能服装通过通信技术可以将收集到的数据同步至云端，实现数据备份和多设备间的同步。云服务还可以为用户提供个性化的数据分析、健康管理等功能。

通过集成多种通信技术模块，智能服装实现了与其他设备的互联，提高了其智能化水平，为用户提供了更丰富的功能和服务。

(3) 能源管理

智能服装的能源管理是其关键技术之一，能源管理的合理设计和应用能够保障智能服装长时间稳定运行。以下是智能服装的能源管理及其应用：

可穿戴充电技术：智能服装可以设计内置充电接口或特定区域的充电装置，允许用户通过外部充电器进行充电。这种充电方式便捷，用户可以根据需要随时充电，保持智能服装的稳定使用。

太阳能充电技术：智能服装可以集成太阳能电池板，利用太阳能进行充电。太阳能充电技术适用于户外活动，提高了智能服装的独立运行能力。

柔性电池技术：智能服装可以采用柔性电池，将电池与服装材料整合，使得服装更加柔软、舒适，同时为智能模块提供电源。柔性电池技术也有助于智能服装更好地适应人体曲线和运动。

能量收集与储存：智能服装可以通过运动产生的能量或热能转换为电能，用于充电或供电。运动产生的能量收集和储存技术可以提高智能服装的自给自足能力。

智能能源管理系统：智能服装可以设计智能能源管理系统，实时监测电量、预测能量消耗，实现智能调节和优化能源使用。这种系统可以确保智能服装在电能充足的情况下合理分配和使用能源，提高能源利用效率。

通过采用可穿戴充电技术、柔性电池和其他先进能源管理技术，智能服装可以解决能源问题，为其持续稳定运行提供充足的电力支持。

(4) 可洗护和舒适性

智能服装的可洗护和舒适性是设计过程中不可忽视的重要因素。这些特性保证了用户长时间穿戴智能服装时的舒适感和便利清洁。以下是智能服装的可洗护和舒适性及其应用：

防水和耐洗护设计：智能服装可以采用防水材料、防水涂层或封装技术，保护内部电子元件免受水分和洗涤过程的影响。这种设计确保智能服装可以在洗涤过程中保持安全和稳定的电子性能。

透气材料和设计：智能服装可以采用透气性材料，以确保空气流通，使穿戴者感到舒适。透气材料有助于排汗和保持干爽，特别适用于运动和高强度活动时的穿着。

柔软和舒适设计：智能服装应设计为柔软、舒适，不刺激皮肤，适应不同用户的身体曲线。柔软的设计有助于智能服装与身体更好地结合，提高舒适度。

可拆卸和可调节设计：智能服装可以设计为可拆卸模块，方便用户清洗和维护。同时，可以采用可调节的设计，允许用户根据自身需求调整服装的紧度和尺寸，提高舒适度。

快干材料和抗菌处理：智能服装可以采用快干材料，有助于尽快排除汗湿，保持干爽。抗菌处理可以有效抑制细菌生长，保持服装的卫生和舒适度。

这些设计特点确保了智能服装具有良好的可洗护性、舒适性和透气性，使用户能够长时间舒适地穿戴智能服装，而不影响其正常生活和活动。

可穿戴技术和智能服装的不断创新将为未来的智能生活和健康管理带来更多可能性，同时也需要解决隐私保护、安全性、标准化等方面的挑战。

可穿戴技术和智能服装的创新确实为未来的智能生活和健康管理开辟了广阔的前景，但也面临一些重要挑战需要解决，其中包括但不限于：

隐私保护：智能服装搜集的个人健康数据和生活习惯可能涉及隐私，需要制定严格的隐私保护法律、政策和技术标准。用户的数据应该受到严格的访问控制，明确告知数据的使用目的，并尽量采取匿名化和加密等措施保护隐私。

安全性：智能服装中的电子元件和传感器需要具备高度的安全性，防止未经授权的访问或恶意攻击。建立健全的安全机制，包括数据加密、身份验证、固件更新等，以确保智能服装的安全运行。

标准化：目前智能服装领域缺乏普遍接受的标准，这导致了不同厂商的产品可能不兼容、不互操作。制定智能服装的标准，包括硬件接口、通信协议、数据格式等，以促进行业共同发展和用户体验。

舒适度和设计：智能服装需要更强调舒适度和设计感，以便用户长时间穿戴而不感到不适。创新材料、设计工艺，考虑人体工程学和舒适度，以提高智能服装的舒适性。

可持续发展：在智能服装的制造和使用过程中要考虑可持续性，减少对环境的负担。推动研发环保材料、可循环利用的智能元件等，以实现智能服装的可持续生产和使用。

解决这些挑战将需要跨学科合作、法律法规的完善和全球标准的制定，以确保智能服装能够真正为人类的健康、生活和社会做出积极的贡献。

 AIGC 时尚设计

11.5.1 AIGC 定义

AIGC（人工智能生成内容）是一个很有趣的概念，它结合了人工智能和创意设计。AIGC 是指利用人工智能技术，特别是自然语言处理和生成模型，如 GPT(Generative Pre-trained Transformer) 系列模型，来生成各种类型的内容，例如文章、图片描述、音乐等。这些模型在训练过程中通过大量的数据学习语言的结构、模式和内容，然后可以根据输入的提示或指令来生成类似人类所写作的内容。这种技术已经在很多领域得到应用，包括自然语言处理、创意内容生成、智能客服等。

在时尚设计、创意艺术等领域，AIGC 也被用来提供灵感和创意，生成新颖的设计概念或艺术作品。它可以分析大量的时尚资讯、设计趋势和样式，然后基于这些信息生成独特的服装设计、配饰款式或者艺术创作。这种技术可以作为设计师、艺术家的灵感来源，帮助他们创造出更多新颖的作品。

11.5.2 AIGC 技术在时尚设计中的应用

AIGC 技术在时尚设计领域有着多种应用方式，以下是一些例子：

(1) 灵感来源与趋势预测

AIGC 在时尚设计中可以利用大数据分析和自然语言处理技术来分析海量的时尚资讯和社交媒体内容，从中提取出有用的信息并识别出潜在的设计趋势和流行元素。这种分析可以帮助设计师从以下多个角度获取灵感来源：

趋势识别：AIGC 可以追踪和分析当前的时尚趋势，发现不断变化的流行元素，从服装款式、颜色到面料等各个方面。通过分析社交媒体、时尚事件和名人着装等信息，帮助设计师了解什么正在成为潮流，什么可能成为下一个大热门。

消费者行为分析：AIGC 也能够分析消费者的购买行为和偏好。它可以从社交媒体、在线购物平台和时尚论坛等地方收集数据，了解消费者的喜好，帮助设计师更好地满足市场需求。

文化和社会趋势：通过分析时事、文化事件、社会话题等内容，AIGC 可以帮助设计师了解社会和文化趋势。这些趋势可能影响人们对服装和时尚的态度，为设计师提供灵感。

这些分析结果能够为设计师提供深入的市场洞察，帮助他们预测未来的时尚趋势，为他们的设计提供有力的灵感来源，并在创作过程中更准确地满足消费者的需求。

(2) 生成设计概念

AIGC 模型可以用于生成初步的设计概念或草图，帮助设计师启发创意和拓展设计思路。设计师可以通过向 AIGC 模型提供一些关键词、样式描述或具体的设计要求，来引导模型生成多样化的设计方案。例如，设计师可以输入一些关键词，如"流行元素""未来

主义风格""可持续材料"等,以及具体的设计要求,如"夏季连衣裙""男士夹克"等,模型将根据这些输入生成多种可能的设计概念或草图。这些设计方案可能包含不同的颜色、款式、图案等元素,为设计师提供了多样化的创意来源。

这种方式可以帮助设计师在创作过程中获取新颖的设计灵感,尤其是当需要快速提出初始设计概念时,AIGC 模型可以快速生成多样化的想法,供设计师选择、修改和扩展。设计师可以在此基础上进行深入思考和创造性的改进,将这些初步的概念演化成独特而符合需求的设计作品。

(3) 个性化定制

AIGC 技术可以支持个性化定制服装的设计。通过用户提供的信息,比如身体测量数据、偏好颜色、款式喜好等,AIGC 可以生成符合个人需求的定制化设计方案。

基于身体测量数据,AIGC 可以生成符合特定体型的服装设计,确保服装的合身性和舒适度。这种个性化设计可以考虑到用户的身高、体重、肩宽、腰围等具体尺寸数据,定制出更适合个体的服装款式。

同时,AIGC 还可以根据用户的偏好颜色、图案、款式等信息,生成相应的设计方案。比如,考虑到用户喜好的颜色搭配、特定的图案设计,或者根据用户描述的设计风格生成相应的服装设计方案。

这种个性化定制可以为消费者提供独一无二的服装体验,让他们参与到服装设计的过程中,满足个性化需求。这种定制化设计也能够更好地适应多样化的消费者群体,满足不同体型和喜好的需求。

(4) 可持续性设计

AIGC 与可持续性理念的结合在时尚设计中是非常有前景的。这种结合可以通过以下方式促进可持续性时尚设计:

材料推荐与分析:AIGC 可以分析环保材料、可再生资源以及可持续生产的材料选择。它能够识别和推荐符合可持续性标准的纤维、面料和材料,例如有机棉、再生纤维、可降解材料等,为设计师提供可持续性材料的选择建议。

设计建议:基于环保材料和可持续性原则,AIGC 可以为设计师提供设计建议和方案。它可以分析各种可持续性元素的使用方式,如循环再利用、降低废弃、提高耐用性等,以提供更环保的设计概念。

生产流程优化:AIGC 还可以分析和优化生产流程,提供更高效、更环保的制造建议。这包括材料使用效率、生产工艺改进等方面,有助于减少资源浪费和环境影响。

通过 AIGC 的分析和推荐,设计师可以更轻松地在设计过程中考虑到可持续性因素。这种整合为时尚产业提供了更具有环保意识的设计方案,促进了可持续性时尚的发展和实践。

(5) 创新材料和工艺

AIGC 在探索和推动时尚设计创新方面发挥着重要作用,它可以帮助设计师探索并了解最新的材料科学创新、新型纤维或纺织技术,从而在时尚设计领域促进创新。

新型材料介绍:AIGC 可以向设计师介绍最新的可用材料,如新型纤维、可持续材料、生物可降解材料等。这些材料可能是基于先进科技的创新，如3D打印纤维、可穿戴技术、智能纤维等，为时尚设计提供了全新的可能性。

工艺技术探索：AIGC也能够探索最新的纺织技术和加工工艺，例如纺织品的高科技制造、可穿戴设备的融合等。这些技术可能涉及智能材料、可变形纤维、无废料生产等领域，为时尚设计带来新的创作思路。

功能性材料应用：AIGC还能指导设计师了解和应用功能性材料，例如防水、抗菌、保暖、透气等特性，让设计更贴合用户的需求。

通过AIGC的支持，设计师可以及时了解并应用最新的材料科学和纺织技术进展，创造出更具创新性、功能性和可持续性的时尚设计。这种跨界的创新助力了时尚产业的不断进步。

(6) 自动化设计流程

AIGC在自动化设计流程方面具有很大潜力，能够帮助设计团队提高效率，减少一些重复性的工作。

设计文档生成：AIGC可以用于生成设计文档，例如设计说明书、技术规格书等。根据输入的设计要求和参数，模型可以自动生成文档，包括详细的设计要点、尺寸规格、面料要求等信息，简化设计师们的文档撰写工作。

样板图制作：在样板图或设计草图的制作方面，AIGC也可以发挥作用。它可以根据设计师提供的信息自动生成样板图，展示服装或配饰的外观、款式、颜色搭配等，为设计提供直观的参考。

设计说明与标注：AIGC也可以辅助设计团队生成设计说明和标注。通过自动生成设计图中的标注、细节说明，减少了设计师在文档标注上的时间成本。

这种自动化设计流程不仅可以提高效率、节省时间，还能减少人为错误，确保设计文档和样板图的一致性和准确性。设计团队可以将更多的时间和精力专注于创意发挥和设计的创新性，从而推动整个设计过程更高效地运作。

新型纤维材料与产品开发

11.6.1 新型纤维材料的发展对时尚产业具有重要意义

纤维是时尚之源，纤维也是纺织艺术之根。新型纤维的出现不仅带来了新的纺织服装材料的选择，也推动了产品创新和可持续发展。

(1) 可持续性纤维

诸如可降解纤维、再生纤维、有机棉等可持续性纤维，具有较小的环境影响和更高的可持续性。它们可以用于制造环保型服装，符合当下对可持续时尚的需求。

可降解纤维：包括可降解的纤维材料，如玉米纤维、蚕丝等，可以在遭到自然环境影响后迅速分解。这种材料有助于减少对环境的负面影响，提高服装的生命周期可持续性。

再生纤维：再生纤维利用废弃物或回收材料制成，例如利用废弃棉纺织品生产再生棉纤维。它们能够减少资源浪费，降低对自然资源的需求。

有机棉：有机棉是以有机方式种植的棉花，不使用化学农药和化肥。其生产方式减少了对环境的负面影响，同时有机棉产品符合人们对健康、环保的消费需求。

这些可持续性纤维的使用对时尚产业有着积极的影响：

减少环境影响：利用可持续性纤维制造服装可以减少对环境的负面影响，降低能源消耗和污染程度。

提升品牌形象：品牌采用可持续性纤维制造服装能够提升品牌形象，满足消费者对环保意识和可持续性的需求，吸引更多关注环保的消费者。

支持循环经济：再生纤维等可持续性材料的使用有助于推动时尚产业向循环经济模式转变，减少资源浪费和环境压力。

总体而言，可持续性纤维的使用对于推动时尚产业走向更加环保、可持续的方向具有重要意义，也符合当下消费者对可持续时尚的日益关注和追求。

(2) 智能纤维

智能纤维是科技与时尚相结合的创新领域，它涉及智能纺织品和可穿戴技术的发展。

智能纺织品：这类产品具备特殊功能，例如温度调节、防水、防污、抗菌等。它们融合了传感器、纳米技术等高科技元素，为服装赋予更多的功能性。

传感器纤维：这些纤维内嵌了传感器和可穿戴设备，能够感知身体数据、环境变化等信息。这类技术可以用于运动装备、医疗保健、智能服装等领域。

智能纤维在时尚产业中带来了许多潜在的好处：

功能性提升：智能纤维为服装赋予了更多功能，例如身体数据监测、健康管理、运动表现追踪等，提升了产品的实用性和附加价值。

舒适性增强：智能纤维可以根据环境变化或个体需求调节服装的舒适性，如自动调节温度、湿度等，提供更加舒适的穿着体验。

时尚科技融合：智能纤维的应用使得时尚与科技更紧密地结合，为消费者提供既时尚又具有科技感的产品。

个性化定制：智能纤维技术支持个性化定制，根据用户的需求和身体数据定制服装，提供更贴合个人需求的产品。

这些技术的发展，将为时尚产业带来更多的创新可能性，使服装不仅是简单的外观展示，更是能够与人们的生活、健康和行为互动的产品。

(3) 高性能纤维

高性能纤维如碳纤维、芳纶、超高分子量聚乙烯等，具有出色的耐磨、抗拉强度和耐高温性能，适用于户外运动装备和特殊用途服装。高性能纤维在时尚产业中扮演着重要角色，尤其适用于户外运动装备和特殊用途服装的制造。

碳纤维：碳纤维以其轻质、高强度和耐腐蚀等特性而闻名。它常用于高端户外装备和特殊用途服装，如登山用具、航空航天等领域。

芳纶：芳纶具有优异的抗拉强度和抗磨损性，常用于制造防弹衣、防护装备等。

超高分子量聚乙烯：这种纤维具有极高的拉伸强度和高度耐磨性，被广泛应用于特殊用途服装和防护装备中。

这些高性能纤维的特性使得其在特殊领域有着广泛的应用：

耐用性和强度：高性能纤维具备出色的耐磨、抗拉强度，使得服装和装备更加耐用。

轻量化设计：这些纤维的轻质特性有助于设计更轻便舒适的服装和装备，在户外活动中提供更大的便利性。

特殊用途需求：高性能纤维在需要特殊防护或高强度要求的场合下非常实用，如军事装备、航空航天等领域。

这些高性能纤维的应用推动了时尚产业在技术和材料上的不断创新，同时也为需要特殊性能服装和装备的人群提供了更好的选择。

11.6.2 新型纤维材料在时尚设计和制造中的应用

(1) 新颖设计

新型纤维材料的出现可以激发创意，设计出更具前瞻性和创新性的服装款式和配饰。新型纤维材料的出现为时尚设计师和制造商带来了更多的设计可能性，推动了时尚产品的创新与发展。

材料特性融合：创新的纤维材料拥有独特的特性和性能，比如可降解、高强度、轻质等，设计师可以将这些特性融入设计中，创造出与传统材料不同的款式和质感。

新款式与设计理念：新型纤维材料的特性常常能够激发设计师的创意，鼓励他们探索全新的设计理念和款式，创造出更具前瞻性和独特性的服装与配饰。

功能性服装与配饰：利用新型纤维材料的特性，可以设计出更具功能性的服装和配饰，如户外运动服装的耐磨性、防水性，或是智能纤维制成的穿戴设备等。

可持续性创新：新型纤维材料的出现也推动了可持续性创新，通过使用可降解、再生等环保材料，设计出更环保、符合当下可持续时尚潮流的产品。

这些新型纤维材料为设计师们提供了更多选择，激发了创新的设计理念和款式，也推动了时尚产业向更具可持续性、功能性和前瞻性的方向发展。

(2) 功能性产品

利用智能纤维，可以开发具有温控、抗菌、防水等功能的服装和配件，提升产品的实用性和价值。利用智能纤维开发功能性产品是时尚产业中的一大趋势。智能纤维能够赋予服装和配件多种功能，从而提升产品的实用性和附加价值。

温控功能：智能纤维可以根据环境温度或穿着者的需求调节服装的保暖性或透气性，使服装在不同环境下都能提供舒适的穿着感受。

抗菌性能：某些智能纤维具有抗菌或除臭功能，有助于防止细菌滋生，保持服装清洁和持久的舒适性。

防水特性：智能纤维可以赋予服装防水、防潮或快干的特性，提供更强的保护性能，尤其适用于户外运动装备和雨具。

智能互联功能：一些智能纤维内嵌了传感器等技术，能够与手机或其他设备互联，实现监测身体健康、传输数据等功能。

这些功能性产品可以满足消费者对于实用性、舒适性和健康保护的需求，提高了产品的价值和竞争力。功能性智能纤维的应用，也为时尚设计注入了更多的科技感和实用性，推动了时尚产业朝着功能与时尚相结合的方向发展。

(3) 可持续性生产

将可持续性纤维材料应用于时尚产业的生产中，对推动产业向更可持续的方向发展起到了关键作用。

减少环境影响：可持续性纤维材料通常来源于可再生资源或回收材料，生产过程中能够减少能源消耗、降低温室气体排放，减少对环境的不利影响。

资源循环利用：利用可持续性纤维材料能够降低原始资源的需求，有助于推动产业向循环经济模式转变，实现资源的可持续利用。

提升品牌形象：对于消费者来说，选择使用可持续性纤维生产的产品，符合他们对于环保和可持续发展的价值观。这也有助于提升品牌的形象和吸引力。

行业标准倡导：推动使用可持续性纤维材料的生产方式，也有助于行业内形成一种新的生产标准和理念，引导整个行业向更可持续的方向发展。

总的来说，将可持续性纤维材料应用于时尚产业的生产中，有助于减少环境负担，推动产业朝着更加环保和可持续的方向发展。这种变革不仅有利于环境保护，也能够满足消费者对于环保产品的需求，推动整个时尚产业朝着更加可持续的未来发展。

新型纤维材料的不断发展，对时尚产业和消费者都意义深远，它们不仅提供了更多的选择，也推动了时尚产品的多样化、个性化和可持续化发展。

11.6.3 产品开发必须考虑国际可持续性和质量认证

①全球再生标准(Global Recyle Standard,GRS)是一个针对再生材料的认证体系，特别是针对纺织品。它确保了产品中所使用的再生材料，如再生聚酯纤维，符合一系列环保和社会责任标准。GRS认证要求产品中使用的再生材料必须经过合法的回收过程，生产过程需要符合一系列环境和社会责任要求，以确保再生纤维的可追溯性和高质量标准。这个标准通常被用于评估服装、家居纺织品和其他纺织制品中再生材料的使用情况。

②再生声明标准(Recycled Claim Standard,RCS)是另一个认证体系，专注于再生纤维的使用。RCS旨在确保产品中使用的再生材料(比如纺织品中的黏胶纤维等)来自合规的回收源头，并且在整个生产过程中保持可追溯性。这个认证标准强调了对再生材料供应链的监管，包括回收、加工和生产阶段，以确保再生纤维的质量和可持续性，同时遵守环保和社会责任标准。RCS通常被应用于纺织品和服装制造领域，以保证再生纤维的合规性和质量。

③有机内容标准(Organic Content Standard，OCS)是一个认证体系，旨在确认纺织品中有机纤维的含量。这个标准确保产品中所声明的有机纤维(如有机棉、有机羊毛等)是来自经过认证的有机农业生产，符合特定的环境和社会责任标准。OCS包括两个等级：

OCS 100级别：确保产品中至少有95%的有机纤维。

OCS 混合级别：保证产品中有机纤维的百分比，但这个比例低于 95%。

OCS 认证有助于消费者辨别和选择含有机纤维的产品，确保这些纤维的来源符合有机生产标准，减少了对化学品和对环境的负面影响，同时促进了可持续和环保的纺织产业。

④ BCI(Better Cotton Initiative) 是一个全球性的组织，旨在促进棉花生产的可持续性。BCI 并非像其他认证一样是一种标准，而是一个合作伙伴关系，致力于通过培训农户、推广良好的农业实践以及改善环境和社会影响来推动棉花的可持续种植。BCI 合作伙伴致力于实施一系列原则和标准，包括减少农药使用、优化水资源利用、保护土壤健康、促进农民福利等。然而，BCI 并不对棉花本身进行认证，而是通过支持农民改善他们的种植方式来推动可持续性。

购买 BCI 认证棉花产品意味着支持和参与到这种可持续种植方式中，从而为棉花生产链的改善做出贡献。这种方式可以帮助减少对环境的不良影响，改善农民的生计，同时提高棉花产业的整体可持续性。

⑤ Inditex：这是西班牙的一个时尚集团，拥有诸如 ZARA、Pull&Bear、Massimo Dutti 等知名品牌。Inditex 本身不是一个认证标准，而是一家公司。

⑥ ZARA：作为 Inditex 集团旗下的品牌之一，ZARA 是一家国际知名的时装品牌，它可能参与不同的可持续性倡议或标准。

⑦ SLCP (Social Labor Convergence Project)：它是一个由品牌、制造商、非政府组织和其他利益相关者组成的联盟，旨在推动可持续发展在服装和鞋类行业的实践。SLCP 提供了评估和改善生产过程的工具，以降低环境影响和提高社会责任。

⑧ Target：这是一家美国知名的零售公司。像 Target 这样的大型零售商可能会参与各种可持续性倡议，努力推动他们供应链的可持续发展，以确保产品的生产符合一系列环保和社会责任标准。

这些品牌或组织可能参与不同的认证或倡议，旨在确保其产品和生产过程符合一定的环境、社会和可持续性标准，从而为消费者提供更可靠和可持续的产品选择。

⑨ HIGG 指数：它是一个工具和指数，用于评估服装和鞋类行业中产品的环境和社会影响。它涵盖了多个方面，包括材料选择、生产过程、产品使用和最终处理，帮助制定者和消费者更好地了解产品的整体可持续性。

⑩ SVCoC (Sustainable Viscose Chain of Custooly Standdl) 是一个多利益相关者组成的联盟，推动服装和鞋类行业的可持续发展。SVCoC 开发了 HIGG 指数，并致力于推动透明度和改善整个供应链的可持续性。

⑪ USCTP (U.S.Cotton Trust Protocol) 是美国棉花可持续性认证标准。该标准旨在确保美国棉花生产符合高水平的环境、社会和经济标准，包括减少化学品使用、优化水资源管理和改善劳工条件等方面。

这些认证和倡议都专注于不同方面的可持续发展，从供应链到产品的各个环节，促进了更环保和社会责任的生产和消费行为。通过这些认证，品牌和消费者可以更好地了解产品的生产过程，并作出更有利于环境和社会的选择。这些认证标准都旨在推动可持续发展和质量保证，让消费者更容易选择环保和质量有保障的产品。

⑫ 碳足迹核算

循环再生产品的碳足迹核算也至关重要，以更加有利的数据证明产品的低碳属性。产品碳足迹是指一个产品在其生命周期各个阶段产生的所有温室气体的总量。核心点是产品生命周期的覆盖范围。产品碳足迹基于生命周期评价，这是一种旨在量化与产品和服务相关的环境和人类健康影响的分析方法。也就是说，生命周期评价的范围可以包括"从摇篮到坟墓"的方法，并广泛包括原材料的提取和加工、生产、消费者使用和寿命结束的场景，或"从摇篮到摇篮"的方法，这包括了材料的回收和再利用。

碳足迹核算提供了使用一组不同的指标来评估其生产商品和服务的效率的能力。这一过程使公司能够改善其业务活动的环境绩效，并降低制造和供应链成本。还使公司能够识别供应链中的环境风险，并使自己能够在碳排放受限的经济体中竞争。因此，碳足迹的结果可以为重要的商业决策提供信息，并应作为产品环境绩效的几个指标之一。

产品碳足迹的计算标准包括：

GB/T 24040 / ISO 14040 环境管理 生命周期评价 原则与框架；

GB/T 24044 / ISO 14044 环境管理 生命周期评价 要求与指南；

ISO 14067-1 产品碳足迹 量化；

ISO 14067-2 产品碳足迹 信息交流。

【产品开发案例1】

有人靠冲锋衣"医美"，有人靠冲锋衣淘金，这个赛道究竟靠什么赚钱？

（荟荟 服装荟 2023-12-04 09:00 发表于上海）

冲锋衣曾经是时尚圈里的雷品，现在却成为潮流单品。

今年的暖冬天气，相较羽绒服，三合一冲锋衣等更轻薄类外套产品需求更大。而冲锋衣也在今年对羽绒服市场带来一定冲击。更关键的，冲锋衣已经不再是户外运动的必需品，而是一种穿搭风格。

(1) "闻风而来"的玩家们

尽管已经是在冲锋衣里最早一批吃到红利的人，但童装品牌 Happy nocnoc 创始人田晓萌依然没有料到冲锋衣今年的涨势。

Happy nocnoc 在去年下半年就已经入局冲锋衣赛道，去年光儿童冲锋衣在单个销售渠道就已经卖了超 3 万件。"我没想到，三合一冲锋衣会在今年成为大爆品的，爆得比去年还厉害"。

无论在天猫、京东还是抖音，冲锋衣都是今年成交额翻倍增长的品类。在抖音平台上，今年上半年冲锋衣卖了 11 个亿，全年销售额有望突破 25 亿。而撑起这一市场的，已经不再是始祖鸟、骆驼、探路者等户外运动品牌。更多服装品牌甚至白牌想要在这次的时尚轮回里分一杯羹。

早在 7 月，国内多个品牌都已经将冲锋衣锁定为今年下半年的核心单品，并且各家都为冲锋衣配备了高预算的营销费用。甚至有羽绒服品牌在今年年初就已经将羽绒服冲锋衣放在 2023 年全年核心规划里。

波司登、鸭鸭、蕉下、蕉内等品牌都在今年推出冲锋衣。蕉下会布局冲锋衣主要是现在的品牌定位是走轻量化户外赛道，并且希望产品能从从夏季卖到秋冬、从区域卖到全国。此外，也看到今年大家对于户外这件事情有非常大的渴求。

(2) 爆单的工厂

今年冲锋衣出圈，实际上只是"三合一冲锋衣"这一单品，即包含硬壳和内胆的冲锋衣，可以根据天气选择不同穿法。各家服装品牌在双十一都押注三合一冲锋衣。因为即使有库存积压，外壳和内胆都可以在春季单拆卖，销售周期可以延长。品牌们的押注让冲锋衣工厂的生产旺季从 6 月就已经开始。而今年翻倍的销量让所有冲锋衣工厂都进入超负荷运营状态。

据悉，三门有 300 多家生产型的冲锋衣企业，而加工点也超 1 000 家。由于销量的暴增，即使过了双十一，冲锋衣工厂的生产线依然在加班加点。甚至今年临时多出多个加工点。

实际上，目前冲锋衣在国内并没有形成比较集中的产业带，还是呈比较分散的状态，多在江苏、福建、浙江等地。目前国内工厂之前给海外品牌代加工，在制造工艺和面料生产上依然有很大的进步空间。

(3) 冲锋衣的未来怎么走？

在过去，基于户外运动需求，消费者只需要考虑户外品牌，仅考虑性能。而现在整个冲锋衣赛道有各类价格带。

有服装行业从业者告诉 Tech 星球，今年冲锋衣赛道可以理解为竞争激烈，也可以理解为竞争不激烈。激烈在于今年出现很多品牌都在做冲锋衣，但消费者心智是立在那里的。始祖鸟的用户不会被轻易动摇。

面料是最能彰显冲锋衣技术壁垒的环节。冲锋衣的防水、透气、耐磨以及透湿这些属性都是通过特殊面料实现。始祖鸟能成为户外运动里的"爱马仕"就是靠 Gore-Tex 等高端面料。

其实在冲锋衣赛道，除了顶级品牌，多数品牌在面料、工艺手法、设计上并没有特别多的区别，很多所谓的品牌自主研发面料，都是跟市面上垄断性较强的面料厂家进行合作，但在市场营销上会打造新概念进行宣发。

和动辄上千的海外品牌相比，国内品牌还是主打性价比。天猫双十一销量第一的骆驼，平均售价也是在 400~500 元。而占比更多的白牌商家，客单价只在 300 元之下。

(4) 冲锋衣成为时尚新需求

不过，一切还是刚刚开始。当冲锋衣被穿在城市里，年轻人的需求不再是抵御极端天气，而是穿着好看。不容忽视的一个趋势便是，国内冲锋衣的设计在满足户外运动属性的同时，兼顾时尚潮流属性。蕉下也认为，现在冲锋衣变成了时尚单品，是整个潮流圈正在流行的趋势。消费者总是在求新求异，品牌一定是生意导向，有需求才会有生产。而这种需求的转变也让冲锋衣的市场竞争发生改变。在蕉下看来，冲锋衣这一大单品今年才开始慢慢普及，明后年还是有很大的增量空间。

服装行业上一个出圈的大爆品是瑜伽裤。不过，多年后的瑜伽裤市场依然没有跑出第二个Lululenmon，年轻人更喜欢去1688买瑜伽裤。

而冲锋衣市场能跑出下一个"始祖鸟"，还是和瑜伽裤一样陷入两极分化？市场还需要时间印证。不过，玩家们首先要解决的还是面料问题。

【产品开发案例2】

美国研发团队开发出一种可以帮助帕金森病患者行走的可穿戴纺织品

（龚起 NTMT 纺织新材料 2024-01-30 09:02 发表于上海）

冷冻是帕金森病最常见和最令人虚弱的症状之一，帕金森病是一种神经退行性疾病，影响着全球900多万人。当患有帕金森病的人冻僵时，他们会突然失去移动脚步的能力，通常是在步幅中间，导致一系列断断续续的口吃步伐，这些步伐越来越短，直到这个人完全停下来。这些发作是帕金森病患者跌倒的最大原因之一。

如今，冷冻可以通过一系列药物、手术或行为疗法来治疗，但没有一种疗法特别有效。如果有一种方法可以完全停止冰冻呢？

来自 Harvard John A.Paulson School of Engineering and Applied Sciences (SEAS) 和 Boston University Sargent College of Health & Rehabilitation Sciences 的研究人员使用一种柔软的可穿戴机器人帮助帕金森患者行走而不会冻僵。机器人服装穿在臀部和大腿周围，在腿部摆动时轻轻推动臀部，帮助患者实现更长的步幅。该设备完全消除了参与者在室内行走时的冻结，使他们比没有服装的帮助下走得更快更远。

"我们发现，在我们的研究中，来自我们柔软机器人服装的少量机械辅助就能产生即时效果，并持续改善个体在各种条件下的行走能力，"该研究的合作者、哈佛大学约翰·A·保尔森工程和应用科学学院教授 Conor Walsh 说。

这项研究证明了软机器人技术在治疗这种令人沮丧且具有潜在危险的帕金森病症状方面的潜力，并可能使帕金森病患者不仅恢复行动能力，还能恢复独立性。这项研究发表在《自然医学》上。

十多年来，Walsh 在 SEAS 的生物设计实验室一直在开发辅助和康复机器人技术，以改善中风后以及患有渐冻症或其他影响行动能力的患者的行动能力。

2022年，SEAS 和 Sargent 学院获得了麻省理工学院的资助，以支持下一代机器人和可穿戴技术的开发和转化。该研究以 Move 实验室为中心，其任务是通过合作空间、资金、R&D 基础设施和必要的经验来支持人类绩效提高方面的进步，从而将有前途的研究转化为可以通过与行业合作伙伴合作进行转化的成熟技术。这项研究产生于这种合作关系。

"利用柔软的可穿戴机器人防止帕金森患者步态冻结需要工程师、康复科学家、物理治疗师、生物力学家和服装设计师之间的合作，"Walsh 说，他的团队与波士顿大学神经康复中心主任、教授兼物理治疗系主任 Terry Ellis 的团队密切合作。

该团队花了6个月的时间与一名73岁的帕金森病患者合作，尽管他采用了手术和药物治疗，但每天仍忍受超过10次的严重和令人丧失能力的冰冻发作，导致他经常摔倒。

这些小插曲使他无法在自己的社区走动，并迫使他依靠一辆滑板车在外面走动。在以前的研究中，Walsh 和他的团队利用人在回路优化，证明了一种柔软的可穿戴设备可以用来增加髋关节屈曲并帮助向前摆动腿，从而提供一种有效的方法来减少健康人走路时的能量消耗。

在这里，研究人员使用了相同的方法来解决冷冻问题。这种可穿戴设备使用电缆驱动的致动器和传感器，佩戴在腰部和大腿周围。使用传感器收集的运动数据，算法可以估计步态的相位，并在肌肉运动的同时产生辅助力。

效果立竿见影。在没有任何特殊训练的情况下，患者能够在室内行走而不会冻僵，只有在室外偶尔发作。他还能够在不冻僵的情况下行走和说话，这在没有设备的情况下是罕见的。

"看到这项技术对参与者行走的影响，我们的团队真的很兴奋，"SEAS 大学前博士生、该研究的共同第一作者 Jinsoo Kim 说。

在研究访问期间，这位参与者告诉研究人员："这套衣服帮助我走得更远，当它不活跃时，我注意到我拖着脚走得更远了。这对我帮助很大，我觉得这是向前迈出的积极一步。它可以帮助我走得更久，并保持我的生活质量。"

"我们的志愿者是真正的伙伴，"Walsh 什说。"由于行动不便，对这个人来说，即使来到实验室也是一个真正的挑战，但我们从他的观点和反馈中受益匪浅。"

该设备还可以用于更好地了解步态冻结的机制，而这种机制目前还知之甚少。"因为我们并不真正了解冷冻，我们并不真正知道为什么这种方法如此有效，"Ellis 说。"但这项工作表明了治疗步态冻结的'自下而上'而不是'自上而下'的解决方案的潜在好处。我们看到，恢复几乎正常的生物力学会改变步态的外周动力学，并可能影响步态控制的中央过程。"

【产品开发案例 3】

为尼龙 6 市场带来变革！
巴斯夫与 Inditex 合作，推出首款完全由 100% 纺织废料制成的尼龙 6 夹克
（NTMT 纺织新材料 2024-01-26 09:01 发表于上海）

loopamid 背后的技术能够将废弃的聚酰胺 6（PA6，也称为尼龙 6）纺织品回收利用，制成全新的高品质合成纤维和材料

ZARA 今天推出了一款仅由 loopamid 制成的夹克，这款夹克采用了 100% 的服装纺织废料，此前 ZARA 与领先的制造公司合作，将 loopamid 融入产品的所有不同元素中。

1 月 23 日，随着 loopamid 的推出，巴斯夫和 Inditex 联合宣布在提高纺织行业可回收性方面取得突破性进展。

巴斯夫为完全由纺织废料制成的尼龙服装提供了首个循环解决方案——loopamid，这是一种由 100% 纺织废料制成的尼龙 6。ZARA 将这种材料制成了 loopamid 夹克，目前在全球范围内销售。遵循"回收设计"方法，所有部件，包括织物、纽扣、填充物、钩环和拉链都由 loopamid 制成。

借助 loopamid，巴斯夫开发了一种创新的解决方案来提高时装业的循环性并回收尼龙 6 纺织废料。由于能够耐受尼龙 6 和氨纶等所有织物混合物，loopamid 背后的尖端技术，可以在织物间回收工业后和消费后的纺织废料。纤维和材料可以循环使用多次，同时，材料特性与传统的原始聚酰胺相同。

巴斯夫单体事业部总裁 Ramkumar Dhruva 博士表示："巴斯夫在时装业实现循环发展方面达到了一个重要的里程碑，并开创了尼龙纺织品闭环的方法。"我们的 loopamid 有潜力为尼龙 6 市场带来变革。我们正在扩大技术规模，为客户提供商业规模的服务。胶囊夹克和 Inditex 一起证明了循环是可能的，我们渴望进一步推动纺织行业的可持续转型。"

Inditex 与服装制造行业的其他领先集团合作，将 loopamid 无缝集成到各种服装组件中，包括面料、拉链、纽扣、填充物、钩环紧固件和缝纫线。慈善组织 Caritas 运营的回收项目 ModaRe 对废弃纺织品进行分类、分拣和提供原料。意大利公司 RadiciGroup 一直致力于将 loopamid 聚合物转化为各种不同特性的纱线。跨国日本扣件产品公司 YKK 和跨国 Velcro 公司也在利用 loopamid 聚合物生产拉链和按扣以及钩环扣件的塑料组件方面发挥了重要作用。西班牙的 Uniter、意大利的 Tessitura Vignetta 以及德国的 Freudenberg 和 Gütermann 也参与了该项目，利用 loopamid 开发其他服装部件，如内标签、填充材料和缝纫线。

Inditex 首席可持续发展官 Javier Losada 补充道，"推动创新是向更负责任的行业迈进的关键。这次合作是一个很好的例子，说明通过大家的合作，我们可以利用新技术将纺织废料转化为新资源。该项目也是迈向循环解决方案的第一步，因为该行业仍需要提高新的收集和回收能力，以实现循环和扩大消费后废物的回收规模。"

巴斯夫和 Inditex 的合作基于共同的旅程——两家公司都在遵循雄心勃勃的可持续发展目标。到 2030 年，巴斯夫的目标是将其循环经济解决方案的销售额翻一番，达到 170 亿欧元。为了实现这一目标，该公司正专注于三个行动领域：循环原料、新材料循环和新商业模式。

Inditex 的目标是到 2030 年，其纺织产品全部由对环境影响较小的材料制成。作为这一承诺的一部分，该集团预计 25% 的纺织纤维由尚未达到工业规模的下一代材料制成，40% 为传统回收材料，25% 为有机纤维和再生纤维。

【产品开发案例 4】

冰雪经济产品："南方小土豆"带火冰雪旅游！纺织服装企业如何布局冰雪产业？

（荟荟 服装荟 2024-01-11 09:47 发表于上海）

1 月 5 日，第 40 届中国·哈尔滨国际冰雪节开幕。根据哈尔滨市安排，全市公休 1 天，这再次受到广泛关注，并进一步点燃了游客的"冰雪热情"。

这几日，南方游客蜂拥前往黑龙江哈尔滨，哈尔滨更是被网友亲昵地称为"尔滨"。哈尔滨在带火冰雪旅游圈。

南方小土豆勇闯哈尔滨。

冻梨摆盘、烤地瓜掰开给勺挖着吃、中央大街铺地毯、松花江升起热气球、人造月亮、萨满大祭司跳科目三、鄂伦春族人表演驯鹿……

游客想拍带月亮的雪景，当地就在圣索菲亚大教堂上空用无人机升起了一轮圆圆的人造月亮。

鄂伦春人都牵着驯鹿走上了中央大街。

这个冬天，全中国都重新认识了哈尔滨，包括哈尔滨自己。哈尔滨靠着"宠客"出圈，令旅游市场的火爆达到新高度。

随着大批游客前来旅游，哈尔滨旅游收入大幅增长。就在刚刚过去的元旦假期，哈尔滨市累计接待游客304.79万人次，实现旅游总收入59.14亿元，游客接待量与旅游总收入达到历史峰值。

"南方小土豆""尔滨"等网络热梗不仅让哈尔滨旅游的关注度不断攀升，更带动了"冰雪旅游"。

冰雪产业是什么？

冰雪产业是指与冰雪相关的经济活动和产业群体，涵盖了从冰雪旅游、冰雪运动到冰雪设备制造和冰雪文化等多个领域。它以冰雪资源为基础，以满足人们对冰雪活动和体验的需求为目标，通过开发利用冰雪资源创造经济效益和就业机会。

"冰雪旅游"对纺织服装企业来说有哪些机遇和挑战？

我国冰雪运动服装装备企业迎来巨大的发展机遇。主要体现在：

第一，规模发展的巨大机遇。《冰雪运动发展规划(2016—2025年)》指出，到2025年我国冰雪产业总规模将达到10 000亿元。

第二，政策红利的巨大机遇。近年来，我国相继出台《"带动三亿人参与冰雪运动"实施纲要(2018—2022年)》、冰雪旅游发展行动计划(2021—2023年)《冰雪运动发展规划(2016—2025年)》《关于以2022年北京冬奥会为契机大力发展冰雪运动的意见》等政策文件。政策红利的密集释放，将有效促进冰雪产业蓬勃发展，产业规模明显扩大，结构不断优化，产业链日益完备。

第三，科技赋能的巨大机遇。一方面，人工智能、大数据、可穿戴设备等科技手段，已经成为辅助运动员在训练中提高竞技水平的"标配"。智能可穿戴设备，将有助于构建人体运动学及动力学参数测量及分析系统，用来检索、收集、筛选、分析运动员的速度、心率、呼吸、发力方式等一系列以前难以量化的数据。另一方面，伴随5G技术、人工智能、大数据、区块链、云计算等新兴数字产业与冰雪产业的结合，催生了"仿真冰雪""VR技术""智能化人机交互"等诸多冰雪运动新模式、新业态，"智慧冰雪产品""智慧冰雪服务""冰雪场馆数字化运营"等冰雪产业智能化发展新趋势，将有效突破国内目前冰雪运动只有冬季运营的限制，顺应"北冰南展西扩东进"的体育发展态势，降低冰雪运动门槛，真正实现冰雪运动的"四季常青"与"全域覆盖"。

挑战与机遇并存。我国冰雪运动服装装备企业目前面临的挑战，主要体现在两方面：

一方面，冰雪文化的普及度有待提升。相比于奥地利、日本等国家的冰雪运动趋势，中国的冰雪运动不仅起步较晚，而且在大众认知和体验层面，也尚且属于小众圈层用户的一项爱好。我国冰雪文化仍处于发展期，除少数高收入阶层外，大多数冰雪运动消费者类型为"一次体验型消费者",尚未形成主动化、常态化、生活方式化的文化自觉。未来,冰雪运动服装装备企业要实现加速度发展,就需要更深层次、更广范围的冰雪消费文化普及。

另一方面,核心技术的掌控度有待提升。我国冰雪运动较国外而言刚刚起步,产业基础较薄弱。相较于国外品牌,围绕"装备、数据和体验"的技术创新,产业对核心技术的掌控度不足,在研发投入、研发体量层面都有待提升。有报告显示,从市场份额来看,国内冰雪运动服装及器材产品市场划分为:滑雪服占市场份额的50%、滑雪手套占75%、滑雪眼镜占73%、滑雪帽占25%。由于缺乏技术竞争力,利润率最高的"滑雪板"、"滑雪鞋"以及"滑雪手杖"市场几乎大部分都被国外品牌占领。与此同时,具有传感功能、反馈功能、响应功能、信息识别与积累、自诊断能力、自修复能力和自适应能力的智能调温纺织材料、智能形状记忆纺织材料、智能变色纺织材料以及电子信息智能纺织材料,在冰雪运动服装装备企业中的实际推广运用也有待普及、强化。

未来冰雪运动产品的市场将会如何?

总体来看,我国冰雪市场目前处于起步阶段,存在渗透率不足、产业链亟待完善的诸多挑战。与此同时,如前所述,我国冰雪运动服装装备企业,面临巨大的规模发展机遇、政策红利机遇以及科技赋能机遇,具有很大的增量空间,是全球范围内滑雪产业的主要市场之一。未来我国冰雪运动服装装备市场,有三个趋势值得关注。

一是多元化品牌格局逐步形成。目前国内冰雪运动服装装备生产产品线主要集中在滑雪领域,从事冰雪运动服装装备的企业大概分为三类:一是长期深耕在冰雪装备细分领域的小众品牌,如北京的奔流、冷山、杭州的体拓等;二是布局冰雪服装装备产业的大众品牌,如由单一品类向滑雪服等多种户外产品拓展的探路者、骆驼等,以合资方式入局滑雪市场的安踏、波司登、361°等;三是随着国内市场的发展,借助运动社群以及电商渠道快速成长的黑马品牌,如零夏、VECTOR、有司、Snowline等。多元化品牌格局的逐步形成,将有效满足冰雪产品与服务供给的个性化、差异化与品质化消费需求。

二是国产自主品牌异军突起。随着我国冰雪运动竞技力的全面跃升,冰雪市场规模的不断突破,以及冰雪文化的逐步普及,国产品牌在专业竞技运动领域与大众休闲消费领域都在不断崛起,头部品牌有望壮大,逐步形成技术驱动、结构更优、产业链更完整、品牌影响力更强的发展格局,市场规模增长与产业高质量发展齐头并进。

三是产业链上下游的研发协同加速凝聚。包括新型纤维材料、新型非织造材料、智能纺织材料以及生态染整材料在内的纺织新材料创新,是冰雪运动服装装备产业高质量发展的关键环节。当前功能性纤维材料开发与品质提升,生物基化学纤维的产业化,以及高性能纤维的产业化,都将为未来冰雪运动服装装备行业的高质量发展提供有力的发展契机。以"冬奥经济"为例,纺织服装产业链的上游面料企业,通过新材料、新工艺与新设计的研发协同,为下游品牌企业的产品品质创新与功能优化提供强有力的支撑。如:上海嘉麟杰纺织品股份有限公司与北京冬奥组委官方合作伙伴安踏公司签订供货协议,做强超暖抓绒产品,满足冬奥会各种工作场景的需求;同样作为冬奥会制服面料供应商的绍兴乾雍纺织有限公司,凭借独特的尼龙印花技术和工艺,为还原设计上独特的颜色，定向开发纳米墨水，为时尚审美提供坚实的技术支撑；江苏三丰特种材料科技有限公司根据市场需求，开发肽肌泡(NuSkin)合成面料，对环境友好，适合在冲锋衣和羽绒服上应用；苏州市兴丰强纺织科技有限公司主打的零下无绒系列产品，减少制造羽绒所产生的废气废水的排放，更加节能减碳。可以预见，产业链上下游加速凝聚研发协同的效应，将有助于中国冰雪运动服装装备产业构筑更专业高效、难以被颠覆的技术壁垒，有效参与全球市场竞争。

【产品开发案例5】

新中式趋势加速爆发

搜索暴涨1 200%，年轻人的流行爆款来自"新中式"

（服装荟 2024-01-17 09:40 发表于上海）

2024年，新中式成为第一波火出圈的流行趋势。

据《天下网商》观察，近几天，与"新中式"相关的热搜多达几十个。男女明星都在大秀新中式红毯穿搭，年轻人讨论新中式为什么突然爆火，打工人则晒出穿新中式亮相年会是什么体验。

这些热议话题透露出，曾经身为小众趋势的新中式风格，正在向大众流行演变，人群泛化的同时，穿搭场景也走向日常化，带动消费热度激增。

根据天猫数据显示，新中式、汉服等关键词近2个月搜索量同比增长超100%。值得关注的是，新中式还出现了跨品类趋势，消费者不仅"穿"新中式，也会化新中式妆、戴新中式珠宝，形成一种整体风格和气质表达。

清冷感新中式妆容、狐系新中式妆、烟熏感新中式妆……新中式妆容甚至演绎出了多个细分赛道，淘宝站内相关搜索量近2个月同比增长超200%。配饰方面，含"新中式"的关键词搜索量近2个月年同比增长超1 200%，新中式发簪、耳饰均为饰品类TOP热词。

临近春节，在庞大的年节消费势能下，新中式趋势在加速爆发，借势布局的一众品牌商家迎来业绩开门红。

新中式破圈，从小众圈层到时代流行。

从传统中式，到国潮，再到新中式，有关中国风的流行概念在过去几十年来层出不迭，轮番演变。

自20世纪末起，中式元素就曾被西方设计师应用于大牌服饰与包袋设计之中，以展现独特的东方美。21世纪初国潮兴起，汉服、唐装等传统服饰回潮，深受小众圈层追捧。

近两年来，新中式再次掀起热议。因为将传统元素与现代时装相融合，新中式具备了更强的实穿性、包容性，可以自由搭配，也因此，为新中式消费的人越来越多。

流行现象背后是社会价值观的更替。

近日，"为什么现在年轻人都喜欢新中式"登上微博热搜，在话题评论区，有网友这样表示，"因为文化自信了。新中式风格既符合当代时尚的审美标准，又展示了传统文化的精髓，得到年轻人的青睐很正常。"

2024年，越来越多的明星开始"卷"起了新中式穿搭，进一步带动风格破圈。

1月10日，张钧甯现身W中文版年度盛典，一身刺绣套装将新中式风拿捏得恰到好处,被网友们盛赞"古典又优雅"。同场的还有新中式穿搭"大师"杨幂,她的新中式泼墨妆让粉丝直呼"杀伤力十足",在此之前,她的多套新中式穿搭曾火爆出圈。

"在热搜上看到张钧甯,我立刻下单了一件刺绣暗纹外套。"95 后女生钟钟告诉《天下网商》,她打算拿这件新中式外套混搭衣柜里的拼色针织裙,"最近,我还跟博主学了怎么化龙年开运中式美人妆,迫不及待想出门拍照了。"

为给更多消费端提供丰富的商品选择,供给端也在变。

品牌入局、平台发力,推动新中式供给总量的提升,在产品上做创新迭代,让新中式更适合普通人的日常穿着。天猫新生活研究所去年 3 月数据显示,天猫上"新中式风"的商品成交额同比增长超 50%,市场规模达 10 亿级别。

为承接年末旺盛的新中式需求,天猫超级品类日近期发起了"潮起新中式"活动,呈现出两条特色供给线,也透露出天猫平台上新中式供给生态的繁荣。

一方面,大批成熟品牌推出了新中式风格相关的特色货品。

以 MO&Co. 秋冬"婵酷时装"系列为例,包括外套、裙装、上衣等多个新中式品类,瞄准的就是年服消费场景,为年轻女性们带来了"新年战袍"的新灵感。

另一方面,大批带有强烈新中式风格的特色店铺入驻淘宝天猫,以设计师品牌、明星私服店铺、国风达人店铺为代表,在这波风潮中快速出圈。

例如中高端设计师品牌 Lefame,曾用牛仔面料改良旗袍,并从清宫装束中挖掘出格格服,融入非遗青绣工艺。"Lefame 将旗袍、格格服时装化,突破了以往的穿着场景,吸引到很多二三十岁的女生。"品牌联合创始人王漫修告诉《天下网商》。

"飞入寻常百姓家"的新中式,在人群结构上呈现出年轻、多元的趋势,催生出越来越细分的场景需求。

《天下网商》观察到,这些差异化的需求,延申出了 4 种新中式趋势风格,分别是改良新中式、高智新中式、先锋新中式、龙纹新中式,每个相应赛道都生长出了代表性的品牌。

因为越来越多的女性希望通过一体化的妆容造型和搭配,来呈现立体的新中式气质,交叉带动了不同品类的消费,四大主流风格出现了跨品类趋势,包括服饰、美妆、配饰等。

第一种"改良新中式",最接近于国潮风格,国风兴趣人群是核心受众,她们偏好古风与传统文化元素,日常以整套新中式穿搭与妆容出街。

服饰方面,以十三余为代表,在其推出的秋冬改良汉服中,就多以整套搭配为主,如红色短袄搭配马面裙套装。妆容方面,一批借势新中式的美妆品牌撬开了增长空间。

"基于现代审美,新中式妆容对古典妆容进行了改良,强调自然、清新、优雅的效果,注重面部轮廓和谐,不会过分夸张。"新锐国货美妆品牌 Passional Lover(简称 PL) 总裁王玉莹向《天下网商》介绍道,"就像 PL 的看不见粉底液一样,同样追求原生感,目前这一爆品累计销量已经超过 350 万支。"

第二种"高智新中式"风格,核心人群是一二线城市的职场女性,她们需要持独立专业的职场形象,同时又希望能在乏味的通勤穿搭中增加亮点。

这一赛道上，服装品牌 Naivee、edition，配饰品牌素觉，美妆品牌 KATO 等都是代表型品牌，他们的新中式产品设计风格偏向干净利落，带有一种知识分子的"书卷气"。

"Naivee 希望将高级、简约、现代的时装与中式元素相结合，比如将 24 节气文化融入产品设计，构成独特的记忆点。"品牌总监 Jimmy 告诉《天下网商》。产品推新上，瞄准高知女性的 Naivee，通过风格标签市场人群盘量，圈人群资产，以"场景人群 × 风格 × 品类价格段"为策略推出 2024 年春夏的新中式系列，实现了精准的人货匹配。

第三种"先锋新中式"风格，主打别具一格的创新设计，是女性消费者在社交场合的时髦选择。实际穿搭中，她们常常将一件新中式时装拿来混搭牛仔裤、半裙、鸭舌帽等现代服饰，表达自己对潮流穿搭的个性化理解。

这一赛道上，品牌黑马正在涌现。如 Zhuchongyun、DAZZLE 等品牌的产品都具备鲜明共性——不拘泥于既定的表达框架，呈现出自由开放的特点，既有对传统文化的提炼与解构，也有对外文化的包容和接纳。

以 DAZZLE 的一款秋冬连衣裙为例，虽以旗袍为原型，但在版型上采用的是立体箱型廓形，并不像传统旗袍一样凸显身材曲线，而是强调身材的包容性。

第四种"龙纹新中式"风格，也是年末的一大热门风格，在新春时节，消费者偏好一些带有龙年意象的新中式穿搭，暗合新年"淘龙彩"的寓意，让龙元素的拜年战袍、配饰珠宝一路走热。

通灵珠宝近期推出的新年金饰就迎来热销，如龙鳞鎏金彩蛋、招财小金龙串珠手绳等。这些金饰以龙为设计源泉，传播强调时尚与祥瑞两大卖点，主打春节自戴、亲友礼赠等年节场景。

春节进入倒计时，消费者穿新衣、换新妆的消费需求达到顶峰，主打东方美学的新中式，成为女性打造新年 LOOK 的风格首选。

天猫超级品类日发起"潮起新中式"在四大趋势赛道之下，以故宫文创、敦煌研究院、甘肃省博物馆、陕西历史博物馆四大国家博物馆的馆藏文物为灵感，举办了开年首场新中式大秀，阐释新中式的四大风格趋势。

譬如，将甘肃省博物馆磁州窑虎纹瓷枕的图案纹样，作为改良新中式的灵感来源，由此传达这一流行趋势的传承感与创新力，让深藏于博物馆中的中式美学，走入人们的生活之中。

此外，天猫超级品类日还携手宋妍霏开启全网寻找新中式主理人的活动，掀起了一波"人人都晒新中式"的流行，助推了开年第一波新中式热点达到高潮。

同时，日常街拍新中式 LOOK、在社交媒体发起新中式话题等营销事件，让新中式趋势实现了从货品到场域以及多场景的打通和落地。

从活动本身来看，天猫超级品类日也在突破既有边界。

这个始于 2017 年的明星 IP，至今已有 7 年历史，通过挖掘趋势品类、趋势场景，为消费者提供丰富、流行的消费选择，为品牌新品类的破圈、爆发营造出富有创新活力的场域。

2023 年初，天猫超级品类日 Slogan 全面升级，从"升级你的生活"到"发现生活新热爱"，透露出一种视角的转换，从平台引领升级转变为"与用户一同发现生活所爱"，更加注重趋势品类和趋势场景的发现感。

回看天猫超级品类日近一年推出的 10 期趋势场景活动，每一期都基于平台挖掘到的热门场景而来，吸纳了跨行业、多品类的品牌和特色货品。

如 8 月的山野户外专场，从户外这个大品类中提炼出更细分的"山系闲人"趋势，组织了迪卡侬、BLK、尼康等多个行业的商家。再如 9 月的感官式入秋、11 月的燃雪越冬，以及新中式主题，这些活动在市场端，解决了用户一站式的消费需求，在商家侧，以主力类目带动了新兴类目的孵化，提升了活动整体的爆发性。

趋势品类、趋势场景，成为天猫超级品类日当前的两大业务模式。从单品类爆发到双管齐下，本质源于平台对市场变化的洞察，通过业务变革来全面满足消费者新兴的、细分的、多样的购物需求。

对于品牌而言，每一种小众趋势成长为流行大势，都经历过人群泛化、场景多元化、势能外溢多品类的相似过程，能够捕捉风口提前布局，并巧借平台势能增长的选手，将更有可能实现强势破局。

【产品开发案例 6】

订单忙到生产不过来！纺织服装业 2024 年冒出来的新"风口"，

搜索量暴增超 200%，企业纷纷布局

（荟荟 服装荟 2024-01-31 09:43 发表于上海）

2024 年，"新中式"成为第一轮火出圈的流行趋势。将传统与现代元素结合的"新中式"风格，正在向大众流行演变。美妆、穿搭、食养和家居领域纷纷添加中式元素，受到不少消费者青睐。

"新中式"羽绒服搭配牛仔裤，让服饰显得更加日常，搭配马面裙则更有中国风。在杭州四季青服装批发市场，一家商户负责人表示，从小朋友穿的拜年服到成人穿的毛衣、羽绒服，"新中式"服饰成了整个批发市场的主流。

浙江杭州四季青服装批发市场商户 姚燕儿：现在全场"新中式"占到 80%，有些排单都排了十天半个月。

除了日常服饰，"新中式"元素也在各大景点流行。在浙江西塘古镇的一家汉服馆里，一位店主正在给顾客进行妆造，没有厚重的粉底、假睫毛，轻薄的妆容反而放大了顾客鹅蛋脸、单眼皮等特点。店主告诉记者，"新中式"妆容讲究"人妆合一"，一切由自身面部特征出发。

浙江嘉善西塘镇某汉服馆负责人 尹斯羽：现在基本上进店的客人当中，寻找这种"新中式"方向的，比之前上升 50% 以上。

随着"新中式""国潮风"的崛起，一些传统手工艺也开始被更多消费者所认知。不少传统工艺被运用到箱包、首饰的制作中，一件件工艺品在传统和现代的结合下，碰撞出新的活力。

- 企业布局新赛道

消费端需求的增长也给上游供应端带来了巨大变化，不少相关企业的订单量大涨。看到了市场潜力的商家们，也开始陆续开发出更丰富的产品，供需形成良性互动。

浙江海宁许村某布艺厂负责人 张明强：订单量其实非常好，因为"风口"是一下子冒出来的。客户源源不断地找过来，但是现在基本上都回绝，因为实在是生产不过来。

浙江海宁一家马面裙面料生产企业的负责人告诉记者，他们的提花机原本生产的是各式花色的沙发布、窗帘布，现在都用来生产马面裙面料。同时，新开发的龙纹面料也将在下个月投放市场。

浙江海宁某纺织服装企业副总经理沈菊华：目前新增了24台提花机，厂里一共有100多台织机。基本上未来3~4个月的订单是不用愁的。

眼下，浙江海宁许村有超过100家厂商在从事"新中式"相关产业，日产布料达3万m。

除了穿搭，"新中式"风也强势流入家居家装行业。江苏启东一家家具生产厂的负责人表示，原先企业生产的家具以现代风为主，去年以来"新中式"风格的家具销量持续增长，他们也开始加大在"新中式"产品上的开发。

某电商平台数据显示，近2个月"新中式"搜索量同比增长超200%。

【产品开发案例7】

新闻有观点·行业洞察 | 今冬最火"平价貂"
——摇粒绒靠什么样的黑科技站上时尚前沿？

今年冬天，"摇粒绒穿搭"席卷时尚圈，不仅大街小巷出现了更多"绒"的身影，社交媒体上的讨论也愈发热烈，众多"千赞笔记"分享了摇粒绒色彩搭配、品牌选择等。曾经被贴上"廉价""土味"标签的摇粒绒是如何逆袭成为时尚新宠的？它在技术层面上采用了哪些先进工艺？未来，摇粒绒又可能迎来怎样的变革和升级？

中央广播电视总台中国之声《新闻有观点》特别策划"行业洞察"，对话东华大学材料科学与工程学院的教授兼博士生导师陈烨、全国知名服装材料生产企业的科技研发策划负责人郑慧，带你了解摇粒绒的"前世今生"，展望摇粒绒市场的更多可能性。

▶ "绒"服饰成为冬季潮流

● 摇粒绒是怎么进入时尚圈的？

当下，绒衣已然成为消费者冬季着装的热门选择，社交媒体上出现了阅读量达2.2亿的话题"别再问为什么爱穿摇粒绒了"，追求时尚的年轻人正在将"绒"服饰融入自己的日常穿搭。全国知名服装材料生产企业的科技研发策划负责人郑慧科普说，年轻人穿的这些"绒"不能简单归为摇粒绒，不过本质上都属于人造的毛绒面料，一般根据风格工艺和手感区分。

东华大学材料科学与工程学院的教授兼博士生导师陈烨补充总结，各种绒类面料如珊瑚绒、摇粒绒和羊羔绒，主要成分都是化学纤维，这些纤维经过染色、拉毛、梳毛、剪毛等多重工艺处理后，便具备了轻便保暖、手感柔软的特性。

事实上，摇粒绒和其他绒类面料并非新兴事物，却在近期成了冬季潮流的标志元素。陈烨从两方面作出了分析：首先，时尚界出于公益方面的考虑，正在减少动物皮毛的用料，转而采用化纤成分的材料，这为摇粒绒等面料提供了更大的市场空间；其次，从功能性的角度来看，摇粒绒面料不仅质地柔软、保暖性能好，而且相比纯羊羔绒等天然毛皮面料，更加易于护理和清洁，这对于追求便捷生活的年轻人群来说，更具吸引力。

郑慧从美观的层面解释说，"摇粒绒的流行是一个必然"。曾有着"时尚灾难"等标签的摇粒绒，经过工艺上的精细改良，已经克服了"版型臃肿、不易驾驭"的固有印象，品牌开发出细摇粒绒等新产品，绒毛细腻度得到了显著提升；设计师们运用拉链、纽扣等辅料，创新了材质拼接和色彩搭配，打破沉闷，让摇粒绒更年轻化；此外，摇粒绒服饰与牛仔裤、老爹鞋或运动裤等搭配，风格或帅气或温柔，也显示出其搭配的多样性和时尚潜力。

➡ 摇粒绒面料可以驾驭各种色彩，"黑科技"加码，摇粒绒今非昔比

● "绒"的科技研发主要靠什么？

与早期的摇粒绒相比，当前市面上的摇粒绒无论在触感、视觉还是技术层面，都实现了显著提升。陈烨介绍道，摇粒绒问世，最早是为了满足户外活动对更快速干燥且轻便的纺织品的需求，当时主要采用聚酯纤维制作，产品面料相对厚重，而随着技术进步，现在的摇粒绒面料粒感细腻，手感已经接近于细羊羔绒或真羊羔绒。此外，现代面料采用超细纤维和空心技术，降低了克重，穿着更为轻便；仿生技术的发展和制粒工艺的进步也使得摇粒绒面料越来越高档。

摇粒绒面料的不断进步离不开科技研发的持续创新。郑慧所在的企业，作为国内最早从事摇粒绒生产的先行者之一，已经建立了较为成熟的校企合作研发体系。公司不仅设有专门的博士后科研工作站，也面向毕业生实施人才引进计划，并与东华大学等高校建立了长期合作关系。通过"产学研用"，将科研成果应用于产品开发，对摇粒绒定向优化，包括增强产品的保暖性，开发面料的多功能性。

同时，市场需求的变化会驱动企业不断进行技术革新。公司通常基于市场调研和品牌战略，针对消费者的偏好反馈以及产品使用中的问题，作出相应的技术调整和优化。郑慧透露："在洞察市场需求后，我们就会着手解决技术上的关键问题，通过校企合作等方式，努力攻克技术瓶颈。"

➡ 中国造，叫得响

● 未来摇粒绒还将向何处发力？

陈烨指出，虽然摇粒绒等绒类面料发源于美国，但目前中国市场已在这一领域占据领导地位，持续向国际品牌供应面料。"因为摇粒绒及其他绒类产品的原材料多为以涤纶为典型代表的聚酯纤维，中国是全球最大的涤纶生产国，在高水平的制造技术和设备方面均展现出了领先优势。"郑慧说，从过往企业海外参展的经历来看，他们的展品和面料在欧美等地的国际展览会上备受欢迎，获得了海外前沿市场的积极反馈。

面向未来，陈烨预测，在制备技术方面，摇粒绒材料将会更加注重仿真性，纤维将变得更细腻柔软，同时保持更好的中空结构，以增强保暖性能。材料的保型性也是发展的重要方向，确保经过多次洗涤后仍能保持卷曲弹性。此外，在备受消费者关注的抗静电性能方面，当前通过加入抗静电剂或嵌入功能粒子，纤维面料已具备初步抗静电能力，未来，如果实现更彻底的抗静电效果，将给摇粒绒和人造绒材料带来重大革新。

● 摇粒绒加工有着复杂流程

郑慧表示：随着消费者环保意识的不断增强，新材料的研制将会倾向于使用可再生、可降解的原料，并通过技术手段达到与原生材料同等的性能和品质，保证生态安全性；此外，科技进步还将促进服装材料多功能性的提升，未来的摇粒绒除了保暖外，还可能具备低静电、防风抗寒、抗阻燃等特性。

国内某头部购物平台的数据显示，当前最畅销的 TOP 1 000 款摇粒绒单品，价格多集中在 300 元以下，其中，200~299 元的摇粒绒单品最受欢迎。那么，随着多功能的叠加，"平价绒"会不会不再平价？陈烨分析指出，研发成本的提高可能导致价格上涨，"不过，相较于真正的羊毛或羊绒，价格仍然会是比较实惠友好的。"同时，当市场日益庞大且技术成熟时，规模效应能够降低生产成本，从而使产品价格保持在合理水平。因此，科技的发展和市场的运作会平衡高品质产品的定价，不会给消费者造成过大的经济负担。

结语：在数字化产品设计与开发的探索中，纺织服装行业正迈向全新的未来。本章深入探讨了数智化技术对整个产品设计与开发过程的影响，从初始概念到最终产品的生产，数智化技术以其创新和高效性，重新定义了行业标准。数智化技术的引入为纺织服装行业带来了巨大的变革。3D 设计、虚拟样板、CAD 等工具的运用，不仅提高了设计师的创作效率，还大幅缩短了产品开发周期，降低了成本。这种转变不仅仅在技术上颠覆了传统方式，更为行业注入了更大的创造性和灵活性。

然而，数字化产品设计与开发也面临一系列新挑战。技术更新换代的速度、数据安全和隐私保护等问题需要持续关注和解决。同时，数字化带来的技术壁垒也需要企业和从业者不断学习和适应。未来，数字化产品设计与开发将继续引领着纺织服装行业的发展方向。创新将成为成功的关键，技术将为行业带来更多可能性。在这个持续变革的时代，只有不断追求创新、灵活应对变化，纺织服装行业才能在数字化潮流中抢占先机，实现更高效、更具竞争力的产品设计与开发。

思考题：

1. 基于数智化技术，探讨如何改变传统纺织服装设计流程。

2. 选择一种特定的数智化技术（如 3D 设计、虚拟样板等），研究其在纺织服装产品开发中的应用及优势。

3. 比较传统的纺织服装产品设计流程与数字化设计流程，评估其在效率、成本和创新性方面的差异。

4. 探讨数字化产品设计对纺织服装行业可持续发展的影响，重点关注资源利用和环境影响。

5. 研究纺织服装数字化产品设计与开发中可能出现的隐私和数据安全问题，并提出解决方案。

6. 分析数字化产品设计对纺织服装行业供应链的影响，特别是在生产周期和库存管理方面的改变。

7. 选择一家采用数字化产品设计的纺织服装公司，评估其成功案例，分析数智化技术对其业务模式和市场竞争力的影响。

第 12 章 风险管理与安全生产

纺织服装产业在数字化和智能化的浪潮中，面临着新的风险与挑战。随着科技的不断进步，数字化和智能化技术为产业带来了巨大的发展机遇，但同时也带来了一系列潜在的安全与风险隐患。作为一个人力密集型和技术密集型的行业，纺织服装产业在数字化智能化转型过程中需要特别关注风险管理和安全生产。

传统的纺织服装生产过程中存在着各种潜在的风险，如生产安全事故、数据泄露、技术依赖风险等。而数字化和智能化技术的引入为这些风险带来了新的维度和挑战。例如，自动化生产线和机器人技术的应用提高了生产效率，但也增加了设备故障和安全事故的风险；大数据分析和物联网技术为信息管理带来了便利，但也加剧了数据安全和隐私泄露的隐患。

本章将深入探讨纺织服装产业数字化智能化风险管理与安全生产的议题。我们将着重分析数字化和智能化技术在纺织服装产业中的应用现状，识别其中存在的潜在风险和安全挑战。同时，我们将探讨如何利用技术手段和管理策略来有效管理和应对这些风险，以确保生产过程安全稳定、数据信息安全可靠，并探讨如何在数字化智能化转型中实现安全生产和可持续发展的平衡。通过深入研究和探讨，我们旨在为纺织服装产业从业者提供有效的风险管理和安全生产策略，推动产业向着更加安全、智能化的发展道路前进。

 **数字化风险评估**

数字化风险评估是指对数字化过程中可能出现的风险进行系统、科学、全面的评估，旨在识别、定量化和管理与数字化相关的潜在风险。

12.1.1 数字化风险评估的一般步骤和考虑因素

(1) 风险识别步骤

数字化过程中可能面临的各种风险包括技术风险、安全风险、隐私风险、合规风险和操作风险。以下是对这些风险进行更详细的识别和描述：

技术风险：数字化系统可能会面临硬件或软件故障，导致系统不稳定或崩溃。

技术过时：快速发展的技术可能使之前采用的技术变得过时，影响系统的功能和效率。

集成和兼容性：整合多个系统或应用时可能出现兼容性问题，影响系统的正常运行。

安全风险：未经授权访问或数据泄露可能导致敏感信息泄露给未授权的人员或组织。

网络攻击：包括恶意软件、病毒、勒索软件、网络钓鱼等，可能导致系统受到攻击、数据丢失或被篡改。

身份盗窃：盗窃身份信息可能导致恶意行为，如身份盗用、诈骗等。

隐私风险：未经允许收集、存储、处理和共享个人信息可能违反隐私法规，造成法律责任和声誉损害。

透明度和知情权：用户可能不清楚他们的数据如何被使用，缺乏知情权，可能引起隐私担忧。

合规风险：数字化过程必须遵守各种法律法规，包括数据隐私法、电子交易法等，否则可能面临罚款、法律诉讼等风险。

行业标准和规范：未遵守行业标准和规范可能影响公司的声誉和市场竞争力。

操作风险：员工可能因为错误操作、误解指令等导致系统故障或数据丢失。

不当使用：员工可能不当使用系统，导致数据泄露或非授权行为。

对这些风险进行深入评估，识别其概率、影响程度和紧急程度，是建立有效的风险管理策略和措施的基础。

12.1.2 风险分析

风险分析是对已识别的各种风险进行更为深入的评估，主要评估风险的概率、影响程度、可能性和严重性。这种分析可以采用定性分析和定量分析两种方法。

(1) 定性分析

定性分析是通过主观判断和专业知识来评估风险的方法，通常通过定性等级或描述来表示风险的概率、影响、可能性和严重性。

①概率评估

低概率：事件发生的可能性极低，几乎不会发生。

中概率：事件可能会发生，但不是经常性发生。

高概率：事件很可能会发生，是常规性的风险。

②影响评估

低影响：事件发生时影响较小，可以轻松应对。

中影响：事件发生时会对业务和项目产生一定的影响，需要采取一定措施进行处理。

高影响：事件发生时会对业务和项目产生严重影响，可能导致项目失败或严重财务损失。

③可能性评估

低可能性：事件发生的可能性极低，极少情况下发生。

中可能性：事件可能会发生，但不是经常性发生。

高可能性：事件很可能会发生，是常规性的风险。

④严重性评估

低严重性：对业务目标和利益影响较小，可以容忍。

中严重性：对业务目标和利益产生一定程度的影响，需要关注和处理。

高严重性：对业务目标和利益影响严重，需要立即采取应对措施。

(2) 定量分析

定量分析是利用数值、数据和统计分析来量化风险的概率、影响、可能性和严重性。这种分析方法提供了更具体、精确的量化指标。

概率分析：使用统计数据、历史数据等进行概率分析，计算事件发生的概率。

影响程度分析：使用数据和指标来量化事件的影响程度，如经济损失、时间延误等。

可能性分析：使用统计数据或专业评估来量化事件发生的可能性，以百分比或比例表示。

严重性分析：使用经济学模型、财务模型等分析事件对业务的严重影响。

通过定性和定量分析，可以更全面地了解每种风险的特征，为制定风险应对策略提供有价值的数据和信息。

12.1.3 风险评估

风险评估是将每种风险的概率和影响程度结合起来，以评估整体风险水平，并确定哪些风险需要重点关注和处理。通常采用风险矩阵或风险评级的方式进行评估。

(1) 风险矩阵评估方法

风险矩阵是一种常用的风险评估方法，通过将风险的概率和影响程度绘制成矩阵，确定风险的等级和优先级。

确定概率和影响程度等级：定义概率等级和影响程度等级，通常用数字或描述性的词汇，如低、中、高等级。

绘制风险矩阵：将概率等级和影响程度等级绘制成一个矩阵，形成不同概率和影响程度组合的风险矩阵。

确定风险等级：将每种风险根据其概率和影响程度定位到矩阵中的相应位置，确定其风险等级。

确定风险优先级：针对每种风险，根据风险等级确定其优先级，重点关注高等级的风险。

风险评级方法：风险评级是将风险按照一定标准进行分类，通常采用数字或字母等级表示风险的严重程度和优先级。

(2) 定义评级标准

确定评级标准，包括概率评级和影响程度评级的标准，可以根据组织的需求和特定情境进行定义。

对每种风险进行评级：根据定义的评级标准，对每种风险进行评级，分别确定其概率评级和影响程度评级。

结合评级确定风险等级：将概率评级和影响程度评级结合起来，确定每种风险的整体风险等级。

确定风险优先级：根据风险等级确定其优先级，重点关注高等级的风险。

风险评估可以帮助组织全面了解各种风险的程度和优先级，有助于合理分配资源，制定风险管理策略，并采取相应措施降低风险的影响。

(3) 风险优先级排序

风险优先级排序是根据风险评估结果，对风险进行排列，以确定哪些风险需要紧急处理，哪些是相对较低优先级的，以便组织能够有针对性地制定风险管理策略和采取相应措施。

整理评估结果：汇总概率、影响程度、可能性、严重性等评估结果，确保所有风险都得到评估。

确定权重和权重分配：为了将不同评估指标综合考虑，可能需要给不同指标分配权重，以反映其在风险评估中的重要性。

计算风险的综合评分：根据所设定的权重和权重分配，计算每种风险的综合评分。一般采用综合评分 = 概率评分 × 影响评分。

排序风险：将每种风险的综合评分从高到低进行排序，得到风险的排序列表。

划分优先级：将排序后的风险列表分成几个级别，可以根据实际情况划分，比如高优先级、中优先级、低优先级等。

确定紧急处理风险：将综合评分较高的风险判定为紧急处理的风险，通常这些风险对业务影响较大，需要尽快采取措施降低其概率或影响。

制定应对策略：针对高优先级的风险，制定相应的风险应对策略，明确应对措施、责任人等信息。

通过风险优先级排序，组织能够清晰了解哪些风险需要紧急处理，以及应该怎样有序地制定风险应对策略，以确保业务的持续稳定。

(4) 制定风险应对策略

制定风险应对策略是为了对不同级别的风险采取适当的措施，以降低其概率或影响，或者更好地管理这些风险。常用的风险应对策略包括避免、降低、转移和接受。

①避免风险策略

避免风险是尽可能采取措施，使风险不发生或降至最低程度。主要方法包括：

避免危险行为或情境：防止涉及高风险行为或决策，避免使用不成熟或未验证的技术或方法。

改变计划或流程：调整项目计划、流程或资源分配，以消除或减少风险。

追求替代方案：考虑替代方法或技术，这些方法可能具有较低的风险概率或影响。

②降低风险策略

降低风险是通过采取措施，减少风险的概率或降低其影响。主要方法包括：

采取预防措施：实施预防性控制措施，例如安全培训、升级系统安全等。

实施监测和警报系统：建立监测机制，以及设定警报和通知系统，及时识别潜在风险并迅速采取措施。

规定最佳实践和流程：建立适当的最佳实践和流程，确保团队按照标准操作，降低错误发生的概率。

③转移风险策略

转移风险是将风险责任或影响转移到第三方，通常通过保险、外包或合同等方式实现。主要方法包括：

购买保险：购买适当的保险来覆盖特定风险，减轻财务损失。

外包风险：将特定任务或业务功能外包给专业的合作伙伴，将风险责任转移到外包方。

制定合同：在合同中明确定义风险分担责任，将风险转移到合作伙伴或供应商。

④接受风险策略

接受风险是意识到风险存在，但决定不采取特别措施。这通常用于较低影响或成本较高的风险，或者当无法采取有效措施时。主要方法包括：

建立风险储备金：为可能发生的风险情景设立资金储备，以应对潜在的不利影响。

制定应急计划：明确应对风险的应急措施，以便在风险发生时快速应对和减轻影响。

不同风险应对策略的选择取决于风险的性质、概率、影响和组织的承受能力。在实践中，可能需要综合多种策略来应对特定风险。

(5) 实施和监控

实施和监控风险应对策略是确保风险管理计划的有效执行和随时调整的关键步骤。这包括实施事先制定的风险应对措施，监控风险的变化和实施效果，并根据实际情况进行必要的调整和改进。

①实施风险应对策略的步骤

明确责任和角色：确定责任人和相关角色，明确每个人的任务和职责，以保证风险应对措施的顺利执行。

执行风险应对措施：根据制定的风险应对策略，实施相应的风险应对措施，确保措施按计划和标准进行执行。

培训和沟通：为相关人员提供必要的培训，确保他们了解风险应对措施的目标、方法和操作步骤。持续进行沟通，解决可能出现的问题。

监督执行情况：实施监督措施，对风险应对措施的执行情况进行定期检查和监督，确保措施按照预定计划执行。

②监控风险的变化和实施效果的步骤

定期风险评估：定期对风险进行重新评估，包括概率、影响、可能性等指标，了解风险的变化情况。

收集反馈和数据：收集与风险应对策略相关的数据和反馈，包括实施过程中遇到的问题、解决方案的效果等。

比较实际情况与计划：比较实际实施情况与原先制定的风险应对计划，分析是否存在偏差、不足或超出预期的情况。

评估实施效果：评估风险应对措施的实施效果，分析措施是否能够有效降低风险概率或影响。

调整风险应对策略：根据评估结果，适时调整风险应对策略，包括修订风险应对措施、重新分配资源、改进培训等。

通过持续监控和适时调整风险应对策略，组织能够及时适应变化的风险情境，确保风险管理策略的有效性和适应性。

12.1.4 考虑因素

(1) 技术安全

考虑技术安全是非常重要的，特别是在数字化、智能化的环境下。确保系统的安全性对于保护数据、避免未授权访问、防止信息泄露至关重要。以下是一些在数字化纺织服装生产、设计和销售过程中需要考虑的技术安全因素和措施：

①系统漏洞和弱点

风险描述：系统中的漏洞或弱点可能被恶意攻击者利用，造成数据泄露、服务中断等问题。

安全措施：定期更新系统，及时安装安全补丁，使用最新的安全技术和防火墙等保护系统。

②数据泄露

风险描述：未经授权的访问或数据泄露可能导致敏感信息外泄，损害企业声誉和客户信任。

安全措施：使用数据加密技术，建立权限管理系统，限制数据访问权限，定期审查访问记录。

③网络攻击

风险描述：网络攻击可能导致系统崩溃、数据被窃取、服务中断等严重后果。

安全措施：使用防火墙、入侵检测系统、入侵防御系统等网络安全工具，建立安全策略。

④恶意软件和病毒

风险描述：恶意软件和病毒可能破坏系统、窃取数据或干扰业务流程。

安全措施：安装权威的杀毒软件、防恶意软件程序，定期更新病毒库。

⑤身份验证和访问控制

风险描述：不正确的身份验证和不严格的访问控制可能导致未经授权的用户访问系统。

安全措施：使用多因素身份验证，强化密码策略，实施严格的访问控制，及时回收离职员工的权限。

⑥加密技术

风险描述：敏感数据传输时未加密可能被窃取，造成数据泄露。

安全措施：对敏感数据采用加密技术，确保数据在传输和存储时的安全性。

⑦定期培训与意识提高

风险描述：员工对安全意识不足，可能不慎泄露敏感信息或受到社会工程学(Social Engineering)攻击。

安全措施：定期对员工进行安全意识培训，提高员工对安全风险的认知和防范意识。

考虑并实施这些技术安全措施，可以显著降低数字化纺织服装生产、设计和销售过程中的技术风险，保护关键数据和系统的安全。

(2) 隐私和合规

确保隐私和合规是数字化纺织服装生产、设计和销售过程中的重要考虑因素。以下是一些确保隐私和合规的关键步骤和措施：

遵守隐私法规和合规标准：确保遵守适用于所在地区的隐私法规和合规标准，如欧洲的 GDPR (General Data Protection Regulation)、美国的 CCPA (California Consumer Privacy Act) 等。

隐私政策和用户知情权：制定明确的隐私政策，并确保用户清楚了解他们的数据将如何收集、使用和保护。

数据最小化原则：仅收集、使用和存储必要的用户数据，避免过度收集用户信息。

透明度和可控性：提供用户透明的信息，允许用户控制其个人数据的访问和使用。

数据加密和安全措施：采用加密技术保护用户数据的传输和存储，确保数据安全。

合法数据处理基础：确保对用户数据的处理基于合法的基础，如用户同意、履行合同、法定义务等。

用户访问请求的响应：尽快响应用户对其个人数据的访问、更正或删除请求，确保用户对其数据拥有合适的控制权。

定期隐私审查：定期审查和更新隐私策略和控制措施，以适应法规和技术的变化。

员工隐私意识培训：对员工进行隐私保护的培训，使其了解隐私风险和合规要求。

第三方合作伙伴审核：对与个人数据相关的第三方服务提供商和合作伙伴进行审核，确保他们符合隐私和合规标准。

合规和隐私团队：成立专门团队或委员会负责确保公司的合规和隐私政策得到贯彻执行。

通过采取这些措施，企业能够最大限度地保护用户隐私数据，确保遵守法规和合规要求，建立可信赖的数字化纺织服装生产、设计和销售流程。

(3) 业务中断和灾害恢复

考虑业务中断和灾害恢复是数字化纺织服装生产、设计和销售过程中的重要方面。业务中断可能由系统故障、自然灾害、人为错误等引起，因此建立灾害恢复和业务持续性计划至关重要。以下是确保业务持续性的关键步骤和措施：

风险评估和业务影响分析：分析可能导致业务中断的风险，包括系统故障、网络攻击、自然灾害等。评估这些风险对业务的潜在影响，包括数据丢失、生产中断、客户服务中断等。

制定业务持续性计划：制定详细的业务持续性计划，确保在业务中断时能够快速恢复关键业务流程，最小化业务影响。

制定灾害恢复计划：制定灾害恢复计划，包括数据备份和恢复、系统修复、设备替换等措施，以尽快恢复业务。

数据备份和恢复：建立定期备份数据的程序，并测试数据恢复过程，确保能够及时恢复数据并恢复业务。

业务流程多样化：分析业务流程，确保关键业务流程具有备份、替代和多样化的选项，以降低业务中断的风险。

员工培训和演练：对员工进行定期培训，教授应对业务中断的正确步骤。定期进行模拟演练，以确保员工熟悉应急流程。

合作伙伴和供应商的灾害恢复计划：确保与关键合作伙伴和供应商合作，共同制定灾害恢复计划，确保整个供应链的业务持续性。

设备和基础设施的冗余和备份：在关键区域建立设备和基础设施的冗余和备份，以确保在设备故障或灾害发生时业务能够继续运行。

定期审查和更新计划：定期审查业务持续性计划和灾害恢复计划，确保其符合业务需求和技术发展，并进行必要的更新和改进。

通过建立健全的业务持续性计划和灾害恢复计划，企业能够降低业务中断的风险，保障业务能够在意外情况下快速恢复和持续运行。

(4) 供应链和第三方风险

考虑供应链和第三方风险是数字化纺织服装生产、设计和销售过程中的重要方面。建立合作伙伴管理和供应链风险评估机制可以有效降低与供应商、合作伙伴和外部服务提供商相关的潜在风险。以下是确保供应链稳定和管理第三方风险的关键步骤和措施：

供应链风险评估：定期评估和审查整个供应链，识别潜在的风险，包括供应商的财务稳定性、地理位置、政治稳定性等。

建立合作伙伴管理制度：确立明确的合作伙伴选择标准和程序，包括质量、交货时间、合规性等要求，并进行供应商和合作伙伴的定期评估。

多供应商策略：采用多供应商策略，避免对单一供应商过度依赖，确保业务的连续性和稳定性。

合同和法律条款明确：在合同中明确各方的责任、权利、服务水平协议、违约责任等，确保法律保护和争端解决机制的明晰。

定期供应商审查：定期审查和评估供应商的业务状况、财务稳定性、合规性，确保合作伙伴符合公司的要求。

危机管理和应急计划：制定危机管理和应急计划，包括供应链中断、合作伙伴违约等情况下的应对措施，确保业务能够快速应对和恢复。

信息安全保护：考虑第三方的数据处理和信息安全措施，确保第三方也符合企业的信息安全标准。

教育和培训：为员工提供与合作伙伴管理和供应链风险相关的培训，提高其识别、管理和应对风险的能力。

实时监控和警报系统：建立实时监控和警报系统，及时发现并应对供应链和第三方风险，降低风险对业务的影响。

通过建立这些合作伙伴管理和供应链风险评估机制，企业可以更好地管理与供应商、合作伙伴和第三方相关的风险，确保业务的稳定性和可持续性。

(5) 人为因素

考虑人为因素，尤其是员工的安全意识、不当操作和恶意行为对数字化纺织服装生产、设计和销售过程的影响，加强员工培训和教育至关重要。以下是确保员工意识和行为符合安全标准的关键措施：

安全培训和教育：提供全面的安全培训和教育，覆盖员工的责任、安全标准、紧急情况应对等，确保员工理解并遵守安全规定。

定期安全会议：定期召开安全会议，分享事故案例、最佳实践和安全经验，以增强员工对安全的认识。

安全标准和操作规程：明确安全标准和操作规程，并确保所有员工理解、遵守和执行这些标准和规程。

事故报告和调查：鼓励员工报告安全事故、意外事件或不安全行为，并进行及时调查、分析，以确定事故原因并采取改进措施。

奖惩制度：设立奖励机制，激励员工遵守安全规定和参与安全改进，同时建立严格的惩罚制度以防止不当操作或恶意行为。

示范和榜样：通过示范正确的安全行为和培养榜样员工来塑造良好的安全文化。

持续改进：定期评估员工的安全意识和行为，根据评估结果进行持续改进培训计划。

沟通和反馈机制：提供开放的沟通渠道，鼓励员工提出安全改进建议，并及时反馈员工意见。

紧急情况演练：定期组织紧急情况演练，培养员工在危急情况下的应急反应能力和安全意识。

通过加强员工培训和教育，营造积极的安全文化，企业能够有效预防和应对由员工的不当操作、安全意识不足或恶意行为可能带来的风险。

(6) 经济和财务风险

考虑经济和财务风险，特别是数字化投资的回报风险和成本控制是非常重要的。进行成本效益分析可以帮助企业全面评估数字化投资的经济可行性和潜在收益。以下是确保经济和财务稳健的关键步骤和措施：

成本效益分析：进行全面的成本效益分析，包括投资成本、运营成本、维护成本和预期收益，以评估数字化投资的回报率和经济可行性。

风险评估和应对策略：评估数字化投资可能面临的各种风险，制定相应的应对策略，降低经济和财务风险对投资的影响。

财务规划和预算控制：制定详细的财务规划和预算，确保投资与预期成本、收益和回报保持一致，定期监控预算执行情况。

回报率评估：确定数字化投资的期望回报率，基于回报率评估投资的经济效益，确保回报率符合预期。

现金流分析：进行现金流分析，评估数字化投资对现金流的影响，确保企业有足够的现金流来支持投资和运营。

投资阶段控制：在数字化项目的不同阶段设定财务目标，并对阶段性的投资进行控制，确保项目按计划和预算推进。

多方案比较：比较不同数字化投资方案的成本效益，选择最具经济和财务效益的方案进行实施。

定期评估和调整：定期评估数字化投资的实施情况，根据实际结果调整投资策略和预算，以最大程度地实现经济效益。

合理分期实施：按照能力和财务状况，合理分期实施数字化投资，降低一次性财务风险。

通过这些步骤和措施，企业可以更好地评估数字化投资的经济和财务风险，合理制定策略和预算，最大限度地实现数字化转型的经济效益。

(7) 法律和法规

确保数字化纺织服装生产、设计和销售过程中的法律和法规遵从是至关重要的，以避免可能的法律风险和法律责任。以下是确保法律合规的关键步骤和措施：

法律合规团队：成立专门的法律合规团队或委员会，负责监督和确保业务的法律合规。

法律审查：定期对业务活动、合同、广告、隐私政策等进行法律审查，以确保其符合适用法律法规。

了解当地法律法规：深入了解所在地区的法律法规，特别是与数字化领域相关的法律，以确保业务活动符合当地法律要求。

法律咨询：在必要时寻求专业法律意见和咨询，以确保业务活动的合法性和合规性。

员工培训：为员工提供有关法律和法规的培训，确保员工了解适用法律，并遵守法律要求。

隐私保护：遵守隐私法规，保护客户和员工的个人隐私信息，确保数据处理符合法律要求。

数据安全：实施适当的数据安全措施，确保客户和业务数据的安全和隐私。

监测法律变化：定期监测法律和法规的变化，及时调整业务策略，以确保业务持续合法和合规。

合同合规：确保合同的合法性和合规性，避免违反任何法律要求。

全球合规：如果业务跨足多个国家或地区，了解并遵守各个地区的法律法规。

通过遵守法律法规，企业可以保护自身免受法律风险，并确保在数字化纺织服装生产、设计和销售过程中保持适当的法律合规性。

数字化风险评估需要全面、深入地了解数字化过程中的各种风险，并采取适当的风险管理措施，以确保数字化转型的顺利进行并降低潜在风险对组织的影响。

12.2 数据安全与隐私保护

在数字化纺织服装生产、设计和销售过程中,数据安全和隐私保护至关重要。这方面的合适措施可保护客户、员工和业务数据的安全和隐私。

12.2.1 确保数据安全和隐私保护的关键步骤和措施

(1) 数据分类和标记

数据分类和标记是确保数据安全和隐私保护的重要步骤。通过对数据进行合理分类和标记,可以更好地管理和保护数据,确保敏感数据得到适当的保护。以下是数据分类和标记的关键步骤和措施:

识别和分析数据:确定所有数据类型,包括客户数据、财务数据、知识产权、员工信息等。分析数据的敏感程度和重要性。

制定数据分类标准:基于数据的敏感程度、机密性、完整性、可用性等制定分类标准,例如公开信息、内部信息、机密信息等。

为数据分配分类级别:将数据按照分类标准划分到相应的级别,通常采用标签、元数据或特定的数据分类工具来实现分类和标记。

建立标记规范:建立标记规范,确保所有员工了解并按照规范为数据进行适当的分类和标记。

教育培训:对员工进行培训,解释数据分类的重要性,教育员工如何正确分类和标记数据。

自动化标记系统:使用自动化工具和系统,实现对数据的自动分类和标记,以降低人为错误和提高效率。

定期审查和更新:定期审查已分类和标记的数据,确保其仍然符合当前业务需求和法规要求,必要时更新分类和标记。

访问控制基于分类:基于数据分类,设定相应的访问控制策略,确保只有具有适当权限的人员能够访问特定级别的数据。

隐私和合规要求:确保数据分类和标记符合适用的隐私法规和合规要求,例如GDPR、HIPAA (Health Insurance Portability and Accountability) 等。

定期风险评估:定期对已标记的数据进行风险评估,以识别潜在的安全风险和隐私问题,并及时采取措施解决。

通过合理的数据分类和标记,企业可以更好地控制和保护敏感数据,确保数据安全和隐私保护的有效实施。

(2) 访问控制和权限管理

访问控制和权限管理是确保数据安全和隐私保护的重要组成部分。这些措施帮助限制对数据的访问,确保只有授权人员能够访问特定的数据,并且分配适当的权限。以下是实施严格访问控制和权限管理的关键步骤和措施:

身份验证和授权:使用强身份验证机制,如多因素身份验证,确保用户的真实身份。

授权确定用户能够访问哪些资源和执行哪些操作。

最小权限原则：基于工作职能和需要，分配最低必要权限，避免过度授权。只为完成工作所需的数据和功能授予权限。

角色和责任：设计和分配基于角色的权限，确保特定职能的员工拥有适当的权限，减少对个体的直接授权。

权限审查和更新：定期审查用户的权限，确保权限仍然符合员工的职责。在员工职责变化或离职时及时更新权限。

访问审计和日志记录：记录用户对数据的访问情况，包括谁、何时以及对何种数据进行了何种操作。这可以帮助跟踪潜在的安全问题。

分层控制：将访问控制分层，确保对于敏感数据，只有极少数的高级别员工可以访问，而对于普通数据，更多员工可以访问。

网络隔离和防火墙：使用网络隔离和防火墙技术，限制来自外部网络的访问，并在网络内部实施严格的访问控制。

追踪和警报系统：部署监控系统，及时检测和警报潜在的异常访问行为，以便立即采取行动。

员工培训：对员工进行访问控制和权限管理方面的培训，确保员工了解最佳实践和合规要求。

定期安全评估：定期进行安全评估和渗透测试，以确保访问控制和权限管理的有效性，并及时纠正发现的问题。

通过严格实施访问控制和权限管理，企业可以确保只有授权人员能够访问特定数据，并根据需要分配适当的权限，从而保护数据安全和隐私。

(3) 加密技术

加密技术是保护数据安全的关键措施之一。它通过将数据转化为密文，以防止未经授权的访问者能够理解或利用这些数据。以下是加密技术的关键步骤和措施：

选择合适的加密算法：选择现代、强大且经过验证的加密算法，如 AES (Advanced Encryption Standard)、RSA (Rivest-Shamir-Adleman)、ECC (Elliptic Curve Cryptography) 等。

适当的密钥管理：确保密钥的安全和有效管理，包括密钥的生成、分发、存储、轮换和销毁。密钥应该足够复杂和长以抵御破解。

数据加密和解密：在存储敏感数据时对其进行加密，确保只有经过授权的用户才能解密和使用这些数据。

端到端加密：对于数据在传输过程中的保护，实施端到端加密，确保数据在源和目标之间的传输是安全的。

数据传输加密：使用安全传输协议，如 SSL (Secure Sockets Layer)/TLS (Transport Layer Security)，对数据进行传输时进行加密，避免数据在传输过程中被窃听或篡改。

文件和文件夹加密：对整个文件或文件夹进行加密，确保即使在存储介质上，也能保护数据免受未经授权的访问。

数据库字段加密：对数据库中的敏感字段进行加密，确保即使数据库被非法访问，敏感信息也无法被直接获取。

移动设备加密：对移动设备上存储的数据进行加密，以防止设备丢失或被盗时数据泄露。

应用程序层加密：在应用程序级别实现加密，确保应用程序能够在处理敏感数据时保持其加密状态。

定期更新和升级加密技术：定期审查和更新所使用的加密算法和协议，以确保其符合最新的安全标准。

加密性能优化：确保加密过程不会严重影响系统性能，寻求最佳平衡点以兼顾安全性和性能。

通过适当使用加密技术，企业可以保护数据的隐私和完整性，防止未经授权的访问和窃取。

12.2.2 安全审计和监控

安全审计和监控是确保系统和数据安全的重要措施。通过建立有效的审计和监控机制，可以实时监测数据访问和处理情况，及时发现异常活动并采取必要措施。建立安全审计和监控机制的关键步骤和措施：

定义审计策略和需求：确定需要审计的系统、应用程序、数据库和关键业务流程。明确定义审计策略和要求，包括审计目的、范围、频率等。

选择合适的审计工具和系统：选择适合组织需求的审计工具，可以是商业的安全信息和事件管理系统或定制的审计解决方案。

配置审计和监控参数：针对选定的系统和应用程序，配置审计参数，确保记录关键事件、访问和操作。配置监控参数以实时监测活动。

实时监控数据访问：监控用户对系统和数据的访问，包括登录、查询、修改等活动。实时检测并警报可疑活动。

日志记录和分析：启用详细的日志记录，确保所有重要事件和活动都能被记录下来。定期分析日志以识别异常和潜在的安全威胁。

异常检测和警报系统：配置系统以检测异常行为和模式，建立警报系统以通知安全团队，并采取适当的行动。

应急响应计划：建立完善的应急响应计划，以应对发现的安全事件，包括对恶意活动的隔离、调查、恢复和修复。

培训和意识提高：培训安全团队和相关员工，确保他们了解安全审计和监控的重要性，并知道如何有效利用这些系统。

合规性监测：确保审计和监控机制符合适用的法规、标准和合规要求，如 GDPR、HIPAA 等。

定期评估和改进：定期评估安全审计和监控机制的效果，对其进行改进以适应新的安全威胁和业务需求。

建立强大的安全审计和监控机制可以帮助组织及时发现并应对潜在的安全风险和威胁，确保系统和数据的安全性。

(1) 定期安全漏洞评估

定期进行安全漏洞评估和渗透测试是确保系统安全的重要实践。这些测试可以发现系统中的潜在漏洞和弱点，帮助组织及时修复并加强系统的安全性。以下是定期进行安全漏洞评估和渗透测试的关键步骤和措施：

(2) 制定安全评估计划

确定评估的范围、目标、方法和计划，明确哪些系统、应用程序或网络将进行评估，以及评估的频率。

选择合适的工具和技术：根据评估目标选择适当的安全评估工具和技术，包括自动化扫描工具、手动渗透测试等。

执行漏洞评估：运行安全评估工具，对系统、应用程序、网络进行漏洞扫描和评估，以发现可能存在的安全漏洞。

手动渗透测试：进行手动渗透测试，模拟真实攻击场景，尝试利用漏洞进一步深入系统，以验证漏洞的真实性和潜在影响。

安全漏洞分析：对发现的漏洞进行分析和分类，确定漏洞的严重程度和潜在影响，为后续修复提供指导。

漏洞修复和改进：根据漏洞评估结果，及时修复系统中发现的安全漏洞，并推进安全改进，以提高系统的安全性。

定期重复评估：确定评估的周期，定期重复安全漏洞评估，以确保系统的安全状态，并及时发现新的漏洞。

合规性验证：确保评估过程符合适用的合规性要求，如 PCI (Payment Card Industry) DSS(Data Security Standard)、ISO 27001 等，以满足法规和标准的要求。

报告和沟通：编制安全漏洞评估报告，包括发现的漏洞、建议的修复措施和改进建议。与相关利益相关者分享评估结果。

持续改进：根据评估结果和反馈，持续改进安全漏洞评估流程，以提高评估的效率和质量。

通过定期进行安全漏洞评估和渗透测试，组织可以发现并修复系统中的安全漏洞，从而提高系统的安全性和抵御潜在的安全威胁。

(3) 合规性与法律遵守

确保数据处理符合适用的隐私法律法规和遵守相关合规性要求是企业在数字化过程中的重要责任。GDPR(欧洲通用数据保护条例)和 CCPA(加利福尼亚消费者隐私法)是两个具有广泛影响的隐私法律法规，以下是确保合规性和法律遵守的关键步骤和措施：

了解适用法律和法规：深入了解适用于业务的隐私法律法规，包括 GDPR、CCPA 以及其他可能适用的国家或地区法规。

评估数据处理流程：评估数据处理流程，确保了解哪些个人数据被收集、使用、存储和共享，以及这些活动的法律和合规性影响。

制定合规策略和流程：制定符合适用法律法规的合规策略和流程，确保数据的合法、透明和合规处理。

更新隐私政策和通知：更新组织的隐私政策，确保隐私政策清晰、易于理解，并能反映适用法律法规的要求。

数据主体权利的保护：确保为数据主体提供适当的访问权、修改权、删除权和数据可携带性等权利。

数据保护措施：确保采取适当的技术和组织措施来保护个人数据，包括数据加密、访问控制、数据备份等。

合规培训：为员工提供隐私法律法规和合规性要求方面的培训，确保员工了解并遵守这些要求。

合规性检查和评估：定期进行合规性检查和评估，确保组织持续符合适用法律法规和合规性要求。

数据保护官任命：根据适用法律法规的要求，在组织内任命数据保护官并确保其有效履行职责。

应对数据侵犯事件：制定数据侵犯应对计划，以应对可能的数据侵犯事件，并及时通知相关方和监管机构。

国际数据传输合规性：对于国际数据传输，遵守适用的数据传输合规性要求，如 EU-US Privacy Shield、标准合同条款等。

跟随法律发展：持续关注和遵守法律的变化和更新，及时更新组织的合规策略和措施以适应新的法律要求。

遵守隐私法律法规和合规性要求是维护个人数据隐私和建立信任的关键，也有助于避免法律责任和罚款。

(4) 员工培训和教育

对员工进行数据隐私保护培训是确保组织遵守隐私法律法规和建立安全文化的关键步骤。以下是实施员工培训和教育的关键方面和措施：

制定培训计划：制定具体的培训计划，包括培训内容、培训时长、培训对象等。确保培训计划覆盖数据隐私保护的核心概念。

强调数据隐私保护的重要性：在培训中强调数据隐私保护对组织和个人的重要性，以及对客户信任和声誉的影响。

介绍适用法律法规：解释适用于组织的隐私法律法规，例如 GDPR、CCPA，以及员工应遵守的规定。

阐明个人数据的分类和处理原则：介绍个人数据的分类，明确不同类别数据的处理原则和规定，确保员工了解如何妥善处理不同类型的个人数据。

示范正确的数据处理方式：通过案例或场景模拟，展示正确的个人数据处理方式，包括收集、使用、存储、共享和销毁个人数据的步骤和注意事项。

培养数据安全意识：教育员工有关数据安全的基本原则，包括密码安全、网络安全、电子邮件安全等，以避免数据泄露和安全事件。

介绍内部隐私政策和流程：详细介绍组织内部的隐私政策、流程和相关责任，确保员工了解内部规定和合规性要求。

模拟演练和测试：定期进行模拟演练和测试，评估员工对数据隐私保护知识的理解和应用水平。

定期更新培训内容：随着法律法规的变化和组织需求的更新，定期更新培训内容，确保培训始终保持最新和适用。

建立反馈和咨询机制：为员工提供向安全专家咨询或报告安全问题的途径，并鼓励他们参与数据安全和隐私保护。

奖励和认可：设立奖励机制，奖励员工积极参与培训和提供有益安全建议。

通过系统性的培训和教育，员工能够理解数据隐私保护的重要性，掌握正确的数据处理方式，并在日常工作中切实遵守隐私法律法规和内部隐私政策。

(5) 数据备份与恢复

数据备份与恢复是确保业务连续性和数据安全的关键措施。以下是实施定期的数据备份和建立紧急恢复计划的关键步骤和措施：

制定备份策略：确定备份的频率、备份的范围、备份的存储位置和备份的方式(全量备份、增量备份等)。

选择合适的备份解决方案：根据业务需求选择合适的备份解决方案，包括本地备份、远程备份、云备份等。

确保完整性和一致性：确保备份数据的完整性和一致性，以防止备份数据损坏或不完整。

定期执行备份：设定定期备份计划并严格执行，确保重要数据得到及时备份。

加密备份数据：在备份过程中使用加密技术确保备份数据的安全性，特别是对涉及敏感信息的备份。

多点备份存储：将备份数据存储在多个地点，以防止单点故障或自然灾害导致的数据丢失。

建立紧急恢复计划：制定详细的紧急恢复计划，包括应急团队、恢复流程、恢复目标等。

定期测试紧急恢复计划：定期进行紧急恢复计划的测试，以确保其可靠性和有效性。

培训应急团队：为应急团队成员提供定期的培训，确保他们了解紧急恢复计划并能有效执行。

更新紧急恢复计划：根据组织的变化、系统的升级或业务需求的变更，定期更新和优化紧急恢复计划。

监控备份和恢复过程：实施监控机制，持续跟踪备份和恢复过程，确保其正常运行并及时发现问题。

通过建立健全的数据备份和恢复机制，组织可以在数据丢失或意外事件发生时快速恢复业务，保障业务连续性和数据安全。

(6) 合作伙伴和供应商合规性

确保合作伙伴和供应商合规性是保护组织数据安全和隐私的重要环节。以下是确保合作伙伴和供应商合规性的关键步骤和措施：

评估合作伙伴和供应商的合规性：在选择合作伙伴和供应商时，对其数据安全和隐私保护措施进行评估，确保其符合适用的法律法规和合规要求。

制定数据保护协议：与合作伙伴和供应商签署明确的数据保护协议，明确双方在数据处理、存储、传输和共享方面的责任和义务。

明确数据使用目的：确保合作伙伴和供应商明确了解使用数据的目的，并不得将数据用于未经授权的其他目的。

保护敏感数据：确保合作伙伴和供应商采取适当的措施保护处理敏感数据，包括加密、访问控制等。

通知安全事件：约定合作伙伴和供应商在发生数据安全事件时，需及时通知组织，并共同合作应对安全事件。

监督合作伙伴和供应商合规性：定期监督合作伙伴和供应商的合规性，确保其持续符合数据安全和隐私保护要求。

建立紧急应对机制：制定应对合作伙伴或供应商违规行为或数据安全问题的紧急应对机制，包括暂停合作、修订协议等。

培训和意识提升：为合作伙伴和供应商提供数据安全和隐私保护的培训，提高其意识和理解。

合规性审查和验证：进行定期的合规性审查和验证，确保合作伙伴和供应商持续遵守协议和规定。

保留审查权力：留有审查合作伙伴和供应商合规性的权力，确保其持续遵守合规要求。

通过建立明确的数据保护协议和合作伙伴监督机制，组织可以确保合作伙伴和供应商也遵守适用的数据安全和隐私保护要求，从而保护组织的数据安全和隐私。

(7) 报告和通知数据泄露

建立及时的数据泄露报告和通知程序是保障数据安全和隐私的关键措施。以下是建立数据泄露报告和通知程序的关键步骤和措施：

明确责任和流程：确定数据泄露报告和通知的责任人和流程，明确各个环节的职责和处理步骤。

制定数据泄露定义：定义数据泄露的概念，明确何种情况下需要报告和通知，以避免歧义和误解。

建立报告机制：设立内部报告机制，鼓励员工发现和报告数据泄露事件，保障及时发现问题。

制定通知时间要求：规定在发现数据泄露后应当在多长时间内向相关方发出通知，确保及时性和透明度。

明确通知受众：确定需要通知的受众群体，包括客户、监管机构、合作伙伴等，并确定通知方式。

准备通知模板：预先制定标准的数据泄露通知模板，确保通知内容准确、清晰、一致。

制定通知内容要求：规定通知应包含的要素，如泄露类型、受影响数据类型、建议措施等。

开展通知演练：定期组织数据泄露通知的模拟演练，提高相关人员的应急响应能力。

培训和意识提升：为相关员工提供数据泄露报告和通知方面的培训，提高其对应急情况的敏感度和反应速度。

法律法规遵从：遵守适用的法律法规，确保数据泄露报告和通知符合法律要求。

通过建立及时的数据泄露报告和通知程序，组织能够在数据泄露发生时快速采取适当的措施，降低潜在损害，保护数据安全和隐私。

通过这些措施，企业能够最大限度地保护数据安全和隐私，确保客户和员工信任企业的数据处理和管理方式。

12.3 突发事件应对与业务连续性计划管理

在数字化纺织服装生产、设计和销售过程中，应对突发事件并确保业务连续性非常重要。突发事件可能包括自然灾害、网络攻击、供应链中断、系统故障等，这些事件可能对业务造成严重影响。

12.3.1 建立应对突发事件和业务连续性计划的关键步骤和措施

(1) 风险评估和业务影响分析

风险评估和业务影响分析是为了确保组织能够全面理解可能面临的各种突发事件，并评估这些事件对业务的潜在影响。以下是进行风险评估和业务影响分析的关键步骤和措施：

识别潜在风险和突发事件：列出可能影响业务的潜在风险和突发事件，包括自然灾害、网络攻击、供应链中断、法律法规变化等。

评估风险的概率和影响：对每种风险进行评估，包括其发生概率和对业务的影响程度，以便确定哪些风险需要重点关注。

分析业务影响：分析每种潜在风险对业务的具体影响，包括财务方面（损失、成本增加）、运营方面（中断、延误）、声誉方面（信任下降、品牌损害）等。

定量和定性分析：结合定量分析和定性分析，以量化风险概率和影响，并进行综合评估。

制定应对策略：针对每种潜在风险，制定相应的应对策略，包括风险规避、风险减轻、风险转移、风险接受等策略。

优先级排序：根据风险评估的结果，对风险进行优先级排序，以确定哪些风险需要首先应对。

建立业务影响分析框架：设立业务影响分析的框架，包括数据收集、分析方法、评估指标等，以确保分析的全面性和准确性。

定期更新评估：定期更新风险评估和业务影响分析，以适应变化的外部环境、业务情况和新的风险。

跨部门合作：通过跨部门合作，确保风险评估和业务影响分析能够充分考虑各个业务领域的特定风险和影响。

持续改进：根据评估结果和实践经验，持续改进风险评估和业务影响分析的方法和工具。

通过深入了解潜在风险并评估其对业务的影响，组织能够制定更有效的风险管理策略，降低可能的损失，并确保业务的稳健发展。

(2) 制定应急响应团队

定义应急响应团队的使命、目标和职责，确保团队成员理解其在应急情况下的重要性和使命。

确定团队成员：根据组织的规模和需要，确定应急响应团队的成员，包括主管、团队领导、技术专家、沟通负责人等。

明确每个成员的角色和职责：定义每个团队成员在应急情况下的具体角色和职责，确保团队协调一致、高效运作。

制定应急响应流程和指南：制定详细的应急响应流程和指南，包括事件识别、通知流程、应急措施、恢复步骤等，以确保有序应对突发事件。

进行培训和演练：对团队成员进行定期培训，提高应急响应能力，定期进行模拟演练以检验团队的应急响应能力。

建立通信机制：确定应急响应团队内外的通信机制，包括紧急通知系统、通信录、应急联系人等，确保信息畅通。

建立决策机制：定义紧急情况下的决策机制和流程，包括信息收集、评估、决策、执行、监控等环节。

考虑外部合作伙伴：考虑与外部的应急服务提供商、承包商或合作伙伴建立合作关系，以协助应急响应和资源支援。

持续改进和更新：定期评估应急响应团队的效率和能力，根据评估结果进行改进，并及时更新团队成员的角色、流程和指南。

建立领导层支持和参与：确保领导层对应急响应团队的支持和参与，为团队提供必要的资源和权威。

保持团队的士气和凝聚力：关注团队成员的情绪和士气，定期组织团队活动以提高凝聚力，确保团队稳定运作。

通过以上步骤，组织可以建立一个高效的应急响应团队，确保在紧急情况下能够迅速、协调地应对突发事件，最大程度地降低可能的影响。

(3) 制定业务连续性计划

制定详细的业务连续性计划，明确业务恢复的步骤、流程、资源和时间表，以最小化中断时间。基于之前讨论的风险评估和业务影响分析，确定可能的突发事件，以及这些事件对业务的潜在影响。

业务流程识别和优先级确定：识别组织关键业务流程，并按照重要性和影响程度确定其优先级，以便在恢复时首先恢复关键业务。

制定业务恢复策略：根据业务流程的优先级，制定业务恢复策略，包括备份、容灾、虚拟化等方案，以确保业务快速恢复。

制定应急响应计划：在业务连续性计划中纳入应急响应计划，明确在突发事件发生时应采取的紧急措施和行动步骤。

明确业务恢复步骤和流程：为每个关键业务流程制定详细的业务恢复步骤和流程，确保在中断后能够迅速有序地恢复业务。

分配资源和责任：确定业务恢复所需的资源，包括人员、技术、设备等，并明确每个人员的责任和职责。

制定沟通和协调机制：设立有效的沟通和协调机制，确保团队成员之间能够及时、有效地进行信息交流和协作。

建立业务恢复时间表：制定业务恢复时间表，明确每个业务流程的恢复时间目标，以最小化业务中断时间。

定期测试和演练：定期进行业务连续性计划测试和演练，以验证业务恢复计划的有效性，及时发现并修正潜在问题。

培训和意识提高：对相关人员进行业务连续性计划的培训，提高其对应急情况的认识和应对能力。

法律和合规考虑：确保业务连续性计划符合法律法规的要求，特别是关于数据保护和隐私方面的法律。

通过制定详细的业务连续性计划，组织能够在面临突发事件时快速、有序地恢复业务，降低中断造成的影响，确保业务的持续性和稳定性。

(4) 备份和恢复策略

建立完善的数据备份和恢复策略是确保数据安全、避免数据丢失或损坏的关键步骤。以下是制定备份和恢复策略的关键步骤和建议：

识别关键数据：识别组织中的关键数据，包括客户信息、财务数据、业务流程等。明确哪些数据需要备份和恢复。

备份频率和备份目标：确定不同数据的备份频率，如日常备份、每周备份等，并明确备份的目标，如备份到本地服务器、云端或离线存储介质。

选择备份方案：选择合适的备份方案，如完全备份、增量备份、差异备份等，结合数据敏感度和恢复速度考虑选择最适合的备份类型。

选择备份存储介质：选择适当的备份存储介质，如硬盘、网络存储设备、云存储等，确保备份数据的安全性和可靠性。

数据加密和安全性：确保备份数据的加密，尤其是对于敏感数据，以保障数据安全性。限制访问权限，只有授权人员能够访问备份数据。

建立备份和恢复流程：制定详细的备份和恢复流程，包括备份触发条件、备份执行步骤、恢复测试等，确保备份过程可控。

定期测试和验证：定期进行备份数据的恢复测试，验证备份的可靠性和完整性，确保备份数据能够成功恢复。

备份监控和警报：建立备份监控系统，定期监控备份过程，设立警报机制，及时发现并解决备份异常情况。

纳入灾难恢复计划：将备份和恢复策略纳入整体灾难恢复计划，确保备份与灾难恢复紧密结合，能够在灾难发生时迅速恢复业务。

培训和意识提高：对相关人员进行备份和恢复流程的培训，提高其应急响应能力和备份操作技能。

通过建立科学合理的备份和恢复策略，组织可以保障关键数据的安全和完整性，降低因数据丢失而造成的损失，并在突发事件发生时迅速恢复业务。

(5) 紧急通信和危机沟通

建立紧急通信和危机沟通系统是确保在突发事件发生时，能够实现及时、高效的信息传递和沟通，协调应对措施的关键步骤。以下是建立紧急通信和危机沟通系统的关键步骤和建议：

评估通信需求和风险：分析组织的特定通信需求，根据组织的规模、地域分布、业务特点等因素评估通信的风险和必要性。

选择通信工具和平台：选择适合组织需求的通信工具和平台，可以包括手机、电子邮件、短信、即时通信、电话会议系统、应急通知系统等。

建立通信流程和协议：制定详细的通信流程和协议，明确不同通信工具的使用场景、责任人、信息传递路径等，确保通信的高效性和适时性。

设立通信责任人：指定通信责任人，负责通信系统的维护、监控和协调。明确通信责任人的职责和联系方式。

实施通信测试和演练：定期进行通信系统的测试和演练，验证通信系统的有效性和可靠性，发现潜在问题并及时改进。

建立紧急联系人列表：创建包括内部员工、外部合作伙伴、应急服务提供商等的紧急联系人列表，确保信息能够及时传达到相关人员。

提供员工培训：对员工进行通信系统的培训，教授正确使用通信工具的方法，提高员工对通信系统的熟悉度。

建立多渠道通信：采用多种渠道的通信方式，确保信息能够多角度、多途径传播，增强信息传递的稳健性。

实时监控通信系统：建立实时监控机制，对通信系统的运行状态进行监测，确保通信系统的正常运作。

制定紧急通信应对计划：在紧急情况下，制定紧急通信应对计划，明确信息传递的优先级、流程和责任人。

不断优化改进：定期回顾通信系统的使用情况，收集用户反馈，不断优化和改进通信系统以适应变化的需求。

通过建立高效的紧急通信和危机沟通系统，组织可以在突发事件中迅速、有序地传递信息，保障员工安全和业务的持续运作。

(6) 设备和基础设施准备

确保备有备用的设备和基础设施是灾难恢复和业务连续性计划的重要组成部分。以下是确保设备和基础设施准备的关键步骤和建议：

识别关键设备和基础设施：识别组织的关键设备，包括服务器、网络设备、电脑、通信设备等，以及基础设施，如电力、网络连接等。

备份设备清单和规格：制定设备清单，包括设备类型、规格、制造商、购买日期、保修情况等详细信息，确保了解设备的状况。

制定设备备份方案：制定备份设备的方案，包括备用设备的类型、数量、存放位置、备用周期等，确保备用设备的及时可用。

备份基础设施清单和配置：制定基础设施清单，包括供电设备、网络设备、通信线路等，并备份其配置信息，以备恢复时参考。

备份电源和电力系统：确保备用电源设备，如发电机、UPS(不间断电源系统)，以确保在电力中断时的持续供电。

建立备用数据中心或服务器：考虑建立备用数据中心或备用服务器，确保关键数据和应用能够迅速恢复并运行。

定期检查设备和基础设施状态：定期检查备用设备和基础设施的状态，确保其功能正常，包括电池状态、网络连接、硬件运行状况等。

设立备用通信系统：准备备用通信设备和系统，确保在通信中断时能够保持内外部通信。

备用办公空间：考虑预先安排备用办公空间，以备员工工作场所受损或无法使用时的紧急需要。

培训和演练：对相关人员进行设备和基础设施的使用培训，定期进行模拟演练，确保员工熟悉应急操作流程。

维护和更新备用设备：定期维护备用设备，确保其性能正常，及时更新设备以适应技术的发展。

通过充分备有备用设备和基础设施，组织可以在突发事件期间或之后能够快速恢复业务，并保障关键设备和基础设施的安全运行。

12.3.2 多元供应链与应急措施

多元化供应链并寻找备选供应商是一种有效的风险管理策略，可以确保在主要供应商受到影响时能够继续业务。以下是实施多元化供应链和寻找备选供应商的关键步骤和建议：

评估现有供应链的脆弱性和风险：评估当前供应链结构，分析其脆弱性和可能面临的风险，包括地理位置、供应链依赖度、自然灾害风险等。

识别关键供应商：识别对业务至关重要的关键供应商，明确其供应链对业务的重要性，以便有针对性地制定多元化策略。

寻找备选供应商：寻找备选供应商，考虑其地理位置、可靠性、质量、供货能力等因素，选择能够满足业务需求的备选供应商。

评估备选供应商的能力：评估备选供应商的能力和资质，包括生产能力、质量控制、交货准时性等，确保备选供应商能够满足业务要求。

建立双重或多重供应链：在业务适用的情况下，建立双重或多重供应链，确保可以同时从多个供应商处获取所需物品或服务。

分散地理风险：若可能，选择地理位置分散的备选供应商，以降低地方性灾害或政治稳定性等因素对供应链的影响。

制定合同和协议：与备选供应商制定清晰的合同和协议，明确供应条件、价格、质量标准、交货时间等重要细节，确保双方权益。

定期评估备选供应商的表现：定期评估备选供应商的表现，包括交货时间、质量、服务水平等，确保备选供应商的可靠性。

定期演练切换供应商：定期进行切换供应商的演练，以确保能够顺利切换至备选供应商并维持业务的连续性。

持续优化供应链：持续优化供应链策略，根据市场变化、风险评估等因素调整备选供应商的选择和配置。

通过多元化供应链并寻找备选供应商，组织可以降低对单一供应链的依赖，增强业务的弹性和抗风险能力。

(1) 定期演练和测试

定期进行应急响应演练和业务连续性测试是确保组织在突发事件发生时能够有效应对、恢复并保持业务连续性的重要步骤。以下是实施定期演练和测试的关键步骤和建议：

制定演练和测试计划：制定详细的演练和测试计划，明确演练的目的、范围、流程、参与人员、时间表等。

选择合适的场景和情景：根据不同类型的突发事件，选择合适的演练场景，如火灾、网络攻击、自然灾害等。

模拟真实情景：尽可能模拟真实的情景，包括通信中断、设备故障、员工失联等，以便更真实地测试应急响应和业务恢复能力。

设定预期目标和评估指标：设定演练的预期目标和评估指标，明确演练成功的标准，以便进行后续评估和改进。

分阶段演练：根据计划，分阶段进行演练，逐步测试不同阶段的应急响应和业务连续性计划。

收集反馈和评估：收集参与者的反馈和意见，进行现场评估，识别潜在问题和改进点。

修订和更新计划：根据演练和测试的结果，及时修订和更新应急响应计划、业务连续性计划和相应的流程。

定期重复演练和测试：设定定期演练和测试的周期，确保团队的持续培训和计划的不断优化。

跨部门和跨团队协调：确保跨不同部门和团队的有效协调和合作，演练期间进行跨部门、跨团队的通信和协作测试。

记录和总结经验：记录演练和测试的过程、结果和经验教训，建立经验库，为未来的演练提供参考和借鉴。

定期的演练和测试能够帮助组织不断提高对突发事件的应对能力和业务连续性，保障业务在各种突发情况下的稳定运行。

(2) 员工培训和意识提高

员工培训和意识提高是保障组织在突发事件中能够有效应对的关键环节。以下是一些重要的步骤和建议，可以帮助组织有效进行员工培训和提高应急意识：

制定培训计划：制定针对不同岗位和职能的员工的培训计划，确保培训内容与员工实际工作相关。

开展定期培训课程：定期开展员工培训课程，包括应急响应培训、业务连续性培训、安全意识培训等。

模拟演练和实战演练：进行模拟演练和实战演练，让员工在真实场景下参与应急响应，增强应对突发事件的能力。

教育应急程序和业务连续性计划：教育员工了解组织的应急程序、业务连续性计划、紧急联系人等重要信息。

提供在线培训资源：提供在线培训资源，使员工可以随时随地参与培训，增加培训的灵活性和便捷性。

鼓励参与和互动：鼓励员工积极参与培训活动，并提供互动机会，如答题、讨论、案例分析等。

定期更新培训内容：定期更新培训内容，确保培训内容与最新的业务情况、技术发展和应急响应要求保持一致。

激发员工的责任感和使命感：强调员工在突发事件中的重要性和责任，激发员工的责任感和使命感。

开展知识检测和评估：定期进行员工知识检测和评估，以确保员工对应急响应程序和业务连续性计划的理解和掌握程度。

反馈和改进机制：建立反馈机制，允许员工提供对培训内容、方式和效果的反馈，用于改进培训计划。

通过定期的培训和意识提高活动，员工可以提高在突发事件中的应对能力、快速决策能力和团队合作能力，确保能够有效应对各种突发情况。

(3) 与当地当局和社区合作

与当地当局和社区合作是非常重要的，特别是在突发事件发生时，这种合作可以增强组织的应急响应能力、资源获取和风险管理。以下是一些关键的合作步骤和建议：

建立合作关系：主动与当地政府、应急机构、社区领导建立联系，明确合作意向，确立合作关系。

参与地方性应急计划：参与当地政府或应急机构制定的应急计划，共同讨论、制定、修订应急预案，确保与社区和政府的配合紧密。

参与社区会议和活动：积极参与社区会议、活动，了解社区需求，与社区建立信任和联系。

共享信息和资源：在突发事件期间，与当地政府和社区共享信息，了解当地状况，及时获得资源支持。

提供专业知识和技能：提供组织内部的专业知识和技能，为社区提供培训、意见和支援。

开展联合演练和模拟：与当地应急机构和社区共同开展联合演练和模拟，测试应急响应计划的有效性，加强应对突发事件的能力。

协助灾后恢复和重建：在突发事件发生后，提供协助和支持，参与灾后恢复和社区重建工作，积极参与社区复原过程。

建立紧急联系渠道：建立紧急联系渠道，确保在突发事件时能够快速、有效地联系到当地政府、应急机构和社区。

制定合作协议和协定：与当地政府和社区签订合作协议或协定，明确双方的责任、义务、合作范围和方式。

持续改进和反馈：持续改进合作机制，定期与当地政府、应急机构和社区进行反馈和评估，提高合作效率。

通过与当地当局和社区合作，组织能够更好地理解本地社区的需求和情况，提高应急响应的协同性，共同应对突发事件，保障人员安全和社区稳定。

(4) 修订和持续改进

定期审查、修订和持续改进应急响应计划和业务连续性计划是保持其有效性和适应性的重要步骤。以下是一些关键的指导原则和建议：

定期审核计划：定期(通常是一年一次或半年一次)安排应急响应计划和业务连续性计划的审核。

参与者参与审核：邀请计划中涉及的各方参与审核，包括应急团队成员、相关部门负责人和关键利益相关者。

审查实践经验：将实践经验纳入审核过程，评估应急响应计划的实施情况，识别存在的问题和改进机会。

评估新风险和威胁：定期评估新的风险、威胁和漏洞，确保计划能够覆盖可能的新情况。

更新联系信息：更新应急团队成员的联系信息，确保通信畅通。

考虑技术变革：考虑新技术的应用，以及旧技术的淘汰，更新计划中的技术应用。

修订流程和流程图：修订流程和流程图，确保其与实际情况一致。

验证资源可用性：确保所需的资源（人力、物资、技术）可用，并在必要时更新资源清单。

培训和意识提高：定期对新加入人员进行培训，并提高所有员工的应急意识。

测试和模拟演练：定期进行测试和模拟演练，评估计划的有效性，发现并解决潜在问题。

更新应急通信：更新应急通信方式，确保适应新技术和变化。

追求持续改进：在修订过程中，追求持续改进，寻找新的最佳实践，保持灵活性和适应性。

通过定期的审查和修订，确保应急响应计划和业务连续性计划始终保持有效，适应变化的环境和新的挑战，最大程度地保障组织的稳定和安全。

通过制定和实施业务连续性计划，企业能够在突发事件发生时快速、有效地恢复业务，最大程度地减少中断时间和损失。

欧美国家数智化纺织服装企业网络安全的技术与方法

欧美国家的数智化纺织服装企业在网络安全方面采取了许多技术和方法，以保护其业务免受网络威胁。

12.4.1 常见的技术和方法包括

（1）加密技术

使用加密算法保护敏感数据的传输和存储，确保数据在传输和储存过程中不易被窃取或篡改。确保数据安全是关键，而加密技术是保护数据免受未经授权访问的重要手段之一。加密是将数据转换为代码或密码的过程，只有授权方才能解密并访问数据。

在数智化纺织服装企业中，加密技术通常包括以下方面：

① 数据传输加密

SSL/TLS 协议：在网络通信中使用加密传输层安全性协议，确保数据在服务器和用户之间传输时是加密的，防止中间人攻击。

VPN（Virtual Private Network）：通过使用 VPN 连接，数据在公共网络上被加密，提供安全的远程访问。

② 数据存储加密

硬盘／数据库加密：对存储在硬盘或数据库中的数据进行加密，确保即使物理设备被盗或丢失，数据也不易被窃取。

端到端加密：在数据从一个端点传输到另一个端点之间进行加密，确保数据在传输和存储的整个过程中都是加密的。

③ 加密算法

对称加密：使用相同的密钥进行加密和解密。常见的对称加密算法包括 AES (Advanced Encryption Standard) 等。

非对称加密：使用公钥和私钥进行加密和解密。RSA 和 ECC (Elliptic Curves Cryptography) 是常见的非对称加密算法。

哈希函数：用于创建数据的哈希值，常用于验证数据的完整性。

④访问控制与密钥管理

密钥管理：安全地管理加密密钥，确保只有授权人员能够访问密钥，从而解密数据。

访问控制：限制对加密数据的访问，只有经过授权的人员才能解密和查看数据。

加密技术是网络安全的基础之一，然而需要注意的是，加密并非万能解决方案，因此维护和管理密钥、选择合适的加密算法以及持续改进加密策略都是确保数据安全的重要因素。

(2) 访问控制和身份验证

实施多层次的访问控制和身份验证机制，例如双因素认证、指纹识别或智能卡技术，以确保只有授权人员能够访问敏感信息和系统。访问控制和身份验证通过多层次的机制来验证用户身份，以下是一些常见的方法：

① 密码和账号

强密码策略：要求员工使用复杂的密码，并定期更新密码，以增加破解难度。

双因素认证或多因素认证：用户除了输入密码外，还需提供第二个身份验证因素，例如手机收到的验证码或硬件安全令牌上的动态密码，增加访问门槛。

②生物识别技术

指纹识别：使用用户的指纹进行身份验证，是一种常见的生物识别技术，具有高度的个体化和安全性。

面部识别：通过扫描面部特征来验证用户身份，逐渐成为一种主流的生物识别技术。

③智能卡技术

智能卡或访问卡：带有芯片的卡片，可以存储加密信息，通过读卡器验证身份，常用于企业内部系统的访问控制。

④访问权限管理

最小权限原则：确保用户只能访问他们工作所需的系统和数据，减少潜在的安全风险。

⑤单点登录

单一身份验证入口：允许用户使用单一凭据 (用户名和密码) 访问多个相关系统，提高用户体验并降低密码泄露的风险。

⑥行为分析和风险评估

实时监控用户行为：通过分析用户的访问模式和行为，及时识别异常活动并采取相应的措施。

这些措施通常结合使用，形成多层次的防御系统，增加了对未经授权访问的难度。然而，随着技术的不断发展，安全性的提升也需要不断更新和改进，以适应不断变化的安全威胁。

(3) 安全审计和监控

安全审计和监控在保障企业网络安全中扮演着至关重要的角色。实时监测网络活动并利用安全信息和事件管理系统等工具来发现异常活动可以大大提高对潜在威胁的发现和应对速度。以下是关于安全审计和监控的关键点：

①安全监控

实时监控：使用网络安全工具、设备和软件对网络流量、系统日志和事件进行实时监控，以便及时检测潜在的威胁和异常行为。

行为分析：通过分析正常用户和设备的行为模式，建立基准并警报或阻止与此不符的活动。

威胁情报整合：结合外部威胁情报，识别已知的威胁和攻击模式，并进行实时的阻止或警报。

②安全信息和事件管理系统

日志和事件收集：收集系统、应用程序和设备生成的日志和事件数据，进行集中管理和分析。

异常检测和警报：使用规则和算法对收集的数据进行分析，发现异常并生成警报以及实施预定义的响应措施。

日志和审计记录：记录所有的安全相关事件和操作，以便日后的审计、分析和调查。

③安全审计

合规性和标准遵循：对安全策略、控制和实践进行审核，确保符合法规和行业标准。

漏洞评估和修补：对系统和应用程序进行定期的漏洞评估，并及时修补发现的漏洞，以减少潜在的攻击面。

应急响应准备：定期进行模拟演练和测试，确保应急响应计划的有效性。

综合利用安全监控以及安全信息和事件管理系统，企业可以及时识别潜在威胁并采取相应的措施，有助于提高网络安全的水平，并且能够更快速地应对安全事件。

(4) 漏洞管理和补丁更新

定期对系统进行漏洞扫描，并及时更新补丁，确保系统不易受到已知漏洞的攻击。漏洞管理和补丁更新是保护企业系统安全的重要措施，能够有效降低系统遭受已知漏洞攻击的风险。以下是相关的关键步骤和方法：

①漏洞扫描和评估

定期扫描：使用专业的漏洞扫描工具对系统和应用程序进行定期扫描，以发现可能存在的安全漏洞。

漏洞评估：对扫描结果进行评估和分类，确定漏洞的严重程度和可能性，为后续处理做出准备。

②补丁管理和更新

及时补丁更新：及时获取操作系统、软件和应用程序的安全补丁和更新，修复已知漏洞，防止攻击者利用这些漏洞进行入侵。

自动化补丁管理：使用自动化工具和系统来管理和部署补丁更新，确保补丁的及时性和覆盖范围。

③漏洞修复策略

优先级管理：根据漏洞的严重性和影响范围确定修复优先级，优先处理可能导致严重影响的漏洞。

测试和验证：在应用补丁之前，进行测试和验证，确保补丁不会引入新的问题或系统不稳定性。

④持续监控和更新

漏洞跟踪和监控：持续监控新的漏洞公告和安全威胁情报，确保系统能够及时应对新出现的安全风险。

定期评估和改进：定期审查漏洞管理和补丁更新的流程，并进行改进，以应对不断变化的威胁环境。

综合利用漏洞扫描、补丁管理工具和流程，企业可以有效地发现和修补系统中的漏洞，提高系统的安全性，并减少因已知漏洞而遭受的攻击风险。

(5) 员工培训与意识提升

员工培训与意识提升在保障企业网络安全方面至关重要。加强员工对安全风险的认识和提高安全意识，可以有效降低社交工程和钓鱼攻击等威胁对企业造成的风险。以下是相关策略：

①安全意识培训

安全政策和最佳实践：教育员工有关安全政策、程序和最佳实践，让他们了解如何应对潜在威胁。

识别风险和威胁：培训员工识别潜在的安全风险和威胁，例如社交工程、钓鱼邮件等常见的攻击手段。

②模拟演练和实践

钓鱼模拟：定期进行模拟钓鱼攻击，让员工识别和报告类似攻击，提高对威胁的警觉性。

安全操作指导：提供实际案例和操作指南，教导员工如何安全地处理敏感信息和响应潜在的威胁。

③沟通和持续教育

定期更新和沟通：持续向员工提供最新的安全信息和威胁情报，保持他们对风险的了解。

激励和奖励计划：设立激励机制或奖励计划，鼓励员工积极参与安全培训和举报潜在威胁。

④跨部门合作

安全文化建设：与各部门合作，共同建立积极的安全文化，让安全意识融入日常工作和流程中。

⑤个人责任感

强调个人责任：让员工意识到他们在保护企业安全方面的重要性，强调每个人都是安全防线上的一部分。

通过这些培训和教育举措，员工可以更加警觉和敏感地对待潜在的网络威胁，降低社交工程和钓鱼攻击等常见风险对企业的影响。建立一个有着强大安全意识的团队对于维护整体网络安全至关重要。

12.4.2 供应链安全管理

(1) 关注供应链的安全

确保从供应商获取的产品和服务不会成为网络威胁的来源。确保供应链安全对于企业网络安全至关重要，因为供应链中的弱点可能成为攻击者入侵的突破口。以下是确保供应链安全的关键措施：

①供应商评估和选择

安全标准考量：在选择供应商时，评估他们的安全措施和实践是否符合业界标准和最佳实践。

供应商风险评估：对供应商进行风险评估，了解他们的安全政策、数据处理流程以及对安全的重视程度。

②合同和责任规定

安全合规要求：在合同中明确安全要求和规定，确保供应商遵守安全最佳实践和法规。

监督和审计：确保合同中包含供应商安全措施的监督和审计条款，以确保其安全性和合规性。

③供应链网络安全控制

数据流程和访问控制：确保数据在供应链中的传输和存储过程中受到适当的加密和访问控制。

漏洞管理和更新：要求供应商定期更新和修补其系统中的漏洞，并及时应用补丁。

④持续监控和应急计划

实时监控和警报：持续监控供应链中的网络活动，及时发现异常并采取应对措施。

供应链安全事件响应计划：制定供应链安全事件的应急响应计划，以便快速应对安全事件和威胁。

⑤教育与合作

培训和意识提升：教育供应商有关安全最佳实践和安全风险的重要性，共同提升安全意识。

合作与信息共享：与供应商建立合作关系，进行安全信息共享和合作，共同应对安全挑战。

通过这些措施，企业可以更好地管理和降低供应链上的安全风险，确保从供应商获取的产品和服务不成为企业网络安全的弱点或威胁来源。

(2) 物联网设备安全

对于连接到网络的物联网设备，实施强大的安全措施，包括设备认证、数据加密和安全固件更新。确保物联网设备的安全性至关重要，因为它们连接到网络并携带着潜在的安全风险。以下是保障物联网设备安全的关键措施：

①设备认证和授权

身份验证机制：实施设备身份验证，确保只有经过授权的设备可以连接到网络。

访问控制：设立权限机制，限制设备对系统和数据的访问权限，降低潜在攻击风险。

②数据加密和隐私保护

数据加密：在数据传输和存储过程中使用加密技术，保护数据的安全性，防止被窃取或篡改。

隐私保护：最小化数据收集和存储，并采取措施保护用户隐私，如匿名化和数据脱敏。

③安全固件和软件更新

固件和软件更新：定期更新设备的固件和软件，修补已知的漏洞，以防止设备成为潜在的攻击目标。

安全漏洞管理：建立机制定期评估设备中的安全漏洞，并及时修复和更新。

④物理安全措施

防止物理访问：限制对物联网设备的物理访问，以防止未经授权的修改或篡改。

防篡改措施：采用防篡改技术，如密封标签或硬件加密模块，确保设备的物理安全性。

⑤监控和响应能力

实时监控：监控设备的网络活动，及时发现异常行为并采取相应措施。

应急响应计划：制定应急响应计划，以便在发生安全事件时能够迅速采取措施，降低损失。

⑥供应链安全

安全供应链管理：确保从制造商到最终部署过程中的每个环节都具备安全保障。

综合采取这些措施能够有效地加强物联网设备的安全性，减少潜在的漏洞和攻击可能性，保障企业网络和用户数据的安全。

12.4.3 欧美国家数智化纺织服装企业安全生产的技术与方法

在数智化纺织服装企业中，安全生产和防火是关乎员工安全和设施保护的重要问题。以下是一些欧美国家数智化纺织服装企业采用的技术和方法：

(1) 智能监控和预警系统

火灾监测系统：部署火灾监测系统，包括烟雾探测器、火焰探测器等，能够实时监测火灾迹象并发出警报。

温度监控：使用温度监测系统，能够及时发现设备或环境异常高温，预防火灾的发生。

(2) 自动化灭火系统

自动灭火设备：部署自动灭火系统，例如自动喷水系统、气体灭火系统等，能够在发生火灾时快速响应并进行扑灭。

(3) 建筑和设施设计

防火建材和隔离设计：使用防火建材，设计防火隔离带，防止火灾扩散和蔓延。

疏散通道和紧急出口：合理规划疏散通道和紧急出口，确保员工在火灾发生时能够快速、安全地撤离。

(4) 员工培训和安全意识提升

火灾演练和应急计划：定期组织火灾演练，培训员工如何正确、迅速地响应火灾，熟悉应急逃生路线和操作步骤。

安全意识教育：加强员工对火灾和安全生产的意识培养，教育他们如何避免火灾危险并采取应对措施。

(5) 定期检查和维护

设备和系统维护：定期对火灾监测、灭火系统等设备进行检查和维护，确保其正常运行。

(6) 消防设施检查

定期检查消防设施，包括消防栓、灭火器等的有效性和可用性。

(7) 合规性和标准遵循

遵守安全标准：遵守当地消防和安全规范，确保企业设施符合相关的安全标准和法规。

这些技术和方法的综合应用有助于提高数智化纺织服装企业的安全生产水平，降低火灾和安全事故的风险，保障员工和设施的安全。

◎ **阅读材料**

《绿色纺织工厂电气节能技术和信息化管理》

（熊亚飞等，棉纺织技术新传媒 2024-01-09 16:59 发表于陕西）

在我国构建双循环新发展格局，碳达峰碳中和的双碳目标导向下，到2025年，要求规模以上工业单位增加值能耗比2020年下降13.5%。能尽其用、效率至上成为绿色低碳的"第一能源"和降耗减碳的首要举措。纺织行业作为国家提出节能提效、改造升级的重点行业之一，进一步优化能源结构、提升用能效率、推动绿色低碳循环发展、促进全面绿色转型，是行业发展方向，势在必行。纺织服装企业用电作为企业用能的主要部分，安装功率大、运行时间长、负荷率高，在企业总能耗中占比大。变配电及用电设备的能效水平、电力供应过程中能效提升、电力节能新技术利用、能源计量和信息化管理等是降低企业电力损耗、节约用电的关键。本研究针对纺织服装企业实现节能减排、创建绿色工厂、智能化转型升级的目标，基于现阶段纺织车间供配电系统和信息化水平现状，对供配电设计节能和管理信息化等方面需要进行的主要工作内容和达到的基本要求进行研究，为企业节能减排、提高管理效率、实现绿色制造和智能化转型升级提供帮助。

(1) 供配电系统能效提升

①变配电设备

纺织车间电气设备数量多、安装功率大，需长时间不间断运行，在企业总能耗中占有的比例最大，车间根据负荷的分布情况需设置多个变配电所。合理选择变压器容量、变压器负载率，使各台变压器能较好地适应负荷变化并工作于最佳状态十分重要。根据当地电力供应和受电设备电压，进线电压宜采用 10 kV，低压配电采用 220 V/380 V；有条件时也可采用 35 kV/0.4 kV 直变方式供配电。为节约变压器空载损耗、降低空载电流和噪声，变压器负载率宜为 60%~80%，有月基本电费的地区可略高，但仍不宜高于 85%。变配电所应深入负荷中心，缩短低压配电线路。纺纱车间大部分负荷集中在细纱车间，车间变电所宜设置在附房靠近细纱机机头动力箱位置附近，可显著减小主要用电负荷供电距离，既减少了电缆投资，也减少了线路损耗和线路电压降。织造车间的主要负荷为织机和空压站，变配电所则应靠近上述位置。规模较大的车间应分别设置多个变电所，并分散设置在各车间负荷中心附近。制冷站、空调等季节性负荷、工艺负荷卸载时，为其单独设置的变压器应具有退出运行的措施。

为降低变压器的空载损耗和负载损耗，GB 20052—2020《电力变压器能效限定值及能效等级》对变压器空载损耗和负载损耗限值提出了更高的要求，创建绿色纺织工厂，则要求 10 和 35 kV 配电变压器空载损耗和负载损耗限值，均应达到该标准中 2 级及以上能效等级。以纺织车间常用的 SCB-1600/10-NX2 干式变压器为例，要求其空载损耗和最大负载损耗分别不大于 0.645 和 1.132 kW。

②无功补偿

提高功率因数可减少线路损耗、减少变压器的铜损、减少线路及变压器的电压损失，也增加了发配电设备的供电能力。纺织车间设备由于工艺调整的需要，设备负荷变化幅度较大，致使运行中供电系统功率因数经常会发生变化。宜通过在供配电系统增加电容器柜进行集中无功补偿，补偿装置安装在变电所内低压母线侧，电容器采用自动投切方式。不仅可补偿主变压器或配电变压器的无功功率损失和变电所以上输配电线路的功率损耗，还可以利用无功补偿装置的调压功能，改善电压质量，并进行自动追踪无功功率变化，避免过补偿。

对容量较大、负荷平稳、经常使用、在现场存在无功功率因数较低的设备时，如空压机、制冷机、水泵站等，可在设备端进行就地补偿。在车间动力柜处安装补偿装置，就近补偿主要用电设备所消耗的无功功率，减少厂区或车间内部线路损耗。通过集中补偿、就地补偿等方式，使企业的功率因数达到 0.90 以上。

③电机和电器

工艺设备主电机是车间消耗电能的主要设备，也是节能提效的关键设备。针对纺织车间面大量广、长时间高负荷率运行的主机设备，采用高效电机、提高电机能效水平是创建绿色制造的首选。纺织车间采用的电机能效限定值及能效等级，均应达到 GB 18613—2020《电动机能效限定值及能效等级》的 2 级及以上等级。以细纱机常用电机 45 kW 为例，要求效率达到 95.4% 以上。

永磁电机的定子电流和阻抗损耗小、无转子阻抗损耗、总损耗低效率高、功率因数高、节能效果明显，并具有体积小、结构简单、调速性能好、启动转矩大、温升低等特点，能效水平可达到1级的水平，适合用在细纱机等长期运行、需要调速的场合。经纺织服装企业在同车间进行多机台试验，在细纱机1 008锭长车上，分别采用XY225M-4(45 kW)永磁电机和主机配套的F2VP225M-4(45 kW)异步电机，以纺制同种产品相比较，永磁电机可实现节能4%以上。对传统机型FA506系列细纱机的JF02电机进行改造，可实现降低机身温度8 ℃、节约用电10%、电机噪声降低10%的效果。

工艺设备采用变频调速，可以根据生产的工艺要求，通过人机对话自动调整变换工艺参数，实现方便调速，节约用能的要求。对冷冻站、空压站、水泵站等用能大户，采用同型号、较小规格设备进行变频调速控制，在负荷变化时实现动态调节功能的同时，可节约动力站房综合用电11.2%的效果。空调设备采用温湿度自动控制系统，对主风机变频调速，除尘设备根据车间生产情况，采用恒压变流量控制除尘风机转速，在满足车间生产要求的情况下，可实现节能25%以上的效果。

纺织车间的电机一般都需要连续调速运行，在采用变频调速装置时，变频器的能效等级应符合NB/T 10463—2020《变频调速设备的能效限定值及能效等级》规定的2级以上等级要求。

④配电线路

配电线路导体通过电流时将产生电能损耗，其值与导体材料、导体截面积和线路长度等因素有关。因此降低纺织车间的线路损耗应采取以下措施：一是变电所靠近负荷中心，以缩短低压配电线路距离；二是应采用电导率高的铜电缆和导线；三是在满足导体载流量和线路压降等技术条件下，导体截面积宜适当加大，以降低线损。用于电流较大且长期稳定的供电回路的电缆，宜按经济电流密度校验导体截面。

(2) 系统优化提升供电质量

①电压偏差

电压偏差会给电气系统和设备的安全、高效运行带来影响。电压降低，变压器绕组损耗将增大；电压升高会使变压器励磁电流增大，铁芯温升增加，加快绝缘老化，安全性降低。变压器铁损也和运行电压超过额定电压差值密切相关，例如当变压器超过额定电压5%运行时，铁损将增加15%以上。纺织车间设备需要24 h不间断运行，存在低谷时电压偏高的现象。设计时可采用有载调压变压器、自动投切无功补偿装置等措施，使供电电压偏差符合GB/T 12325—2008《电能质量 供电电压偏差》的要求，达到变压器三相电压偏差为标称电压的±7%以内。

②三相电压不平衡

三相电压不平衡会使变压器严重发热，造成附加损耗，引起电网损耗增加，影响设备正常工作，缩短其使用寿命。不对称负荷常导致三相电压的不平衡，故在低压配电系统设计时，单相用电设备接入220 V/380 V系统时(如照明系统等)，各相负荷宜分配平衡，供配电系统中，在公共节点三相电压不平衡度允许限值应符合GB/T 15543—2008《电能质量 三相电压不平衡》规定的限定值，达到负序电压不平衡度不超过2%、短时不超过4%的要求。

③谐波治理

新型纺织车间以设备采用清梳联、粗细联、细络联,设备高速化、自动化、智能化为代表。生产线设备中变频调速装置、软启动器等设备增多。这些设备在逆变和拖动负载过程中会产生谐波,影响电网质量。并在电力系统和用户的电气设备上会造成附加损耗,还可能造成无功补偿电容器发热严重并起火,低压断路器出现不明原因跳闸等。多机台产生谐波后通过低压回路互相串联,多次叠加,当达到一定数值后,就会出现生产线偶发停车事故。谐波电流还会使配电系统低压侧电流有效值增大,电能质量下降,无用能耗增多,造成电能利用效率降低等。

针对纺织车间谐波形成的原因和造成危害的特点,设计时在低压变配电室母线侧预留谐波治理设备位置,采用无源谐波动态治理、重谐滤波补偿等集中治理方法,可有效吸收谐波、补偿基波,降低母线侧有效电流值。在治理谐波、优化电网质量的同时,实现车间综合节能。对谐波电流比例较大的机台,如粗纱机、络筒机等,也可采用谐波电流就地治理方案,在低压动力柜安装就地治理装置,减少谐波电流在低压配电回路中串动和叠加,降低供电线路中的损耗。通过谐波治理,使电力系统的质量符合GB/T 14549—1993《电能质量 公用电网谐波》规定的限值和允许值。

(3) 新型照明系统

①照明方式

新型纺织车间多为封闭式厂房,需要全天照明方式,由于工作的需要,照度要求高,照明用电负荷较大。在满足眩光值限制和配光要求、显色性要求的条件下,应优先采用三基色荧光灯配电子镇流器、LED等高效光源,并应结合车间设备布置情况,合理布置灯具,满足操作面的照度要求。近年来纺织设备集成了自动接头技术、单锭检测技术、断头指示报警技术、主机设备自调匀整技术、空调自动控制技术等,使设备断头、故障率不断下降,操作工作量减少,用工减少。为黑灯工厂、个性照明、感应照明等提供了条件。应根据车间生产情况,采用一般照明、局部照明、一般和局部混合的照明方式。如清梳联、浆纱、验布、穿筘等工序宜采用局部照明,并粗工序采用一般照明和局部照明相结合的混合照明,细纱、络筒、织造等工序采用一般照明的方式。并采用随人体移动的感应式智能照明系统,可大大节省车间照明用电。

厂区照明采用光敏探测及时钟控制技术,根据自然光强及时间自动开关照明灯具。车间事故照明应采用自带电源,集中控制的应急照明和疏散指示标志系统由消防联动控制器联动消防应急箱实现。

②照明质量

根据纺织车间工作需要,良好的照明不仅可以提高员工的操作效率,也可以减少因视觉影响产生的事故。工作场所照度、统一眩光值、一般显色指数等指标应满足GB/T 50481—2019《棉纺织工厂设计标准》要求的各工序照度及质量标准。

(4) 光伏发电

纺织厂房具有屋顶面积大、屋面平整、遮挡物少、自身用电量大、电价高等特点,非常适合安装既可自发自用也可并网发电的光伏发电系统。光伏电站不受资源分布地域的限制,利用建筑屋面闲置资源,无噪声、无污染。采用就近用户侧接入,不必远距离运输,避免长距离输电线路的损失。太阳能发电系统建设周期短，长期收益，可高效稳定运行25年以上。既为企业节省电力支出，又能改善屋面的隔热状况，让厂房更加节能，从而为企业带来长期稳定的资金流。

以陕西省某纺织厂为例，其两栋主厂房为单层排架结构厂房，屋面总面积约12万m^2，屋面平整无遮挡。主厂房屋面装设太阳能光伏发电系统，总装机容量为8 000 kWp，该系统2018年建成投产，每年发电量约为1 500万 kW·h，折合标准煤(当量值)1 843.5 t，减少二氧化碳排放约11 775 t。截止目前，该项目已投产运行5年，已收回该系统投资成本，进入盈利阶段。

太阳能光伏发电系统组件支架设计采用固定安装，支架安装光伏组件与水平屋面成固定倾角的形式。由并网逆变器将太阳电池组件所发的直流电逆变成三相交流电，再通过交流配电箱连接到低压电网侧上，白天根据厂区用电情况，光伏发电在低压侧即时消耗电能。

太阳能系统与构件及其安装应满足建筑、结构、电气及防火安全的要求。由太阳能集热器或光伏电池板构成的围护结构构件，满足相应围护结构构件的安全性及功能性要求。

(5) 管理信息化

纺织服装企业具有车间运行设备型号多、机台多，单机设备中的信号数量多，整个系统的信息量大，单机设备中控制器种类复杂，通信能力差异大，联网和信息集成等困难，还具有需要管理信息系统多的特点。管理信息化需要打通各系统、各设备间数据接口，实现全厂生产管理、质量管理、环境管理、动力系统、安全系统管理的信息互联互通，及时方便统计工艺主机、生产辅机、环境控制、安全生产等设备的运行情况，从而实现生产过程管理、能源计量、环境控制、安全生产保障等信息化管理，便于查找问题，进行生产质量、产量、效率、能耗指标分析等。针对纺织车间的生产情况，纺织车间管理信息化系统包括以下几个方面。

①生产过程管理信息化系统

纺织车间生产过程管理设备台数多、工艺参数多，需要对不同品种质量要求的产品进行多种原料适配、设备参数调整、工艺优化等过程管理；需要收集的工艺数据信号多，设备接口信号差异大，对数据的输出要求也比较复杂。利用制造执行系统实现对整个纺织生产过程的集中监控和管理以及远程浏览、数据处理和报表查询功能，对生产车间各工序生产设备的生产运行情况进行数据采集和处理，实时了解各工序、各班次设备工艺参数和质量、产量、能耗等数据，实现从原料投入到成品产出整个生产过程的数字化监控和管理。该系统具有信号采集管理模式适应性强、信息反馈敏捷、数据安全稳定、信息互联互通性好的特点，为车间生产数据分析和优化、提高产品质量、降低生产成本、提高生产效率和管理水平提供依据。

②能源计量管理信息化系统

纺织服装企业安装设备机台多、运行时间长、运行参数差别大。能源计量管理信息化需要分车间、分工序、分机台、分班次计量统计，智慧化管理。合理、准确、完整、有效的能源信息和合理的能源管理制度可方便企业管理者及时掌握企业的用能状况和能源管理水平，考核不同品质的单位产品能耗情况、企业的总用能情况，便于总结节能经验，挖掘节能潜力，降低能源消耗和生产成本，提高能源利用效率。

利用基于PROFIBUS总线技术，实现对纺织各车间各工序工艺主机、辅机、环境控制（空调除尘）、动力供应（锅炉、空压站、水泵房）等系统设备能耗实时计量和记录，以充分掌握工艺设备、公用设备和设施的能耗现状，便于按产品核算生产成本，提高成本核算的准确性和精细化。

③生产环境控制信息系统

生产环境控制信息系统主要管理纺织车间空调、除尘、冷冻等设备运行情况。用室内外焓值计算和比较功能进行空调运行全年多工况自动分区，采用分季节浮动露点送风、新风冷量优先的控制原则，对新回风阀进行智能控制，合理利用新回风冷量和热量。然后通过专家PID（Proportion Intergral Differential）算法对送、回风机和循环水泵输出频率进行调节，并根据室内对冷热量、洁净度的要求，对除尘系统和冷冻系统进行调控，最终实现纺织车间温湿度的精确控制。通过对各工序车间环境进行智能化控制，数据的记录和查询，满足各工序不同温湿度、洁净度的控制，生产环境能耗的核算和记录要求，减少了人工抄表、手动调节的过程。

④安全生产保障系统

根据纺织车间生产性质、生产规模、生产特点，依据GB 50016—2022《建筑设计防火规范》、GB 50565—2010《纺织工程设计防火规范》和GB 50116—2013《火灾自动报警系统设计规范》等，确定设置防排烟、火灾自动报警、消防灭火等安全生产保障系统。依据技术先进、经济合理、安全可靠的原则设置系统形式和选择产品。

安全生产保障系统由烟感探测器和光束烟感探测器组成的火灾自动报警系统、车间手动报警按钮和消防栓按钮组成的手动报警系统、自动消防排烟系统、消防栓灭火系统、自动喷淋系统、非消防电源自动切换系统、消防应急广播对讲系统等组成。鉴于纺织车间长期有人值班的特点，安全生产管理应强化培训操作人员的消防灭火常识，定期维护火灾自动报警系统，保证车间火灾事故做到早发现、快处理，扑灭初期火灾，把火灾造成的损失降为最小。并按照建筑物年预计雷击次数、火灾危险场所的防雷类别设计防雷接地系统，车间设置完善的电气接地系统等。确保生产安全，火灾报警与消防、人员安全疏散等。

智能化发展是棉纺行业产生革命性变革的关键。经过长期探索，目前行业内部分企业在管理信息化、生产智能化改造方面已经取得了明显效果，但总体来看，实现纺织车间全流程智能化还属于起步阶段。企业可以在生产连续化、自动化、信息化管理过程中，对采集到的不同来源、不同结构的数据，采用机器学习的方法进行融合分析，做出调控。在逐步实现各系统自动化控制、信息化管理的过程中进行企业数字化、智能化的改造和提升，实现企业转型升级。

⑥结束语

双碳目标下，电气节能及信息化是实现绿色制造和管理信息化的关键。在纺织行业向绿色低碳转型发展过程中，工厂的电气节能水平提升和信息化改造是首要任务。通过优化供配电系统，提高电气设备能效等级，净化电网质量，提高用电效率，采用新型照明、管理信息化等技术，实现绿色低碳、安全高效生产。企业应结合自身的节能减排、信息化改造情况，在纺织生产全过程中，逐步进行企业信息化管理系统的建设和智能化基础改造，为企业实现双碳目标，创建绿色工厂和智能化转型升级提供保障。

资料来源：《棉纺织技术》

结语： 在纺织服装产业数字化智能化风险管理与安全生产的探讨中，我们深入探讨了数字化和智能化技术对产业发展所带来的挑战和机遇。数字化和智能化技术的应用为纺织服装产业带来了前所未有的效率提升和生产优势。然而，这一转型也伴随着新的风险和安全隐患。自动化设备可能导致生产线中断，大数据的使用可能带来信息泄露，而依赖技术也可能使得整个产业链更加脆弱。

我们必须认识到，数字化和智能化并非只是技术更新，更是对风险管理和安全生产提出了新的挑战。在转型升级的过程中，纺织服装产业需要始终把安全放在首位，坚持全员参与、科学管理、全面预防的原则，不断提高风险意识和应对能力。因此，有效的风险管理和安全生产策略至关重要。在本章中，我们探讨了从技术更新到管理措施、从应急预案到培训教育的多个层面，以期为产业提供全面、多维的风险管理建议。

最终，数字化智能化是未来发展的趋势，而安全生产是产业持续发展的基石。只有在风险管理和安全生产的双重保障下，纺织服装产业才能持续稳健地迈向更加智能、可持续的发展道路。

思考题：

1. 分析数字化智能化技术在纺织服装产业中的应用，探讨其对安全生产的影响与挑战。

2. 选择一家纺织服装企业，评估其数字化智能化转型对风险管理和安全生产的影响，并提出改进建议。

3. 研究纺织服装产业在数字化智能化过程中可能面临的主要风险，并提出相应的应对策略。

4. 探讨数字化智能化技术在纺织服装产业供应链安全管理中的作用和影响。

5. 评估数字化智能化技术对纺织服装产业中传统安全生产模式的变革，以及其对员工工作环境和安全意识的影响。

6. 分析数字化智能化转型对纺织服装产业的持续发展所带来的风险和机遇。

7. 从消费者角度出发，讨论数字化智能化对纺织服装产品质量与安全性的影响，并提出改进建议。

参考文献

1. CHOI T M, cheng T C E. Fashion Supply Chain Management: Industry and Business Analysis [M]. USA pennsyluvania Hershey:IGI Global,2015
2. CHRISTOPHER M, peck H. Building the Resilient Supply Chain[J]. International Journal of Logistics Management, 2004,15(2):1-14.
3. LEE H L, TANG C. S. Modelling the Costs and Benefits of Delayed Product Differentiation[J]. Management Science, 1997,43(1): 40-53.
4. BHARDWAJ S, FAIRHURST A. Fast Fashion: Response to Changes in the Fashion Industry[J]. The International Review of Retail, Distribution and Consumer Research, 2010 20(1):165-173.
5. CHOI T M, LI D. Sustainable Fashion Supply Chain Management: From Sourcing to Retailing[M]. Berlin:Springer,2018.
6. LU R, ZHAO X. Digital Transformation of Textile Supply Chain Management Berlin[M]. Berlin:Springer,2020.
7. ZHANG Y, LU Y. Digital Technologies for Fashion and Textiles[M]. Hertfordshire ware:Woodhead Publishing,2017.
8. CHRISTOPHER M. Logistics & Supply Chain Management[M]. UK:Pearson press,2016
9. Reis J, Amorim M, Melao N, et al., Digital Transformation: A Literature Review and Guidelines for Future Research. [J].Trends and Advances in Information Systems and Technologies. Advances in Intelligent Systems and Computing (AISC 745) 2018, 1: 411-421.
10. Vial G. Understanding digital transformation: A review and a research agenda. [J]. Journal of Strategic Information Systems 2019, 28 (2): 118-144.
11. ALESSANDRA Vecchi, STEFANO Micelli. Digital Transformation in Fashion and Textile Manufacturing[M]. Berlin:Springer,2018.
12. Li M H, Maharani J. The impact of industry 4.0 technologies on sustainable supply chain management. [J].IET Conf. Proc. (UK) 2023, 2023 (35): 204-206.

13. VLADAN Koncar. Smart Textiles and their Applications[M]. Hertfordshire ware:Woodhead Publishing ,2015.
14. LAUDON K C, LAUDON J P. Management Information Systems: Managing the Digital Firm[M].UK: Pearson,2021.
15. TURBAN E, POLLARD C, WOOD G. Information Technology for Management: Digital Strategies for Insight, Action, and Sustainable Performance[M]. State of New Jersey:Wiley,2020.
16. CHEN H, CHIANG R H. STOREY V C. Business Intelligence and Analytics: From Big Data to Big Impact[J]. MIS Quarterly, 2012,36(4): 1165–1188.
17. WU R U, KAMAL M M, IRANI Z, et.al. Critical Analysis of Big Data Challenges and Analytical Methods[J]. Journal of Business Research, 2017,70:263–286.
18. LEE G, LEE T S. Big Data in Supply Chain Management: A Review and Bibliometric Analysis[J]. Sustainability, 2020,12(8):3287.
19. McKinsey Company. The future of work after COVID-19[R]. [Online Report]. New York:McKinsey Global Institute,2021.
20. IBM Institute for Business Value. The enterprise guide to closing the skills gap[R]. [Online Report]. New York:IBM,2019.
21. DONG H, GONG L. Research on the Intelligent Manufacturing System of Garment Industry Based on IoT[R]. In 2018 2nd IEEE Advanced Information Management, Communicates, Electronic and Automation Control Conference (IMCEC).New York: IEEE, 2018: 1845–1849.
22. KIM H, SEO Y. Development of an Intelligent Clothing Production Management System based on IoT and Big Data Analytics[R]. International Journal of Clothing Science and Technology. 2019,31(1): 41–56.
23. WANG Y, YANG J, ZHANG H. Application of Digital Twin Technology in Garment Manufacturing Process[R]. In 2020 IEEE 3rd International Conference on Information Systems and Computer Aided Education. New York: IEEE, 2022:769–772.
24. ZENG Y, WU D, LIU Y. Intelligent Manufacturing Technology and Application in Textile and Apparel Industry[R]. In 2021 IEEE International Conference on Power Electronics, Smart Grid and Clean Energy Technologies (PGC). New York: IEEE,2021: 1067–1070.
25. XU Y, ZHAO Z. Application of Artificial Intelligence in the Digital Transformation of Textile and Apparel Industry[R]. In 2019 International Conference on Education Technology Management (ICETM). New York: IEEE, 2019: 62–66.
26. 刘晓明. 纺织服装产业4.0：智能制造与数字化转型. 北京：化学工业出版社，2023
27. 姜怀. 智能纺织品开发与应用. 北京：化学工业出版社，2013
28. 刘丽娴. 基于大数据技术的服装智能制造创新模式[J]. 2024(2):49–54
29. Matthias Hauser. Towards Digital Transformation in Fashion Retailing: A Design-Oriented IS Research Study of Automated Checkout Systems[M]. Würzburg:

CrossMark, 2019

30. John L. Mariotti. Smart Marketing: Leveraging Technology in Textile and Apparel Sales[M]. New York: Capstone, 2007

31. CHOPRA S, MEINDL P. Supply Chain Management: Strategy, Planning, and Operation[M] New York: Pearson Education, 2019.

32. CHRISTOPHER M, PECK H. Marketing Logistics[M]. Hoboken: Taylor and Francis, 2012

33. LI L, et al. Blockchain Technology in Supply Chain Management: A Review[J]. IETE Technical Review, 2018, 35(3): 297-307.

34. XU L D, et al. IoT-Based Big Data Analytics for Food Safety in Smart Cities[J]. IEEE Transactions on Industrial Informatics, 2017,13(4):1770-1778.

35. SINGH S, et al. Artificial Intelligence and Machine Learning Applications in Supply Chain Management[J]. AI & Society, 2021,36(2):283-302.

36. IVANOV D, DAS A. Digital Supply Chain Twins: A New Path to Supply Chain Resilience and Agility[J]. Computers & Industrial Engineering, 2020,144:106332.

37. TAO F, et al. Digital Twin in Industry: State-of-the-Art[J]. IEEE Transactions on Industrial Informatics, 2018,15(4): 2405-2415.

38. WANG S, et al. Data-Driven Smart Manufacturing[J]. Journal of Manufacturing Systems, 2019,53: 261-270.

39. LEE J, KAO H, YANG S. Service innovation and smart analytics for Industry 4.0 and big data environment[J]. Procedia CIRP, 2014,16:3-8.

40. XU L D, HE W, Li S. Internet of things in industries: A survey[J]. IEEE Transactions on Industrial Informatics, 2014,10(4):2233-2243.

41. LEAL R P C, OLIVEIRA J F G. Smart manufacturing systems: A review on design and optimization[J]. Journal of Manufacturing Systems, 2017,43: 121-139.

42. MISHRA N, et al. An intelligent quality control system for textile industry using machine learning and IoT[R]. Materials Today: Proceedings,2020, 42:1125-1132.

43. ZHANG Y, et al. Digitalization and intelligentization in apparel manufacturing[J]. International Journal of Clothing Science and Technology, 2019,31(6):790-807.

44. CHEN M, et al. A cloud-based smart manufacturing framework: Integrating multi-source information for decision-making[J]. Robotics and Computer-Integrated Manufacturing,2018, 49:13-23.

45. DAVENPORT T H, REDMAN T C. The AI Advantage: How to Put the Artificial Intelligence Revolution to Work[M]. Boston:MIT Press,2018.

46. BERSIN J. Bersin by Deloitte Report: HR Technology Disruptions for 2018[M]. New York:Deloitte University Press,2017.

47. Michael A. Crumpton. Strategic human resource planning for academic libraries : information, technology and organization[M]. Waltham: Chandos Publishing is an imprint of Elsevier,2015

48. GUO Y, ZHOU M. Big Data Analytics in Human Resource Management: A Review

of Theoretical Framceworks and Empirical Research[J]. International Journal of Human Resource Management, 2015, 26(13): 1723-1753.
49. STROHMEIER S. Research on Big Data in Human Resource Management: A Review of the Literature[J]. Big Data & Society, 2017, 4(1): 2053951717702718.
50. PFEFFER J. Dying for a Paycheck: How Modern Management Harms Employee Health and Company Performance and What We Can Do About It. New York: HarperBusiness, 2018
51. CHOI T M, CHAN H K. Fashion Supply Chain Management: Industry and Business Analysis[M]. USA Pennsylvania Hershey:IGI Global,2014.
52. KIM Y, SHIN S. Virtual Fitting: Concept, Implementation, and Evaluation in the Fashion Industry[J]. Fashion and Textiles,2018,5(1):21.
53. LU Y, WU J. Smart Textiles for Wearable Technology: Research, Development, and Applications[M]. Hertfordshire ware:Woodhead Publishing,2019.
54. CHAE B K, KO S. Evaluating the Use of Virtual Reality for Apparel Online Shopping: An Extended Technology Acceptance Perspective[J]. Clothing and Textiles Research Journal, 2015,33(4):268-283.
55. GWILT A, RISSANEN T. Shaping Sustainable Fashion: Changing the Way We Make and Use Clothes[M].New York: Routledge,2017.
56. DICKSON M A, LOKER S. (2015). Fashion Retailing: From Managing to Merchandising[M]. London:Bloomsbury Publishing,2015.
57. CHRISTOPHER M, PECK H. Building the Resilient Supply Chain[J]. International Journal of Logistics Management, 2004,15(2):1-14.
58. HOLWEG M, PIL F K. Successful Build-to-Order Strategies Start with the Customer[J]. MIT Sloan Management Review, 2001,43(1): 74-83.
59. WACKER J G. A Definition of Theory: Research Guidelines for Different Theory-Building Research Methods in Operations Management[J]. Journal of Operations Management, 1998,16(4): 361-385.
60. HILL R C, LEVENHAGEN M. Metaphors and Mental Models: Sensemaking and Sensegiving in Innovative and Entrepreneurial Activities[J]. Journal of Management, 1995,21(6): 1057-1074.
61. RAHMAN M H, YILMAZ A. (2020). Industry 4.0 Technologies and Sustainable Supply Chain Management in the Fashion Industry[J]. Sustainability, 2020,12(3):1066.